197.
#A.1.

C.

18536

LVCIEN
DE LA
TRADVCTION
DE N. PERROT
Sr D'ABLANCOVRT.

PREMIERE PARTIE.

Nouuelle Edition reueuë & corrigée.

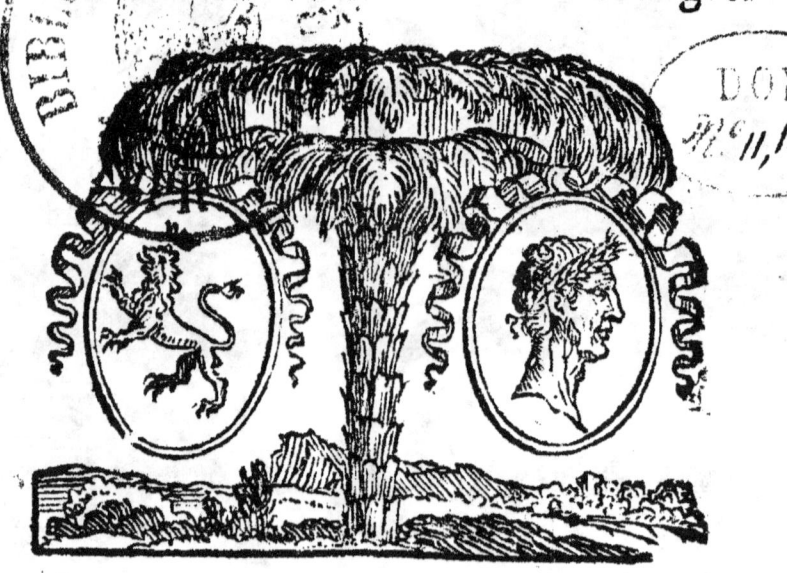

A PARIS,

Chez THOMAS IOLLY, au Palais, dans la petite Salle des Merciers, à la Palme, & aux Armes d'Hollande.

M. DC. LXIV.

AVEC PRIVILEGE DV ROY.

A MONSIEVR
CONRART
CONSEILLER
ET SECRETAIRE DV ROY.

ONSIEVR,

Comme les choses retournent à leur principe, & finissent ordinairement par où elles ont commencé, il estoit iuste de consacrer la fin de mes Traductions, à celuy qui en auoit eu les prémices ; &

EPISTRE.

Minucius Felix ayant donné naissance à nostre amitié, *Lucien* en deuoit faire l'accomplissement. D'ailleurs, il faloit mettre au frontispice de cét Ouurage, vn nom qui bannist toute la mauuaise opinion, que l'on en pouroit auoir; & que le libertinage de cét Auteur, fust éfacé par la vertu de Monsieur Conrart. Ajoûtez à cela, que ce Liure ne pouuoit honestement paroistre en public sous d'autres auspices que les vostres, puisque vous auez tant contribué à le mettre au monde, & que vos bons aduis sont cause qu'il voit le iour en vn estat plus parfait. Ce n'est donc pas tant icy vn present, qu'vn acte de reconnoissance; encore est-ce vne reconnoissance interessée, puis qu'elle mendie la protection de celuy qu'elle reconnoist pour son bien-faiteur. Et veritablement, MONSIEVR, puisque c'est vous principalement qui m'auez fait entreprendre cette Version, vous deuez auoir part au blâme ou à la loüange qui en

EPISTRE.

pourra reuenir; outre qu'elle trouuera assez de monstres à combatre à sa naissance, pour chercher vn Protecteur. Mais afin que vous ne me puissiez reprocher de vous auoir engagé temerairement dans vne querelle dont vous vous fussiez fort bien passé, ie vous veux donner des armes pour vous défendre, & pour nous mettre tous deux à couuert de la Calomnie.

Tout ce qu'on peut dire contre moy, se peut raporter à deux Chefs, au Dessein & à la Conduite. Car les vns diront qu'il ne faloit pas traduire cét Auteur, les autres, qu'il le faloit traduire autrement. Ie veux donc répondre à ces deux objections, aprés auoir dit quelque chose de LVCIEN, qui seruira à ma iustification, & qui fera mieux voir les raisons que i'ay euës de le traduire.

LVCIEN estoit de Samosate capitale de la Comagéne, & n'estoit pas de grande naissance; Car son pere n'ayant

Prouince de Syrie.

à iiij

EPISTRE.

pas le moyen de l'entretenir, resolut de luy faire aprendre vn métier; mais les commencemens ne luy en ayant pas esté fauorables, il se jetta dans les Lettres, sur vn songe qui est raporté au commencement de cét Ouurage. Il dit luy-mesme qu'il embrassa la profession d'Auocat; mais qu'ayant en horreur les criailleries, & les autres vices du Barreau, il eut recours à la Philosophie, comme à vn azile. Il paroist par ses Ecrits, que c'estoit vn Rhéteur, qui faisoit profession d'Eloquence, & qui composoit des Déclamations & des Harangues sur diuers sujets; & mesme des Plaidoyers; quoy qu'il ne nous en reste point de sa façon. Il s'établit d'abord à Antioche, d'où il passa en Ionie & en Grèce, puis en Gaule & en Italie, & reuint après en son païs par la Macedoine. Mais on voit bien qu'il a vescu vne partie du temps à Athénes, aussi en a-t-il pris les vices & les vertus. A la fin il se retira des exercices dont j'ay parlé, pour s'a-

EPISTRE.

donner à la Philosophie; c'est pourquoy il se plaint en quelque endroit, de ce qu'on l'y veut rembarquer en sa vieillesse. Il a vescu quatre-vingt dix ans; depuis le regne de Trajan, & au dessus, iusques par delà Marc-Aurèle, sous qui il fut en grande estime, & deuint Intendant de l'Empereur en Egypte. Suidas veut qu'il ait esté déchiré par les chiens; mais c'est aparemment vne calomnie, pour se venger de ce qu'il n'a pas épargné dans ses railleries les premiers Chrétiens, non plus que les autres: Toutefois, ce qu'il en dit se peut raporter, à mon auis, à leur charité & à leur simplicité, qui est plûtost vne loüange qu'vne injure; joint qu'on ne doit pas atendre d'vn Payen, l'éloge du Christianisme. Quelques-vns ont crû qu'il auoit esté Chrètien; mais cela ne paroist point dans ce Liure: Il est vray qu'il sait beaucoup de nos mystéres pour vn Etranger; quoy que le voisinage de la Iudée & le commerce des Chrétiens,

EPISTRE.

ioint à sa curiosité naturelle, luy ayent pû aquerir toute cette connoissance. D'autres le veulent faire passer pour un parangon de sagesse & de doctrine; Mais outre l'amour des Garçons, où il a esté sujet, & le peu de sentiment qu'il a eu de la Divinité, il ne luy est pas pardonnable d'avoir déchiré la reputation des plus grands Hommes, sur le raport de la Renommée, ou plûtost sur celuy de leurs ennemis. Car encore qu'on le puisse excuser, en disant que ce n'est pas à eux qu'il en veut, mais à ceux qui abusent de leur nom, pour couvrir leurs vices; on voit bien qu'il ne laisse échaper aucune ocasion d'en médire; & qu'il leur donne toûjours quelque coup de dent en passant. Du reste, la façon dont il traite les matieres les plus importantes, fait assez voir qu'il n'estoit pas fort profond dans la Philosophie, & qu'il n'en avoit apris que ce qui servoit à sa profession de Rhéteur, qui estoit de parler pour & contre, sur toute sorte de sujets. Mais

Bourdelot en sa Preface.

EPISTRE.

on ne peut nier que ce ne soit vn des plus beaux Esprits de son siecle, qui a par tout de la mignardise & de l'agrément, auec vne humeur gaye & enjoüée, & cèt air galant que les anciens nommoient vrbanité, sans parler de la netteté & de la pureté de son stile, iointes à son élegance & à sa politesse. Ie le trouue seulement vn peu grossier, dans les choses de l'Amour, soit que cela se doiue imputer au genie de son temps, ou au sien ; mais lors qu'il en veut parler, il sort des bornes de l'honesteté, & tombe incontinent dans le sale ; ce qui est plûtost la marque d'vn esprit débauché que galant. Il a cela aussi des Déclamateurs, qu'il veut tout dire, & qu'il ne finit pas tousiours où il faut ; qui est vn vice qui vient de trop d'esprit & de sauoir. Mais c'est vne grande preuue du merite & de l'excellence de ses Ouurages, qu'ils se soient conseruez iusqu'à nous, veu le peu d'afection

ã vj

Faute de jugemét.

EPISTRE.

qu'on avoit pour leur Auteur, & le naufrage de tant d'autres pieces de l'Antiquité, qui se sont perduës soit par mal-heur ou par negligence; Et il faut bien que les Chrétiens ayent trouué qu'ils pouuoient beaucoup plus profiter que nuire. Aussi iamais homme n'a mieux découuert la vanité & l'imposture des faux Dieux, ni l'orgueil & l'ignorance des Philosophes, auec la foiblesse & l'inconstance des choses humaines; & ie doute qu'il y ait de meilleurs Liures pour ce regard. Car il s'insinuë doucement dans les esprits par la raillerie; & sa Morale est d'autant plus vtile, qu'elle est agréable. D'ailleurs, on peut aprendre icy mille choses tres-curieuses; & c'est comme vn bouquet de fleurs de ce qu'il y a de plus beau chez les Anciens. Ie laisse à part, que les Fables y sont traitées d'vne façon ingenieuse, qui est tres-propre à les faire retenir, & qui ne contribuë pas peu à l'intelligence des Poëtes. Il ne faut donc pas trouuer

EPISTRE.

étrange que ie l'aye traduit, à l'exemple de plusieurs Personnes doctes qui ont fait des Versions Latines, les vns d'vn Dialogue, les autres d'vn autre ; & ie suis d'autant moins blâmable, que i'ay retranché ce qu'il y auoit de plus sale, & adoucy en quelques endroits, ce qui estoit trop libre ; par où i'entre en la iustification de ma conduite, puisque voilà mon dessein assez bien iustifié par tant d'auantages qui peuuent reuenir au public, de la lecture de cét Auteur. Ie diray seulement que ie luy ay laissé ses opinions toutes entieres, parce qu'autrement ce ne seroit pas vne Traduction, mais ie répons dans l'Argument ou dans les Remarques, à ce qu'il y a de plus fort, afin que cela ne puisse nuire.

Comme la pluspart des choses qui sont icy, ne sont que des gentillesses & des railleries, qui sont diuerses dans toutes les Langues, on n'en pouuoit faire de Traduction réguliere. Il y a mesme des Pieces qui n'ont pû se traduire du

EPISTRE.

tout, comme celle du Iugement des voyelles, & deux ou trois autres, qui consistent dans la proprieté des termes Grecs, & qui ne seroient pas entenduës hors de là. Toutes les comparaisons tirées de l'Amour, parlent de celuy des Garçons, qui n'estoit pas étrange aux mœurs de la Grece, & qui font horreur aux nostres. L'Auteur alegue à tous propos des vers d'Homére, qui seroient maintenant des pédanteries, sans parler de vieilles Fables trop rebâtuës, de Prouerbes, d'Exemples & de Comparaisons surannées, qui feroient à present vn éfet tout contraire à son dessein; car il s'agit icy de Galanterie, & non pas d'érudition. Il a donc falu changer tout cela, pour faire quelque chose d'agréable; autrement, ce ne seroit pas Lucien; & ce qui plaist en sa Langue, ne seroit pas suportable en la nostre. D'ailleurs, comme dans les beaux visages il y a tousiours quelque chose qu'on voudroit qu'il n'y fust pas;

EPISTRE.

aussi dans les meilleurs Auteurs, il y a des endroits qu'il faut toucher ou éclaircir, particulierement quand les choses ne sont faites que pour plaire ; car alors on ne peut soufrir le moindre defaut ; & pour peu qu'on manque de delicatesse, au lieu de divertir on ennuye. Ie ne m'atache donc pas tousiours aux paroles ni aux pensées de cét Autheur ; & demeurant dans son but, i'agence les choses à nostre air & à nostre façon. Les divers temps veulent non seulement des paroles, mais des pensées diferentes ; & les Ambassadeurs ont coûtume de s'habiller à la mode du païs où l'on les envoye, de peur d'estre ridicules à ceux à qui ils tâchent de plaire. Cependant, cela n'est pas proprement de la Traduction; mais cela vaut mieux que la Traduction; & les Anciens ne traduisoient point autrement. C'est ainsi que Terence en a vsé dãs les Comedies qu'il a prises de Ménandre, quoy qu' Aulugelle ne laisse pas de les nõmer des Traductions; mais il

Sumptas ac versas de Græcis, lib. 2, c. 23.

EPISTRE.

n'importe du nom, pourueu que nous ayons la chose. Ciceron en a fait autant dans ses Ofices, qui ne sont presque qu'vne Version de Panétius; Et dans celles qu'il auoit faites des Oraisons de Démosthéne & d'Esquinés, il dit qu'il a trauaillé non pas en Interpréte, mais en Orateur; qui est la mesme chose que i'ay à dire des Dialogues de Lucien, quoy que ie ne me sois pas donné vne égale liberté par tout. Il y a beaucoup d'endroits que i'ay traduits de mot à mot, pour le moins autant qu'on le peut faire dans vne Traduction élegante; Il y en a aussi où i'ay consideré plûtost ce qu'il faloit dire, ou ce que ie pouuois dire, que ce qu'il auoit dit, à l'exemple de Virgile dans ceux qu'il a pris d'Homére & de Théocrite. Mais ie me suis resserré presque par tout, sans descendre dans le particulier, qui n'est plus de ce temps cy. Ie say bien pourtant que cela ne plaira pas à tout le monde, & principalement à ceux qui sont idolâtres

pro corona.

¹ Partim reliquit, alia expressit, &c.

Quod Græcum quidem miré quā suaue est, verti autem ne-

EPISTRE.

de toutes les paroles & de toutes les pensées des Anciens, & qui ne croyent pas qu'vn Ouurage soit bon, dont l'Auteur est encore en vie. Car ces sortes de gens-là crieront comme ils faisoient du temps de Terence.

Contaminari non decêre Fabulas,
Qu'il ne faut point corompre son Auteur, ni rien altérer de son sujet ; mais ie leur répondray auec luy,

> Faciunt næ intelligendo, vt nihil intelligant
> Qui cum hunc accusant, Næuium, Plautum, Ennium
> Accusant, quos hic noster authores habet.
> Quorum æmulari exoptat negligentiam
> Potius, quàm istorum obscuram diligentiam.

Que cét obscuram diligentiam *dit bien le defaut de ces Traductions scrupuleuses, dont il faut lire l'Original pour entendre la Version!*

que potuit neque debuit. Aulugell. l. 9. cap. 9.

Ils perdent la raison à force de raisonner. Car en l'acusant ils acusent les Anciens, qu'il a pour garens ; & dont il aime mieux imiter la négligence, que l'obscure exactitude des autres.

EPISTRE.

Voilà, MONSIEVR, ce que i'auois à dire pour ma défense. Ie laisse à vostre courage & à vostre adresse, sans parler de vostre zele & de vostre affection, d'employer ces armes qui sont plus fortes que luisantes ; si ce n'est assez de vostre nom pour écarter les ennemis, & les empescher de se déclarer. Quoy qu'il en ariue, i'en atribuëray tout le succés à la gloire de mon défenseur, & demeureray toute ma vie,

MONSIEVR,

Vostre tres-humble & tres-
obeïssant seruiteur,
PERROT ABLANCOVRT.

TABLE

DES TRAITEZ OV DIALOGVES DE LA I. PARTIE DE LVCIEN.

Le Songe de Lucien, Page 1
Contre vn qui l'auoit apellé Promethée, p. 6
Nigrinus, ou les mœurs d'vn Philosophe, p. 10
Timon, ou le Misanthrope, p. 22
Le suplément du jugement des voyelles est à la fin du second Volume.
L'Alcyon, ou la Metamorphose, p. 41
Promethée, ou le Caucase, p. 44

―――――――――:―――――――――

DIALOGVES DES DIEVX. p. 52

Dialogue de Promethée & de Iupiter, là mesme.
Dialogue de Iupiter & de Cupidon. p. 53
Dialogue de Mercure & de Iupiter. p. 54
Dialogue de Iupiter & de Ganyméde, p. 55
Dialogue de Iunon & de Iupiter, p. 57
Autre, p. 59

TABLE

Dialogue de Vulcain & d'Apollon, p. 61
Dialogue de Vulcain & de Iupiter, p. 63
Dialogue de Neptune & de Mercure, p. 64
Dialogue de Mercure & du Soleil, p. 66
Dialogue de Vénus & de la Lune, p. 67
Dialogue de Vénus & de Cupidon, p. 68
Dialogue d'Hercule, d'Esculape, & de Iupiter, p. 69.
Dialogue de Mercure & d'Apollon, p. 70
Dialogue d'Apollon & de Mercure, p. 71
Dialogue de Iunon & de Latone, p. 72
Dialogue d'Apollon & de Mercure, p. 74
Dialogue de Iunon & de Iupiter, p. 75
Dialogue de Vénus & de Dupidon, p. 75
Le Iugement de Pâris, p. 77
Dialogue de Mars & de Mercure, p. 85
Dialogue de Pan & de Mercure, p. 86
Dialogue d'Apollon & de Bacchus, p. 87
Dialogue de Mercure & de sa mere, p. 89
Dialogue de Iupiter & du Soleil, p. 90
Dialogue d'Apollon & de Mercure, p. 91

DIALOGVES DES DIEVX MARINS, p. 92

Dialogue de Doris & de Galatée, *là mesme.*

DES TRAITEZ OV DIALOGVES.

Dialogue de Neptune & de Polyphéme, p. 94
Dialogue de Neptune & d'Alphée, p. 95
Dialogue de Protée & de Menelaüs, p. 96
Dialogue de Panope & de Galené, p. 97
Dialogue de Neptune, d'vn Triton, & d'Amymone, p. 98
Dialogue de Zéphire & de Notus, p. 100
Dialogue de Neptune & des Dauphins, p. 101
Dialogue de Neptune & d'Amphitrite, p. 102
Dialogue d'Iris & de Neptune, p. 103
Dialogue du fleuue Xanthe & de la Mer, p. 104
Dialogue de Doris & de Thétis, là mesme.
Dialogue du fleuue Enipée & de Neptune, p. 105
Dialogue d'vn Triton & des Néréides, p. 106
Dialogue de Notus & de Zéphyre, p. 108

DIALOGVES DES MORTS. p. 110

Dialogue de Diogéne & de Pollux, là mesme.
Dialogue de Crésus, &c. p. 112

TABLE

Dialogue de Ménipe & de Trophonius, p. 113

Dialogue de Mercure & de Caron, p. 114

Dialogue de Pluton & de Mercure, p. 116

Dialogue de Terpsion & de Pluton, p. 117

Dialogue de Xénophante & de Callidémidés, p. 119

Dialogue de Cnémon & de Damnipe, p. 120

Dialogue de Simyle & de Polystrate, là mesme.

Dialogue de Caron & de Mercure, p. 122

Dialogue de Cratés & de Diogéne, p. 127

Dialogue d'Alexandre & d'Annibal, p. 128

Dial. de Diogéne & d'Alexandre, p. 132

Dialogue d'Alexandre & de Philippe p. 134

Dialogue d'Achille & d'Antiloque, p. 136

Dialogue d'Hercule & de Diogéne, p. 137

Dialogue de Ménipe & de Tantale, p. 139

Dialogue de Ménipe & de Mercure, p. 140

Dialogue d'Eaque, de Protésilas, &c. p. 141

Dialogue de Ménipe & d'Eaque, p. 143

Dialog. de Ménipe & de Cerbére, p. 145

Dialogue de Caron, de Ménipe, & de Mercure, p. 147

Dialogue de Mausole & de Diogéne, p. 150

Dialogue de Thersite, de Nirée, & de Ménipe, p. 151

DES TRAITEZ OV DIALOGVES.

Dialogue de Ménipe & de Chiron, p. 152
Dialogue de Diogéne, d'Antifthéne & de Cratés, p. 153
Dialogue de Ménipe & de Tiréfias, p 156
Dialogue d'Ajax & d'Agamemnon, p. 157
Dialogue de Minos & de Softrate, p. 158

La Nécromancie, p. 160
Caron, ou le Contemplateur, p. 163
Des Sacrifices, p. 188
Les Sectes des Philofophes à l'encan, p. 195
Le Pefcheur, ou la Vengeance, p. 212
Le Tyran, ou le paffage de la Barque, p. 235
De ceux qui entrent au feruice des Grans, p. 250
Defence du difcours précédent, p. 271
Hermotime, ou des Sectes, p. 277
Hérodote, ou Aëtion, p. 307
Zeuxis ou Antiochus, p. 310
Harmonide, p. 313
Le Scythe, ou l'Etranger, p. 315
Comment il faut écrire l'Hiftoire, p. 320
L'Hiftoire véritable, liure premier, p. 341
L'Hiftoire véritable, liure fecond, p. 358

TABLE DES TRAITEZ OV DIALOG.

Le suplément est à la fin du second Volume.

Le Meurtrier du Tyran, Déclamation, p. 382
Le fils desherité, Déclamation, p. 390
Phalaris, Déclamation, p. 404
Suite du Discours précedent, 408
Alexandre, ou le faux Prophéte, p. 410
De la Dance, p. 432
L'Eunuque, ou Pamphile, p. 454
De l'Astrologie Iudiciaire, p. 459
Démonax, p. 464
Les Amours, p. 475

LVCIEN

LVCIEN.
DE LA TRADVCTION DE N. PERROT Sʀ D'ABLANCOVRT.

LE SONGE DE LVCIEN.

Ce discours est fait par l'Auteur dans vne Assemblée, quoy que cela ne paroisse pas d'abord; & contient comme vne Idée de sa vie.

J'AVOIS prés de quinze ans, & n'allois plus à l'école, lorsque mon pere délibera auec ses amis, ce qu'il deuoit faire de moy. Plusieurs n'aprouuoient pas qu'on me iettast dans les Lettres, à cause que pour y réüssir il faut beaucoup de temps & de dépense, pour ne rien dire de la fortune, sans laquelle on ne sçauroit rien faire, quelque habile homme que l'on soit. Ils consideroient que ie n'estois pas riche, & qu'en aprenant quelque mestier il me fourniroit en moins de rien dequoy viure, sans estre à charge à mon pere ny à ma famille. Cette opinion fut donc suiuie, & il ne resta plus que d'en trou-

Tome I.   A

uer vn qui fuſt honneſte & vtile tout-enſemble, & qui me donnaſt bien de quoy ſubſiſter. Apres en auoir propoſé pluſieurs qui furent diuerſement condamnez ou approuuez ſelon l'humeur ou la capacité de chacun, mon pere iettant l'œil ſur mon oncle qui eſtoit excellent Sculpteur ; Que ne luy apprens-tu, dit-il, le tien, où il a déja quelque inclination ? il iugeoit cela à me voir faire de petits ouurages de cire, où ie ne reüſſiſſois pas mal, quoy que cela fuſt cauſe aſſez ſouuent de me faire donner le foüet. Cette propoſition ne me déplaiſoit pas, parce qu'il me ſembloit que la Sculpture n'eſtoit pas tant vn métier, qu'vn honneſte diuertiſſement, qui me rendroit illuſtre parmy mes Camarades, lorſque ie leur ferois preſent de quelque petite image des Dieux, ou d'autre choſe de ma façon. Cela fut donc reſolu auec quelque eſperance de ſuccés, & mon oncle me mena de ce pas chez luy, & me donnant vn ciſeau : Trace legérement, dit-il, quelque figure ſur cette pierre, pour voir comme tu t'y prendras : Car, comme dit vn Poëte, c'eſt à demy fait que de bien commencer. Mais i'allay appuyer ſi lourdement le ciſeau ſur cette pierre qui eſtoit aſſez delicate, qu'elle ſe rompit : ce qui le mit ſi fort en colere, qu'il ne pût s'empeſcher de me donner quelques coups de foüet ; tellement que mon aprentiſſage commença par les larmes. Ie cours au logis tout pleurant, & criant qu'il l'auoit fait par enuie, de peur que ie ne le ſurpaſſaſſe vn iour en ſon Art. Ma mere encore plus irritée, ſe met à luy dire des injures ; cependant, le ſoir venu ie me couche, & ne fis que reſuer toute la nuict, & me tourner de tous coſtez. Il n'y a rien iuſqu'icy, Meſſieurs, qui ſoit digne de voſtre attention, aussi n'est-ce pas pour cela que ie l'ay alegué; mais pour vous faire part d'vn songe que i'eus en suitte, si clair qu'il pourroit passer pour vne verité, de sorte que l'image m'en demeure encore empreinte dans la memoire. Il me sembla de voir deux Dames, l'vne grossiere & mal-peignée, qui auoit les mains crasseuses, les bras retroussez, le visage tout couuert de sueur & de poussiere : Enfin, telle qu'estoit mon oncle, lors qu'il trauailloit à son Art. L'autre, d'vne façon honneste & plus delicate, auec vn visage doux & riant. Aprés m'auoir tiraillé de part & d'autre, pour m'atirer chacune à leur party ; à la fin elles remirent à mon choix la décision de leur diférend, & la premiere commença ainsi : Mon fils, ie suis la Sculpture que tu viens d'embrasser, & qui t'est connuë dés ton enfance ; car ton ayeul maternel & tes deux oncles s'y sont rendus celébres. Si tu me veux suiure, sans t'arester aux cajoleries de ma riuale, ie te rendray ilustre; non pas comme elle par des paroles, mais par des effets. Car outre que tu deuiendras robuste & vigoureux comme moy, tu remporteras vne estime qui ne sera point sujette à l'enuie, ny cause vn iour de ta perte, comme les charmes de celle qui te veut suborner. Du reste, que mon habit ne te fasse point de honte ; c'est celuy de Phidias & de Polyclete & de ces autres grands Sculpteurs, qui se sont fait adorer dans leurs Ouurages, & qu'on reuére encore auec les Dieux qu'ils ont faits. Considere combien en suiuant leurs traces tu acquerras de gloire & de loüange, & de quelle ioye tu combleras ton pere & ta famille. Voila à peu prés ce que me dit cette Dame : mais grossierement, comme parlent les Artisans, quoy qu'auec beaucoup de vigueur ; aprés quoy l'autre parla ainsi. Ie suis l'Eloquence qui ne t'est pas inconnuë, encore que tu ne sois pas en estat de la posséder. La Sculpture t'a dit les aduantages que tu aurois auec elle ; mais si tu l'écoutes, tu ne seras iamais qu'vn vil Artisan, exposé au mépris & aux injures de tout le monde, & contraint de faire la cour aux Grans pour te maintenir, sans pouuoir iamais obliger ni desobliger personne; en vn mot esclaue de ceux sur qui ie te feray dominer. Quand tu deuiendrois des plus excellens en ton Art, on se contentera de t'admirer sans enuier ta condition ; Mais si tu me veux suiure, ie t'aprendray tout ce qu'il y a de beau & de rare dans l'vniuers, & d'ilustre dans toute l'Antiquité. I'orneray ton ame de vertu & de sçauoir, qui sont ses plus beaux ornemens, & par la connoissance du passé ie te donneray celle de l'auenir. Au lieu de ce méchant habit que tu as, ie t'en bailleray vn magnifique, comme celuy que tu me vois ; & de pauure & inconnu, ie te rendray ilustre & opulent, digne des plus grands emplois, & en état d'y paruenir. S'il te prend enuie de voyager dans les païs étrangers, i'y feray marcher ta renommée deuant toy ; On te viendra consulter comme vn Oracle, & si-tost que tu auras ouuert la bouche, chacun sera atentif à ouïr tes sentimens pour les suiure. Enfin, tu seras adoré & respecté de tout le monde, & toutes tes paroles & tes actions seruiront d'exemple & de regle à la posterité. Ie te donneray mesme l'immortalité tant vantée, & te feray viure à iamais dans la memoire des hommes. Considere ce qu'estoit Demosthene, & ce qu'il est deuenu par mon moyen ; Esquinés de pauure garçon a esté recherché & confideré par Philippe; Socrate mefme qui auoit fuiuy du commencement ma riuale, ne m'eut pas pluftoft connuë qu'il l'abandonna pour moy. Tu fçais que ie luy ay acquis vne eftime, qui durera autant que les Siecles. Quitteras-tu tant d'honneur, de richeffes & de credit, pour fuiure vne pauure inconnuë, qui eft contrainte de trauailler de fes mains pour viure, & de fonger pluftoft à polir vn marbre que foy-mefme? Elle n'eut pas plûtoft dit cela, que touché de fes promeffes, & n'ayant pas encore oublié les coups que i'auois receus, ie cours l'embraffer, fans attendre qu'elle euft acheué fa harangue; dequoy l'autre irritée, fut transformée en ftatuë par la rage & le dépit, cómme il arriue affez d'autres merueilles en fonge. Alors l'Eloquence pour me récompenfer de mon chois, me fit monter auec elle fur fon Char; & touchant fes cheuaux aiflez, me promena d'Orient en Occident, me faifant répandre par tout ie ne fçay quoy de celefte & de diuin, qui faifoit regarder les hommes en haut auec étonnement, & me combler de benedictions & de loüanges. Elle me ramena en fuite dans mon païs couronné d'honneur & de gloire; & me rendant à mon pere, qui m'atendoit auec grande impatience; Tien, luy dit-elle, ton fils, & voy de qu'elle felicité tu l'euffes priué fans moy. Voilà la fin de mon fonge. Mais il me femble que i'entends dire à quelqu'vn, qu'il eft bien long, & qu'il faloit que ce fuft vne nuict d'Hyuer, ou celle que vantent les Poëtes qui donna la naiffance à Hercule. Vn autre ajoûtera, peut-eftre, que ie me fuffe bien paffé de vous entretenir d'vn fonge, & que c'eft abufer de voftre audience, & de l'honneur que vous me

Cela montre les voyages de l'Autheur, qui de la Syrie vint en Grece, & de là en Italie & en Gaule.

En la Retraite des dix Milles. faites de m'entendre si favorablement. Mais Messieurs, Xenophon ne fit point de dificulté de conter le sien en pleine Assemblée, lors qu'environné d'ennemis & privé de tout secours, il n'atendoit que la mort ou la captivité. D'ailleurs, mon dessein n'est pas de vous entretenir de Fables, mais de porter la ieunesse à l'amour de la Vertu, par cét exemple, & de l'encourager à surmonter les dificultez qui se rencontrent dans cette carriere. Que personne donc ne s'excuse sur sa pauureté, s'il a le cœur grand & genereux, & pour redoubler son courage, qu'il iette les yeux sur moy, & qu'il voye ce que i'estois, quand ie suis party, & en quel estat ie suis reuenu ; Tel, que ie ne le cede point à la gloire de ces anciens Sculpteurs, pour ne rien dire dauantage.

CONTRE VN HOMME QVI l'auoit apellé Prométhée.

C'est comme vne Apologie de sa façon d'écrire.

SI tu m'apelles Promethée, pour me reprocher que mes ouurages ne sont que de terre, ie tombe d'accord que tu as raison, & qu'ils sont mesme d'vne terre plus grossiere & moins pure que la sienne. Mais si tu veux dire que ie suis ingenieux comme luy, i'ay peur que ce ne soit vne raillerie. Car les productions de mon esprit n'ont garde d'arriuer à la perfection du sien ; & c'est beaucoup qu'elles ne soient pas tout à fait terrestres, & si tu veux, dignes du Caucase. C'est vous autres, Grands Orateurs, qui estes en ce point des Promethées; Vous qui animez vos Ouurages de ce feu celeste & diuin qu'il déroba dans le Ciel. S'il y a quelque diference, c'est que les vostres sont d'or, & vous raportent grand profit, & que les siens n'estoient que de bouë. Pour les miens, ce sont des statuës de plâtre qu'on fait voir en vn iour de réjoüissance, pour donner du plaisir au peuple, & non pas pour durer eternellement. Peut-estre aussi, que tu m'as apellé Promethée au sens que ce Poëte Comique a dit, que Cleon estoit vn Promethée, mais que ce n'estoit qu'apres coup, pour dire, Qu'il manquoit de préuoyance, & qu'il ne s'auisoit de ses fautes qu'apres les auoir faites, quoy qu'il luy ressemblast du reste. Que si c'est comme les Atheniens apellent tous les Potiers de terre des Promethées, ie trouue la raillerie délicate, & digne de ton païs, parce que mes ouurages sont fragiles comme les leurs. Mais quelqu'vn dira, peut-estre pour me flâter, que c'est à cause que mon inuention est nouuelle, & que ie n'ay point eu de modele, non plus que luy, sur lequel ie me pusse former. Mais outre que Minerue n'a point animé mes ouurages, comme elle a fait le sien, ce n'est pas assez pour moy qu'on en louë la nouueauté, si l'on n'y trouue les autres graces auec celles de l'inuention. Car sans cela, ie les abandonne de bon cœur, & permets qu'on les mette en pieces: & si j'estois d'autre sentiment, ie meriterois d'estre déchiré comme Promethée, mais par vne douzaine de Vautours au lieu d'vn, pour ne pas sçauoir qu'vne chose qui ne vaut rien, est d'autant plus blâmable qu'elle est plus nouuel-

Les Atheniens estoient grands railleurs.

le. Car il ne faut pas quitter le grand chemin pour s'égarer, ni abandonner les Anciens, pour ne rien faire qui vaille. On dit à ce propos, que Ptolomée Roy d'Egypte fit voir vn iour deux merueilles dans le Theatre d'Alexandrie, vn Chameau tout noir, & vn Homme moitié noir & moitié blanc. Mais au lieu de l'admiration & de la loüange qu'il en attendoit, ce spectacle fit rire les vns, & épouuenta les autres. Comme il vit donc que les Egyptiens ne faisoient pas tant d'estat de la rareté, que de la beauté & de la proportion, il ne produisit plus ces deux Monstres; de sorte que l'vn mourut faute d'en auoir du soin, & il donna l'autre pour récompense à vn ioüeur de flûte qui auoit bien joüé deuant luy. Ie crains de mesme que mes caprices n'estonnent les vns & ne fassent rire les autres. Car le mélange du Dialogue & de la Comedie dont ils sont composez, ne suffit pas pour les rendre aimables, si ces deux choses ne sont bien meslées ensemble, parce que l'vnion des deux contraires est plustost vn monstre qu'vn miracle; & personne n'admira iamais les Centaures pour leur beauté, mais pour leur extrauagance. Ce n'est pas que de deux choses excellentes on n'en puisse faire vne troisiesme qui le soit encore plus, mais ie ne voudrois pas asseurer que ie l'aye fait; & ie crains plustost d'auoir corrompu deux bonnes choses par leur mélange. Car le Dialogue aime à s'entretenir en particulier de discours graues & serieux, & la Comedie se plaist à boufonner sur vn theatre; si bien qu'il semble que l'vnion n'en puisse estre que monstrueuse. Ajoûtez à cela, Que la Comedie se raille quelquefois du Dialogue & de ses vaines speculations, dépeignant tantost les Philosophes marchant sur les nuës, tantost ocupez à mesurer le saut d'vne puce, pour se moquer de la hauteur de leurs contemplations, & de leurs recherches sotes & curieuses. Cependant, i'ay esté assez hardy pour vouloir reconcilier ces deux mortels ennemis; & ie laisse aux autres à iuger si i'y ay bien reüssi, & si ie n'ay point tout gasté, comme Prométhee, en confondant les deux sexes; ou trompé, comme luy les conuiez, en ne leur seruant que des os couuerts de graisse. Car pour ce qui concerne le larcin, ie ne crains pas qu'on m'en acuse? Où aurois-je dérobé ces chimeres & ces hypogriphes, qui n'ont aucun estre que dans mon imagination, & que chacun peut former à sa fantaisie sans auoir besoin de les contrefaire? Mais quelques extrauagans qu'ils soient, i'y suis trop engagé pour m'en dédire; outre que ce n'est pas à Prométhee de changer d'auis, mais à Epiméthee.

―――――――――――――――――――

C'est vne espece de Satyre contre les vices de Rome, ausquels il opose la douceur de la Philosophie; & mesle parmy cela des inuectiues contre ceux qui abusent de ce nom.

LVCIEN A NIGRINVS. Ce seroit porter des Chouëttes à Athenes, comme dit le prouerbe, que de parler de science & de doctrine deuant Nigrinus. Aussi mon dessein n'est-il pas, en luy adressant ce Dialogue, de faire montre de mon sçauoir, mais de découurir le sien. Qu'on ne me reproche donc point ce que dit Thucydide, Que l'ignorance rend les hommes plus hardis, & le sçauoir plus retenus: car c'est l'admiration

C'est qu'il y en auoit beaucoup.

de ton Eloquence qui me fait parler, & non pas l'opinion que i'ay de la mienne.

NIGRINVS, ou les mœurs d'vn Philosophe.

LYCINVS. QVe tu és deuenu graue & séuere depuis quelque temps! Au lieu de nous entretenir familiérement comme tu faisois, tu ne daignes pas seulement nous regarder. Dy-moy ce qui t'a rendu si dédaigneux & si méprisant.

L'AMI. C'est que de pauure ie suis deuenu riche, d'esclaue libre, de fou sage.

LYCINVS. En si peu de temps?

L'AMI. Encore moins que tu ne penses.

LYCINVS. Dy-m'en la cause, afin de redoubler ma joye.

L'AMI. I'estois allé à Rome pour trouuer quelque remede à mon mal d'yeux, qui augmente tous les jours.

LYCINVS. Ie le sçay, & souhaite que tu en ayes trouué vn bon.

L'AMI. Si-tost que ie fus arriué, i'allay voir de grand matin le Philosophe Platonicien Nigrinus, que ie desirois entretenir il y auoit long-temps, & le trouuay dans son cabinet vn liure à la main, enuironné de tous costez de portraits d'hommes ilustres, auec vne Sphere deuant luy, & diuerses figures de Mathematique. Il m'embrassa auec beaucoup de tendresse & d'affection; & aprés nous estre enquis l'vn de l'autre, selon la coûtume, tant de nostre santé que de nos ocupations, ie luy demanday s'il ne vouloit point retourner en Gréce ; Mais il n'eut pas plûtoſt ouuert la bouche pour me répondre, que ie me ſentis comme charmé de la douceur de ſon Eloquence. Car il ſe mit à loüer la Philoſophie, & la liberté qu'elle donne, & à ſe rire des choſes que les hommes adorent, comme la Gloire, les Honneurs, les Richeſſes ; & dit, Que c'eſtoit à grand tort qu'on les nommoit Biens, puiſqu'ils cauſoient tant de maux. Comme ie preſtois l'oreille attentiuement à ce diſcours, ie me trouué agité de diuerſes paſſions. D'vn coſté l'eſtois honteux de l'afection que i'auois euë pour ces choſes : & de l'autre, ie me réjouïſſois de me voir deſabuſé, de meſme que ſi i'euſſe paſſé des tenebres à la lumiere ; ſi bien que i'en oubliay mon mal d'yeux, pour ſonger à celuy de mon ame, & à vn plus dangereux aueuglement. I'eſtois dans cette penſée lors que tu m'as abordé, & comme tranſporté dans le Ciel à la ſuite de ce Heros, ie mépriſois toutes les choſes du monde comme ſi c'euſt eſté de la bouë. Car comme on dit, que les Indiens, d'vne nature chaude & bouïllante, n'eurent pas pluſtoſt gouſté du vin, qu'ils en deuinrent tout-furieux ; ie me ſuis ſenty enyuré de ce diuin Nectar, mais cette yurognerie vaut mieux que la ſobrieté.

LYCINVS. Que ie ſerois heureux de pouuoir gouſter auec toy d'vn ſi celeſte breuuage ! Il me ſemble que tu ne peux refuſer honneſtement d'en faire part à ton Ami, qui a le meſme deſir & la meſme paſſion que toy pour la verité.

L'AMI. Il n'eſt pas beſoin de me preſſer dauantage ; car i'ay plus d'enuie de te dire ce que i'ay ouï, que tu n'en as de l'entendre : Et ſi tu ne m'auois importuné pour le ſçauoir, ie t'aurois prié de le vouloir écouter. Car outre le plaisir que j'auray à le redire, ie veux que cela me tienne lieu de iustification, pour faire voir que ce n'est pas sans cause que ie suis transporté d'vne si sainte fureur. En efet, ie suis si touché des choses que i'ay ouïes, que lors que ie n'ay personne à les conter ie m'en entretiens moy-mesme ; Semblable à ces Amoureux, qui en l'absence de leurs Maîtresses s'entretiennent des faueurs qu'ils en ont receuës, & se plaisent à repasser dans leur esprit leurs paroles & leurs actions, comme si elles estoient presentes; quelquefois auec tant d'attention qu'ils ne prennent pas garde à ce qu'ils voyét, tant ils sont attachez à ce qu'ils ne voyent point. Ie me console de mesme en l'absence de Nigrinus, que ie regarde comme vn flambeau qui m'éclaire parmy les tenebres ; Et il n'est pas seulement present à ma memoire, mais il me semble que i'entens sa voix ; car, comme Periclés, il laisse vn éguillon dans l'esprit de ceux qui l'écoutent.

LYCINVS. Cesse ce long préambule, qui ne fait que retarder ma joye, & me raporte en peu de mots ce qu'il t'a dit.

L'AMI. Ie crains de faire comme ces mauuais Comediens, qui representent mal de bonnes choses, & de corrompre l'excellence de son discours, par la foiblesse du mien. Mais si ie manque, souuien-toy que le Poëte n'est pas coupable de la faute des Acteurs, & que i'ay oublié ou alteré, ce qu'il auoit peut-estre dit autrement. Du reste n'atten de moy, non plus que d'vn messager de Comedie, qu'vn simple recit, & souhaite seulement que ma memoire soit fidelle, afin que ie n'oublie rien qui soit important ; car ie vais faire vn éfort pour te contenter.

LYCINVS. Que tu as fait là vn bel exorde, & selon les regles de l'Art! Tu deuois ajoûter, Que voſtre entretien ne fut pas long, & que tu ne t'és point preparé; & autres excuſes ſemblables que les Orateurs ont acouſtumé de faire. Mais imagine-toy que tu as dit tout ce qu'il faloit, & que i'ay répondu de meſme, ſans ſuſpendre dauantage mon atente, ny m'ennuyer d'vn long diſcours, ſi tu ne veux eſtre ſiflé comme vn mauuais Comedien.

L'AMI. Ie ſuis bien aiſe que tu m'ayes préuenu & que tu ayes dit par auance ce que i'auois à dire. Ie voudrois que tu euſſes ajouſté auſſi, Que ie ne garderay ni ſon ordre ni ſes paroles, tant pour épargner ma memoire, que pour ne point trahir la gloire de mon Heros; en ioüant ſon perſonnage foiblement.

LYCINVS. Ne finiras-tu point ton Prelude?

L'AMI. Pour commencer donc, ie te diray, Qu'il entra en diſcours par les loüanges des Grecs, & particulierement des Atheniens, qui nourris dans la pauureté de la Philoſophie, ſont ſi ennemis du luxe, qu'ils réforment iuſqu'aux Eſtrangers qui viennent chez eux, bien loin de s'en laiſſer corrompre. Il me contoit, à ce propos, qu'vn iour il en vint vn à Athenes tout couuert d'or & de pourpre, auec vn équipage magnifique; mais qu'au lieu d'admirer ſa pompe & ſa magnificence, comme il ſe l'imaginoit, on auoit pitié de luy, quoy qu'on ne s'en vouluſt pas moquer tout publiquement, pour ne point choquer ſa liberté. Cependant, on eſſayoit de l'inſtruire; Car comme chacun eſtoit incommodé dans les lieux publics, par la foule de ſes valets, il y en eut vn qui dit assez plaisamment, Qu'est-il besoin en temps de paix de se faire suiure par vne Armée ? Vn autre se ioüant sur le luxe de ses habits, Le Printemps, dit-il, n'a pas encore paru, d'où nous viennent tant de fleurs ? Ils reprirent délicatement aussi les mets superflus de sa table, le trop grand soin qu'il prenoit de sa cheuelure, la quantité de pierreries dont ses doigts estoient plustost chargez que parez : si bien qu'en se moquant tantost d'vne chose, & tantost d'vne autre, non pas toutefois si haut, ni si aigrement qu'il s'en pust fâcher, ils firent si bien qu'il retourna tout changé en son païs. Il aleguoit vn autre exemple pour montrer qu'on n'y auoit point de honte de la pauureté, mais plutost qu'on en faisoit gloire, Qu'en des ieux publics, les Sergens ayans pris vn Bourgeois vestu d'vne étoffe teinte, contre l'Ordonnance qui défendoit de se trouuer aux Spectacles en cét habit ; le peuple cria que l'on eust pitié de luy, & qu'il ne l'auoit pas fait par vanité, mais parce qu'il n'en auoit point d'autre. Il loüoit encore la liberté & la tranquillité du païs, où l'on viuoit modestement, & sans enuie, & soûtenoit que cela estoit conforme à la doctrine des Philosophes, & conuenable à celuy qui vouloit conseruer la pureté de ses mœurs, & suiure les loix de la nature. Mais ceux qui mesurent leur felicité, aux grandeurs & aux richesses, & qui sont nouris dans la flaterie & la seruitude, esclaues des voluptez ; Ceux-là, dit-il, doiuent demeurer dans Rome, où regne le luxe & la débauche, dont l'esprit vne fois imbu, fait banqueroute à l'honneur, & lors que ce diuin hoste en est dehors, l'ame n'est plus qu'vn desert remply de bestes farouches. C'est-là, dit-il, qu'est le séjour du mensonge & de l'imposture ; C'est là qu'on n'oit que des chansons lasciues, & qu'on ne voit que des actions deshonnestes. C'est-là que la volupté entre par toutes les portes, dont il se fait comme vn fleuue de delices, qui submerge les vertus, & qui traisne auec luy l'orgueil, l'ambition, l'auarice & cent autres vices semblables. Voilà quelle est la vie de Rome ; c'est pourquoy lors que i'eus quité la Grece pour y venir, ie me repentis bien-tost de cette resolution, & creus auoir quité la lumiere du Soleil, comme dit Homere, pour venir habiter parmy les ténebres. Pourquoy, disois-je en moy-mesme, renonçois-tu au repos & à la tranquillité de la Gréce, pour viure icy dans le tracas & le tumulte ? pour ne voir que des flateurs, des empoisonneurs, des assassins, des corrupteurs & autre telle racaille ? Que veux-tu faire en vn lieu où tu ne peux viure, comme on y vit ? Apres auoir donc resué quelque temps là-dessus, ie deliberé de me retirer de la foule comme Iupiter enleua Hector de la bataille, & de m'entretenir en particulier auec Platon & la Philosophie, quoy que plusieurs tiennent cette vie lâche & oisiue. De là, comme de dessus vn théatre, ie contemple tout ce qui se passe dans Rome, dont vne partie me fait rire, & l'autre me fait pitié ; mais l'vne & l'autre me sert d'instruction. Car s'il faut loüer le mal par le profit qui nous en reuient, ie ne trouue tant de sujet nulle part d'exercer sa vertu, pour resister à tous les plaisirs deshonnestes, à toutes les passions déréglées, à tous les aléchemens de voluptez, non pas en ce faisant lier comme Vlysse au mast du Nauire, ni en se bouchant les oreilles, comme luy au chant des Sirénes, mais en marchant la teste haute & le courage éleué. D'ailleurs, comme les choses paroissent dauantage par l'oposition de leurs contraires, le Vice donne lustre à la Vertu, & l'on méprise dauantage les biens perissables, lors qu'on en reconnoist les defauts ; Lors qu'on voit tout à coup comme dans vne Comedie, le riche deuenir pauure, le maistre esclaue, & l'amitié des hommes se changer auec la fortune. Mais ce qu'il y a de plus estrange, c'est qu'encore qu'on voye l'instabilité des choses du monde, & que la Fortune se iouë de tout ce qui est icy bas, on ne laisse pas de l'adorer, & d'admirer de vaines grandeurs, & de trompeuses richesses, au lieu de s'en rire comme on deuroit. Car qui ne riroit de voir les Grands étaler leur folie & leur vanité parmy leur pompe & leur magnificence ? Les vns ne vous saluënt que par la bouche d'autruy, & veulent qu'on se contente de les voir sans leur parler, comme on assiste à des spectacles. D'autres, encore plus glorieux, soufrent que l'on les adore, non pas de loin, à la façon des Perses, mais en leur baisant la main, & embrassant leurs genoux, le dos tout courbé, & les yeux baissez contre terre ; mais l'ame encore plus humiliée que le corps. Car ils mettent leur felicité en ces fadaises, aussi bien que le peuple qui les regarde, quoy qu'il sçache bien que tout cela n'est que piperie, & qu'on les maudit en les adorant. Cependant, Monsieur se tient debout à soufrir ces fausses adorations, & à se laisser tromper luy-mesme, & vous donne sa main à baiser, que i'aime encore mieux que sa bouche. Ceux-là, pourtant, me semblent plus ridicules, qui leur font la cour, & qui se leuent dés minuit pour estre de plus grand matin à se morfondre à leur porte, &

MOEVRS D'VN PHILOSOPHE. 17

à souffrir la mauuaise humeur de leurs valets, qui leur disent leurs veritez, & les apellent souuent par leur nom. Mais quelle est, après tout, la recompense de tant de peines & de veilles ? ce n'est souuent qu'vn miserable repas où l'on endure mille afrons : & où l'on est contraint de faire & de dire mille choses contre son sentiment ; Enfin, d'où l'on se retire toûjours ou mal-content, ou malade, de sorte qu'il faut aller décharger son cœur à vn amy, ou rendre gorge en quelque coin, & donner de l'exercice aux Medecins. Ce que ie trouue de plus plaisant, c'est que quelques-vns n'ont pas seulement le loisir d'estre malades, & sont contraints de courir toute la ville, lors qu'il se faudroit mettre au lit. Mais ie n'ay garde de les plaindre; Car les flateurs, à mon auis, sont pires que ceux qu'ils flatent, & sont cause par leur lâcheté, de l'orgueil & de l'insolence des autres. Ce sont eux qui corrompent leur modestie par l'admiration de leur grandeur, & par la loüange de leurs richesses ; au lieu que s'ils vouloient renoncer d'vn commun accord à cette seruitude volontaire, les Grands leur viendroient faire la cour eux-mesmes, & les prieroient de contempler leur felicité de peur qu'elle ne leur fust inutile. A quoy seruiroient tant de mets superflus sur leurs tables, s'il n'y auoit personne pour en gouster, veu que souuent ils n'en goustent pas eux-mesmes, & que l'abondance engendre le dégoust ? A quoy seruiroient leurs beaux meubles, & leurs grands Palais, si personne ne les venoit voir ? Car ces choses ne sont pas si considerables par elles-mesmes, que par l'estime qu'on en fait, & par l'opinion qu'on a d'estre heureux en les possédant. Il faudroit donc, pour rabaisser leur orgueil, opposer le mépris à leur vanité ; au lieu de les enorgueillir comme on fait, par de fausses Joüanges. Encore seroient-elles pardonnables au peuple ignorant, & aux Courtisans qui n'ont rien de meilleur à dire : mais que ceux qui font profession de Sagesse soient les plus lâches flateurs, c'est ce qui est insuportable ; Car de quel œil pensez-vous que ie voye vn Philosophe déja sur l'âge parmy la foule des Courtisans, à la suite d'vn Grãd, ou faire la cour à des valets pour gagner les bonnes graces du maistre ? Ils deuroient pour le moins quitter leur habit & leur mine austere quand ils veulent faire des choses qui en sont indignes, & ne pas pratiquer le Vice sous l'équipage de la Vertu ; Car ils ne different qu'en cela des autres, & sont les plus insolens dans la débauche, sans parler de leur gourmandise & de leur yurognerie. Il blâmoit particulierement ceux qui enseignent pour de l'argent & qui font trafic de la Vertu, comme s'ils mettoient la Sagesse à l'encan dans vn marché ; Il appelloit leurs Escoles des boutiques & des tauernes, & ne pouuoit soufrir qu'vn homme qui fait profession de mépriser les richesses, & qui les veut rendre odieuses, méne vne vie si contraire à sa doctrine. Aussi ne tiroit-il point tribut de son sçauoir, & ceux qui en auoient besoin le pouuoient consulter à toute heure, & y venir puiser comme dans vne source publique. Car il songeoit si peu à s'enrichir, qu'il negligeoit mesme son bien, & aidoit les pauures tous les ans du reste de son reuenu. Il croioit que la iouïssance des choses ne nous apartenoit qu'à proportion du besoin que nous en auions, & que c'estoit vne espece d'injustice de retenir le reste. C'estoit vn exemple viuant de sobrieté &

de temperance, sans excés dans son boire & dans son manger, reglé dans ses exercices, modeste tant en ses habits qu'en sa contenance, quoy que d'vn port vénérable pour ne point parler de la douceur de ses mœurs & de son esprit. Il auertissoit ceux qui le venoient voir de ne point remettre de iour à autre l'amendement de leur vie, parce qu'on ne deuoit point diferer à bien viure. Mais il n'aprouuoit pas ce que quelques-vns prennent pour vn grand exercice de vertu de se fouëtter ou déchiqueter la peau pour s'accoustumer à la douleur, & disoit, que c'estoit dans l'ame qu'il faloit planter l'indolence, & qu'en matiere d'instruction on deuoit auoir égard à l'âge, à la complexion & aux habitudes, pour ne point acabler la nature en la surchargeant, ni rompre vn baston que l'on vouloit redresser. I'ay veu vn ieune homme, qui aprés auoir passé par cette épreuue, eut recours à luy comme à vn azyle, & parut depuis plus reglé & plus modeste. Il passoit de là à la reprehension d'autres vices, & à la fureur des spectacles dont la passion a gagné iusques aux plus sages, & touchoit le defaut de ceux qui ont trop de soin de leurs funerailles, ajoûtant que les Romains prononçoient vne parole veritable en toute leur vie, lors qu'ils mettoient dans leur testament, que ce qu'ils diroient ne leur pust nuire, ni préjudicier. Mais ie ne pouuois m'empescher de rire de l'impertinence de ceux qui aprés auoir esté sots toute leur vie, pour l'estre encore aprés leur mort, ordonnent qu'on brûlera leurs plus beaux habits auec eux, ou que leurs esclaues se tiendront prés de leur sepulchre, & les couronneront de fleurs. Ce sont ceux-là mesmes qui se traitent trop magnifiquement durant leur vie, qui répandent du vin dans les festins parmy les odeurs, boiuent des parfums, se couronnent de fleurs, veulent auoir des roses en Hyuer ; Enfin, qui n'ayment les choses que hors de leur saison, & contre l'ordre de la Nature. Il appelloit cela faire vn solécisme dans la Volupté, & comme Momus trouuoit à redire que le Taureau eust les cornes au dessus des yeux, & disoit qu'il les deuoit auoir au dessous, afin qu'il vist mieux où il frapoit ; Il trouuoit mauuais qu'aimant les senteurs, ils ne les missent pas plustost sous leur nez que sur leur teste. Il se moquoit aussi de ceux qui sont trop delicats dans leur boire & dans leur manger ; & disoit, Qu'ils se donnoient bien de la peine pour quatre doigts de plaisir, qui est à peu prés l'estenduë de nostre gosier, car deuant ni aprés ils n'en sentoient rien. Il ajoûtoit, Qu'ils achetoient bien chérement ce petit passage par tant de chagrins & de maladies : Et qu'ils auoient bien merité ce suplice, en méprisant les solides voluptez que l'on tire de la Philosophie, pour des bagatelles. De là il venoit aux desordres de ceux qui importunent tout le monde dans les bains publics par vne foule de valets, & qui s'apuyent sur leurs esclaues, comme s'ils n'auoient point de iambes ; ou qui par la ruë, & dans les bains mesme, ont des gens qui marchent deuant eux pour les auertir où il faut mette le pied, comme s'ils auoient oublié qu'ils marchent, qui est vne chose qu'on voit arriuer tous les iours aux plus Grands de Rome. Il disoit, qu'il estoit ridicule de se seruir de ses oreilles pour ouïr, & de ses mains pour manger, & d'auoir besoin des yeux & des iambes d'autruy, pour se conduire,

Ou, se font porter en chaise cōme dans vne bierre.

comme si l'on estoit boiteux & aueugle. Tandis qu'il reprenoit donc ces choses, & autres semblables, auec beaucoup d'eloquence, ie demeurois ataché à son discours, sans en perdre vne parole, & ne craignois rien tant que d'en voir la fin. Et lors qu'il eut acheué, ie le regardois comme immobile, sans pouuoir prononcer vne parole, & i'estois tout en sueur & tout interdit. Car, s'il m'est permis de philosopher à mon tour, il me semble que le cœur de l'homme est comme vn but où chacun vise, mais peu y donnent; & des coups que l'on y tire, les vns pour estre trop violens, passent à trauers, sans s'y arrester; les autres, pour estre trop foibles, n'y font point d'impression : Mais ceux qui sont mesurez à sa portée, & frotez, non pas de venin ou de résine, comme ceux des Scythes & des Curetes, mais d'vne grace inuisible, comme d'vne huile douce & penetrante; ceux-là, dis-je, font des blessures qui ne se guérissent iamais, & qui sont si agreables qu'elles font couler des larmes de ioye, comme il m'arriua en cette occasion. Il y a pourtant quelquefois des cœurs inuulnerables; car comme le ton Phrygien de la flûte, ne touche que ceux qui sont épris des fureurs de la Deesse Cibéle, les discours de la Philosophie n'émeuuent que les esprits qui sont disposez à les receuoir.

L'AMI. Que tu me contes-là des choses diuines & agreables ! & que tu as fait en mon absence vn grand festin de Nectar & d'Ambrosie ! Si le plaisir que tu as receu peut estre comparé à vne blessure, à cause de l'impression qu'il a faite sur toy, ie puis dire, que ie suis blessé d'vn mesme trait ; & qu'en me racontant ton mal tu me

22 TIMON, OV LE MISANTHROPE.
l'as communiqué : c'est pourquoy songe à trouuer vn remede pour tous deux.

LYCINVS. Il faut auoir recours pour cela à celuy qui en est l'Autheur, comme Téléphe à Achille, pour en receuoir guérison.

Il y a icy vn Traité, intitulé LE IVGEMENT DES VOYELLES, *qui est vne plainte de l'S, contre le T, sur quelques mots qu'il luy dérobe, comme par exemple, on dit* Thalatta *pour* Thalassa, *par vn caprice de l'Vsage, ainsi que* chaise *en François, pour* chaire. *L'Auteur prend de là occasion de iouër sur la rencontre des mots ; mais comme cela n'a aucun raport à nostre langue, il ne se peut traduire ; aussi laisse-t'on ces mots en Grec dans la version Latine. Mais vn de mes Neueux a composé vn Dialogue à cete exemple, qui se trouuera à la fin du liure.*

TIMON, OV LE MISANTHROPE.
DIALOGVE.
Où TIMON, IVPITER, MERCVRE, & plusieurs autres parlent.

C'est la plainte d'vn homme qui tomba tout à coup dans vne extrême pauureté, sans estre assisté de personne, quoy qu'il eust fait du bien à plusieurs dans sa fortune. Il s'en prend donc à Iupiter, qui touché de compassion, luy enuoye le Dieu des Richesses, pour le tirer de la necessité où il estoit.

TIMON. O Iupiter, Protecteur de l'Hospitalité, de la Societé, de l'Amitié; & s'il y a quelqu'autre Epithete que les Poëtes te donnent en leur fureur, ou pour remplir la mesure de leurs Vers, lors qu'ils ne sçauent plus que dire. O toy, qui gresles, qui tonnes & qui foudroyes sur les impies ; Qu'est deuenu ton foudre & tes carreaux de feu autrefois si redoutables ? Ils sont maintenant froids & éteins, & s'en sont allez en fumée. Salmonée te braue à cette heure impunément auec son faux tonnere ; Le tien n'est plus qu'vn bruit vain, & vn tison fumant qui ne fait rien que noircir. Pourquoy, Grand Dieu, és-tu deuenu si froid & si lent à punir les crimes, comme si tu estois sourd & aueugle de vieillesse, & que tu ne visses & n'entendisses plus les forfaits qui se commetent tous les iours ? Car lors que tu estois ieune & boüillant, tu ne faisois ni paix ni tréue auec les coupables, & en abismois les vns par des tremblemens de terre, & les autres par des déluges, comme tu fis du temps de Deucalion, que tu sauuas dans vne petite nacelle du naufrage de l'Vniuers, pour reparer les ruines du Monde, & conseruer quelque étincelle du genre humain. Les hommes sont deuenus plus cruels & plus meschans qu'ils n'estoient alors, on ne te fait tantost plus d'ofrandes ni de sacrifices, si ce n'est quelqu'vn en passant aux jeux Olympiques ; encore est-ce plustost par coustume, que par zele ou par deuoir. Enfin, on t'a presque dépossedé, comme tu as fait ton prédécesseur. Les voleurs te pillent tous les iours impunément, iusqu'à mettre sur toy leurs mains sacrileges, comme ils ont fait depuis peu à Olympie, où pendant la solemnité des ieux, ils ont coupé l'or de ta cheuelure. Cependant, vainqueur des Tirans, tu fus si lâche que de soufrir cet afront sans crier seulement à l'aide, pour réueiller les chiens, ou le voifinage endormy. Qu'il faifoit beau voir alors Iupiter, auec vn foudre de quinze pieds à la main, qui fe laiffoit tondre par des brigans! Quand te réueilleras-tu d'vn fi long affoupiffement illuftre vfurpateur, pour châtier de plus grands crimes que ceux des fables? Car pour ne point parler des autres, puis-que ce ne feroit iamais fait, comment laiffes-tu impunis les ingrats qui m'ont abandonné, aprés auoir mangé tout mon bien, & qui ne me regardent pas dans ma mifere, aprés m'auoir adoré dans ma fortune? Ils fe détournent de moy lors qu'ils me rencontrent, & me fuyent comme vn oifeau de mauuais augure. Maintenant donc, priué de tous biens & acablé de tous maux, ie fuis contraint de philofopher icy auec la befche & le hoyau. Tout l'auantage que ie tire de ma retraite, c'eft que ie ne vois point la profperité des mefchans, qui n'eft pas vne petite félicité. Réueille-toy donc encore vn coup, fils de Saturne & de Rhée, d'vn fommeil plus long que celuy d'Epimenide, & r'alumant ton foudre fur le mont Eta, écrafes-en les impies, fi tu ne veux qu'on croye que tu fois mort, comme on le publie en Crete, & que tout ce qu'on dit de toy ne foit que fable & que fiction poëtique.

IVPITER. Qui eft ce blafphemateur, qui crie fi haut du mont Hymette? Il faut que ce foit quelque Philofophe; car vn autre ne feroit pas fi infolent.

MERCVRE. Ne connois-tu pas Timon, qui t'a fait tant d'ofrandes & de facrifices, & qui nous traitoit fi magnifiquement le iour de ta fefte?

IVPITER. Quoy, c'eft luy! Dieux quel changement!

changement ! Comment vn homme si riche, & qui auoit tant d'amis, a-t'il pû tomber tout à coup dans vne si honteuse pauureté ?

MERCVRE. En faisant du bien à des ingrats, qui l'ont abandonné, comme les Corbeaux font les charognes, lors qu'il n'y a plus rien à ronger.

IVPITER. Veritablement, il a quelque sujet de se plaindre ; & nous ne pouuons, sans estre plus ingrats que ses faux amis, l'abandonner ainsi dans son mal-heur, aprés le soin qu'il a eu de nous dans sa fortune. Mais acablé d'affaires de tous costez, & depité contre les meschans, dont le nombre croist tous les iours, iusqu'à me donner de l'épouuante, ie ne regarde tantost plus la Terre ; outre que i'ay la teste rompuë des disputes des Philosophes, qui m'empeschent d'entendre les cris des autres, si bien que celuy-cy a esté égaré parmy la foule. Mais pour ne le pas laisser languir plus long-temps dans sa misere, pren auec toy le Dieu des Richesses, & le meine chez luy, auec ordre de n'en point partir, quand il le voudroit chasser. Pour ceux qui l'ont abandonné, ie ne manqueray pas de les foudroyer, si-tost qu'on aura racommodé mon foudre, dont ie rompis l'autre iour deux pointes en le lançant trop brusquement contre le Philosophe Anaxagoras, qui vouloit persuader à ses disciples que nous n'estions que des chansons. Mais il se mit à couuert sous l'autorité de Periclés, & cependant i'allay mettre en poudre le Temple de Castor & de Pollux, qui ne m'auoit fait aucun mal. En atendant ce sera vn assez grand suplice pour des ingrats, de voir rentrer en honneur celuy qu'ils ont méprisé.

B

MERCVRE. Qu'il est important de crier haut, non seulement dans vn Barreau, pour gagner sa cause, mais encore en faisant des vœux & des prieres ! Si le bon-homme Timon fût demeuré les bras croisez sans rien dire, il eût esté gueux toute sa vie ; maintenant par ses cris & ses importunitez, il a araché mesme du Ciel ce qu'il demandoit. Toutefois, ie croy que cela ne luy seruira de rien ; car voilà le Dieu des Richesses, qui ne veut pas obeïr.

IVPITER. Pourquoy ?

MERCVRE. Il luy faut demander à luy-mesme.

PLVTVS. Voulez-vous que ie retourne en vn lieu où l'on ne me sauroit soufrir ? Enuoyez-moy chez ces gens qui sauent ce que ie vaux, & combien ie couste à acquerir, & que les fous qui l'ignorent, croupissent toute leur vie dans la pauureté.

IVPITER. Tu n'as rien à craindre, il est assez instruit par sa disgrace. Mais ie m'étonne que tu te mettes en colere de ce qu'on te laisse libre, veu que tu te plaignois autrefois des vsuriers, qui t'enfermoient sous la clef, sans te laisser seulement voir la lumiere, & te faisoient soufrir mille gesnes. Tu disois que c'estoit ce qui te rendoit pasle & défiguré, & ce qui estoit cause que tu ne songeois qu'à t'éuader. Tu meriterois donc, pour vne si injuste plainte, d'estre mis en prison perpetuëlle, dans quelque tour d'airain, comme vne autre Danaé, pour n'y viure que d'interest & d'vsure, qui est vn fort mauuais aliment. Tu blâmois aussi les auares qui meurent d'amour pour toy, & cependant n'en osent iouïr ; Semblables à ce chien des Fables, qui ataché au ratelier ne pouuoit manger du foin, ni soufrir que le cheual en mangeaſt. Tu diſois qu'ils eſtoient ialoux d'eux-meſmes, & ſe retranchoient leurs propres plaiſirs ſans conſiderer que ce qu'ils aimoient ſeroit vn iour la proye d'vn voleur, ou de quelque indigne heritier. N'as-tu point de honte de te dédire ainſi de tes anciennes maximes?

PLVTVS. Si tu me veux écouter, tu trouueras que i'ay raiſon. Car les vns me laiſſent aller par negligence, & les autres m'épargnent par ſtupidité, faute de ſauoir que s'ils ne m'employent, ie leur ſeray inutile, & qu'ils ſeront contraints de me quiter, auant que de s'eſtre ſeruis de moy. Diroit-on qu'vn homme aime ſa maiſtreſſe, qui l'abandonneroit à tout le monde? Ie croy que non, & que quand tu eſtois amoureux, tu n'en vſois pas de la ſorte. D'autre coſté, de l'auoir en ſa puiſſance ſans en iouïr, cela eſt encore plus ridicule; cependant, c'eſt ce que font les vns & les autres.

IVPITER. Ils ſont aſſez punis par leur vice, ſans que tu te mettes en peine de les punir; puiſque les vns, comme des Tantales, meurent de ſoif au milieu des eaux; & les autres, comme des Phinées voyent emporter leur bien par des Harpyes, auant que d'en auoir gouſté. Mais va trouuer Timon, tu le trouueras tout autre qu'auparauant.

PLVTVS. C'eſt comme ſi tu m'enuoyois verſer de l'eau dans vn muid percé.

IVPITER. Si cela eſt, il ſera bien-toſt à ſec, & contraint de boire la lie quand il n'y aura plus de vin. Mais va viſte, & que Mercure ſe ſouuienne de m'amener au retour quelque Cyclope du mont Ethna, pour racommoder mon foudre; car ie vois bien que i'en auray grand beſoin.

MERCVRE. Partons; Qu'as-tu à clocher? és-tu boiteux auſſi bien qu'aueugle?

PLVTVS. Ie vay toufiours de la forte quand on m'enuoye chez quelqu'vn ; c'eft pourquoy ie n'arriue que fort tard, & fouuent quand on n'en a plus que faire. Mais lors qu'il eft queftion de retourner, ie vay vifte comme le vent, & l'on eft eftonné qu'on ne me voit plus.

MERCVRE. Cela n'eft pas toufiours veritable ; car il y a des gens à qui les biens viennent, en dormant.

PLVTVS. Ie ne marche pas alors fur mes iambes, mais on m'emporte fur des crochets, & ce n'eft pas Iupiter qui m'enuoye, mais Pluton, qui eft auffi Dieu des Richeffes, comme fon nom le témoigne. Car il fait paffer en vn moment de grands biens d'vne main à l'autre; Et tandis qu'vn pauure mort eft ietté en quelque coin couuert d'vn linge, de peur que les chats ne le mangent, fon heritier fe creue de rire en me voyant, & laiffe pleurer les autres qui bâilloient apres moy comme de petites hirondelles, & n'ont aualé que du vent. Car lors qu'on a ouuert le teftament, on trouue pour heritier quelque lâche flateur, ou quelque infame valet qui feruoit aux plaifirs de fon maiftre, & qui change auffi-toft de nom, & en prend vn magnifique, laiffant fes compagnons étonnez de fa fortune, qui portent le deüil pour luy. Cependant, il ne me tient pas pluftoft qu'il en deuient glorieux & infolent, frappe l'vn, injurie l'autre, tant qu'il tombe dans les pieges de l'amour, ou de quelque autre paffion, qui confume en peu d'heures ce que le défunt auoit amaffé auec beaucoup de temps & de peine, & triomphe du fruit de mille crimes.

MERCVRE. Cela arriue d'ordinaire ; mais quand tu marches tout feul, comment peux-tu trouuer le chemin, veu que tu és aueugle?

PLVTVS. Auſſi m'égaré-je quélquefois, & pren-je ſouuent l'vn pour l'autre.

MERCVRE. Ie le croy ; car tu n'aurois pas laiſſé, par exemple, Phocion ou Ariſtide, pour enrichir Hipponique & Callias ; mais encore, comment fais-tu?

PLVTVS. Ie tourne tant, haut & bas, à droit & à gauche, que ie rencontre quelqu'vn qui me ſaiſit au colet, & qui te va remercier de ſa fortune, ou quelque autre Dieu qui n'y aura pas ſongé.

MERCVRE. Iupiter ſe trompe donc, lors qu'il croit que tu enrichis les gens de bien?

PLVTVS. Comment voudroit-il qu'vn aueugle comme moy puſt trouuer vn homme de bien, qui eſt vne choſe ſi rare ? mais comme les meſchans ſont en grand nombre, i'en rencontre toûjours quelqu'vn.

MERCVRE. Mais d'où vient que tu cours ſi viſte au retour, veu que tu ne ſçais pas le chemin?

PLVTVS. On diroit que ie ne vois clair qu'alors, & que le deſtin ne m'a donné des iambes que pour fuir.

MERCVRE. Dis-moy encore, pourquoy eſtant aueugle, pâle, défait & boiteux, tu as tant de galans qui meurent d'amour pour toy, & qui mettent toute leur felicité à te poſſeder ?

PLVTVS. C'eſt que la paſſion les empeſche de voir mes defauts, & qu'ils ſont éblouïs de l'éclat qui m'enuironne.

MERCVRE. Mais lors qu'ils te tiennent en leur puiſſance, ne reconnoiſſent-ils pas auſſi-toſt les maux que tu traiſnes aprés toy ? Cependant, ils ne s'en peuuent défaire, & on leur arracheroit pluſtoſt les entrailles que leur or.

PLVTVS. L'orgueil, la folie & la vanité les arreſtent, & autres vices ſemblables qui marchent touſiours à ma ſuite, & qui ne ſe ſont pas pluſtoſt emparez d'vne ame, qu'elle adore ce qui luy nuit, trouue admirable ce qui ne l'eſt pas, & pour comble de mal-heur, eſt preſte à ſoufrir mille tourmens, pour ne point quiter la cauſe de ſa ruine.

MERCVRE. Que tu-és leger & gliſſant! Tu coules comme vne anguille, quand on te preſſe; au lieu que la pauureté eſt ſi gluante, qu'on ne s'en ſçauroit dépétrer. Mais tout en riant, nous voicy arriuez prés du mont Hymette. Deſcendons, & me prens par le manteau, de peur que tu ne t'égares.

PLVTVS. Tu as raiſon; car comme ie ſuis étourdy, i'irois peut-eſtre me ietter entre les bras de quelque ſot, ou bien de quelque méchant. Mais quel bruit eſt-ce que i'entends comme du fer qui frape contre vne pierre?

MERCVRE. C'eſt Timon qui cultiue vn champ pierreux. Dieux! comme il eſt fait, au prix de ce qu'il eſtoit autrefois! Le voila tout craſſeux, & tout couuert de haillons! Mais quelles gens voy-je autour de luy? La Force, la Santé, la Sageſſe, la Vertu, conduites par le Trauail, & la Pauureté. Voilà bien d'autres gens que tes Satellites.

PLVTVS. Fuyons, il ne nous voudra pas receuoir en leur preſence.

MERCVRE. Ne crain rien, ſous la conduite de Mercure, & les auſpices de Iupiter.

LA PAVVRETÉ. Où menes-tu celuy-cy, Mercure?

MERCVRE. Vers Timon, de la part du Maiſtre des Dieux.

LA PAVVRETÉ. Quoy! il me mépriſe ſi fort,

luy qui me deuroit maintenir, qu'il me veut rauir celuy que ie poſſedois, pour le liurer à mon ennemy, afin qu'aprés l'auoir corrompu par les délices, il me le rende en ſuite pour le guerir? Eſt-ce là la recompenſe des ſeruices que i'ay rendus à Timon, en luy oſtant ſes vices, & en l'inſtruiſant à la Vertu?

MERCVRE. Iupiter le veut ainſi, & ſes ordres ſont inuiolables.

LA PAVVRETE'. Suiuez-moy, mes compagnes, Timon verra bien-toſt ce qu'il perten nous perdant. Qu'il ſe ſouuienne que ie ne luy ay rien appris que de bon, & que mon riual n'en fera pas de meſme. Tien, Mercure, ie te le rens ſain de corps & d'eſprit, ſage, laborieux, vigilant, mépriſant le luxe & la vanité, comme des choſes pernicieuſes ou inutiles.

MERCVRE. Les voilà partis; auançons.

TIMON. Qui eſtes-vous qui venez ainſi troubler ma ſolitude, & me détourner de mon ouurage? Retirez-vous, que ie ne vous en faſſe repentir.

MERCVRE. Tout beau, ie ſuis Mercure qui t'amene le Dieu des Richeſſes, de la part de Iupiter. Reçois-le comme tu dois, & comme il merite.

TIMON. Ie ne me ſoucie, ni des Dieux ni des hommes, trompé par les vns & abandonné des autres; & ie vais de ce pas rompre la teſte à cét aueugle, s'il ne ſe retire.

PLVTVS. Fuyons de bonne heure, que ce fou ne nous cauſe quelque malencontre.

MERCVRE. Areſte-toy, ſans te dépiter contre les Dieux qui te veulent rétablir dans ta gloire, & combler de honte tes ennemis.

B iiij

TIMON. Ne me rompez point la teste de ces foles promesses, & de ces vaines esperances. Il ne me faut pour viure que ce hoyau, & ie seray assez heureux, pourueu que ie ne vous voye point.

MERCVRE. Cela seroit bon, si nous estions hommes, mais nous sommes des Dieux qui venons pour te soulager. Reçoy la bonne fortune que le Ciel t'enuoye.

TIMON. I'ay beaucoup d'obligation à Iupiter, de l'honneur qu'il me fait de se souuenir de moy; mais ie ne veux point receuoir celuy-cy, qui est la cause de tous mes maux. Car c'est luy qui m'a liuré aux flateurs; qui m'a fait dresser des embûches; qui m'a rendu odieux & exposé à l'enuie, qui m'a rompu par les delices; & lors que ie ne me pouuois plus passer de luy, il m'a abandonné comme vn traistre; Au lieu que la pauureté m'a receu à bras ouuerts, & m'exerçant dans le trauail & la peine, m'a fourny les choses necessaires & m'a apris à mépriser les superfluës. C'est elle qui m'a rendu maistre de moy-mesme, qui m'a afranchy du pouuoir de la Fortune, qui m'a enseigné quelles estoient les veritables richesses, qui m'a mis en vn estat tranquile, où ie crains ni vne populace émuë, ni vn Orateur corrompu, ni vn Courtisan flateur, ni vn Tyran irrité; & où ie cultiue ce champ en paix, sans voir les maux des grandes Citez. Retourne-t'en donc comme tu és venu, Mercure, & reméne cét aueugle à Iupiter; ie seray assez satisfait, quand il aura rendu les autres aussi mal-heureux que moy.

MERCVRE. Tu te trompes, mon amy. Tout le monde ne sçait pas suporter la pauureté comme tu fais, ni crier si a propos pour estre déliuré. Ne t'opiniâtre point contre Iupiter, & reçoy les

TIMON, OV LE MISANTHROPE.

biens qu'il t'enuoye; il ne faut pas refuser les presens des Dieux. Assez de gens ont fait des prieres qui n'ont pas esté si bien exaucées que tes iniures.

PLVTVS. Veux-tu me permettre de me défendre, sans me mettre en colere?

TIMON. Ouy, pourueu que ce soit en peu de mots, & sans préambule, car ie suis ennemy des longs discours.

PLVTVS. Mais i'en aurois besoin pour répondre à tous les chefs de ton accusation. Dy-moy, ie te prie, en quoy puis-ie t'auoir ofencé? Est-ce en te comblant d'honneur & de biens, & te donnant à souhait tout ce que les autres desirent? Si tes flateurs t'ont fait quelque déplaisir, ie n'en suis pas cause, & leur mépris n'est venu que de mon absence. I'aurois bien plus de sujet de me plaindre, de ce que tu m'as liuré entre leurs mains, & abandonné à ceux qui me dressoient continuellement des pièges. D'ailleurs, ce n'est pas moy proprement qui t'ay quité; mais tu m'as chassé de chez-toy, ce qui m'a mis en telle colere que ie ne voulois pas reuenir, quelque ordre que i'en eusse de Iupiter, comme Mercure te le dira.

MERCVRE. Ne crain point qu'il y retourne iamais, & demeure icy puisque Iupiter te le commande; Continuë de fouïr, Timon, & tu trouueras vn tresor.

TIMON. Il faut obeïr aux Dieux; mais considére, Mercure, que tu me vas réietter en de nouueaux maux.

MERCVRE. Porte-les patiemment pour l'amour de moy, quand ce ne seroit que pour faire enrager tes ingrats & tes enuieux. Cependant ie vais regagner le Ciel par le mont Ethna pour

B v

m'aquitter de la commission de Iupiter.

PLVTVS. Vien Tresor, sous le hoyau de Timon. Continuë à creuser, mon amy.

TIMON. Grands Dieux! qu'est-ce que ie voy? Veillé-ie, ou si ie dors? d'où peut venir tant d'or en des lieux si reculez? Ne sont-ce point aussi des charbons? Non, c'est de l'or tres-pur & tres-fin, qui étincelle comme du feu. Vien, cher amy, que ie t'embrasse apres vne si longue absence. Ie croy maintenant tout ce que les Poëtes ont dit de Iupiter & de Danaé; car ie ne voy point de pucelle qui n'ouurist son sein à vne chose si aymable, & si precieuse. O Midas & Crœsus, vous n'auez esté que des coquins au prix de moy! C'est tout ce que peut faire le grand Roy de Perse que de m'égaler, & le tresor de Delphes ne vaut pas le mien. Consacrons icy mon hoyau, & mes haillons à la Pauureté: car ie voy bien que ie n'en auray plus que faire, & que ie viuray desormais dans la gloire & dans l'opulence. Mais non, retirons-nous plustost en quelque petit coin du monde pour y viure tout-seul à nostre aise, & y bastir vne tour pour enfermer nostre tresor. Car ie ne veux plus viure que pour moy. Arriere tous ces noms d'Amis, de Parens, d'Alliez, tout cela n'est que chimere. La Patrie mesme me passera pour vn fantôme. Ie ne veux plus auoir de consideration pour personne, ni aymer d'autre que moy-mesme. Tous les hommes seront desormais mes ennemis; leur rencontre me sera funeste; ie mettray vn grand desert entre eux & moy, & ne feray iamais ni paix ni tréue auec eux. Quand ie sacrifieray, ie ne traiteray personne; Autant que i'ay esté liberal & complaisant, ie deuiendray cruel & barbare. Si le

TIMON, OV LE MISANTHROPE.

feu se prend quelque-part, bien loin d'y porter de l'eau i'y ietteray de l'huile ; Si quelqu'vn crie à l'aide en se noyant, ie l'enfonceray au lieu de luy tendre la main. Voilà maintenant, mes Dogmes, & les maximes de ma politique. Qu'on m'apelle Lycanthrope ou Misanthrope, c'est dequoy ie ne me soucie point, bien-loin de m'en offenser i'en feray gloire. Ie seray bien-aise, pourtant, auant que de me retirer, qu'on sçache que ie suis riche, afin qu'on en créue de dépit. Mais qui l'a déja dit à tout le monde ? On acourt icy de tous costez. Retirons-nous sur cette montagne pour y estre plus en seureté. Toutefois, i'ayme mieux encor me communiquer pour ce coup, quand ce ne seroit que pour faire enrager dauantage ceux que ie voy, par le mépris que i'en feray. Qui est celui-cy qui s'auance le premier ? C'est le Parasite Gnathon, qui me tendit n'aguere vne corde, comme ie luy demandois du pain, sans se souuenir des grands repas qu'il a faits autre-fois chez moy. Ie suis bien-aise qu'il soit venu le premier, pour estre le premier puny.

Loup-garou & ennemy du genre humain.

GNATHON. Bon-iour, le beau, l'agreable, & le fortuné Timon ; I'auois bien dit que les Dieux ne rejetteroient pas toûjours les prieres d'vn homme de bien.

TIMON. Bon-jour, le plus méchant & le plus scelerat de tous les hommes.

GNATHON. Ha ha ha ! tu veux rire ; Car tu as toûsiours aymé la raillerie. Quand veux-tu que nous buuions ensemble ? Ie sçay vne chanson à boire toute nouuelle.

TIMON. I'ay enuie auparauant de te faire chanter vne complainte.

GNATHON. Pourquoy me frapes-tu ? Vien deuant le Iuge.

TIMON. Attens vn peu, ie te feray bien crier d'vne autre façon.

GNATHON. Donne-moy pluſtoſt quelque choſe pour me guerir ; car l'argent eſt vn remede à tous maux.

TIMON. Quoy ! tu n'és pas encore party.

GNATHON. Ie me retire ; mais tu te repentiras de m'auoir traitté ſi mal.

TIMON. Qui eſt cét autre tout pelé ? c'eſt Philiade le plus cruel de tous mes vautours, qui apres auoir receu de moy iuſqu'au mariage de ſa fille, me frappa l'autre iour que i'eſtois malade, au lieu de me ſoulager. Cependant, il ne ſe pouuoit laſſer de me loüer durant ma fortune, & de dire que i'eſtois plus beau que Narciſſe, & que ie chantois mieux que ne font les Cygnes des Poëtes.

PHILIADE. Ha ! l'impudent coquin que Gnathon, il te traitte maintenant d'amy & de camarade, luy qui ne te vouloit pas regarder auparauant. Tu as eu raiſon de chaſtier ſon ingratitude. Pour moy, tu ſçais l'eſtime que i'ay toûjours fait de ta vertu, & ie n'euſſe pas manqué de te viſiter dans ta diſgrace, ſi ie n'euſſe ſceu que les malheureux n'aprehendent rien tant que le viſage de leurs amis, dans leur infortune ; mais ie t'aportois dequoy adoucir l'amertume de ta condition, lors que i'ay apris que tu n'en auois plus de beſoin. Ie n'ay pas laiſſé pourtant d'auancer, pour t'auertir de ſonger mieux à l'auenir aux amitiez que tu voudras faire, & de te garder des flateurs, qui ne t'abandonneront point depuis qu'ils auront halené vne fois ton treſor. Il ne ſe faut point fier aux hommes de ce temps-cy ; l'In-

TIMON, OV LE MISANTHROPE.

gratitude regne par tout. Mais tu n'as pas besoin qu'on te fasse des leçons, toy qui pourrois instruire les autres, & dont la vie peut seruir d'exemple à toute la Posterité.

TIMON. Ie te remercie, Philiade, de tes bons auertissemens; Mais aproche vn peu que ie te testonne.

PHILIADE Dieux! il m'a rompu la teste auec son hoyau. Qui nous a amené ce fou? Est-ce là la récompense de mes bons auis!

TIMON. Aux autres. Voicy l'Orateur Demea, qui s'aproche auec vn Decret à la main, qu'il a fait sans doute à ma faueur. Car il se dit tout haut mon parent, quoy que n'aguere ayant à faire quelque distribution aux pauures de ma Tribu, il ne faisoit pas semblant de me connoistre. Cependant i'ay payé autrefois vne grosse amende pour luy, sans quoy il seroit pourry en prison.

DEMEA. Bon-iour, la gloire de ton païs, l'apuy & le soustien de ta famille, le rempart de toute la Grece. Le Peuple & le Senat assemblez, t'atendent pour passer le Decret que voicy. *Attendu que Timon fils d'Equécratidés, du Bourg de Colytte, surpasse tous les autres, tant en sçauoir qu'en probité, & ne cesse de rendre seruice à l'Estat, & de veiller pour le bien public. D'ailleurs, qu'il a remporté le prix aux ieux olympiques tant à la lutte, qu'à la course, & autres exercices.*

TIMON. Quel imposteur! ie ne me suis iamais trouué à ces jeux.

DEMEA. N'importe, on ne sçauroit mettre trop de choses fauorables en vn decret. Ne m'interromps point. *Attendu, dis-ie, qu'il a remporté en vn mesme iour le prix de tous ces jeux, & qu'il s'est porté vaillamment en la iournée contre les*

Acarnaniens, où il enfonça deux bataillons de Spartiates.

TIMON. Comment-cela? ie n'ay iamais esté à la guerre.

DEMEA. Ie louë ta modestie, mais ie n'ay pû dissimuler la verité, *atendu, enfin, qu'il est homme de conseil & d'execution, il a semblé bon au Senat, & au Peuple, de luy dresser vne statuë d'or dans le Château, prés de celle de Minerue, qui soit couronnée de rayons, & qui tienne vn foudre à la main, pour Symbole de son éloquence & de sa valeur; & de le couronner aussi de sept couronnes d'or, qui seront proclamées aujourd'huy sur le theatre public par les nouueaux Acteurs, puisque c'est la feste de Bacchus, & vn iour de réjouïssance pour luy.* C'est l'auis de l'Orateur Demea, son Amy, son Parent, & son Disciple. Mais ie suis fâché de n'auoir pas amené auec moy mon fils, qui porte ton nom.

TIMON. Et tu n'és pas marié?

DEMEA. Non; mais ie le seray l'année qui vient, & appelleray de ton nom le premier fils qui me naistra.

TIMON. I'en doute; Car auparauant, ie te casseray la teste, pour récompense de ta lâche & de ton infame flaterie.

DEMEA. Au secours mes Amis, soufrirez-vous qu'vn maraut frape les Citoyens, luy qui n'est pas Citoyen? Mais ie te feray bien-tost porter la peine de ton insolence, Boutefeu, qui as brûlé le Château, pour piller le Tresor public.

TIMON. Trouue de meilleures couleurs à ta calomnie, car le Château n'a point esté brûlé ni le Tresor pillé.

DEMEA. Mais tu n'és riche que de larcin.

TIMON. Reçoy vn second coup de baston

TIMON, OU LE MISANTHROPE.

pour ton imposture, mais sans crier, que ie ne t'en donne vn troisiéme. Car il seroit honteux, aprés auoir défait deux bataillons de Spartiates, que ie ne puſſe mettre à la raiſon vn coquin. A quoy me ſeruiroit-il d'auoir remporté tant de prix en vn iour aux jeux Olympiques? Qui eſt cét autre qui s'auance, c'eſt le Philoſophe Thraſyclés; Ie le reconnois à ſa barbe de bouc, & à la hauteur de ſes ſourcils. Il marche à grands pas, & grommele entre ſes dents; ſans doute qu'il medite quelque harangue, car il retrouſſe ſes cheueux ſur ſon front. Qu'il reſſemble bien, en cét eſtat, au Triton, ou au Borée de Zeuxis! C'eſt vne choſe étrange qu'vn homme ſi modeſte en aparence, & d'vne mine ſi graue & ſi auſtere, aprés auoir philoſophé tout le iour auec ſes Diſciples, n'ait pas pluſtoſt bû ſur le ſoir vn grand hanap que ſon valet luy aporte, que tous ſes beaux diſcours s'en vont en fumée, & il ne s'en ſouuient non plus que s'il auoit bû de l'eau du fleuue d'Oubly. Car alors ſe courbant ſur ſon aſſiette, comme s'il y deuoit trouuer la vertu qu'il cherche touſiours, & qu'il ne trouue iamais, il donne eſchec & mat à tous ſes plats, quoy qu'il ſe plaigne touſiours que l'on mange tout ſans luy; & s'empliſſant de vin & de viande, coudoye ceux qui ſont aſſis prés de luy à table; répand de la ſauſſe ſur ſa barbe & ſur ſes habits; querelle la compagnie, tant qu'il le faut emporter yvre du feſtin, où il ne laiſſe pas en bégayant de loüer la ſobrieté & la continence, entre les bras de quelque Muſicienne. Mais de iour il ne le céde à perſonne en menſonge & en impudence, ſans parler de ſes vſures, & de cent autres vertus ſemblables; car c'eſt vn parangon de ſageſſe & de doctrine.

Mais ie m'en vais l'accommoder de toutes piéces.

THRASYCLES. Ie ne viens pas au bruit de tes tresors, comme les autres, ni au souuenir de tes festins: Car ie ne fais pas plus d'estat de l'or que des cailloux du riuage, & n'ay besoin pour viure, que de pain & d'eau, auec quelque oignon, ou quelque salade, quand ie me veux traiter plus splendidement. Ce méchant manteau sert pour me couurir, & auec cela ie dispute de la félicité auec Iupiter. Mais ie veux empescher que tu ne te laisses corrompre à ta fortune, & si tu m'en crois, tu ietteras ton argent dans la riuiere, comme vne chose superfluë, pour ne point dire pernicieuse; si tu n'aymes mieux en faire part à ceux qui en ont besoin, & particulierement aux Philosophes, qui le meritent mieux que les autres. Mais pour moy, ie ne te demande rien; car cette besace me sufit. Ce n'est pas que si tu y voulois mettre quelque chose pour t'aquiter d'vne partie de ce que tu dois à la Philosophie, ce ne fust pour en ayder quelque Ami incommodé. Du reste, elle n'est pas fort grande, & ne tient que deux boisseaux à la grand' mesure ; car il faut qu'vn Philosophe se contente de peu.

TIMON. C'est bien dit ; mais aproche auparauant, que ie te donne quelques coups de poin, pour exercer ta patience ; & de surcroist vn coup de baston.

THRASYCLES. Au secours, mes Amis, souffrez-vous qu'on m'assassine dans vne Ville libre ?

TIMON. Qu'as-tu à crier ? est-ce qu'on ne t'en donne pas assez ? Tien, en voila encore vne douzaine par dessus le marché. Mais qu'est cecy ? toute la Ville acourt en foule ; Guimpons sur cette montagne pour nous défendre plus facilement d'enhaut, à coups de pierre.

PLVSIEVRS. Tout beau, nous nous en allons.

TIMON. Ce ne sera par pour le moins sans coup-ferir.

L'ALCYON, OV LA METAMORPHOSE,

DIALOGVE

DE CHEREPHON, ET DE SOCRATE.

Il prend sujet de parler de la puissante diuine, sur la fable des Alcyons; mais c'est plustost, à mon auis, selon l'opinion de Socrate, que selon la sienne: ce qui fait douter à quelques-vns, si ce Dialogue est de luy.

CHEREPHON. Qvel son a frapé mon oreille? Qu'il est agreable! Il vient du costé du riuage, & de la pointe de ce rocher qui s'auance dans la mer. Mais de quel animal peut-ce estre? car les poissons sont muëts, & les oyseaux qui hantent les mers, n'ont point proprement de chant.

SOCRATE. C'est l'Alcyon tant vanté, dont on conte cette fable, Que la fille d'Eole ayant perdu le beau Ceïx son mary, fils de l'estoile du iour, se consumoit en des regrets superflus, lors que les Dieux touchez de compassion, là changerent en oyseau, qui cherche encore sur les eaux, celuy qu'elle n'a pû rencontrer sur la terre.

CHEREPHON. Quoy! c'est l'Alcyon? Ie ne l'auois iamais ouï; mais sa voix a veritablement quelque chose de lugubre. Comment est-il fait?

car ie n'en ay iamais veu, quoy que i'en aye souuent ouï parler.

SOCRATE. Il est fort petit ; mais sa gloire n'est pas petite ; car pour récompense de son amour, les vens retiennent leur haleine lors qu'il fait son nid, & qu'il couue ses petis, & la mer est tranquile dans la plus grande rigueur de l'hyuer. C'est aujourd'huy vn de ces beaux iours qu'on nomme de son nom Alcyoniens. Voy comme le Ciel est serein, & la face de la Mer vnie comme la glace d'vn miroir.

CHEREPHON. Ie le remarquay dés hier. Mais dy-moy, Socrate, que vouloient dire les Anciens, de nous debiter ces Fables, qui ne sont pas seulement impossibles, mais ridicules ?

SOCRATE. Il est bien dificile, Cherephon, de iuger de la possibilité & de l'impossibilité des choses, & de mesurer l'étenduë de la puissance diuine à nostre foiblesse, puis-que l'homme le plus âgé n'est qu'vn enfant à l'égard de Dieu, & sa vie vn point à comparaison de l'éternité. Tu sçais quelle tempeste il faisoit il y a trois iours, telle qu'il sembloit que le monde dût abysmer. Crois-tu qu'il soit plus facile de produire le calme apres vn si grand orage, que de changer vne femme en oiseau ! Combien d'vne petite boule de cire, les enfans font-ils de figures diferentes ? & tu t'estonnes que Dieu de cette masse terrestre, fasse des choses qui nous soient inconnuës ? Ne sçais-tu pas qu'il est plus haut au dessus de nous, que le Ciel ne l'est au dessus de la terre ? Combien vn homme surpasse-t-il vn enfant tant en force qu'en adresse, iusques-là qu'vn seul en batteroit des millions ? Si nous auons donc tant d'auantage sur nos semblables, quel sera celuy du Createur

OV LA METAMORPHOSE.

fur fa creature ? Ceux qui n'ont pas apris à écrire, ny à iouër des inftrumens, ne fcauroient faire ni l'vn, ni l'autre fans miracle ; & il n'y a rien de fi facile à ceux qui le fauent. On peut dire icy la mefme chofe. La Nature d'vne matiere informe produit vn abeille, d'vne adreffe & d'vn fauoir admirable ; & d'vn œuf, qui n'eft point diferent d'vn autre, en fait deux oyfeaux tout diferens. Il y a cent autres merueilles qui nous obligent à eftre fort retenus lors que nous parlons de la puiffance diuine. Ie laifferay donc cette hiftoire ou cette fable à mes enfans, comme ie l'ay receuë de mes peres & meres, & conteray à mes deux femmes Xantipe & Myrto, l'amour que tu as euë pour ton mary, diuine Alcyonne, & la recompenfe que tu en as receuë du Ciel. Ne veux-tu pas faire le femblable, Chéréphon ?

CHEREPHON. Ouy, certes, à l'exemple de Socrate, puis-que cela fert auffi à entretenir l'amitié conjugale.

PROMETHEE, OV CAVCASE.
DIALOGVE
DE VVLCAIN, DE MERCVRE, ET DE PROMETHEE.

C'est vn jeu de l'Auteur; pour monstrer que tout ce qu'on a feint de Prometée est ridicule; ce qu'il fait pour oster l'autorité aux Fables, & par consequent à la Religion des Payens, qui estoit fondée dessus. Et c'est-là le sujet des Dialogues des Dieux, dont celuy-cy est comme la teste.

MERCVRE. Voicy le Caucase où il nous faut atacher le criminel. Cherchons quelque rocher qui n'ait point de neige, afin d'enfoncer plus fort les cloux, & qui soit découuert de tous costez, pour rendre son suplice plus éuident.

VVLCAIN. Ie le veux, mais il ne le faut pas mettre si bas, que les hommes qu'il a faits le puisse venir détacher; ny si haut, qu'on ne le puisse voir. Il sera bien à mon auis, vers le milieu de cette montagne, au dessus de cét abisme. Nous atacherons l'vne des mains à ce roc, & l'autre à celuy qui est voisin.

MERCVRE. Tu as raison; car il sont tous deux escarpez, & inaccessibles. Vien ça, Promethée, ne te fais point tirer l'oreille, & monte vistement que l'on t'atache.

PROMETHEE. Ayez pitié d'vn mal-heureux, que l'on fait souffrir injustement.

MERCVRE. I'en suis d'auis, pour nous faire mettre en ta place ? Eſt-ce que tu crois que le Caucaſe n'eſt pas aſſez grand, pour nous y atacher tous trois, ou que tu és bien-aiſe d'auoir des compagnons de ta miſere, qui eſt la conſolation des mal-heureux ? çà, la main droite, coigne, Vulcain, de toute ta force : çà, la gauche, qu'on l'atache auſſi. Voilà qui va bien. Le Vautour deſcendra tantoſt pour te ronger les entrailles, en recompenſe de ta belle inuention.

PROMETHÉE. O terre qui m'as engendré ! & toy Saturne & Iapet, faut-il tant ſoufrir pour n'auoir rien fait ? *Son pere & ſon ayeul.*

MERCVRE. Rien fait, miſerable ! & n'eſt-ce rien faire que de tromper Iupiter en vn Feſtin, & ne luy donner que des os couuerts de graiſſe, pour ſe reſeruer la meilleure part ? D'ailleurs qui t'obligeoit à faire l'homme, cét animal fin & cauteleux, & particulierement les femmes, & à voler enſuitte le feu du Ciel, qui eſtoit le partage des Dieux, & leur plus précieux treſor ? Apres cela, tu viendras nous preſcher ton innocence, & dire qu'on a grand tort de te punir.

PROMETHÉE. As-tu bien le courage, Mercure, de me perſécuter en cet eſtat, & de me reprocher des choſes, pour leſquelles ie meriterois, ie le iure par les Dieux, d'eſtre nourry aux dépens du public dans le Prytanée ? Que ſi tu eſtois de loiſir, ie ſerois bien aiſe de diſputer contre toy, pour confondre Iupiter en ta perſonne. Pren vn peu ſa défenſe, toy qui és ſi grand Orateur, & fay voir qu'il a eu raiſon de m'atacher icy, prés des portes Caſpiennes, pour eſtre vn ſpectacle d'horreur aux Scythes. *Raillerie contre Socrate.*

MERCVRE. Tu t'auiſes vn peu tard de te défendre. Mais dy ce que tu voudras, auſſi bien nous faut-il attendre la descente de l'oiseau qui doit commencer ton suplice. Cependant, ie seray rauy d'entendre ta Rhetorique, car on dit que tu és vn grand Sophiste.

PROMETHE'E. Parle le premier, puisque tu es l'acusateur, & pren garde de ne pas trahir la cause de Iupiter, Vulcain sera nostre Iuge.

VVLCAIN. Non pas cela, meschant, mais plustost ton acusateur & ton boureau, pour auoir fait refroidir ma forge en dérobant le feu du Ciel.

PROMETHE'E. Separons donc l'accusation en deux. Tu parleras du larcin, & Mercure des autres crimes; Aussi-bien le Dieu des larrons n'auroit-il point de grace à parler contre-eux.

VVLCAIN. Que Mercure parle pour nous deux, car ie n'entens rien à la chicane, & n'ay pas esté nourry comme luy dans vn bareau, mais on sait que c'est vn de ses mestiers, aussi bien que le larcin.

MERCVRE. Il faudroit beaucoup de temps, pour se préparer à vne si grande accusation; car ce n'est pas assez d'en raporter nuëment tous les chefs; mais puisque tu en tombes d'acord, & mesme que tu en fais gloire, il n'est point necessaire de plus longs discours, & ce seroit folie de se mettre en peine de prouuer des crimes que l'on auouë. Ie diray seulement que c'est bien abuser de la clémence de Iupiter, que de retomber si souuent.

PROMETHE'E. Nous verrons tantost, si ce que tu dis est folie ou non. Mais puis-que tu crois que cela sufit, ie vais entrer en ma défence. Premierement, I'ateste les Dieux, que i'ay pitié de voir Iupiter si chagrin & de si mauuaise humeur; que pour n'auoir pas eu la meilleure part dans vn festin, il veüille crucifier non pas vn homme, mais vn Dieu, & de ses anciens camarades, qui l'a serny dans l'ocasion. Tu sais quelle est la liberté des festins, & qu'il n'y a que les sots & les enfans qui s'en formalisent; car les honestes gens, au lieu de s'en ofenser, la tournent en raillerie. Mais de garder cela sur le cœur pour s'en venger apres si cruellement, cela est indigne, ie ne dis pas d'vn Dieu, ni du souuerain des Dieux, mais mesme d'vn galant Homme. Car si l'on bannit de la table ces honestes libertez que restera-t'il que de se soûler comme des bestes: ce qui est tout à fait indigne de la table de Iupiter. Ie ne croyois donc pas qu'il s'en dûst souuenir le lendemain, bien-loin de m'en punir comme il a fait, & de s'imaginer qu'il ayt receu vne grande iniure, de ce qu'on a fait vne des parts, meilleure que l'autre, pour voir s'il sauroit bien choisir. Mais prenons la chose au pis, & posons, non pas qu'il ayt eu la moindre part, mais qu'il n'en ayt point eu du tout, faloit-il pour cela mesler, comme on dit, le Ciel, & la Terre, & ne parler que de croix, de vautours, de rochers & de précipices? Qu'il prenne garde qu'on n'impute cela à foiblesse & a lâcheté, Que ne feroit-il point pour de grandes choses, puis qu'il en vient à ces extremitez pour vn morceau de viande? Combien les hômes sont-ils plus iustes & plus raisonnables? Où en a-t-on veu qui ayent fait mourir leur cuisinier pour auoir friponné quelque chose? On ne prend pas garde à ces bagatelles, ou si l'on les châtie, c'est seulemēt d'vn souflet ou de quelque coup de point; mais d'enuoyer pour cela vn homme au gibet, c'est vne action barbare, & vne cruauté inouïe. Voilà pour le premier point, où sans mentir i'ay eu quelque honte de me défendre, mais on en deuoit auoir dauantage de m'accuser. Parlons maintenant du second, qui concerne la création de l'homme, où ie doute ce qu'on veut reprendre, & si l'on veut dire qu'il n'en faloit point faire du tout, ou qu'il le faloit faire d'autre façon. I'examineray donc l'vn & l'autre, & pour le premier, ie diray, que tant s'en faut que les Dieux y ayent perdu quelque chose, qu'ils y ont gagné beaucoup, & qu'il leur est plus auantageux qu'il y ait des hommes, quelques méchans qu'ils puissent estre, que s'il n'y en auoit point du tout. Pour reprendre la chose de plus haut, il faut sauoir qu'il n'y auoit du commencement que les Dieux au monde, & que la Terre n'estoit qu'vn grand & vaste desert, couuert de forests épaisses. Car d'où viennent à vôtre auis, ces Champs & ces Iardins si bien cultiuez, ces Temples, ces Autels & ces Statuës qu'on adore, que de l'inuention humaine? Comme ie songe donc tousiours à quelque chose d'vtile & d'auátageux pour le public, ie détrempay de la terre auec de l'eau, comme dit le Poëte, & les paistrissant ensemble i'en fis vn homme à nostre image, auec l'aide de Minerue. Voilà tout mon crime. Mais dequoy les Dieux se plaignent-ils? en sont-ils moins Dieux qu'ils n'estoient auparauant. Car à voir comme Iupiter se tourmente, on diroit qu'il y a beaucoup perdu. Craint-il qu'ils ne se reuoltent contre luy, comme ont fait autrefois les Geans? & n'est-il pas assez puissant pour les défaire, luy qui a rangé les Titans à la raison? Les Dieux donc n'ont receu aucun dommage de mon inuention, mais pour montrer qu'ils y ont beaucoup profité, on n'a qu'à regarder la Terre qui estoit à lors en friche, & qui maintenant est cultiuée

tiuée & fournie de mille choses vtiles à la vie ; car elle ne produit rien d'elle-mesme que de sauuage. La Mer mesme est en quelque sorte adoucie par la Nauigation, les Isles habitées, les Villes pleines de Temples, d'Autels, de Festes, & de Sacrifices. Enfin, pour parler auec le Poëte, toutes les ruës & les places publiques sont pleines de Iupiter. Encore, si l'on me pouuoit reprocher d'auoir trauaillé pour ma gloire ; mais parmy tant de Temples des Dieux, où en trouuerez-vous vn de Promethée ? ce qui fait assez voir que i'ay negligé mon interest particulier, pour celuy du public. Considerez encore qu'vne felicité sans témoins n'est qu'vne felicité imparfaite, & que s'il n'y auoit point d'hommes, la beauté du monde seroit comme morte, & nos auantages beaucoup moindres, n'y ayant personne pour les admirer. D'ailleurs, comme nous ne connoissons les choses que par comparaison, la grandeur de nostre fortune nous seroit inconnuë s'il n'y auoit point de malheureux. Cependant, au lieu de m'honorer pour de si grands biens, on me crucifie, & ie reçois des peines d'où ie deuois atendre des recompenses. Mais quoy ! il y a parmy les hommes des meurtriers, des incestueux, & des adulteres. Et n'y en a-t'il point parmy nous ? & pour cela on ne condamne point le Ciel & la Terre, qui nous ont produits ! Vous direz, peut-estre, que nous auons plus de soin qu'auparauant, & qu'il faut pouruoir à toutes leurs necessitez. Et qui a iamais veu vn Pasteur se plaindre de la fecondité de son troupeau, à cause de la peine qu'elle luy donne : Car si cela est penible, cela est aussi vtile & honorable ; outre que cela nous sert d'occupation, & qu'autrement nous demeurerions les bras croisez

Ou, en trouuerez vous beaucoup.

C

sans rien faire, que nous souler de Nectar & d'Ambrosie. Mais ce qui me fâche le plus, c'est de voir que ceux qui se plaignent dauantage des hommes, sont ceux qui ne s'en sauroient passer, & particulierement des femmes, qu'ils ayment le plus, quoy qu'ils en disent le plus de mal. Ils se déguisent tous les iours en cent façons pour en iouïr, & non contens de les caresser, en font des Déesses. Quelqu'vn pourra dire que i'ay eu raison d'auoir fait l'homme, mais que ie le deuois faire d'vne autre sorte, & non pas semblable à nous. Et pouuois-ie choisir vn plus beau modelle que celuy que ie sauois tout parfait ? Eussiez-vous voulu que i'eusse fait vn animal sans intelligence, qui n'eust pû nous rendre aucun seruice ? Que vous estes iniustes ! Vous prenez bien de la peine, pour gouster d'vne Hécatombe, d'aller iusques chez les Ethiopiens irreprehensibles, & vous crucifiez celuy qui est cause que vous auez des Autels & des Hécatōbes. Mais c'est assez de cela ; parlons maintenant du larcin du feu. Et premierement, vous l'ay-ie dérobé, pour l'auoir donné aux hommes ? n'est-ce pas la nature de cét element de se communiquer sans se perdre ? C'est donc vne ialousie toute pure, indigne de ceux que les Poëtes appellent des Bienfaiteurs. D'ailleurs, quand i'aurois dérobé tout le feu du Ciel, ie ne vous aurois fait aucun tort. On ne fait rostir ny boüillir l'ambrosie ; au lieu que les hommes en ont besoin tous les iours pour leurs petites necessitez, quand ce ne seroit que pour vous faire des Sacrifices. N'est-il pas vray que vous n'estes iamais plus aise, que quand vous pouuez aller humer la fumée de quelque holocauste ? de sorte que vos plaintes sont contraires à vos desirs. Ie m'estonne que vous n'auez dé-

C'est vne Epithete qu'Homere leur donne.

OV LE CAVCASE.

fendu au Soleil de leur enuoyer sa lumiere, qui est vn feu beaucoup plus brillant & plus pur, & que vous ne l'acusez de prodiguer vos tresors, & de dissiper vostre bien. Voilà tout ce que i'auois à dire pour ma défence. C'est à vous d'y répondre si vous pouuez; mais ie demande la replique.

MERCVRE. Il n'est pas aisé de répondre à vn si impudent Sophiste, tu-es bien heureux que Iupiter ne t'a point ouï; car ie suis asseuré qu'il t'enuoyeroit vne douzaine de Vautours au lieu d'vn, tant tu l'as vilainement outragé sous prétexte de te défendre. Mais dy-moy, pourquoy estant Prophete, n'as-tu point sû ce qui te deuoit arriuer?

PROMETHE'E. Ie l'ay bien sû Mercure: mais i'ay sû aussi que ie serois déliuré par vn Heros de tes amis, qui viendra de Thebes, & qui tuëra mon Vautour.

MERCVRE. Ie voudrois qu'il fust desia arriué, & que nous fussions à table ensemble comme auparauant, pourueu que tu ne fisses point les parts.

PROMETHE'E. Patience, tu m'y reuerras encore, car Iupiter me déliurera pour vn seruice important que ie luy rendray.

MERCVRE. Quel est-il?

PROMETHE'E. Tu connois Thetis: mais ie ne veux point diuulguer vn secret qui doit faire ma déliurance.

MERCVRE. Si cela est, tu as raison de n'en rien dire. Alons Vulcain, ie voy desia l'oiseau qui vient fondre sur sa proye, & voudrois que le liberateur fust aussi proche que le danger.

C ij

DIALOGVES DES DIEVX.

Le sujet est touché dans l'argument du Dialogue précédent: du reste, vne partie des Fables est expliquée icy d'vne façon gaye qui aide beaucoup à les retenir.

DIALOGVE
DE PROMETHE'E ET DE IVPITER.

PROMETHE'E. Deliure-moy, Iupiter ie n'en puis plus.

IVPITER. Que ie te déliure meschant? Est-ce pour auoir fait ce beau chef-d'œuure qui nous cause tant de mal, & pour auoir dérobé le feu du Ciel, & trompé ton maistre dans vn festin?

PROMETHE'E. N'ay-je pas assez soufert, ataché depuis si long-temps au Caucase, & nourissant de mes entrailles le plus cruel de tous les Vautours?

IVPITER. Ce n'est pas la centiéme partie de ce que tu as merité. Tu deurois estre écrasé du Caucase, & non pas y estre ataché; & n'auoir pas seulement le foye rongé par douze Vautours, mais encore les yeux & le cœur.

PROMETHE'E. Tu ne te repentiras point de m'auoir fait cette grace.

IVPITER. C'est que tu as enuie de me tromper encore vn coup.

PROMETHE'E. A quoy cela seruiroit-il? as-tu oublié où est le Caucase? & n'as-tu point d'autres moyens de me punir, quád celuy-là te manqueroit?

IVPITER. Mais encore que me veux-tu dire?

PROMETHE'E. Si ie te dis où tu vas, me croiras-tu?

IVPITER. Pourquoy non ?

PROMETHE'E. Tu vas coucher auec vne Nereïde.

IVPITER. Et puis, qu'en arriuera-t'il ?

PROMETHE'E. Il naiſtra de vous vn enfant qui te dépoſſedera comme tu as fait ton pere ; pour le moins les Deſtins t'en menacent, c'eſt pourquoy tu feras bien de n'y point aler.

IVPITER. Ie te croiray pour ce coup, puis-que tu as ſi bien deuiné. Que Vulcain te détache pour récompenſe.

DIALOGVE
DE IVPITER, ET DE CVPIDON.

CVPIDON. PArdonne-moy, Iupiter, ſi i'ay failly, ie n'y retourneray plus; faut-il tenir ſa colere contre vn enfant?

IVPITER. Vn enfant ? petit fripon, plus vieux que Iapet, & plus ſubtil que Prométhée.

CVPIDON. Ie m'en raporte aux Peintres & aux Poëtes qui me repreſentent toûjours de la ſorte; mais encore que t'ay-ie fait pour me mal traiter.

IVPITER. Tu le demandes, meſchant, qui m'as rendu amoureux de toutes les femmes, ſans qu'vne ſeule ſoit amoureuſe de moy; ſi bien qu'il me faut tous les iours trouuer mille inuentions pour en ioüir.

CVPIDON. C'eſt qu'elles te redoutent, & qu'elles craignent par reſpect de t'aprocher.

IVPITER. Mais on ayme bien les autres Dieux, Apollon n'a-t-il pas eſté chery de Brancus & d'Hyacinthe ?

CVPIDON. C'eſt qu'il eſt beau & galant, &

auec tout cela, Daphné ne s'eſt iamais pû reſoudre à l'aymer, tant l'amour eſt vne choſe libre. Que ſi tu voulois te parer & adoucir vn peu la fierté de tes regards, ie ne doute point que tu ne leur donnaſſe dans la veuë; mais il faudroit pour cela quiter ton foudre & ton Egide.

IVPITER. Voudrois-tu que ie fiſſe des choſes indignes de Iupiter?

CVPIDON. Ne ſois donc point amoureux.

IVPITER. Ie le veux eſtre, mais ſans toutes ces oibleſſes; toutefois ie te pardonne pour ce coup.

DIALOGVE

DE MERCVRE ET DE IVPITER.

IVPITER. Connois-tu Io?

MERCVRE. Qui, la fille d'Inaque?

IVPITER. Elle meſme; Iunon l'a transformée en geniſſe, par ialouſie, pour m'empeſcher de l'aymer, & l'a donnée en garde à vn monſtre qui ne dort iamais; car cóme il a cent yeux, il y en a touſiours quelqu'vn qui veille. Mais tu es aſſés adroit pour m'en défaire; Va le tuër en la foreſt de Nemée, où il garde cette belle; & apres ſa mort, tu ameneras Io par mer en Egypte où elle ſera adorée ſous le nom d'Iſis. Ie veux qu'elle préſide aux vens & aux flots, & qu'elle ſoit la Patrone des Nautonniers.

DIALOGVE
DE IVPITER ET DE GANYMEDE.

IVPITER. Baise-moy, mon petit mignon, maintenant que nous sommes hors de danger, & que ie n'ay plus ni bec, ni ongle.

GANYMEDE. Et que sont-ils deuenus? N'és-tu pas venu fondre sur moy en forme d'Aigle, & m'enleuer du milieu de mon troupeau? Comment és-tu deuenu homme?

IVPITER. Ie ne suis ni homme ni aigle, mais le souuerain des Dieux, qui me suis ainsi transformé pour te posseder.

GANYMEDE. Es-tu Pan? mais tu n'as ny cornes, ni jambes veluës, ni flûte, qui sont les marques de ce Dieu.

IVPITER. N'en connois-tu point d'autres?

GANYMEDE. Non; mais nous sacrifions tous les ans à celuy-cy, vn bouc à l'entrée de sa cauerne; & pour toy, ie croy que tu-és quelque maquignon d'enfans, de ceux qui les enléuent pour les vendre.

IVPITER. N'as-tu iamais ouï parler de Iupiter, & n'as-tu pas veu vn Autel consacré sur le Mont Ida, à celuy qui tonne & qui éclaire?

GANYMEDE. Quoy! c'est toy qui fait tout ce bruit qu'on entend là haut, à qui mon pere sacrifie tous les ans vn belier? & que t'aurois-ie fait pour m'enleuer? peut-estre qu'à cette-heure mes brebis sont mangées du loup.

IVPITER. Tu songes encore à tes brebis, maintenant, que tu-és Immortel & le compagnon des Dieux?

GANYMEDE. Comment! tu ne me remettras pas auiourd'huy où tu m'as pris ?

IVPITER. Non ; car toute ma peine seroit perduë.

GANYMEDE. Mais mon pere se mettra en colere lors qu'il ne me verra plus, & me donnera le fouët pour auoir abandonné mon troupeau.

IVPITER. Ne crain point, tu demeureras tousiours icy.

GANYMEDE. Ie ne le veux pas, laisse-moy aller, & ie te promets pour recompense de te sacrifier l'honneur de nostre troupeau.

IVPITER. Que tu-es simple, & veritablement enfant ! Il faut oublier tout cela maintenant que tu-és dans le Ciel, & en estat de faire du bien à ton pere & à ton païs, sans te soucier de leur colere ; Car tu ne seras plus homme, mais Dieu ; & au lieu de lait & de fromage tu viuras de Nectar & d'Ambrosie, & verras reluire ton Astre dans le Ciel, par dessus les autres.

GANYMEDE. Mais si ie veux iouër qui me tiendra compagnie ? car i'auois plusieurs petits camarades sur le Mont Ida.

IVPITER Cupidon iouëra auec toy aux osselets, console-toy seulement, & ne songe plus aux choses du monde.

GANYMEDE. Mais à quoy seruiray-ie icy ? y a-t-il des troupeaux à garder ?

IVPITER. Tu seras l'Echanson des Dieux, & leur verseras le Nectar.

GANYMEDE. Est-il meilleur que le lait ?

IVPITER. Tu ne voudras plus boire d'autre chose lors que tu en auras gousté.

GANYMEDE. Et où coucheray-je la nuit, sera-ce auec mon petit camarade Cupidon ?

IVPITER. Non, mais auec moy, car c'eſt pour cela que ie t'ay pris.

GANYMEDE. Ne ſaurois-tu coucher ſeul?

IVPITER. C'eſt qu'il y a du plaiſir de coucher auec vn bel enfant.

GANYMEDE. A quoy ſert la beauté quand il faut dormir?

IVPITER. Cela rend le ſommeil plus agréable.

GANYMEDE. Mais mon pere ſe fâchoit toûjours quand ie couchois auec luy, & diſoit que je ne faiſois que remuër & parler toute la nuit, & que ie luy donnois des coups de pied; de ſorte qu'il m'enuoyoit le matin coucher auec ma mere. Si tu ne m'as donc enleué que pour cela, tu peux bien me remettre où tu m'as pris.

IVPITER. Ie t'aime bien de la ſorte; car ie te baiſeray alors tout mon ſoul.

GANYMEDE. Tu feras ce qu'il te plaira, mais pour moy, ie dormiray cependant.

IVPITER. Nous en parlerons vne autre fois; Maintenant Mercure qu'on l'emméne, & qu'on luy faſſe boire l'Immortalité, afin qu'il nous ſerue d'Echanſon : mais apren luy auparauant à preſenter le gobelet.

DIALOGVE

DE IVNON ET DE IVPITER.

IVNON. Depuis que tu as amené icy Ganymede, tu ne me careſſes plus comme auparauant.

IVPITER. Es-tu jalouſe d'vn ſi ſimple & ſi innocent garçon? Ie croyois qu'il n'y euſt que les femmes qui te puſſent mettre en mauuaiſe humeur.

IVNON. Tu ne te gouuernes pas mieux pour ce regard, ni d'vne façon plus honneste. Car ie vous prie, est-ce vne chose bien-seante au Maistre des Dieux de se metamorphoser tous les iours, tantost en or, tantost en taureau, tantost en Cygne, pour aller commettre sur terre des adulteres? Mais encore ne transportes-tu pas des Maistresses dans le Ciel, comme tu-as fait ce petit mignon de couchette, que tu tiens tousiours prés de toy, sous pretexte d'en faire ton Echanson; comme s'il n'y en auoit point icy, & qu'Hébé & Vulcain fussent las de faire leur charge & qu'on ne pust prendre à vn besoin, le Verseur d'eau? D'ailleurs, tu ne prens iamais de sa main le verre, que tu ne le baises luy-mesme en presence de tout le monde, & l'on diroit que ce baiser t'est plus doux que le Nectar. Car souuent tu demandes à boire sans auoir soif, & seulement pour auoir vn prétexte de le baiser; quelquefois tu le fais boire le premier, pour boire apres luy, & le baiser en quelque sorte en buuant. Il te faisoit beau voir l'autre iour, iouër auec luy aux osselets sans ton foudre ni ton Egide! Ie sçay tout, ne pense pas m'en faire acroire.

IVPITER. Quel mal y a-t-il à baiser vn bel enfant, & à joindre ce plaisir à celuy du Nectar? Si tu en auois gousté, tu ne me ferois plus ces reproches.

IVNON. Ce sont-là des discours de Pédéraste, il faudroit que i'eusse bien perdu l'esprit pour aprocher ma bouche de celle d'vn petit éféminé.

IVPITER. Tout éféminé qu'il est, il m'est plus agreable que..... Ne m'en fais pas dire dauantage, & cesse de contrôler mes actions.

IVNON. Ie te conseille de l'épouser pour me

fâcher encore plus ; Souuien-toy comme tu me traites pour luy.

IVPITER. C'eſt que tu voudrois que ton boiteux nous ſeruiſt à table, lors qu'il ſort de ſa forge, tout couuert de ſuye & de ſueur, & que ie le baiſaſſe en cet eſtat, où il te fait horreur à toy-meſme qui és ſa mere. Penſez qu'il feroit beau voir de renuoyer pour luy Ganyméde, qui eſt ſi beau, & ſi mignon, & ce qui te fâche le plus, de qui les baiſers ſont plus doux que le Nectar.

IVNON. Maintenant, que ce beau Fils eſt icy, le mien te fait mal au cœur ; mais tu ne t'en plaignois pas auparauant, & toute ſa ſuye, & ſa ſueur n'empeſchoient pas qu'auec plaiſir tu ne priſſes le verre de ſa main.

IVPITER. Ta ialouſie ne fait qu'acroiſtre ta douleur, & mon amour. Fay-toy ſeruir par Vulcain, ſi tu n'és pas bien aiſe de voir Ganyméde; mais pour moy, ie veux qu'il me preſente à boire, & qu'il me donne à chaque fois dix baiſers. Ne pleure point, mon mignon, ie feray repentir tous ceux qui s'ataqueront à toy.

AVTRE DIALOGVE
DE IVNON ET DE IVPITER.

IVNON. Qvi penſes-tu que ſoit Ixion!
IVPITER. Vn fort galand homme, & de bonne compagnie ; car ſans cela, ie ne l'aurois pas admis à ma table.

IVNON. C'eſt vn inſolent qui n'eſt pas digne de cét honneur.

IVPITER. Qu'a-t-il fait ? Ie le veux ſauoir.

IVNON. J'ay honte de le dire, tant son impudence est grande.

IVPITER. A-t-il voulu caresser quelque Deesse? car il semble que c'est ce que tu veux dire.

IVNON. Il s'est adressé à moy-mesme. Ie ne prenois pas garde du commencement à son amour; mais à la fin voyant qu'il auoit tousiours l'œil sur moy, & qu'il soûpiroit de temps en temps, & laissoit couler des larmes ; qu'il buuoit apres moy lors que i'auois bû, & en buuant me regardoit, & baisoit le verre, ie m'aperçus de sa folie, mais i'eus honte de te le dire, & crûs que cela se passeroit. A la fin il a esté si insolent que de m'en parler; Alors bouchant les oreilles, pour n'en rien entendre, ie suis venuë icy te le dire tout courant, afin que tu en fisses vn châtiment exemplaire.

IVPITER. Voilà vn hardy maraut, de vouloir planter des cornes à Iupiter. Il faut que le Nectar l'ait bien enyuré ; mais c'est moy qui en suis cause, pour trop aimer les Mortels, & les faire manger à ma table. Car il ne se faut pas étonner si vsant des mesmes viandes, ils ont les mesmes desirs, & conçoiuent de l'amour pour des beautez immortelles? Tu sçais quel Tiran c'est que l'Amour.

IVNON. Il est vray qu'il est bien ton maistre, & te mene bien, comme l'on dit, par le nez. Mais ie voy bien pourquoy tu as pitié d'Ixion : C'est qu'il ne fait que te rendre ce que tu luy as presté ; Car tu as couché autrefois auec sa femme, & en as eu Pirithoüs.

IVPITER. T'en souuient-il encore ? Sais-tu quel est mon dessein ? Ce seroit vn trop grand suplice de le bannir pour iamais de nostre presence ; mais puis qu'il pleure & soûpire, ie suis d'auis.....

IVNON. Quoy ? que ie couche auec luy ?

IVPITER. Non pas cela ; mais quelque fantofme qui te reſſemble, pour contenter en quelque ſorte ſa paſſion.

IVNON. Ce ſeroit le récompenſer, au lieu de le punir.

IVPITER. Mais quel mal cela te feroit-il ?

IVNON. Il croiroit m'embraſſer & l'afront en retomberoit ſur moy.

IVPITER. Mais il n'y auroit que luy de trompé ; car quand nous formerions vne nuë à ta reſſemblance, ce ne ſeroit pas Iunon.

IVNON. Comme les hommes ont ſouuent plus de vanité que d'amour, il s'iroit vanter d'auoir couché auec moy, & me perdroit de reputation.

IVPITER. Si cela arriue, ie le precipiteray dans les enfers, où ataché à vne rouë, il ne fera que tournoyer, ſans prendre iamais aucun repos.

IVNON. Ce ſuplice ne ſeroit pas trop grand pour ſon crime.

DIALOGVE
DE VVLCAIN ET D'APOLLON.

VVLCAIN. APollon, as-tu veu le petit Mercure, comme il eſt beau & ſouſrit à tout le monde ? Il fait aſſez voir ce qu'il ſera vn iour, quoy que ce ne ſoit encore qu'vn enfant.

APOLLON. L'appelles-tu enfant ? luy qui eſt plus vieux que Iapet en malice.

VVLCAIN. Quel mal peut-il auoir fait, qu'il ne fait encore que de naiſtre ?

APOLLON. Demande-le à Neptune dont

il a emporté le trident, & à Mars de qui il a pris l'eſpée; ſans parler de moy, dont il a dérobé l'arc & les fléches.

VVLCAIN. Quoy? vn enfant encore au maillot?

APOLLON. Tu verras cequ'il ſçait faire s'il t'aproche.

VVLCAIN. Il eſt deſia venu chez-moy.

APOLLON. Et ne t'a-t-il rien pris?

VVLCAIN. Non, que ie ſache.

APOLLON. Regarde bien par tout.

VVLCAIN. Ie ne vois point mes tenailles.

APOLLON. Ie gage qu'on les trouuera dans ſes langes.

VVLCAIN. Quoy, il eſt déja ſi adroit ce petit voleur! Ie croy qu'il a apris à dérober dans le ventre de ſa mere.

APOLLON. Il a bien d'autres qualitez; Tu vois comme il cauſe, il ſera vn iour grand orateur, & meſme bon luteur, ſi ie ne me trompe; car il a deſia donné le croc-en iambe à Cupidon; Et comme les Dieux en rioient, & que Venus le prit pour le baiſer, il luy déroba ſon Ceſte, & eût emporté le foudre de Iupiter, s'il n'euſt eſté trop chau, & trop peſant; mais il luy enleua ſon ſceptre.

VVLCAIN. Voila vn hardy petit galand.

APOLLON. Il eſt auſſi muſicien.

VVLCAIN. Comment cela?

APOLLON. Il a fait vn inſtrument de la coquille d'vne tortuë, dont il iouë en perfection juſqu'à me rendre ialoux, moy qui ſuis le Dieu de l'harmonie. Sa mere dit, qu'il ne dort pas meſme la nuit, & qu'il va iuſqu'aux enfers, pour faire touſiours quelque butin; car il a vne verge de grande vertu, dont il r'apelle les morts à la vie, & conduit les viuans au tombeau.

Vvlcain. C'est moy qui la luy ay donnée pour luy seruir de joüet.

Apollon. Il t'a pris tes tenailles pour récompense.

Vvlcain. Ie suis bien aise que tu m'en fasses souuenir, ie les vais chercher dans son berceau.

DIALOGVE
de Vvlcain et de Ivpiter.

Vvlcain. Voicy vne coignée bien tranchante que ie t'aporte, Que veux-tu que nous en fassions?

Ivpiter. Fend-moy la teste en deux tout d'vn coup.

Vvlcain. Tu veux voir si ie seray assez sot pour l'entreprendre ; Dy tout de bon, à quoy tu la veux employer.

Ivpiter. A me fendre la teste par la moitié. Ie ne ris point, & si tu ne m'obeïs, tu verras comme il t'en prendra ; Frape seulement de toute ta force ; car la teste me fend de douleur, & ie soufre les mesmes maux, que si j'estois en trauail d'enfant.

Vvlcain Prend garde que nous n'allions faire quelque sotise ; Car ie ne t'acoucheray pas si doucement qu'vne Sage-femme.

Ivpiter. Frape seulement, sans rien craindre, & me laisse faire le reste.

Vvlcain. C'est bien malgré moy ; mais qu'y feroit-on ? il faut obeïr. Grands Dieux! Ie ne m'étonne pas si tu auois mal à la teste, y ayant vne femme enfermée, & encore vne Amazone auec la lance & le bouclier; C'eſt ce qui te rendoit ſi colere. Mais qu'elle eſt belle! Donne-la moy pour récompenſe de t'auoir déliuré ſi heureuſement, puis-qu'elle eſt déja en âge d'eſtre mariée.

IVPITER. Ie le veux; mais tu auras bien de la peine à la réſoudre à t'eſpouſer; car elle veut demeurer vierge toute ſa vie.

VVLCAIN. Laiſſe-moy faire, j'en viendray bien à bout, pourueu que i'aye ton conſentement.

IVPITER. Ne t'y frotte pas ſi tu és ſage.

DIALOGVE

DE NEPTVNE ET DE MERCVRE

NEPTVNE. NE ſçauroit-on parler à Iupiter?

MERCVRE. Non, il eſt empeſché.

NEPTVNE. Dy-luy que c'eſt moy.

MERCVRE. Ne l'importune point, on ne le peut voir aujourd'huy.

NEPTVNE. Eſt-ce qu'il eſt auec Iunon?

MERCVRE. Ce n'eſt pas cela.

NEPTVNE. Quoy donc? auec Ganymede?

NERCVRE. Encor moins.

NEPTVNE. Qu'a-t-il? ie le veux ſçauoir.

MERCVRE. Il ſe trouue mal.

NEPTVNE. Dequoy?

MERCVRE. I'ay honte de le dire.

NEPTVNE. A moy qui ſuis ſon frere?

MERCVRE. Il vient d'acoucher.

NEPTVNE. Comment? estoit-il hermaphrodite? Ie ne m'en estois pas aperçeu, ni qu'il eust le ventre plus gros qu'à l'ordinaire.

MERCVRE. Aussi n'est-ce pas là qu'il auoit mal.

NEPTVNE. Où donc, à la teste? comme quand il acoucha de Minerue? Il a le chef bien fécond.

MERCVRE. Non, à la cuisse.

NEPTVNE. Comment cela? acouche-il par tous les endroits du corps?

MERCVRE. Iunon, par ialousie, a persuadé à Semele qu'il aymoit, de coucher auec luy dans toute sa gloire; si bien que le feu de son foudre s'est pris au lambris de la chambre, & l'a consumée. Tout ce qu'on a pû faire en cette rencontre, ç'a esté de sauuer l'enfant; car elle estoit grosse; & de le mettre tout chaud, du ventre de la mere dans la cuisse de Iupiter, où il a acheué son terme. Il vient présentement de s'en déliurer, & est encore tout débile du trauail.

NEPTVNE. Et qu'a-t-on fait de l'enfant?

MERCVRE. Ie l'ay porté à Nysse, pour estre nourry par les Nymphes du païs, qui l'ont nommé Dyonisius du nom de son pere, & de celuy de leur Patrie.

NEPTVNE. Ainsi Iupiter est le pere & la mere de cét enfant?

MERCVRE. Il est vray; mais ie n'ay pas le loisir de t'en dire dauantage; car ie vais de ce pas querir de l'eau, & le reste dont ont besoin les acouchées.

DIALOGVE
DE MERCVRE ET DV SOLEIL.

MERCVRE. ARReste, Soleil, par l'espace de trois iours, & qu'il n'y ait, cependant, qu'vne longue nuit ; Que les heures détellent tes cheuaux, esteins ton flambeau, & te repose.

LE SOLEIL. Voila des commandemens bien étranges. Est-ce que i'ay manqué à mon deuoir, que Iupiter, pour me punir, veut que la nuit triomphe du iour ?

MERCVRE. Non, c'est qu'il en a besoin pour vne chose d'importance.

LE SOLEIL. Où est-il maintenant ?

MERCVRE. Chez Alcmene en Beocie.

LE SOLEIL. Et vne nuit ne sufit pas pour contenter ses desirs ?

MERCVRE. Non pas cela ; mais pour acheuer le heros qu'il a commencé.

LE SOLEIL. Qu'il l'acheue à la bonne heure ; mais cela ne se faisoit pas du temps de Saturne. Il ne découchoit point d'auec Rhéa, pour aller caresser la femme de son voisin : Maintenant pour vne putain il faut bouleuerser tout le monde. Cependant, mes cheuaux deuiendront rétifs faute d'exercice, & il naistra des espines dans la carriere du Soleil. Les hommes languiront dans les tenebres : & tout cela, pour bastir ce beau Heros !

MERCVRE. Tay-toy, qu'il ne t'en fasse repentir. Cependant, ie vais acheuer ma commission, & dire à la Lune qu'elle ne se haste pas non plus, & au sommeil qu'il n'abandonne point les hommes, de peur qu'ils ne s'aperçoiuent de ce changement.

DIALOGVE

DE VENVS ET DE LA LVNE.

VENVS. DEQVOY t'accuse-t-on, belle Couriere? d'arrester quelque fois ton char au milieu de ta course, pour aller visiter vn Chasseur, & pour le contempler à ton aise lors qu'il est endormy sur les Montagnes de la Carie.

LA LVNE. C'est ton fils qui en est cause.

VENVS. Laissons-là ce petit insolent, qui n'épargne pas mesme sa mere, & qui m'a souuent contrainte de descendre sur le mont Ida, pour y caresser Anchise, ou sur le Liban en faueur d'Adonis, auant que Proserpine me l'eust rauy pour le posseder; quoy que depuis, touchée de mes larmes, elle me l'ait rendu pour moitié. Ie l'ay cent fois menacé de briser son arc & son carquois, & de luy couper les aisles, & le fessay bien l'autre iour auec vn de mes patins; mais quoy! il ne s'en souuient plus, si-tost qu'il est échapé. Cependant, ce Chasseur est-il beau? car cela seruiroit de quelque consolation. *C'est qu'il estoit la moitié de l'année aux enfers.*

LA LVNE. Tu sçais qu'il n'y a point de laides amours; mais il est vray que ie ne me puis lasser de le regarder, lors qu'au retour de la chasse, il étend son manteau sur l'herbe, & s'endort, apuyé d'vne main sur son coude, & de l'autre, laissant negligemment tomber ses traits. Alors descendant sans faire bruit, & marchant sur la pointe des pieds; de peur de l'éueiller, ie gouste, en aprochant, le doux parfum de son haleine. Tu deuines assez le reste, car tu sçais ce que c'est que d'aimer, mais il est vray que ie meurs d'amour.

DIALOGVE
DE VENVS ET DE CVPIDON.

VENVS. REGARDE ce que tu fais, petit fripon, ie ne parle point des desordres que tu causes dans le monde; mais que ne fais-tu point dans le Ciel? Tu changes Iupiter en cent façons; Tu fais descendre la Lune en terre; Tu arestes le Soleil dans les prisons de Climene; sans parler des afrons que tu me fais à moy mesme qui suis ta mere. Mais tout cela seroit peu, si tu ne t'estois aussi attaqué à celle des Dieux, que tu fais courir toute forcenée sur le mont Ida, transportée d'amour pour son Atys, & s'enquerant de luy aux forests & aux rochers; montée sur vn char qui est traisné par des Lions, & suiuy de ses Corybantes, qui ne sont pas plus sages qu'elle. Car les vns se font des incisions au coude; les autres courent tout écheuelés par des précipices; Ceux-cy sonnent du cor, ces autres du tambour & des cymbales; si bien que toute la montagne retentit de leurs cris & de leurs débauches. Ie crains donc que cette Deesse, si elle retourne quelque iour en son bons sens, ne venge sur toy cét afront, ou qu'elle ne te tuë en sa fureur, & ne te fasse déchirer par ses lions, ou bien par ses prestres qui sont encore plus farouches.

CVPIDON. Ie ne crains ni les vns ni les autres; car ses Prestres sont trop effeminez, & i'ay apriuoisé ses lions, & en fais ce que ie veux. D'ailleurs, elle est trop empeschée à l'amour pour songer à la vengeance. Et puis, quel mal fais-ie, de rendre aymable ce qui est beau? Voudrois-tu que i'eusse guery Mars de la passion qu'il a pour toy?

VENVS. Que tu-és malin! mais qu'il te souuienne de ce que i'ay dit.

DIALOGVE

D'HERCVLE, D'ESCVLAPE ET DE IVPITER.

IVPITER. N'Auez-vous point de honte de vous entrebatre comme des coquins, & de vous quereller iusqu'à la table de Iupiter?

HERCVLE. Est-il iuste, mon pere, que ce Charlatan passe deuant moy?

ESCVLAPE. Non pas Charlatan; mais le Dieu de la Medecine, qui vaut mieux cent fois que toy, & tous tes semblables.

HERCVLE. En quoy est-ce, Imposteur, que tu vaudrois mieux que moy? Est-ce pour auoir esté frapé de la foudre pour ton beau sauoir? car on ne t'a mis dans le Ciel que par pitié.

ESCVLAPE. Il te sied bien de me reprocher ma mort, aprés auoir esté brûlé tout vif sur le mont Eta comme vn criminel!

HERCVLE. C'a esté volontairement lors que i'eus purgé l'Vniuers de monstres. Mais pour toy, qu'as-tu iamais fait que l'empirique, comme ces afronteurs qui sçauent quelques secrets par où ils se font admirer ?

ESCVLAPE. Tu-as raison ; car c'est moy qui te donnay de l'onguent pour la bruslure lors que tu montas icy tout échaudé. Mais ie n'ay iamais esté comme toy, esclaue d'vne Impudique, qui te faisoit filer, & te souffletoit lors que tu manquois à ton deuoir. D'ailleurs, ie n'ay point tué ma femme, ny mes enfans comme tu as fait.

HERCVLE. Si tu ne te tais, tu porteras la peine de ton insolence, & ie te feray faire vne culebute du ciel en terre, dont tu auras bien de la peine à guerir, quelque excellent que tu sois dans la Medecine.

IVPITER. Et moy, si vous ne vous arestez, ie vous mettray tous deux dehors par les épaules. Qu'Esculape passe le premier, puis qu'il est le plus ancien.

DIALOGVE.

DE MERCVRE ET D'APOLLON.

MERCVRE. Qv'as-tu, Apollon, d'estre ainsi triste ?

APOLLON. Qui ne le seroit, estant si malheureux en amour ?

MERCVRE. Quel mal-heur t'est-il arriué depuis la perte de Daphné ?

APOLLON. La mort d'Hyacinthe.

MERCVRE. Qui l'a tué ?

APOLLON. Moy-mesme.

MERCVRE. Estois-tu en fureur comme tu y és quelquefois ?

APOLLON. Non ; mais comme ie ioüois au palet auec luy, Zephyre ialoux de nostre amitié, a emporté le palet & luy en a caſſé la teſte. Ie l'ay pourſuiuy vainement, iuſqu'aux Montagnes; car qui pourroit atteindre le vent ? Mais au retour, i'ay eſté contraint de faire les funerailles de mes amours auec celles d'Hyacinthe; Toutesfois, pour me conſoler, i'ay fait naiſtre de ſon ſang vne fleur, qui eſt illuſtre pour ſon odeur & pour ſa beauté, & qui porte la marque de mes regrets & de mes plaintes; mais ie ne laiſſeray pas de le regretter toute ma vie.

MERCVRE. Tu-as tort, Apollon; Car ceux qui aiment les choſes mortelles, ſe doiuent reſoudre à les perdre.

AVTRE DIALOGVE.
D'APOLLON ET DE MERCVRE.

MERCVRE. C'EST vne choſe étrange, Apollon, que Vulcain ait épouſé les plus belles de toutes les Deeſſes, & ie ne ſay comme elles ont le courage de l'embraſſer, lors qu'au retour de ſa forge il eſt tout couuert de ſuye & de ſueur.

APOLLON. Il y a dequoy s'en eſtonner, & principalement à vn Amant infortuné comme moy, qui ſuis vn peu mieux fait que luy, pour ne rien dire dauantage.

MERCVRE. Vante maintenant ta beauté & ton harmonie, & moy ma force & mon adreſſe; lors qu'il ſe faudra coucher, nous nous trouuerons tout ſeuls; tandis qu'vn miſerable courtaut de boutique tout eſtropié, careſſera Venus & les Graces.

APOLLON. Encore as-tu eû quelque bonne fortune en ta vie, ce qui te peut ſeruir de quelque confolation ; car tu n'as pas autrefois déplû à Venus, & en as eu l'hermaphrodite : Mais moy de deux perfonnes que i'ay feruies, l'vne a mieux aymé eftre changée en arbre, que de me foufrir ; & i'ay tué l'autre, par mal-heur, en me joüant. Mais, dy-moy ; comment ces Deeffes ne font-elles point ialoufes les vnes des autres?

Où la grace. MERCVRE. C'eft que Venus paffe fon temps dans le Ciel, tandis que les Graces font dans l'Ifle de Lemnos auec Vulcain.

APOLLON. Penfes-tu qu'il fache les débauches de fa femme ?

MERCVRE. S'il les fait ? il n'en faut point douter; mais il n'en oferoit rien dire, car il craint la colere de Mars : Tu fais comme les gens de guerre font infolens, & particulierement enuers les Artifans comme luy.

APOLLON. On dit pourtant qu'il leur dreffe quelque piege.

MERCVRE. Ie ne fay ; mais ie voudrois y eftre pris.

DIALOGVE

DE IVNON ET DE LATONE.

IVNON. Veritablement, Latone, tu-as fait de beaux enfans à Iupiter.

LATONE. Nous ne pouuons pas toutes eftre meres de Vulcain.

IVNON. Il eft vray qu'il eft eftropié ; mais en cét eftat Venus l'a bien voulu pour mary ; car outre qu'il a enrichy le Ciel de mille feux, il s'eft rendu illuftre par l'excellence de fon Art. Mais ta fille,

fille, d'vn courage maſle, contre la bien-ſeance de ſon ſexe, va iuſqu'en Scythie eſgorger ſes hoſtes, plus cruelle mille fois que les Scythes; & ton fils eſt de tous meſtiers, Archer, Violon, Poëte, Medecin, & a eſtably des Bureaux de prophetie à Delphes, à Claros, & à Didyme, où il ſe meſle de prédire l'auenir, & ſurprend les ſimples par des Oracles trompeurs, qui ont toûjours quelque porte de derriere, pour éuader. Cependant, comme le nombre des ſots eſt infiny, il s'enrichit de ſes impoſtures; mais les plus ſages reconnoiſſent bien la fourbe, & ſçauent que ce grand Prophete n'a pas ſceu qu'il tuëroit ſon Hyacinthe, & que Daphné le fuiroit, malgré toute ſa beauté & ſa perruque d'or. Ie m'étonne donc qu'on t'ait préferée à Niobe, & que tes enfans ayent eſté iugez plus beaux que les ſiens.

LATONE. Ta ialouſie ne peut ſoufrir qu'ils triomphent dans le Ciel, & ſoient celebres, l'vne par ſa beauté, & l'autre par ſon harmonie.

IVNON. Tu me fais rire, de prendre ton fils pour vn excellent Muſicien, luy qui euſt eſté eſcorché en la place de Marſyas, ſi les Muſes luy euſſent fait iuſtice. Pour ta fille, elle eſt ſi belle auec ſon viſage de pleine-lune, qu'Actéon fut deuoré par ſes chiens, pour l'auoir veuë toute nuë; de peur qu'il ne fuſt le trompette, auſſi bien que le témoin de ſa laideur. Car pour ſa pretenduë virginité, ie n'en fais que rire, veu qu'elle ne pourroit faire le meſtier de Sage-femme, comme elle fait, ſans quelque experience.

LATONE. Il te ſied bien, Iunon, d'eſtre altiére, eſtant compagne du lit & du thrône de Iupiter; mais nous te verrons bien honteuſe, lors qu'épris de l'amour de quelque mortelle, il té quitera pour la poſſeder.

DIALOGVE

D'APOLLON ET DE MERCVRE.

APOLLON. Qv'as-tu à rire, Mercure ?
MERCVRE. Qui ne riroit, Apollon, d'vne choſe ſi plaiſante ?

APOLLON. Conte-la moy, afin que i'en rie à mon tour.

MERCVRE. Mars vient d'eſtre pris, couché auec Venus.

APOLLON. Comment cela ? fay-moy le recit de cette auanture.

MERCVRE. Il y a long-temps que Vulcain ſe doutoit de leur amour, & épioit l'heure de les ſurprendre. Il auoit donc mis autour de ſon lit des filets comme inuiſibles, & eſtoit alé trauailler à ſon fourneau. Le galand prenant ſon temps en l'abſence du mary, eſt alé coucher auec ſa maiſtreſſe ; mais le Soleil les a découuerts, & en a auerty Vulcain ; de ſorte qu'il les a pris tous deux ſur le fait, & les a enuelopez dans ſes rets. Venus toute confuſe, tâchoit à couurir ſa nudité ; Mars cherchoit à ſe dépeſtrer ; mais comme il a veu qu'il n'en pouuoit venir à bout, il a eu recours aux prieres & aux menaces.

APOLLON. Et Vulcain l'a laiſſé échaper ?

MERCVRE. Bien loin de cela ; il a apellé tous les Dieux, pour eſtre témoins de ſon des-honneur. Cependant, ces pauures Amans ſe voyant pris comme au trébuchet, baiſſoient la veuë & ſe couuroient d'vn voile de honte, comme pour cacher leur nudité.

APOLLON. Mais ce fot ne rougit-il point de publier fon infamie?

MERCVRE. Il eft le premier à en rire ; Mais pour te dire la verité, i'enuiois la bonne fortune de Mars, d'eftre furpris couché auec la plus belle de toutes les Deeffes, & lié auec elle par des chaînes qui ne fe pouuoient rompre.

APOLLON. Quoy! tu voudrois eftre pris de la forte?

MERCVRE. Qui en doute? Vien les voir en cét eftat, & fi tu n'és de mon auis, ie blâmeray ta froideur, ou louëray ta continence.

DIALOGVE

DE IVNON ET DE IVPITER.

IVNON. I'AVROIS honte, Iupiter, d'auoir vn fils yurogne & éféminé comme le tien, toufiours en la compagnie de certaines femmes furieufes, & qui font plus mâles que luy ; Enfin il reffemble mieux à tout autre qu'à fon pere.

IVPITER. Mais cét éféminé a conquis la Thrace & la Lydie, & affujetty les Indes, aprés en auoir fait le Roy prifonnier, auec tous fes Eléphans. Et ce qui eft de plus étrange, c'eft qu'il a fait tout cela en fautant & danfant auec des femmes, au fon du tambour & de la flûte, & le plus fouuent yure ; Que fi quelqu'vn a ofé parler de fes myfteres, il l'a pris dans fes ceps & la mere mefme a defchiré fon enfant. Cela n'eft-il pas

Agauë & Penthée.

grand, & digne de Iupiter? D'ailleurs, s'il est voluptueux & débauché, cela ne fait tort à personne; Que ne feroit-il point estant sobre, puis-qu'il fait de si grandes choses estant yure?

IVNON. Ne viendras-tu point loüer aussi l'inuention de la vigne, aprés auoir veu les maux qu'elle cause, & qu'elle cousta la vie au premier, à qui il fit ce beau present?

Icare.

IVPITER. Ce n'est pas le vin qui fait ces desordres, mais l'excés; car en le prenant moderément, il rend les hommes plus gays & plus vigoureux. Mais c'est la jalousie qui te fait parler, & le souuenir de Seméle; puis-que tu blâmes indiferemment ce que son fils a de plus beau.

DIALOGVE
DE VENVS ET DE CVPIDON.

VENVS. D'Où vient, petit Amour, que tu domtes tous les Dieux, & moy-mesme qui suis ta mere, & que tu ne peux rien sur Pallas, comme si pour elle ton carquois estoit sans flesches, & ton flambeau sans chaleur?

CVPIDON. C'est que ie l'aprehende.

VENVS. Mais Mars est bien plus furieux, & tu ne l'aprehendes point?

CVPIDON. Il me rend les armes volontairement, & m'apelle à son secours; au lieu que Pallas me regarde de trauers; & vn iour qu'il m'ariua de l'aprocher, Si tu me touches, dit-elle, ie te perceray de mon dard, ou te prenant par le pied, te précipiteray dans les enfers. D'ailleurs, elle a le regard terrible, & est éfroyable auec son casque & son bouclier, où l'on voit briller la reste de Meduse, coifée de serpens.

VENVS. Mais tu crains Pallas & la Gorgone, & n'aprehendes ni Iupiter ni ses foudres; les Muses mesmes qui n'ont ni foudre ni Gorgone, sont à l'épreuue de tes traits.

CVPIDON. C'est que ie les respecte, & qu'elles ont quelque chose de venerable, outre qu'elles me diuertissent par leurs chansons, & qu'il n'y auroit point d'aparence de rendre le mal pour le bien.

VENVS. Et Diane que t'a-t-elle fait?

CVPIDON. Elle a quelqu'autre amour dans la teste.

VENVS. Quel?

CVPIDON. Celuy de la chasse, qui la fait brosser par les forests, où ie ne la saurois suiure: Mais pour son frere, quoy qu'il soit excellent Archer......

VENVS. Ie say bien ce que tu veux dire; Que tu l'as souuent blessé de tes dars.

LE IVGEMENT DE PARIS.
DIALOGVE
DE IVPITER, MERCVRE, PARIS, & les trois Deesses.

IVPITER. PRen cette pomme, Mercure, & va en Phrygie vers le beau pasteur de Troye, qui paist ses troupeaux sur le mont Ida; Tu luy diras que ie l'ay fait Iuge de la Beauté, parce qu'il est beau & amoureux. Les Belles, il est temps de partir; car ie ne veux point estre Iuge, entre ma femme & mes filles, puis-qu'on ne peut prononcer en faueur de l'vne, sans ofenser les deux autres ; & ie voudrois, s'il se pouuoit, que toutes trois remportassent la victoire. Mais vous n'auez rien à craindre ; car outre que Pâris est fils de Roy, & parent de Ganymede, il est si simple & si peu malicieux, que vous ne deuez point aprehender de paroistre deuant luy.

Venvs. Pour moy, mon pere, ie ne refuserois pas mesme Momus pour Iuge, & accepte celuy-cy, quel qu'il puisse estre; car que pourroit-il reprendre en la Deesse de la Beauté ? Mais il faut qu'il agrée aussi à mes riuales.

Ivnon. Nous prendrions à vn besoin Mars pour Arbitre, quoy que ce soit ton galand.

Ivpiter. Es-tu de mesme sentiment, Minerue ? Quoy ! tu rougis, & baisses la veuë ? mais la pudeur sied bien aux filles ; & ie vois bien que tu en és contente aussi. Partez donc, à la bonne-heure, & que les mal-heureuses ne s'en prennent point à leur Iuge ; car vous sauez que vous estes trois, & qu'il n'y a qu'vne pomme.

Mercvre. Allons, & prenons le chemin de la Phrygie, ie passeray le premier pour vous conduire, & vous me suiurez sans vous arester. Du reste, ne craignez rien, Ie connois Pâris, il est honneste homme, & ne vous fera point d'injustice.

Venvs. Que tu me plais de dire cela; mais dy-moy, est-il marié ?

Mercvre. Non ; mais ie croy qu'il a vne maistresse sur le mont Ida; toutefois, c'est quelque fille grossiere & mal-aprise, qu'il n'aime pas trop, à mon auis ; mais pourquoy fais-tu cette question ?

Venvs. Ie réuois à autre chose.

PALLAS. Tu t'acquittes mal de ta commiſſion, Mercure, d'entretenir celle-cy ſeparément.

MERCVRE. Ce n'eſt rien; Elle me demandoit ſeulement ſi Pâris eſtoit marié.

PALLAS. Pourquoy cela?

MERCVRE. Ie ne ſay; Elle dit qu'elle l'a fait ſans deſſein.

PALLAS. Eſt-il marié en éfet?

MERCVRE. Ie croy que non.

PALLAS. Eſt-ce vn ſimple vilageois, ou s'il aime la gloire & l'honneur?

MERCVRE. Ie penſe qu'eſtant jeune, & fils de Roy, il ſeroit bien-aiſe de ſe ſignaler dans les batailles.

VENVS. Voy-tu que ie ne me plains pas de ce que tu l'entretiens toute ſeule? Venus n'eſt pas de ces humeurs querelleuſes, & qui ſe fâchent de tout.

MERCVRE. Il n'y a pas auſſi de ſujet de s'en fâcher; car elle me demandoit la meſme choſe que vous; & ie luy répondois de meſme. Mais tout en deuiſant, nous voicy ariuez en Phrygie. Voilà le mont Ida que ie découure, & voſtre Iuge auſſi, ſi ie ne me trompe.

IVNON. En quel endroit? ie ne le voy pas.

MERCVRE. A main gauche, ſur la pente de ce coſteau. Voilà ſon troupeau & ſa cabane.

IVNON. Ie ne voy pas le troupeau.

MERCVRE. Regardez vis à vis de mon doigt. Ne voyez-vous pas ſortir des brebis du milieu de ces rochers, & quelqu'vn auec ſa houlette qui les raſſemble, de peur qu'elles ne s'écartent trop?

IVNON. Ie le voy; ſi c'eſt luy.

D iiij

DIALOGVES

MERCVRE. C'eſt luy-meſme. Mais puis-que nous ſommes ſi prés, deſcendons, de peur de l'éfrayer en venant tout à coup fondre deuant luy.

IVNON. Ie le veux. Maintenant que nous ſommes deſcenduës, que Venus marche deuant ; Car elle doit ſçauoir le chemin, eſtant venuë icy ſouuent, chercher ſon Anchiſe.

VENVS. Ie ne me pique point de ces reproches.

MERCVRE. C'eſt moy qui vous conduiray ; Car il me ſouuient, quand Iupiter eſtoit amoureux de Ganymede, que ie venois ſouuent icy voir ce que faiſoit ce petit mignon, & lors qu'il l'enleua, ie volois autour de luy pour le ſoûleuer, & ce ne doit pas eſtre loin de ce lieu, veu que, s'il m'en ſouuient bien, il iouoit de la flûte ſur ce roc, prés de ſon troupeau, lors que Iupiter, changé en Aigle, le vint rauir, & mordant de ſon bec ſa Tiare, pour le tenir plus ferme, l'emporta dans les nuës tout étonné, & tournant la teſte pour le regarder. Alors, i'amaſſay ſa flûte qui eſtoit tombée dans la frayeur ; Mais ſaluïons voſtre Iuge que voicy. Bon-jour, le beau Paſteur.

PARIS. Et à vous le beau fils. Qui ſont ces Dames que vous menez dans ces deſerts ? Elles ſont trop belles & trop délicates, pour broſſer parmy ces haliers.

MERCVRE. Ce ne ſont pas des Dames, Paris, ce ſont des Déeſſes. Tu vois deuant toy, Venus, Pallas & Iunon. Pour moy, ie ſuis Mercure. Quoy ! tu changes de couleur, & t'étonnes ? Ne crains rien, nous ne ſommes pas venus icy pour te troubler, mais pour te faire juge d'vn diferent qu'ont ces Deeſſes pour la beauté, parce que tu es sçauant dans les choses de l'amour. Du reste, le prix de la victoire est écrit autour de cette pomme.

PARIS. Que ie voye ? *C'est pour la plus belle.* Grands Dieux ! comment pourroit vn mortel iuger de trois beautez immortelles ! cela surpasse la capacité d'vn berger, & si quelqu'vn le pouuoit faire, ce seroit plûtost vn courtisan, qu'vn villageois. S'il faloit dire quelle est la plus belle de ces brebis ou de ces chéures, ie m'en acquitterois peut estre bien ; mais voicy des beautez diuines, & si acomplies, que l'œil a de la peine à se retirer de dessus l'vne, pour contempler les deux autres, tant la veuë demeure atachée au premier objet, & le iuge tousiours le plus beau. D'ailleurs, ie suis tellement ébloüi de tant de clartez, qu'il me semble que ie n'ay pas assez de deux yeux, & ie voudrois estre tout œil, comme Argus, pour les pouuoir mieux contempler, outre que l'vne estant femme de Iupiter, & les deux autres ses filles, il ne fait pas seur de se mesler de leur diferent.

MERCVRE. Mais Iupiter le commande, & ses ordres sont inuiolables.

PARIS. Que les mal-heureuses donc n'en acusent que leur mal-heur, & qu'elles ne s'en prennent point à moy.

MERCVRE. Elles l'ont promis ; il ne reste plus qu'à iuger.

PARIS. Il le faut faire, puis-qu'on ne s'en peut défendre ; Mais ie voudrois bien sauoir si on les peut voir toutes nuës, car il est difficile d'en bien iuger autrement.

MERCVRE. C'est à toy qui és le Iuge, d'en ordonner.

PARIS. Si cela eſt, ie les veux voir toutes nuës.

MERCVRE. Deshabillez-vous, voſtre Iuge le commande, & tandis qu'il vous regardera, ie tourneray la teſte de l'autre coſté.

Il fait alluſion aux epithetes qu'Homere leur donne.

VENVS. Tu-as raiſon, Pâris, de nous vouloir voir toutes nuës, ie te vais montrer que ie n'ay pas ſeulement quelque partie du corps agreable, comme mes riuales, mais que ie ſuis également belle par tout.

PALLAS. Ne la regarde point, Pâris, qu'elle n'ait défait ſa ceinture ; car c'eſt vne magicienne, qui y tient quelque charme enfermé. Elle ne deuoit pas auſſi venir parée & ajuſtée en Courtiſane, mais ſe laiſſer voir toute nuë & ſans artifice.

PARIS. Elle a raiſon ; oſtez voſtre ceinture.

VENVS. Que Pallas oſte donc ſon caſque, dont l'horrible creſte eſt capable d'épouuanter vn berger ; Craint-elle que ſes yeux bleus ne ſoient pas aſſez forts ſans armes ?

PALLAS. Tien, voilà mon caſque.

VENVS. Tien, voilà ma ceinture.

IVNON. Haſtons-nous de nous deshabiller.

PARIS. Dieux ! Que de beautez & de merueilles ! Que celle-cy a d'éclat, & cette autre de majeſté ; & qu'il paroiſt bien que l'vne eſt fille & l'autre femme de Iupiter ! Mais que la derniere a d'apas, & qu'elle a les façons aimables & attrayantes ! Ah c'eſt trop de felicité pour vn mortel. Toutefois, ie les veux voir encore ſeparément ; car en les voyant toutes enſemble, on eſt ſi confus, que l'on ne ſait que choiſir.

VENVS. Ie le veux.

PARIS. Que Iunon demeure, & que les deux autres ſe retirent.

IVNON. Quand tu m'auras bien regardée, Pâris, il reste encore quelque chose à considerer, C'est le prix de la victoire; car si tu me l'ajuges, ie te feray Roy de toute l'Asie.

PARIS. Ie ne suis point ambitieux ; mais ie ne vous feray point d'injustice. Retirez-vous ; Que Pallas s'aproche.

PALLAS. Si tu prononces en ma faueur, ie te rendray inuincible.

PARIS. Ie ne me pique point de valeur, & le Royaume de mon pere est en paix ; mais vous n'auez rien à craindre, ie ne me laisse corrompre ni par promesses, ni par presens, reprenez vos habits & vos armes ; Que Vénus s'auance.

VENVS Me voilà. Regarde-moy bien depuis les pieds iusqu'à la teste ; car ie n'ay pas le moindre defaut. Il y a long-temps que te voyant ieune & beau comme tu-és, i'ay pitié de te voir confiné dans ces rochers, sans venir aux Villes ni aux Assemblées, & passer la fleur de ton âge parmy les bestes dans des solitudes. Car à quoy te peuuent seruir ces arbres & ces deserts, & quel auantage tirent tes troupeaux de ta beauté? Ne deurois-tu pas auoir déja vne maistresse, non pas quelque païsane malfaite, mais quelque belle Grecque d'Argos, de Sparte, ou de Corinthe, telle qu'est maintenant Héléne, l'honneur de son sexe, comme Pâris l'est du sien, & comme luy, capable d'aymer. Si elle t'auoit veu vne fois, ie say qu'elle quiteroit tout pour te suiure. N'en as-tu iamais oüi parler ?

PARIS. Non ; mais ie serois bien-aise d'en aprendre quelque chose.

VENVS. Elle est fille de cette Belle, dont Iupiter amoureux, se changea en Cygne pour la posseder.

D vj

PARIS. Et comment est-elle faite ?

VENVS. Tu peux croire qu'elle n'est pas noire estant née d'vn Cygne, ni grossiere, estant éclose de la coquille d'vn œuf. Si tu l'auois veuë luter toute nuë, à la façon de son païs, tu serois épris de sa gentillesse & de sa grace. On a déja entrepris des guerres pour l'amour d'elle ; car Thésée la rauit qu'elle n'auoit encore que dix ans. Depuis, elle est creuë en beauté auec l'âge, & a atiré sur elle les yeux de toute la Grece. Mille Amans l'ont recherchée ; mais Menelaüs a esté préferé à tous ses riuaux ; toutefois ie te la donneray, si tu veux.

PARIS. Comment cela, si elle est mariée ?

VENVS. Ne t'en mets point en peine, ce sont-là des tours de mon métier ; mais tu n'és encore qu'vn innocent.

PARIS. Comment feras-tu ? Ie te prie de me le dire.

VENVS. Tu iras en Grece sous prétexte de voir le païs, & si-tost que tu seras arriué à Lacédémone, Hélene te voudra voir ; laisse-moy faire le reste.

PARIS. Cela me semble incroyable, qu'elle veüille quitter son mary & sa patrie, pour suiure vn étranger & vn inconnu.

VENVS. I'ay deux fils, dont l'vn rend aymable, & l'autre amoureux, I'en mettray l'vn dans tes yeux & l'autre en son cœur. Apres cela, nous en viendrons à bout aisément ; car ie te donneray encore les Graces pour t'accompagner.

PARIS. Ie ne say ce qui en arriuera ; mais ie brûle déja de la voir, & il me semble que ie voyage en Grece, que i'ariue à Sparte, que ie l'enleue & l'emmeine à Troye ; & i'enrage que tout cela n'est déja fait.

VENVS. Ne te haste point, que tu ne m'ayes donné la pomme ; car il faut que ie sois gaye en ta compagnie ; autrement nous ne ferons rien qui vaille : Mais aprés cela, nous célébrerons ensemble tes noces, & ma victoire.

PARIS. Mais si tu me trompois aussi ?

VENVS. Veux-tu que ie t'en iure ?

PARIS. Non ; mais promets-le encore vn coup.

VENVS. Hé bien, ie promets de te donner cette belle pour maistresse ; d'estre moy-mesme ta guide, & de conduire toute l'entreprise.

PARIS. Et tu ameneras aussi les deux Amours & les Graces ?

VENVS. Et le Desir mesme, & l'Hymenée.

PARIS. Reçoy la pomme, & te souuien de tes promesses.

DIALOGVE
DE MARS ET DE MERCVRE.

MARS. AS-TV ouï la rodomontade de Iupiter, Que si nous le faschions il ietteroit vne chaisne du Ciel en terre, auec laquelle il attireroit à soy les hommes & les elemens, par vn si violent effort, que quand tous les Dieux tireroient contre, ils ne seroient pas si forts que luy ? Veritablement, il n'y a pas vn de nous qui ne luy cede en particulier; mais de s'imaginer que tous ensemble nous ne le vaillions pas bien, il me semble qu'il y a de l'orgueil à le croire, & de la vanité à le publier. Car on sçait qu'il eut bien de la peine à se retirer des mains de Neptune, de Iunon & de Minerue, qui le vouloient enchaîner, & qu'il fut contraint, pour se sauuer, de faire mille tours de souplesse. Encore si Tetis ne luy eust amené Briarée, qui le déliura auec ses cent bras, ie ne say ce qui en fust arriué, & s'il n'eust point esté pris auec toute sa force & son adresse.

MERCVRE. Tout beau, n'en dy pas dauantage; car il n'est seur ni à toy de dire ces choses, ni à moy de les entendre.

MARS. Ie sçay bien à qui ie m'adresse, & que c'est à vne personne qui sait aussi bien se taire que parler.

DIALOGVE
DE PAN ET DE MERCVRE.

PAN. Bon-jour, mon pere.
MERCVRE. Bon-jour, mon fils : mais qui és-tu qui m'appelles ainsi ? car à voir comme tu és fait, tu ressembles mieux à vn Bouc, qu'à vn Dieu.

PAN. Tu te fais plus de tort qu'à moy, de me traiter de la sorte. Ne te souuient-il plus de cette belle fille que tu forças en Arcadie ? Qu'as-tu à te mordre les doigts: c'est Penelope la fille d'Icare.

MERCVRE. Et d'où vient qu'elle t'a fait ainsi cornu, auec vne barbe, vne queuë, & des pieds de Chéure ?

PAN. C'est que tu t'estois métamorphosé en Bouc, pour la surprendre.

MERCVRE. Il m'en souuient; mais i'ay honte de l'auoüer.

PAN. Ie ne te feray point de deshonneur; car outre qu'on m'adore en Arcadie où ie possede mille troupeaux; Ie suis illustre dans la Musique, & i'ay fait paroistre ma valeur en la Bataille de Marathon; si bien que les Atheniens m'ont donné pour recompense vne grotte sous leur forteresse, où si tu viens iamais, tu verras comme i'y suis honoré.

MERCVRE. N'és-tu point marié?

PAN. Non.

MERCVRE. Ie ne m'en étonne pas; car qui voudroit d'vn animal fait comme toy.

PAN. C'est qu'estant de complexion fort amoureuse, ie ne me pourrois passer d'vne seule femme.

MERCVRE. Tu caresses donc les Chéures?

PAN. Ne me dis point d'injures. Echo, Pitys, & toute la troupe des Baccantes sont amoureuses de moy.

MERCVRE. Sais-tu ce que ie desire, pour recompense de t'auoir donné la vie? C'est que tu ne m'apelles iamais ton pere; mais ne laisse pas de m'embrasser pour ce coup. Adieu.

DIALOGVE
D'APOLLON ET DE BACCHVS.

APOLLON. QVI croiroit iamais que Cupidon, Priape, & Androgyne fussent freres, estant si differens & d'humeur & de visage? Car l'vn est le plus petit & le plus puissant des Dieux; & des deux autres, le dernier n'est ni masle ni femelle; & le premier est vn vergalant.

BACCHVS. Cette diuersité vient de celle de leurs peres, quoy que tous les iours on en voye d'aussi grande entre ceux qui sont nez de mesme pere & de mesme mere.

APOLLON. Ce n'est pas entre Diane & moy, qui prenons tous deux les mesmes plaisirs & les mesmes exercices.

BACCHVS. Mais elle égorge ses hostes en Scythie, & tu fais le Medecin en Grece; cela ne s'acorde pas.

APOLLON. Crois-tu qu'elle se plaise à ces cruautez? C'est pour s'accommoder aux mœurs des Barbares, d'où elle ne cherche que l'occasion de s'éuader.

BACCHVS. Elle fait bien. Mais pour te dire la verité, ce Priape est vn étrange masle, car comme ie passois chez luy à Lampsaque, il me voulut caresser la nuit, aprés m'auoir fait bonne chere.

APOLLON. Et que fis-tu?

BACCHVS. Ie tournay la chose en raillerie.

APOLLON. Tu fis bien; car il n'y auoit point d'aparence de rendre des injures pour des caresses. Et puis, tu en vaux bien la peine; car tu-és assez beau garçon.

BACCHVS. Et toy aussi; C'est pourquoy tu n'as qu'à te tenir sur tes gardes, s'il t'aproche.

APOLLON. Il ne feroit pas bon s'y frotter; car auec ma perruque blonde, ie porte vn arc & des flesches; & comme ie vois fort clair, il est dificile de me prendre par derriere.

DIALOGVE

DE MERCVRE ET DE SA MERE.

MERCVRE. Y A-t-il vn Dieu dans le Ciel qui soit plus malheureux que moy.

MAYA. Ha mon fils, ne parles point ainsi.

MERCVRE. Pourquoy non ? puisque i'ay tout seul plus d'afaires, que tous les autres Dieux ensemble. Premierement, il me faut leuer dés le point du iour, pour netoyer la sale du festin, & celle des assemblées. Apres cela, il me faut trouuer au leuer de Iupiter pour prendre ses ordres, & les porter deçà & delà. Ie sers de Maistre d'Hostel, & quelquefois d'Eschanson ; au moins, faisois-ie ce mestier, auant la venuë de Ganymede. Mais ce qui m'incommode le plus, c'est que la nuit mesme, lors que tout le monde se repose, il me faut aller mener vn conuoy de morts aux enfers, & assister à leur iugement, comme si tout le iour, ie n'estois pas assez occupé à faire le métier de Sergent, d'Athlete, d'Orateur, & plusieurs autres semblables. Castor & Pollux se reposent tour à tour, mais moy ie ne repose iamais, & ne fais que courir haut & bas, tandis qu'Hercule & Bacchus, qui ne sont pas fils de Deesse, comme moy, mais nez de chetiues & miserables mortelles, se donnent du bon temps à la table de Iupiter. Ie viens de quiter tout presentement la fille d'Agenor à Sidon, & voilà qu'on me renuoye à Argos vers Danaé ; encore m'a-t-on dit que ie visse, en passant, Antiope & en Béocie, mais ie l'ay refusé tout à plat, & quelquefois ie voudrois estre vendu pour esclaue, afin de changer de maistre.

MAYA. Quite cette pensée, mon fils, il faut obeïr à son Pere, & trauailler tandis qu'on est ieune. Haste-toy d'executer ses commandemens ; car tu sais qu'il est colere, & que les Amoureux sont impatiens.

DIALOGVE

DE IVPITER ET DV SOLEIL.

IVPITER. Qv'as-tv fait, malheureux, d'auoir donné ton char à conduire à vn ieune étourdy, qui a bruslé la moitié du monde, & gelé l'autre ; de sorte que si ie ne l'eusse abatu d'vn coup de foudre, c'estoit fait du genre humain ?

LE SOLEIL. I'ay failly, Iupiter, ie l'auouë, pour n'auoir pû éconduire vn fils ; ni soufrir les larmes d'vne maistresse, mais ie ne croyois pas qu'il en dust arriuer tant de mal.

IVPITER. Ne sauois-tu pas bien quelle estoit la fougue de tes cheuaux, & que pour peu qu'ils vinssent à quitter leur route, tout estoit perdu ?

LE SOLEIL. Ie le sauois bien ; c'est pourquoy ie mis moy-mesme Phaëton sur mon char, & luy donnay toutes les instructions necessaires ; mais les cheuaux n'ayant pas senty leur conducteur, ont pris le frein aux dents, & il a esté ébloüi de la splendeur de la lumiere, & espouuanté de l'abysme qu'il voyoit sous ses pieds. Mais il est assez puny, & moy aussi, par son suplice.

IVPITER. Ouy bien luy ; mais non pas toy. Ie pardonne, toutefois, à la tendresse d'vn pere, mais c'est à la charge que tu n'y retourneras plus; autrement, ie te feray sentir que le feu de mon tonnerre est bien plus chaud que le tien. Cependant, donne ordre que les sœurs de Phaëton l'enseuelissent sur les bors de l'Eridan où il est tombé; & pour recompense, ie les changeray en peupliers d'où découlera l'ambre, pour symbole de leurs larmes. Du reste, r'habille ton char, dont le timon est rompu, & l'vne des roües fracassée, puis repren ta route, que tu auras assez de peine à garder apres vn si funeste accident; mais souuien-toy de ce que i'ay dit.

DIALOGVE

D'APOLLON ET DE MERCVRE.

APOLLON. NE me saurois-tu apprendre à connoistre Castor & Pollux? car ie m'y trompe tousiours, à cause de leur ressemblance.

MERCVRE. Celuy qui estoit hier auec nous, c'est Castor.

APOLLON. Comment les peux-tu discerner, estant si semblables?

MERCVRE. Pollux a le visage meurtry des coups qu'il a receu à la lute, & particulierement de Bébryx au voyage des Argonautes.

APOLLON. Tu me fais plaisir de m'aprendre cette particularité; car voyant à chacun sa moitié d'œuf, son cheual blanc, son iauelot & son estoile, ie les confondois tousiours; mais dy-moy, Pourquoy ne sont-ils pas tous deux à mesme temps dans le ciel?

MERCVRE. C'est qu'ayant esté ordonné que des deux fils de Léda, l'vn seroit mortel & l'autre immortel, ils ont partagé le bien & le mal comme de bons freres, & ainsi meurent & viuent tour à tour.

APOLLON. C'est vn grand obstacle à leur amitié, car ainsi ils ne peuuent iamais ni se parler ni se voir. Mais encore, quel mestier font-ils? car chacun de nous a le sien. Ie suis Prophete, mon fils Medecin, ma sœur Sage-femme, toy Athlete. Ceux-cy ne font-ils que boire & manger?

MERCVRE. Ils aident aux matelos, pendant la tempeste.

APOLLON. C'est vn métier bien necessaire, pourueu qu'on s'en aquite bien.

DIALOGVES
DES DIEVX MARINS.

Le sujet de ces Dialogues est le mesme que celuy des précédens, qui est de se rire de l'opinion qu'on auoit des Dieux, & de tourner toute la Theologie Payenne en raillerie.

DIALOGVE
DE DORIS ET DE GALATÉE.

DORIS. ON dit que Polyphéme est amoureux de toy, Galatée, Tu as-là vn beau galant?

GALATÉE. Ne t'en moque point, Doris, tel qu'il est, il est fils de Neptune.

DORIS. Quand il seroit fils de Iupiter, la

DES DIEVX MARINS.

naissance ne fait rien à la beauté. Il est velu comme vn Ours, & n'a qu'vn œil.

GALATE'E. Le poil est signe de force, & son œil ne luy sied pas mal au milieu du front, outre qu'il en voit aussi bien que s'il en auoit deux.

DORIS. Il semble à t'oüir parler, que tu sois l'Amante plustost que l'aimée?

GALATE'E. Non pas cela; mais ie ne puis souffrir ta ialousie ni celle de tes compagnes. Car sous ombre que paissant ses troupaux sur le mont Etna, comme nous folatrions sur le riuage, il me trouua plus belle que vous, cela vous fait creuer de dépit.

DORIS. Tu as bien de la vanité de croire qu'on puisse estre ialouse de toy non plus que de luy; Qu'as-tu de considerable que ta blancheur, qui t'a fait nommer Galatée? Il t'a trouué belle parce que tu ressemblois à son beure & à son fromage, mais on ne fait cas de la blancheur que quand il y a du rouge meslé parmy. Si tu t'és iamais veuë dans la mer quand elle estoit calme, tu as pû reconnoistre tes defauts.

Comme qui diroit de laict.

GALATE'E. Auec tout cela, i'ay trouué vn fils de Neptune pour Amant; mais pour vous, il n'y a ni berger ni matelot qui en voulust. D'ailleurs, cét Amant est excellent Musicien.

DORIS. Ne parle point de sa musique, Galatée, nous l'ouïsmes l'autre iour, qu'il t'aborda en chantant. Bon Dieu l'étrange Musicien! & la plaisante lyre qu'il auoit, faite de la carcasse d'vne teste de cerf, où les cornes seruoient de cheuilles! L'Eco, toute babillarde qu'elle est, auoit honte de luy répondre; car sa voix & son instrument n'estoient iamais bien d'acord. Et ce beau galant portoit en son sein, par mignardise, vn petit

Ours velu comme luy ; Qui ne t'enuieroit vn Amant si accomply ?

GALATÉE. Montre-nous le tien, Doris, que nous voyons s'il est bien fait.

DORIS. Ie n'en ay point, Galatée, & ne me pique point d'en auoir ; mais ie ne t'enuie point ton Cyclope puant & borgne, qui pour comble de perfection, déuore ses hostes. Puissiez-vous viure long-temps en bonne amitié, & faire des enfans qui vous ressemblent.

DIALOGVE

DE NEPTVNE ET DE POLYPHEME.

POLYPHEME. AH ! mon Pere, vengez-moy de cét estranger, qui est venu loger chez-moy, & m'a creué l'œil en dormant.

NEPTVNE. Qui a esté si hardy, mon fils ?

POLYPHEME. Personne ; car c'est ainsi qu'il se nomma. Il est vray, qu'en partant, il dit qu'il s'appelloit Vlysse, lors qu'il vit qu'on ne le pouuoit plus ateindre.

NEPTVNE. Ie le connois ; c'est le Prince d'Itaque, qui retourne du siege de Troye. Mais comment a-t-il osé se prendre à toy ; car il n'est pas estimé vaillant ?

POLYPHEME. Comme ie ramenois le soir mon troupeau, ie trouuay des voleurs dans ma cauerne, & en fermay l'entrée auec vne piece de rocher ; puis en apercevant quelques-vns à la lueur du feu, qui se cachoient, Ie les deuoray ; car des voleurs ne meritoient pas vn plus fauorable traitement. Alors, ce fourbe me donna d'vne

DES DIEVX MARINS.

liqueur traitreſſe; dont ie n'eus pas pluſtoſt bû, qu'il me ſembla que ma grotte tournoit c'en-deſſus-deſſous; & dans cét étourdiſſement, le perfide prenant ſon temps, me creua l'œil, auec vn baſton brûlé par le bout.

NEPTVNE. Il faloit que tu fuſſes bien yure, pour ne te pas éueiller du coup! Mais comment ſe pût-il ſauuer, & détourner du roc qui fermoit l'entrée de ta cauerne?

POLYPHEME. Ie l'otay moy-meſme, pour l'atraper au paſſage, tant i'eſtois tranſporté de fureur; mais il échapa ie ne ſay comment ſous le ventre de quelque beſte, comme elles paſſoient l'vne apres l'autre, car ie ne les pouuois pas tenir touſiours renfermées.

NEPTVNE. Que n'appellois-tu à ton ſecours les autres Cyclopes?

POLYPHEME. Ie le fis; mais comme ils m'eurent demandé qui m'auoit ſi mal-traité, & que i'eus répondu *Perſonne*, ils creurent que i'eſtois fou, & s'en allerent; ainſi ce méchant éuada, & ce qui me fâche le plus, c'eſt qu'il crioit en ſe retirant, que Neptune meſme ne me pourroit guérir.

NEPTVNE. Conſole-toy, le traitre n'échapera pas; car il eſt encor en mon pouuoir, eſtant dans l'eſtenduë de mon Empire. Mais ie te trouue bien mal-adroit de t'eſtre laiſſé ainſi éborgner.

DIALOGVE

DE NEPTVNE ET D'ALPHE'E.

NEPTVNE. D'Où vient, beau fleuue, que tu paſſes dans la mer, ſans meſler tes eaux auec les ſiennes, non plus que si tu estois de glace ; Semblable à ces oiseaux, qui se plongent en vn endroit ; pour reparoistre en vn autre ?

ALPHE'E. C'est vn mystere d'amour, Neptune, que tu ne condamneras pas ; car tu as autrefois aymé.

NEPTVNE. Et de qui és-tu amoureux ? Est-ce d'vne Dame, ou d'vne Nymphe, ou de quelqu'vne des Nereïdes ?

ALPHE'E. Non ; d'vne fontaine.

NEPTVNE. D'vne fontaine ! Et quelle ?

ALPHE'E. D'Aretuse.

NEPTVNE. C'est vne belle & claire source, qui roule ses petits flos argentez parmy les cailloux du riuage, auec vn murmure tres-agreable.

ALPHE'E. Que tu la dépeins bien ! c'est elle que ie vay chercher.

NEPTVNE. Va ; & sois heureux en tes amours. Mais dy-moy, où l'as-tu pû voir, estant d'Arcadie & elle de Sicile ?

ALPHE'E. Tu és trop curieux, & moy trop pressé, pour te répondre.

NEPTVNE. Tu as raison, i'ay tort de retarder vn Amant, qui va trouuer sa Maîtresse. Haste-toy, & lors que tu l'auras rencontrée, mesle-toy si bien auec elle, que vous ne fassiez tous deux qu'vne mesme source.

DIALOGVE
DE PROTE'E ET DE MENELAVS.

MENELAVS. IE ne trouue pas étrange, Protée, qu'vn Dieu marin comme toy se change en eau, ni mesme en plante ; mais de deuenir venir feu, cela me paroiſt incomprehenſible; car encore pour lion, cela ſe pourroit mieux ſoufrir.

PROTÉE. Il ne laiſſe pas d'eſtre tres-veritable, Menelaüs.

MENELAVS. Ie le ſay bien; car i'en ſuis témoin moy-meſme; mais pour ne t'en point mentir, ie croy qu'il y auoit de la tromperie, & que tu és vn Charlatan, qui fais des tours de paſſe-paſſe.

PROTÉE. Quelle tromperie y peut-il auoir en des choſes ſi éuidentes? Que ſi tu en doutes, tu n'as qu'à y mettre la main, tu ſentiras bien-toſt la chaleur.

MENELAVS. L'experience en ſeroit vn peu dangereuſe.

PROTÉE. Ne ſais-tu pas ce qui arriue au Polype, de prendre la couleur des choſes auxquelles il s'attache; de ſorte que les peſcheurs meſmes ont de la peine à le diſcerner?

MENELAVS. Ie l'ay ouï dire; mais ie trouue ce que tu fais bien plus incroyable.

PROTÉE. A qui croiras-tu, ſi tu ne crois à tes yeux?

MENELAVS. Ie l'ay veu, & demeure encore incredule; car ie ne puis conceuoir comment vne meſme choſe peut eſtre le feu & l'eau.

DIALOGVE
DE PANOPE ET DE GALENÉ.

PANOPE. Vis-tv hier ce que fit la Diſcorde en Theſſalie, aux nopces de Thetis & de Pelée?

E

GALENE. Ie n'y eſtois pas; car Neptune m'auoit commandé de tenir la mer calme; mais encore que fit cette quéréleuſe?

PANOPE. Comme Neptune & Amphitrite eſtoient alez coucher la mariée, & que les vns buuoient & les autres danſoient aux chanſons d'Apollon & des Muſes, la Diſcorde indignée de ce qu'elle n'auoit pas eſté priée au feſtin, ietta dans la ſale vne pomme d'or, qui ala tomber, comme à deſſein, aux pieds de Venus, de Pallas & de Iunon. Mercure l'ayant amaſſée vit qu'il y auoit eſcrit autour, *C'eſt pour la plus belle.* Les Nymphes, comme nous, ſe tûrent; car qu'euſſent-elles fait en la preſence de trois grandes Diuinitez? Mais ces Déeſſes commencerent auſſi-toſt à s'entrequereller pour l'auoir; & ſi Iupiter, qui eſtoit preſent, ne leur euſt impoſé ſilence, ie croy qu'elles en fuſſent venuës aux mains. Il ne voulut pas neantmoins décider leur diferent, & les renuoya à Pâris pour les iuger.

GALENE. Et qu'en eſt-il arriué?

PANOPE. Ie n'en ſay rien; mais il eſt aiſé à iuger que nul ne remportera le prix de la Beauté, que celle qui en eſt la Déeſſe.

DIALOGVE
DE NEPTVNE, D'VN TRITON, ET D'AMYMONE.

LE TRITON. VNe belle fille vient tous les iours puiſer de l'eau dans le lac de Lerne.

NEPTVNE. Eſt-ce quelque eſclaue, ou quelque perſonne de condition?

LE TRITON. C'est vne des cinquante filles de Danaüs; car il les traite fort rudement, & les contraint de trauailler de leurs mains.

NEPTVNE. Mais vient-elle seule ? Il y a bien loin de-là à Argos où elle demeure.

LE TRITON. Seule; si bien qu'il faut qu'elle ait tousiours la cruche à la main ; car tu sais que la ville est fort alterée.

NEPTVNE. Tu me donnes enuie de la voir; Atelle mes cheuaux à mon char ; ou plûtost ameine vn des Dauphins de mon écurie, ce sera plûtost fait. Cà que ie monte, n'abandonne point l'étrié, & lors que nous serons ariuez, ie me mettray en embuscade tandis que tu feras le guet ; mais ne manques pas de m'auertir lors que tu la verras passer.

LE TRITON. La voilà qui vient.

NEPTVNE. Dieux ! qu'elle est belle, & en la fleur de son âge! Donnons.

AMYMONE. Aux voleurs, c'est, sans doute, quelque Pirate que mon oncle a enuoyé pour nous trahir, ou quelqu'vn de ceux qui enleuent des filles pour les vendre. Au secours. Laissez-moy, ou i'apelleray mon pere.

LE TRITON. Taisez-vous, belle Amymone, c'est Neptune.

AMYMONE. Que me veut faire ce méchant ? Et pourquoy me traisne-t-il dans la mer ?

NEPTVNE. Ne craignez rien, ie ne vous feray point de mal, & de toutes vos sœurs vous serez la seule qui ne puiserez point d'eau apres vostre mort, dans vne cruche percée ; mais frapant de mon trident ce rocher, ie feray naître vne fontaine en vostre place.

DIALOGVE

DE ZEPHIRE ET DE NOTVS.

NOTVS. Cette genisse que tu vois, qui passe en Egypte, sous la conduite de Mercure, est vne des maistresses de Iupiter.

ZEPHIRE. Il est vray, mais c'estoit alors vne belle fille, que la ialousie de Iunon a depuis transformée de la sorte.

NOTVS. Et Iupiter l'ayme-t'il encore en cét état?

ZEPHYRE. Ouy, & nous a défendu de soufler qu'elle ne fust arriuée; car elle doit acoucher en Egypte, & son fils sera Dieu, & elle Déesse.

NOTVS. Vne genisse, Déesse?

ZEPHIRE. Ouy, & la Déesse des Nautonniers. Nous ne souflerons plus que par son ordre.

NOTVS. Alons donc luy faire la cour de bonne heure, pour gagner ses bonnes graces.

ZEPHYRE. La voilà passée. Voy-tu qu'elle ne marche plus à quatre pieds, & qu'elle a repris sa premiere forme?

NOTVS C'est vn miracle, Zephyre; elle n'a plus rien de genisse, & Mercure qui l'a changée, a changé aussi de figure, & a pris celle d'vn chien.

ZEPHYRE. Retenons nostre curiosité; cela ne se fait pas sans mystere, & Mercure sait mieux que nous pourquoy il le fait.

DIALOGVE
DE NEPTVNE ET DES DAVPHINS.

NEPTVNE. IE vous ayme, Dauphins, de continuër voſtre amour & vôtre fidelité, vers le genre humain.

VN DAVPHIN. Il ne faut pas s'étonner, Neptune, ſi ayant eſté hommes, nous auons de l'amour pour les hommes.

NEPTVNE. Sans mentir, ie veux mal à Bacchus, de vous auoir ainſi métamorphoſez apres ſa victoire; Il ſe deuoit contenter, à mon auis, de vous aſſujettir comme il fit les autres peuples. Mais contez-moy vn peu l'auanture d'Arion: car pour Melicerte, ie ſay que vous le paſſaſtes à Corinte, lors qu'il fut précipité, auec ſa mere, en bas des rochers Scironides.

VN DAVPHIN. Comme Arion eſtoit fort aymé de Periandre pour l'excellence de ſon Art, il demeuroit d'ordinaire auec luy; mais lors qu'il fut deuenu riche, il luy prit enuie de retourner en ſon païs, pour y faire montre de ſes richeſſes. *Methymne.* Apres s'eſtre donc embarqué dans vn nauire, les matelos, gens ſans foy & ſans humanité, le ietterent dans la mer pour auoir ſon bien; mais il les pria auparauant de luy permettre de faire ſon oraiſon funebre, & de chanter quelque elegie ſur ſa lyre; puis, s'eſtant lancé dans la Mer, auec ce qu'il auoit de meilleur, les Dauphins, qui eſtoient accourus à la douceur de ſon harmonie, le ſauuerent, & ie le portay moy-meſme ſur mon dos, iuſqu'à Tenare.

NEPTVNE. Ie le trouue bien payé de ses chansons; & vous loüe de l'amour que vous auez pour la musique.

DIALOGVE

DE NEPTVNE ET D'AMPHITRITE.

Hellé. NEPTVNE. QVE la mer où est tombée cette belle, s'apelle de son nom *l'Hellespont*, & que les Nereïdes emportent le corps dans la Troade, où ceux du païs auront soin de luy dresser vn tombeau.

AMPHITRITE. Il me semble que nous ferions mieux de l'enseuelir icy; car son mal-heur & les cruautez de sa marastre, me fendent le cœur de pitié.

Ino. NEPTVNE. Mais elle ne peut demeurer dans le sein des flots, & il ne seroit pas honeste de l'enterrer dans le sable. C'est assez qu'elle ait cette consolation dans son infortune, que sa marastre aura le mesme destin qu'elle, & poursuiuie par Athamas, se iettera dans la mer, en bas du mont Cithéron, auec son fils Melicerte.

AMPHITRITE. Elle meriteroit bien d'estre conseruée en faueur de Bacchus, dont elle a esté la Nourrice.

NEPTVNE Il est vray que Bacchus a merité cette grace; mais elle ne la merite pas.

AMPHITRITE. Mais comment cette belle s'est-elle laissé tomber en bas du Belier qui la portoit, *Phryxus.* veu que son frere s'y est bien tenu?

NEPTVNE. Il n'est pas estrange qu'vn homme se tienne mieux à cheual qu'vne fille; outre qu'el-

DES DIEVX MARINS.

le a esté épouuantée de l'abisme qu'elle voyoit sous ses pieds.

AMPHITRITE. Que la Nuë qui estoit sa mere, ne l'aydoit-elle en cette rencontre?

NEPTVNE. On ne peut éuiter son destin.

DIALOGVE
D'IRIS ET DE NEPTVNE.

IRIS. IVPITER te commande d'arester cette Isle qui flote sur la mer Egée, apres auoir esté détachée de la Sicile par la tempeste.

NEPTVNE. Pourquoy cela?

IRIS. Pour seruir aux couches de Latone, qui est en trauail d'enfant.

NEPTVNE. Quoy! le Ciel & la terre ne sont pas sufisans pour luy rendre ce seruice?

IRIS. La colere de Iunon luy ferme le Ciel, & la Terre a iuré de ne la point receuoir; Si bien qu'il ne reste que cette Isle qui n'estant pas alors au monde, n'est point obligée au serment.

NEPTVNE. Areste à ma voix, Isle flotante, pour seruir à la naissance de deux iumeaux qui seront l'honneur du Ciel & les plus beaux enfans de Iupiter. Que les vens retiennent leur haleine, tandis que les Tritons feront passer l'acouchée. Pour le serpent qui la poursuit, il seruira de trophée à ces ieunes Dieux, dés le point de leur naissance. Va dire à Iupiter que tout est prest, & qu'elle vienne quand il luy plaira.

DIALOGVE

DV FLEVVE XANTHE, ET DE LA MER.

XANTHE. REçoy-moy dans ton sein, mere des Fleuues, pour éteindre le feu qui me deuore.

LA MER. Qui t'a ainsi mal-traité, pauure Xanthe?

XANTHE. Vulcain, pour auoir défendu les miserables Troyens contre la fureur d'Achile, qui les moissonnoit sur mes bords; Car me débordant par la multitude des corps morts, ie faillis à l'engloutir, dequoy Vulcain irrité vomit contre moy tant de flâmes, qu'il seicha toutes les plantes de mon riuage, & fit mourir tous mes poissons; & i'eus bien de la peine à me sauuer en l'état où tu me vois.

LA MER. Pourquoy te prenois-tu aussi à Achile?

XANTHE. Voudrois-tu que i'eusse trahy des peuples qui me réuérent?

LA MER. Et voudrois-tu aussi que Vulcain eust abandonné le fils d'vne Déesse qu'il aime?

DIALOGVE

DE DORIS ET DE THETIS.

DORIS. DEquoy pleures-tu, Thetis?
THETIS. De l'horreur du spectacle que
Danaé ie viens de voir. Acrise ayant enfermé sa fille,
& Persée. auec son enfant dans vn coffre, a commandé

qu'on les iettaſt tous deux dans la mer.

Doris. D'où vient vn commandement ſi cruel ?

Thetis De ſa virginité violée. Il auoit mis cette Belle dans vne tour d'airain, pour empeſcher qu'on ne la viſt; lors que Iupiter changé en pluye d'or s'eſt coulé ie ne ſay comment à trauers les tuiles, & luy a fait vn beau garçon, dont elle vient d'acoucher.

Doris. Et que dit cette pauure Dame ?

Thetis. Elle ne refuſe pas de mourir, pourueu qu'on pardonne à l'enfant, qui n'a point failly; Mais le pere impitoyable, ſans écouter prieres ni larmes, a repouſſé cette petite creature qui luy tendoit ſes bras innocens, comme ſi elle euſt imploré ſon aſſiſtance, & qui ſoûrit maintenant aux vagues, qui ſont preſtes à l'engloutir.

Doris. Cela me touche auſſi bien que toy; mais ſont-ils encore en vie ?

Thetis. Le petit cofret nage ſur l'eau, prés de l'Iſle de Seriphe.

Doris. Iettons-le dans les filets de quelque peſcheur, pour le ſauuer du naufrage.

Thetis. Ie le veux, car ie n'ay rien tant en horreur que la cruauté.

DIALOGVE
DV FLEVVE ENIPE'E ET DE NEPTVNE.

Enipe'e. Estoit-il iuſte, Neptune, d'emprunter mon nom & ma reſſemblance pour abuſer de ma maiſtreſſe ?

NEPTVNE Tres-iuste, Enipée; car pourquoy méprifer les larmes de cette Belle qui venoit tous les iours pleurer sur tes bords, contrainte par la violence de son amour?

ENIPE'E. Et faloit-il pour cela luy faire cette supercherie?

NEPTVNE. Ie l'ay fait par compassion; & elle a témoigné d'en estre contente.

ENIPE'E. Ouy, tant qu'elle a crû que c'estoit moy; mais lors que tu t'és nommé, elle a pensé se desesperer, & i'enrage qu'vn autre ait eu le plaisir, qui n'appartenoit qu'à moy.

NEPTVNE. Tu-as tort de faire le ialoux, apres auoir fait le cruel. Vne autre fois sois moins dédaigneux, & ne laisse pas perdre les momens qui sont si precieux en amour.

DIALOGVE
D'VN TRITON ET DES NE'RE'IDES.

TRITON. Ce monstre marin que vous auiez enuoyé pour déuorer Androméde, est mort, sans luy auoir fait aucun mal.

IPHIANASSE. Comment cela? Cephée s'est-il seruy de sa fille, comme d'vn apast pour le surprendre?

TRITON. Non; mais Persée l'a tué.

IPHIANASSE. C'est mal reconnoistre le seruice que nous luy auons rendu en le sauuant des flots auec sa mere; mais encore, comment cela s'est-il fait?

TRITON. Acrife l'auoit enuoyé en Lybie contre les Gorgones.

IPHIANASSE. Quoy ? tout seul & sans compagnie, à vne auanture si perilleuse, & par vn chemin si dangereux ?

TRITON. Il estoit alé par l'air auec des aisles que Minerue luy auoit prestées.

IPHIANASSE. Mais comment s'est-il pû garantir de leur veuë qui estoit mortelle ?

TRITON. A la faueur du bouclier de cette Déesse, où voyant comme dans vn miroir l'image de Méduse qui dormoit auec ses sœurs, il l'a empoignée par les cheueux, & luy a coupé la teste; puis s'est sauué. Mais comme il passoit au retour sur les costes d'Ethiopie, il a veu Andromède sur le point d'estre déuorée par le monstre, & touché d'amour & de pitié pour cette belle Infortunée, il a pétrifié le monstre d'vn des regards de Meduse, apres l'auoir étourdy d'vn coup de sabre. En suite, déliurant la pucelle, qui estoit attachée sur vn roc à demy-nuë, il l'a aidée à descendre par ces précipices, & l'a ramenée à son pere, qui pour récompense la luy a donnée en mariage.

IPHIANASSE. I'en ay vne extréme ioye; car apres tout, qu'auoit fait cette pauure fille, pour soufrir vn suplice si cruel ? Estoit-elle coupable de la vanité de sa mere ?

TRITON. Non; mais la mere eût esté punie par le suplice de sa fille.

THETIS. Ie n'aime pas ces injustes compensations; outre qu'il ne faut pas prendre garde aux paroles d'vne Barbare, qui est maintenant assez punie, par l'aprehension qu'elle a euë de perdre ce qu'elle aimoit.

Cassiope mere d'Andromede, s'estoit estimée plus belle que les Nereïdes

DIALOGVES

DIALOGVE
DE NOTVS ET DE ZEPHIRE.

NOTVS. IE n'ay iamais veu sur mer vn si beau spectacle, que celuy que ie viens de voir, l'as-tu veu, Zephyre?

ZEPHYRE. Non, ie souflois du costé des Indes, où ie n'ay veu que des Elephans, des Grifons, & des Negres.

NOTVS. Tu ne recouureras iamais vne si belle occasion; Connois-tu le Roy Agenor?

ZEPHYRE Qui? le pere d'Europe.

NOTVS C'est d'elle que ie veux parler. Tu sais le commencement de ses amours auec Iupiter, mais tu n'en sais pas la suite. Comme elle estoit descenduë auec ses compagnes, pour s'ébatre sur le riuage, il est venu bondir autour d'elle, sous la figure d'vn taureau, qui estoit si beau & si bien fait, qu'il luy a pris enuie de monter dessus, car il paroissoit fort doux & se laissoit manier. Mais il n'a pas eu plustost vne si douce charge, qu'il s'est lancé dans la mer, & a tiré vers la Grece. La pauure fille toute honteuse, empoignant d'vne main l'vne des cornes, pour se tenir plus ferme, & de l'autre, arrestant son voile qui flotoit au gré du vent, a tourné la teste vers ses compagnes éplorées, qui luy tendoient les bras du riuage.

ZEPHYRE. Est-ce là tout ce beau spectacle? Iupiter changé en taureau, qui porte sur son dos vne fille qu'il a enleuée par surprise.

NOTVS. C'est que tu n'entens pas le reste.

Aussi-tost la mer est deuenuë calme ; les vens ont retenu leur haleine ; mille petis amours sont venu voltiger à l'entour d'elle à fleur d'eau, sans moüiller que la pointe de leurs pieds. Les vns portoient en leurs mains la torche nuptiale, les autres chantoient l'Hymenée, suiuis de la troupe des Dieux Marins, & des Nereïdes à de-my nuës, montées sur des Dauphins, & accompagnées des Tritons qui folastroient à l'entour. Neptune & Amphitrite marchoient deuant, qui representoient le pere & la mere de la mariée. Venus, portée sur deux Tritons dans vne conque marine, répandoit des fleurs sur cette Belle. Ce spectacle a duré depuis la coste de Phénicie iusqu'en Crete, où Iupiter n'a pas plustost mis le pied, qu'il a repris sa premiere forme, & tenant par la main sa maistresse, l'a menée dans l'antre Dictéen, toute honteuse; Tu deuines assez le reste. Cependant, la troupe des Dieux Marins s'est dissipée, & les vens ont recommencé à souffler comme auparauant, l'vn deçà, l'autre delà.

ZEPHYRE. Que ie t'enuie vn si beau spectacle, dont le recit me rauit en admiration.

DIALOGUES DES MORTS.

Quoy qu'il entre icy quelque chose au sujet des Dialogues précédens, & que l'Auteur se veüille moquer de l'opinion des Payens touchant l'état des morts apres cette vie, il prend de là occasion, de se railler de la vanité des choses du monde, pour en faire mieux connoistre la foiblesse.

DIALOGUE

DE DIOGENE ET DE POLLUX.

DIOGENE. Je te prie, Pollux, puis que c'est demain ton tour de voir la lumiére, de dire au Philosophe Menipe, qu'il vienne icy rire tout son soul, s'il n'a assez ry là haut. Car encore y a-t-il quelque doute au lieu où il est, de ce qu'on deuient apres cette vie ; mais icy il n'y en a point, & il s'étonnera comme moy, de voir les Rois & les Princes si petits, qu'ils ne sont reconnoissables qu'à leurs plaintes. Mais dy-luy qu'il aporte toutes ses bribes ; parce qu'il en aura bien afaire ; & qu'il n'y a rien icy à manger.

POLLUX. Mais comment le connoistray-ie ?

DIOGENE. C'est vn vieux pelé qui porte vn méchant manteau tout rompu, & repetassé. Tu le trouueras à Athénes ou à Corinthe, qui se moque de tout, & particulierement de l'orgueil des Philosophes, qui pensent tout sauoir, & ne sauent rien.

POLLUX. S'il est fait comme tu dis, il n'est

pas dificile à reconnoiftre. Mais veux-tu que ie die auffi quelque chofe de ta part aux Philofophes?

DIOGENE. Dy-leur, qu'ils quitent leurs vaines difputes, & leurs argumens fophiftiques, & qu'ils ceffent de s'enquérir de la nature des chofes,& de parler de ce qu'ils n'entendent point.

POLLVX. Ils diront que ie fuis vn ignorant, & que ie n'entens pas la Philofophie.

DIOGENE. Dy-leur que ie leur annonce, qu'ils ayent à pleurer.

POLLVX. Ie n'y manqueray pas.

DIOGENE. Pour les grans, mon petit Amy, tu leur diras; Pourquoy, fous que vous eftes, vous tourmentez-vous apres de vaines grandeurs, & amaffez-vous talens fur talens, comme fi vous ne deuiez iamais mourir? puis quand il les faudra quiter, vous ferez inconfolables. Ne manque pas auffi de dire au beau Megile de Corinthe, & à l'Athlete Damoxéne; Qu'il n'y a icy ni force, ni beauté, ni adreffe, ni cheueux blons, ni yeux doux, ni incarnat aux ioues & aux lévres; En vn mot, rien que cendre & que pouffiere.

POLLVX. Il n'eft pas fort dificile de faire auffi ce meffage.

DIOGENE. Mais dy aux pauures, dont tu verras vn grand nombre s'afliger & fe tourmenter, Qu'ils ceffent deformais leurs plaintes, parce qu'icy bas tout eft égal, & que les riches n'y font pas plus confiderez que les autres. Pour les Lacédémoniens, fay leur reproche de ma part, de leur lâcheté, & leur dy qu'ils ne font plus ce qu'ils eftoient autrefois, & qu'ils ont bien dégénéré de la gloire de leurs Anceftres.

POLLVX. N'en dy point de mal, Diogéne,

car ie ne le souffrirois pas ; mais ie m'aquiteray des autres commissions.

DIOGENE. Laissons-les là, puis-que tu le veux ; mais qu'il te souuienne du reste.

DIALOGVE

DE CRÉSVS, DE MENIPE ET DE PLVTON, Où d'autres parlent aussi.

CRESVS. Nous ne pouuons plus souffrir ce Philosophe Cynique, que tu nous as donné pour voisin, & si tu ne le veux mettre ailleurs, nous serons contrains de déloger.

PLVTON. Quel mal vous peut-il faire estát mort?

CRESVS. Lors qu'il nous entend regretter nostre felicité, à l'vn ses tresors, ou ses grandeurs, & à l'autre ses délices, il se moque de nous, & nous vient dire des injures. Quelquefois, il se met à chanter pour nous interrompre ; enfin, il nous est à charge par tout.

PLVTON. Que disent-ils là de toy, Menipe ?

MENIPE. La verité, Pluton ; Car i'ay en horreur leur infamie ; comme s'il ne leur sufisoit pas d'auoir mal vescu là-haut, sans transporter encore leurs vices dans les enfers, & étaler icy leur mollesse & leur lâcheté.

PLVTON. Leur felicité estoit assez considérable, pour la regretter.

MENIPE. Tu resues, Pluton, de les vouloir flater dans leurs vices.

PLVTON. Ce n'est pas mon dessein, mais ie ne puis souffrir de diuision dans mon Empire.

MENIPE. Quand ie me tairois, le souuenir de leur félicité passée les tourmenteroit assez, aussi bien que l'image de leurs crimes.

CRESVS. N'as-tu point de honte de nous venir offenser, iusqu'en la presence de Pluton?

MENIPE. C'est vous qui en deuriez auoir, de vous estre fait adorer comme des Dieux, sans considerer que vous estiez hommes & mortels comme les autres, & que toute vostre félicité deuoit passer comme vn songe. C'est donc auec raison que vous pleurez maintenant ce que vous ne croyiez iamais perdre.

MIDAS. Ah mes tresors!

CRESVS. Ah mes grandeurs!

SARDANAPALE. Ah mes délices!

MENIPE. Courage, voilà vne agreable musique pour vn Philosophe. Mais afin de rendre plus complette l'harmonie, ie vous répondray de temps en temps ce beau mot d'Apollon, *Connois-toy toy-mesme*; Car si vous eussiez bien connu vostre foiblesse, & la vanité des choses du monde, vous ne seriez pas maintenant en peine de les regretter.

DIALOGVE

DE MENIPE ET DE TROPHONIVS, en presence d'Amphiloque.

MENIPE. POvrqvoy est-ce qu'apres vostre mort on vous a basty des Temples, & mis au nombre des Dieux?

TROPHONIVS. Sommes-nous responsables des sottises que fait le peuple?

MENIPE. Mais le peuple ne l'auroit pas fait, si vous ne luy auiez imposé pendant vostre vie, & fait croire que vous estiez Prophétes.

TROPHONIVS. C'est à Amphiloque à te répondre ; car pour moy ie suis vn Heros, qui ay droit de prédire l'auenir ; On diroit que tu n'as iamais esté à Lébadie, autrement tu ne douterois pas d'vne verité si authentique.

Couuert d'vn linge & tenant vn gasteau à la main.

MENIPE. Il n'est pas necessaire d'y auoir esté, ni d'auoir fait toutes les singeries que l'on fait en entrant dans ta cauerne, pour sauoir que tu és mort, & que tu n'as rien par dessus les autres que ton imposture ; Mais ie te conjure par ta prophetie, de me dire ce que c'est qu'vn Heros, car ie n'en say rien.

TROPHONIVS. C'est comme vn milieu entre Dieu & l'homme, où plustost vn composé de tous les deux.

MENIPE. Si cela est, où est ta partie diuine ?

TROPHONIVS. En Béocie, où elle rend des Oracles.

MENIPE. Ie n'entens pas ces mysteres; car il me semble que ie te vois icy tout entier.

DIALOGVE.

DE MERCVRE ET DE CARON.

MERCVRE. Contons ensemble, Maître Bâtelier, que nous n'ayons quelque different, lors que nous aurons oublié tous deux, ce que i'ay fourny pour toy.

CARON. Contons, ie le veux.

MERCVRE. Premierement, vne petite anchre de vingt-cinq sols, pour ta barque.

CARON. Vingt-cinq ſols! c'eſt beaucoup.

MERCVRE. Elle en couſte autant, ſur ma foy, & la courroye où eſt attachée la rame, deux carolus.

CARON. Iette; Vingt cinq ſols, & deux carolus.

MERCVRE. Plus, vne éguille à racommoder les voiles, quatre ſols & vn double.

CARON. Ajouſte-les.

MERCVRE. Pour de la poix & du goudron, pour calfeutrer ta nacelle, auec des clous & vne corde à remuër les voiles, le tout enſemble, dix ſols.

CARON. C'eſt bon marché.

MERCVRE. Voilà tout, ſi ie me trompe; mais quand eſt-ce que tu me payeras?

CARON. Ie n'ay point d'argent pour l'heure; mais s'il arriuoit quelque bontemps, comme peſte, guerre ou famine, on gagneroit dauantage, & ie pourrois frauder la gabelle, & trouuer de quoy te payer.

MERCVRE. Et cependant, ie demeureray les bras croiſez à ſouhaiter qu'il arriue des maux au monde, afin de r'auoir mon argent.

CARON. Ie ne puis m'aquiter autrement; car on ne gagne rien aujourd'huy.

MERCVRE. I'ayme mieux encore n'eſtre pas payé, que de voir arriuer ces mal-heurs. Mais à propos, as-tu remarqué la diference qu'il y a des morts d'à preſent, aux anciens? C'eſtoit autrefois des gens forts & vigoureux, la pluſpart du temps bleſſez, & ce ne ſont maintenant que de petits foireux, paſles & défaits, dont les vns ſont morts de poiſon, les autres de leurs débauches, & la pluſpart ont eſté enuoyez icy par leurs heritiers, pour auoir leur bien.

CARON. Ie ne m'en étonne pas; car on a aſſez de peine d'en auoir.

MERCVRE. Ne t'étonne donc pas aussi que ie te recommande ce que ie t'ay presté.

DIALOGVE

DE PLVTON ET DE MERCVRE.

PLVTON. Connois-tu ce vieux bon-homme qui n'a point d'enfans, & qui a tant de gens autour de luy qui aboyent apres sa succession ?

MERCVRE. Qui ? ce Sicyonien ?

PLVTON. Luy-mesme. Ie te prie de le laisser encore en vie, iusqu'à ce qu'il ait enterré tous ceux qui luy font la cour pour auoir son bien.

MERCVRE. Cela seroit iniuste de le voir si long-temps viure, & les autres mourir si ieunes.

PLVTON. Nullement, mais tres-iuste ; car pourquoy veulent-ils estre ses heritiers sans estre ses parens ni ses amis ? N'est-ce pas vne honte de leur voir faire des vœux en public, pour sa santé, tandis qu'en particulier ils voudroient qu'il fust déja mort ? Ie te prie qu'il soit immortel à leur égard.

MERCVRE. Ce seroit les châtier comme ils meritent ; mais il est vray qu'il les iouë admirablement bien de son costé, faisant à toute heure semblant de mourir, quoy qu'il se porte fort bien, pour leur faire redoubler leurs presens & leurs caresses ; de sorte qu'à la la fin, ie crains qu'ils ne deuiennent pauures par trop d'enuie de s'enrichir.

PLVTON. Qu'il retourne donc en la fleur de son âge, comme Iolas, & pour eux qu'ils cessent de partager ses tresors en songe, & quittent toutes leurs vaines esperances.

Mercvre. Laisse-moy faire, ie te les ameneray tous l'vn aprés l'autre dans peu de temps ; Ie pense qu'ils sont sept en tout.

Plvton. Courage, Mercure, Que le bon-homme suruiue à tous ses héritiers imaginaires.

DIALOGVE
De Terpsion et de Plvton.

Terpsion. Est-il iuste, Pluton que ie meure à l'âge de trente ans, & que ce vieux Theorite qui en a plus de quatre-vingt dix, soit encore en vie ?

Plvton. Tres iuste, Terpsion ; car celuy-là est digne de viure qui ne souhaite la mort de personne : & ceux-là sont dignes de mourir, qui tendent des piéges à leur amy, pour auoir sa succession.

Terpsion. Mais n'est-il pas iuste que celuy qui ne peut plus iouïr de ses biens, les laisse à celuy qui en peut vser ?

Plvton. Tu fais de nouuelles loix, de vouloir faire mourir ceux qui ne peuuent plus employer leurs tresors dans les voluptez ; car Dieu & la Nature en ont autrement ordonné.

Terpsion. C'est leur ordre aussi que ie condamne ; car les plus vieux, ce me semble, deuroient mourir les premiers, & les autres en suite, sans laisser viure par exemple vn vieux gouteux qui a perdu l'vsage de tous les sens, & n'est plus qu'vn sepulcre animé, pour faire mourir vn ieune homme robuste & vigoureux comme moy. C'est mettre, comme on dit, la charruë deuant les bœufs, ou, si tu veux que ie m'exprime plus noblement, faire remonter les fleuues vers leur source. Si l'on sauoit, au moins, combien chacun d'eux doit viure, on ne leur feroit pas la cour en vain.

PLVTON. Pourquoy estes-vous si ardens aussi, à désirer le bien des autres ; & pourquoy vous donnez-vous en adoption aux vieillars, pour nous faire rire aprés quand ils viennent à vous mettre en terre? Car c'est vn plaisir de voir de ieunes gens comme vous deuenir amoureux de vieillards & de vieilles décrépites, & leur faire mille caresses ; sur tout, lors qu'ils n'ont point d'enfans ; car il n'y a que cela qui les rende aimables. C'est pourquoy, lors qu'ils en ont, ils font semblant de les haïr, pour se faire rechercher, & puis à la mort les rapellent à leur succession, selon l'ordre de la Raison & de la Nature; sans vous laisser pour toutes vos veilles & vos peines, que des plaintes & des regrets inutiles.

TERPSION. C'est ce qui me fait encore enrager aprés ma mort ; Car combien ay-je employé de temps & de bien à courtiser Theocrite, qui faisoit semblant à toute heure de mourir, auec son raslement & sa courte haleine ? ce qui m'obligeoit à redoubler mes presens, pour débusquer mes riuaux, & ie croy en verité que cela est cause de ma mort ; car ie ne dormois ni nuit ni iour, & ie m'aperçeus bien que ce souuenir le faisoit rire l'autre iour à mon enterrement.

PLVTON. Courage, Theocrite, Vy ioyeux iusqu'à ce que tu les ayes tous enterrez.

TERPSION. Plût à Dieu que Cariclés mourût aussi deuant luy.

PLVTON. Et Philon mesme & Mélante ; Ils mourront tous l'vn aprés l'autre de rage & de desespoir.

TERPION. Cela me console, Vy long-temps, Theocrite.

DIALOGVE

DE ZENOPHANTE ET DE CALLIDE'MIDE'S.

ZENOPHANTE. COMMENT és-tu mort, Callidémidés? car pour moy tu sais que ie me creuay en vn festin chez Dinias, qui est vne belle fin pour vn Parasite.

CALLIDE'MIDE'S. Ie le say, mais mon auenture est bien plus tragique : tu connois le vieux Pteodore.

ZENOPHANTE. Qui? ce Richard qui n'a point d'enfans, à qui tu faisois la cour?

CALLIDE'MIDE'S. Luy mesme. Il m'auoit promis de me faire son heritier; mais ennuyé de l'atente, ie voulus l'empoisonner, & gagnay son Echanson, qui par mal-heur fit vn *qui pro quo*, & m'empoisonna pour luy. Cela fit bien rire ce bonhomme lors qu'il eut découuert la fourbe & qu'il me vit tomber tout à coup à la renuerse.

ZENOPHANTE. Il en auoit bien du sujet, car ie ne me puis tenir d'en rire iusqu'en l'autre monde, quoy que ie n'y aye point d'interest. Tu t'és égaré mon amy, en voulant prendre le plus court, au lieu que tu fusses arriué plus seurement par le droit chemin, quoy que peut-estre vn peu plus tard.

DIALOGVE

DE CNEMON ET DE DAMNIPE.

CNEMON. Voila le prouerbe arriué de la chévre qui prit le loup.

DAMNIPE. Qu'as-tu d'estre ainsi ému?

CNEMON. Qui ne le seroit, ayant esté si miserablement pris au piege que i'auois tendu moy-mesme, & laissant pour successeur vn homme que ie n'aymois point, au préjudice de mes heritiers legitimes?

DAMNIPE. Comment cela?

CNEMON. Ie cajolois Hermolaüs, pour auoir sa succession; & pour l'engager, ie luy montray mon testament, où ie le faisois mon heritier, afin de l'obliger d'en faire autant. Mais par mal-heur, ie suis mort le premier, quoy qu'il eust déja vn pié dans la fosse, & il iouït maintenant de tout mon bien, ayant fait comme ces poissons qui déuorent la proye auec l'hameçon.

DAMNIPE. Non seulement la proye & l'hameçon, mais le pescheur mesme, qui s'est laissé prendre dans ses filets.

CNEMON. C'est ce qui me fait mourir de regret, mesme apres ma mort.

DIALOGVE

DE SIMYLE ET DE POLYSTRATE.

SIMYLE. Enfin, tu nous es venu trouuer, Polystrate, à l'âge de prés de cent ans.

POLYSTRATE.

POLYSTRATE. A quatre-vingt dix-huit, Simyle.

SIMYLE. Comment as-tu passé les derniers trente ans qu'il y a que ie suis mort ?

POLYSTRATE. Assez gayement, contre ton opinion.

SIMYLE. Il est vray que ie ne puis m'imaginer comment tu te pouuois réjoüir ainsi caduque & sans enfans.

POLYSTRATE. I'auois toutes choses à souhait.

SIMYLE. Mais tu t'épargnois tout de mon viuant.

POLYSTRATE. Les presens abordoient chez-moy de toutes parts, & l'on m'enuoyoit ce qu'il y auoit de meilleur dans les païs étrangers. I'auois plus de credit tout seul que le reste de la ville, les plus grands me faisoient la cour, & les Dames s'estimoient heureuses de me posseder.

SIMYLE. Es-tu deuenu quelque Prince apres ma mort, ou si Vénus t'a changé comme ce vieillart qui la passa dans sa nacelle ? car lors que ie mourus tu n'estois qu'vn vieux chassieux, qui n'auois que quatre dents à la bouche.

Phaon.

POLYSTRATE. On m'aymoit tel que i'estois, & l'on m'eust encore plus aymé, si i'eusse esté plus décrépit.

SIMYLE. Tu nous contes des Enigmes.

POLYSTRATE. On voit pourtant arriuer cela tous les iours aux vieillarts qui n'ont point d'enfans.

SIMYLE. Ah ! ie t'entends ; on te cajoloit pour auoir ton bien, tous tes atrais estoient dans ton cofre.

POLYSTRATE. Il est vray ; mais ie ne laissois pas de regner, & pour témoigner mon pouuoir, tantost ie fermois la porte à l'vn, tantost ie fai-

F

fois bon visage à l'autre; ce qui redoubloit leurs seruices.

SIMYLE. Enfin, que leur as-tu laissé?

POLYSTRATE. Des plaintes & des regrets; car i'ay fait mon heritier vn ieune garçon qui ne s'y atendoit pas.

SIMYLE. De quel âge?

POLYSTRATE. De vingt ans.

SIMYLE. Ie voy bien pourquoy.

POLYSTRATE. Ce n'est pas ce que tu penses; mais parce qu'il le meritoit mieux que les autres. Maintenant, on le caresse à son tour, & les plus Grands se trouuent à son leuer.

SIMYLE. Qu'on luy donne si l'on veut, le commandement des Armées; il ne m'importe, pourueu que ceux qui briguoient ta succession ne l'ayent pas euë.

DIALOGVE
DE CARON ET DE MERCVRE.
Où plusieurs autres parlent.

CARON. VOYEZ, Messieurs, où nous en sommes; Nous n'auons que cette méchante nacelle, qui fait eau de tous costez; cependant vous venez en foule, auec grand équipage; ie crains bien que vous ne vous en repentiez, & particulierement ceux qui ne sauent pas nager; car si le bâteau vient vne fois à pancher de costé ou d'autre, nous voilà tous au fond de l'eau.

LES MORTS. Comment ferons-nous donc, pour passer heureusement & sans danger?

CARON. Ie vous le diray ; il faut laisser tout ce bagage à l'autre bord, encore est-ce tout ce que vous pourrez faire, que de passer en cét état. Assis-toy, Mercure, à l'entrée de la nacelle, & ne laisse entrer personne qui n'ait tout quité.

MERCVRE. C'est bien dit ; qui est celuy-cy qui marche le premier ?

MENIPE. C'est moy. Tien, voilà ma besace & mon bâton, qui est tout mon vaillant ; car pour mon manteau, ie ne l'ay pas seulement aporté. *Philosophe Cynique.*

MERCVRE. Entre, Menipe, tu és galant-homme, & t'assis au haut bout auprés du Pilote, pour obseruer la contenance de chacun. Mais qui est ce beau fils ?

VN MORT. Charmolée de Mégare, de qui le baiser valoit deux talens. *1000. liures.*

MERCVRE. Quitte-là tous ces baisers, mon amy, & ces ioües vermeilles, & ces cheueux longs, & ce teint vif & éclatant ; Entre maintenant que tu-és libre. Mais qui est ce fanfaron, auec sa pourpre & son diadême, qui nous regarde de trauers ?

VN MORT. Lampique Roy des Gelons. *Lieu de Sicile.*

MERCVRE. Que veux-tu faire de tout cét apareil, mon amy ?

VN MORT. Voudrois-tu qu'vn Roy marchast tout nud, & sans équipage ?

MERCVRE. Vn Roy non, mais bien vn mort ; Quite tout cela.

VN MORT. Laisse-moy pour le moins quelque marque de grandeur, afin qu'on me reconnoisse.

MERCVRE. Nullement, il faut tout quiter, & ton orgueil, & ta vanité, & ta folie, & tes cruautez, & tes violences ; Monte à cette heure, que rien ne t'empefche. Mais qui eſt ce grand paillart que voicy ?

VN MORT. Le luteur Damaſias.

MERCVRE. Tu-as raiſon ; car il me ſouuient de t'auoir veu ſouuent dans les lieux des exercices; mais tu as trop d'embonpoint pour vn mort; tu enfoncerois la nacelle. Quite toute cette chair inutile, & cette adreſſe, & cette force, & cette vigueur, & ces aclamations, & ces couronnes ; car tout cela ne ſert de rien en l'autre monde.

VN MORT. Tien, voilà tout ; ie ne difere plus en rien du reſte des morts.

MERCVRE. Entre maintenant que tu és leger. Et toy auſſi, Craton, quite ces richeſſes, ce luxe, ces vanitez ; & laiſſe ſur le bord tes anceſtres, & ta nobleſſe, & tous ces titres magnifiques, & ces inſcriptions, & ces éloges, & ces ſtatuës, & ta gloire, & ton ſepulcre, & ton epitaphe : Car le ſouuenir ſeul de ces choſes eſt ſi péſant, qu'il ſeroit capable de nous ſubmerger.

VN MORT. C'eſt bien malgré moy ; mais qu'y feroit-on ? il faut obeïr.

MERCVRE. Qui eſt celuy-cy auec ſes armes ? hé! mon amy, que veux-tu faire icy bas de ce trophée?

VN MORT. C'eſt le monument que m'a dreſſé mon païs, pour luy auoir gagné vne bataille.

MERCVRE. Il faloit laiſſer tout cela là-haut; car il y a icy vne profonde paix & l'honneur en eſt banny, auſſi bien que les querelles. Mais qui eſt cét autre, auec ſa mine graue ? on diroit qu'il reſue profondément, & ſon ſourcil me fait peur.

MENIPE. C'eſt quelque Philoſophe, Mercure, ou pluſtoſt vn impoſteur & vn charlatan ; Fay-le deshabiller, tu verras combien de choſes ridicules il cache ſous ſon manteau.

MERCVRE. Dieux! combien de doutes, d'impertinences, de resueries, de pensées vaines & friuoles, de questions obscures & embrouillées, de curiositez inutiles, d'exactitude en des choses de neant! Mais qu'est-ce qu'il nous cache icy? son ambition, son auarice, ses débauches? Quite tout cela, & ton arrogance, & ton éfronterie, & ta colere; car il faudroit vne Galere à trente rames pour le porter.

MENIPE. Coupe-luy aussi cette grande barbe de bouc, qui pese plus de soixante onces, tant elle est large & toufuë.

MERCVRE. Tu-as raison; mais qui la coupera? car ie n'ay point de ciseaux?

MENIPE. Moy sur le bord du bateau, auec cette coignée, ou plustost auec vne scie, pour rendre la chose plus ridicule.

MERCVRE. Courage; tu-és plus humain, de la sorte!

MENIPE. Veux-tu que ie luy oste aussi vn peu de la hauteur des sourcils?

MERCVRE. Ie le veux; car il les releue par dessus son front.

MENIPE. Il a encore quelque chose de bien puant sous l'aisselle.

MERCVRE. Et quoy?

MENIPE. La flaterie, qui luy a donné entrée chez les Grans.

LE PHILOSOPHE. Quite donc aussi, Menipe, ta liberté, ton indiference, & ta raillerie.

MERCVRE. Nullement. Cela ne pese pas trop, & sert de diuertissement pendant le passage. Mais qui est cet Orateur? Qu'il quite aussi ces longs discours qui n'ont point de fin, ces entrées & ces sorties ennuieuses, ces digressions hors de propos, ces figures pueriles, ces periodes rondes & carrées, ces frequentes antithéses, ces hyperboles excessiues, ces termes poëtiques & empoulez. Voilà qui va bien ; délie le bateau, tire l'eschelle, leue l'anchre, déplie les voiles, dresse le gouuernail. Voguons, Qu'auez-vous à pleurer, sots que vous estes, & particulierement ce Philosophe ?

LE PHILOSOPHE. Ie croyois que l'ame fust immortelle.

MENIPE. Tu-en as menty, ce n'est pas cela que tu regrettes.

LE PHILOSOPHE. Quoy donc ?

MENIPE. Tes débauches & tes voluptez. Tu n'iras plus écornifler comme tu faisois, à la table des Grans, ni courre le Bordel toute la nuit, la teste entortillée dans ton manteau, pour venir le lendemain prescher la vertu à tes Ecoliers, afin d'atraper leur argent. Voilà ce qui te tuë.

MERCVRE. Et toy, Menipe, n'és-tu point fâché d'estre mort ?

MENIPE. Comment le serois-ie, que ie suis venu icy sans mander ? Mais tandis que nous parlons, i'entens quelques cris là-haut.

MERCVRE. C'est que les vns se réjoüissent de la mort du Tyran, les autres aplaudissent à Diophante qui fait l'oraison funebre de Craton dans Sicyone. Voilà les femmes qui traisnent par les cheueux la femme du Tyran, & les enfans qui iettent des pierres à ses enfans. D'autre costé, la mere de Damasias le pleure en la compagnie des autres femmes ; mais personne ne te regrette, Menipe.

MENIPE. Tu verras bien-tost les chiens & les corbeaux s'entrebattre, à qui me seruira de tombeau, & faire vn beau chariuary à mes funerailles.

MERCVRE. Courage; ie te loüe d'estre ainsi ferme & resolu. Mais puis que vous voilà passez, allez vous presenter deuant vostre Iuge, tandis que Caron & moy irons querir le reste des morts.

MENIPE. Bon voyage, Mercure; Mais auançons, que tardons-nous? on ne sçauroit éuiter le iugement, & l'on ne parle icy que de roües, de gibets, & de vautours; On verra bien-tost ce que chacun a dans le ventre.

DIALOGVE

DE CRATE'S ET DE DIOGENE.

CRATE'S. As-tu connu ce vieux Merique de Corinthe, qui auoit tant de vaisseaux, à qui son cousin, qui n'estoit pas moins riche ni moins vieux que luy, auoit accoustumé de dire, *Il faut que ie t'enterre, ou que tu m'enteres*? Car ils s'estoient entredonner par testament tout leur bien; & les Deuins, aussi bien que les Oracles, asseuroient tantost l'vn & tantost l'autre, qu'il suruiuroit à son compagnon.

DIOGENE. Et qu'en est-il arriué?

CRATE'S. Qu'ils sont tous deux morts à mesme temps, & que leur succession est écheuë à des gens de qui les Deuins ni les Oracles n'auoient point parlé.

DIOGENE. Que i'en suis aise! Nous ne nous amusions pas à ces sottises-là pendant nostre vie, & ie n'ay iamais souhaité la mort d'Anthistene, pour auoir son baston qui estoit d'vn fort oliuier, ny toy la mienne, pour auoir ma beface & mon tonneau.

CRATES. C'eſt que chacun ſe contentoit de ce qu'il auoit; & qu'il me ſufiſoit d'heriter de tes vertus, comme tu auois fait de celles de ce grand homme, qui eſt vn treſor beaucoup plus precieux, quoy qu'il ne ſoit pas ſi recherché. Car vous ne voyez perſonne qui nous vienne faire la cour pour ce ſujet; au lieu que chacun court apres les grandeurs & les richeſſes.

DIOGENE. Ie ne m'en étonne pas; car ils ont l'ame corrompuë par les délices, & eſtant vuides d'honneur, ils ne peuuent contenir la vertu; Semblables au tonneau percé des Danaïdes; Mais ils ne manquent pas de grifes ni de crochets, pour retenir leur or quand on le leur veut arracher.

CRATES. Nous auons auſſi cette conſolation que nous emportons auec nous nos treſors; au lieu qu'ils laiſſent les leur là-haut, & qu'on leur oſte icy iuſqu'au double qu'on leur a mis dans la bouche pour le paſſage.

DIALOGVE

D'ALEXANDRE ET D'ANNIBAL.

Où Scipion & Minos parlent.

ALEXANDRE. ARESTE, Carthaginois, c'eſt à moy à paſſer deuant.

ANNIBAL. Ie ne te le cederay point.

ALEXANDRE. Veux-tu que Minos ſoit noſtre Iuge?

Annibal, Ie le veux.

Minos Qui eſtes-vous?

Alexandre. Alexandre & Annibal.

Minos. Tous deux Grands hommes ; mais quel eſt voſtre diférent ?

Alexandre. A qui paſſera le premier ; Cet Afriquain eſt ſi inſolent, que de me diſputer la préſeance, à moy qui ay eſté Monarque de toute l'Aſie, & le plus grand Capitaine de l'Vniuers.

Minos. Il faut entendre ſes raiſons, que dis-tu à cela, Annibal ?

Annibal. Que ie ſuis heureux d'auoir à parler deuant vn Iuge qui ne donnera rien à la faueur, & qui n'aura pas tant d'eſgard à l'aparence, qu'à la verité. Ie dis donc, que celuy qui s'eſt eſleué comme moy par ſes propres forces, & qui ne doit qu'à luy-meſme ſa fortune, doit eſtre préferé à celuy qui tire ſa gloire de ſes Anceſtres. Car eſtant paſſé d'Afrique en Eſpagne auec vne poignée de gens, ie me rendis d'abord iluſtre par ma valeur ; & apres la mort de mon beaufrere, ayant eu le commandement des Armées, ie domtay les Celtiberiens & les Gaulois qui regardent l'Occident ; puis, trauerſant les Alpes, ie conquis toute l'Italie iuſqu'à Rome, apres auoir gagné trois grandes batailles, & tué pour vn iour tant d'ennemis, que ie meſuray au boiſſeau les anneaux d'or que portent les Cheualiers, & marchay ſur vn pont de corps morts. I'ay fait toutes ces choſes ſans me dire fils de Iupiter, ni vouloir paſſer pour vn Dieu. Mais ce qui eſt de plus conſiderable, c'eſt que ie n'ay pas eu afaire à des Armeniens, ny à des Medes, qui fuïent auant le combat, & qui abandonnent la victoire à qui a la hardieſſe de l'atendre ; mais aux nations les plus belliqueuſes, & aux Capitaines les plus experimentez de l'Vniuers. D'ailleurs, ie n'ay pas fait toutes ces conqueſtes auec des troupes aguerries de longue-main, ni auec des ſoldats de mon païs; mais auec vne armée de vagabons & de mercenaires; non pas heritier d'vn ſceptre; mais ſimple bourgeois de Carthage. Alexandre, au contraire, ayant receu de ſon pere auec vn Empire vne armée qui eſtoit inuincible, a eu beſoin encore de fortune pour domter vn Prince voluptueux & des nations éfeminées; & depuis, corrompu par ſa victoire, a dégeneré de ſes Anceſtres, & s'eſt fait adorer comme vn Dieu, aprés auoir tué de ſa main ſes meilleurs amis, & enuoyé les autres au ſupplice. Pour moy, triomphant & victorieux, ayant eſté rapellé en Afrique, pour m'oppoſer à Scipion, i'ay obeï comme le moindre des Citoyens; & depuis, condamné injuſtement, i'ay porté patiemment mon exil. Mais i'oubliois vne partie de ma gloire, que i'ay fait toutes ces choſes ſans le ſecours des Lettres ni des Sciences, & ſans auoir eu pour précepteur Ariſtote. Que ſi Alexandre prétend quelque auantage par ſon Diadême, cela eſt bon à l'égard des Perſes & des Macedoniens; mais non pas de moy, qui ne ſuis pas né ſon ſujet, & qui ay remporté la gloire de ſage & de vaillant Capitaine; mais de qui la fortune n'a pas ſecondé toûjours la valeur.

MINOS. Voila parlé fortement, & non en Barbare. Que répons-tu à cela, Alexandre?

ALEXANDRE. Que ma renommée ſufiroit pour me donner l'auantage, ſi ie ne voulois l'emporter par la force de la raiſon, auſſi bien que par les armes, & triompher par mes paroles, comme par mes actions. Car ayant trouué le Royaume de mon pere chancelant & ébranlé par sa cheute, i'ay sceu l'afermir par le suplice de ses meurtriers, & faire trembler la Grece par la ruïne de Thébes. En suite, élû General contre les Barbares, i'ay porté mes armes & mes esperances plus loin qu'aucun autre deuant moy ; & trauersant l'Hellespont i'ay défait les Capitaines de Darius en bataille rangée, conquis toutes les Prouinces iusqu'en Cilicie, vaincu le Roy de Perse luy-mesme, & moissonné pour vn iour tant de lauriers, que la barque de Caron ne fut sufisante pour passer les morts, tant le nombre en estoit grand. En suite, pour ne point parler de Tyr ni d'Arbelles, i'ay assujetty toute l'Asie, iusqu'aux Indes, & les Indes mesmes, & pris l'Ocean pour borne de mon Empire. Non content de ces exploits, i'ay trauersé le Tanaïs, & vaincu les Scythes, triomphé de tous les ennemis de la Grece, & laissé des couronnes en partage à mes Capitaines. Que si aprés auoir fait tant de choses au dessus d'vn mortel, les hommes m'ont pris pour vn Dieu, cela leur est pardonnable ; & à moy aussi de l'auoir soufert à l'établissement d'vn nouuel Empire. Enfin, tu vois deuant toy le Conquerant de la moitié de l'Vniuers, à qui vn banny dispute la préféance, aprés estre mort esclaue d'vn petit Roy de Bithynie. Ajoûtez à cela, que i'ay fait toutes ces conquestes en lion & à force ouuerte ; au lieu qu'Annibal n'a iamais agy que par fraude, & a esté domté à la fin par ses propres armes, aussi cruel enuers les vaincus, que ie leur ay esté clement. Mais il a bonne grace de me reprocher mes débauches, aprés les délices de Capouë, qui luy ont fait perdre le fruit de tant de victoires. Iamais mes plaisirs n'ont souillé la gloire de mes armes & i'ay atendu à triompher que ie n'euſſe plus d'ennemis. Ie pourois dire pluſieurs autres choſes pour ma défence; mais ie rougirois d'employer plus de paroles; pour vne cauſe ſi iuſte. Il ne reſte plus qu'à prononcer ſur ce diférent.

Scipion. Areſte, Minos, i'ay quelque choſe à repreſenter.

Minos. Qui és-tu?

Scipion. Scipion, qui ay vaincu Annibal, & domté Carthage.

Minos. Et qu'as-tu à dire?

Scipion. Que ie le cede à Alexandre, & que ie le diſpute à Annibal.

Minos. Tu-as raiſon; tu paſſeras deuant luy, & Alexandre deuant tous; Qu'on ne m'en parle plus.

DIALOGVE

de Diogene et d'Alexandre.

Diogene. HE quoy! Alexandre, tu-és mort comme vn autre homme!

Alexandre. Cela n'eſt pas étrange, eſtant né mortel.

Diogene. Mais Iupiter eſtoit donc vn impoſteur de dire, que tu eſtois ſon fils, & ta mere nous en faiſoit acroire, en diſant qu'elle auoit couché auec vn dragon.

Alexandre. C'eſt qu'il n'y a pas trop d'aſſurance aux femmes, ni aux oracles; mais ie le ſoufrois parce que cela imprimoit plus de reſpect & d'obeïſſance dans l'eſprit des peuples.

DIOGENE. Enfin, à qui as-tu laissé ton Empire?

ALEXANDRE. Ie ne say ; car ie n'ay pas eu le loisir d'en disposer ; Mais en mourant, ie donnay mon anneau à Perdicas. Qu'as-tu à rire?

DIOGENE. C'est qu'il me souuient du temps que la Grece te proclamoit son General, & que ses Orateurs te donnoient rang entre ses principaux Dieux. Il y en eut mesme de si insolens que de te sacrifier & de te bastir des Temples comme au fils de Iupiter ; mais où és-tu enseuely ?

ALEXANDRE. En Babylone ; car il n'y a que trois iours que ie suis mort ; mais Ptolomée me doit emporter en Egypte, pour m'y faire adorer auec les Dieux du païs.

DIOGENE. Qui ne riroit, Alexandre, de voir que tu n'és pas encore sage aprés ta mort, & que tu te flates de l'esperance de te voir adoré auec des monstres! Quitte ces sottes vanités, il n'y a point de commerce d'icy là-haut, & l'on ne retourne plus au monde depuis qu'on en est vne fois party. Mais ie voudrois bien sauoir comment tu portes la perte de ton Empire, & ce que tu penses quand il te souuient de Bactres & de Babylone, de ta grandeur & de ta gloire ? Quoy ! tu pleures, pauure sot, Aristote ne t'a-t-il point apris que tout cela n'estoit que vanité ?

ALEXANDRE. Que dis-tu là Diogene du plus lâche de tous mes flateurs? ha ! ne m'oblige point, ie te prie, à publier ses defauts, & à te dire comme il a abusé de la bonté de mon naturel, & de la passion extréme que i'auois pour les Lettres ; tantost me cajolant sur ma beauté, & tantost sur mes richesses, qu'il mettoit hardiment au nombre des biens, afin qu'il n'eust point de honte de les demander, ni de les receuoir. Voilà ce que iay profité à sa doctrine, de prendre pour biens des choses, qui ne le sont pas, & dont la perte maintenant m'aflige.

DIOGENE. Sais-tu ce que tu feras pour te guerir, puisse-qu'aussi bien il n'y a point d'éllebore en l'autre monde ? Va boire cinq ou six grands traits du fleuue Léthé, iusqu'à ce que tu ayes perdu le souuenir de tous tes biens imaginaires. Aussi bien voilà Clite & Callisthene, auec vne foule de malcontens, qui s'aprestent a te tourmenter; Fuy, pour le moins après ta mort, & bois tout ton soul; car c'est le seul moyen de guerir.

DIALOGVE

D'ALEXANDRE ET DE PHILIPPE.

PHILIPPE. IL faut que tu confesses maintenant que tu-és mon fils; car tu ne serois pas mort estant fils de Iupiter ?

ALEXANDRE. Ie le sauois bien dés là-haut; mais ie croyois cette opinion fauorable à mes desseins.

PHILIPPE. Quoy ! de te laisser ainsi piper aux flateries de tes courtisans ?

ALEXANDRE. Non, mais de répandre par tout la terreur de mon nom & de mes armes, afin qu'on ne m'osast resister.

PHILIPPE. Et à quels peuples as-tu iamais eu affaire qui fussent si redoutables ? Il faloit ataquer comme moy, les Thraces, les Illyriens & les Grecs, dont dix mil sous Clearque ont fait fuïr des millions de Barbares.

ALEXANDRE. Mais les Scythes & les Indiens auec leurs Elephans, estoient-ils à mépriſer ? Ie ne les ay pas vaincus pourtant en ſemant des diuiſions parmy eux, ni en corrompant leurs chefs, & manquant de parole à tous, mais en bataille rangée. Pour les Grecs, ie les ay gagnez par la douceur, aprés les auoir domtez par la force.

PHILIPPE. I'ay apris tout cela de Clite, & que tu auois pris les coûtumes des vaincus, & t'eſtois fait adorer comme vn Dieu, ſans ſoufrir qu'on me loüaſt en ta preſence, ce qui fut cauſe de ſa mort. Il ajoûtoit que tu-as expoſé Lyſimachus aux Lions, & fait mourir tes autres amis par des crimes ſupoſez ; pour ne point parler des amours de Roxane & des careſſes d'Epheſtion, Ie n'ay trouué qu'vne choſe digne de moy dans l'hiſtoire de ta vie, c'eſt de t'eſtre abſtenu de la femme de Darius, & d'auoir eu ſoin de ſa mere & de ſes filles.

ALEXANDRE. Et ne dis-tu rien de ma valeur, lors que ie ſautay tout ſeul en bas du rampart dans la Ville des Oxydraques ?

PHILIPPE. Cette action eſt plus digne de blâme que de loüange. Ce n'eſt pas que ie n'eſtime le courage en vn Prince, & que ie ne ſois bien-aiſe de le voir l'épeé à la main à la teſte de ſes troupes ; Mais il y a de la diférence entre la valeur d'vn General & celle d'vn fantaſſin ; outre que cela nuiſoit à la réputation de tes armes, de voir vn Dieu ſanglant entre les mains des Chirurgiens. Et maintenant que tu és mort, combien penſes-tu qu'il y en a qui ſe moquent de tes impoſtures ? D'ailleurs, l'auantage que tu voulois tirer de cette réputation, diminuë beaucoup de ta gloire, comme ayant voulu étonner par des preſtiges, ceux que tu ne pouuois vaincre par la force ; outre que tout cela, quelque grand qu'il soit, est encore au dessous d'vn Dieu.

ALEXANDRE. On m'a comparé pourtant à Bacchus & à Hercule, d'autant plus que i'ay pris des forteresses, qu'ils auoient trouuées imprenables.

PHILIPPE. C'est vne chose étrange que tu ne sois pas encore défait de ces sottises, & que tu veüilles faire le fils de Iupiter iusques dans les Enfers Apren pour le moins à estre sage aprés ta mort.

DIALOGVE
D'ACHILE ET D'ANTILOQVE.

ANTILOQVE. Que disois-tu n'aguere à Vlysse, Que tu aymerois mieux estre valet de quelque pauure laboureur, qui n'auroit pas son soul de pain, que de regner icy parmy les Ombres ? Que cela est indigne du disciple de Phœnix & de Chiron, & qu'il sent bien plus son lâché Phrygien, que son Achille, qui préféra vne mort glorieuse à vne vie pleine de delices!

ACHILLE. Ha! fils de Nestor, C'est que ie ne sauois pas alors que toute la gloire du monde n'est que fumée, quoy qu'en die Homere, & tous les Poëtes. Il n'y a plus icy ni force, ni beauté, ni industrie ; Ie ne voy point que les Troyens m'y aprehendent, ny que les Grecs m'y réuérent. Tout y est égal & enuelopé de mesmes tenébres; Ce qui me fait souhaiter de reuiure, au hazard d'estre petit compagnon.

ANTILOQVE. Il faut obeïr aux loix du monde, & ne pas murmurer contre l'ordre de la

Nature. Tous les Grands hommes sont morts, aussi bien que toy.

ACHILLE. Tu essayes en vain de me consoler, Antiloque; Ie ne say comment le souuenir de la vie me donne des regrets, & à toy aussi. Mais tu-és plus sage que moy pour le dissimuler, si ce n'est plustost lâcheté de ne s'oser plaindre, quand on soufre.

ANTILOQVE. Au contraire, c'est resolution, Car à quoy seruent toutes ces plaintes? ne vaut-il pas mieux porter son mal en patience, que de se faire moquer de soy par des regrets inutiles?

DIALOGVE

D'HERCVLE, ET DE DIOGENE.

DIOGENE. N'EST-CE pas là Hercule? C'est luy, sans doute. Ie le connois à sa peau de lion & à sa massuë, sans parler de son arc ni de l'auantage de sa taille. Mais comment est-il mort estant fils de Iupiter? D'où vient, mon amy, qu'ayant tousiours esté triomphant & victorieux, tu-as esté à la fin domté par la mort? Ie te sacrifiois là-haut comme à vn Dieu.

HERCVLE. Auec raison; Car Hercule est au Ciel en la compagnie des Dieux, & ie ne suis que son ombre.

DIOGENE. Que dis-tu là? peut-on estre en mesme temps au Ciel & dans les Enfers?

HERCVLE. Ie t'ay déja dit, que ce n'est pas Hercule que tu vois icy.

DIOGENE. Est-ce que tu as pris sa place, pour iöuer icy bas son personnage?

HERCVLE. C'est quelque chose de semblable.

DIOGENE. Mais comment Eaque, qui est si exact, t'a-t-il pû prendre pour vn autre?

HERCVLE. Il a esté déçeu par la ressemblance.

DIOGENE. Ie le croy; car ce n'est en éfet que la mesme chose; & i'ay peur, au contraire, que ce ne soit icy Hercule, dont le Ciel n'ait que l'image.

HERCVLE. Tu-és bien insolent de me contredire. Ne crains tu point que ie te face sentir quel personnage ie represente?

DIOGENE. Et que pourois-tu faire à vn mort, & particulieremeut n'estant qu'vne ombre? Mais dy-moy, lors que tu estois la-haut, estois-tu déja l'ombre d'Hercule, ou si vous n'estiez tous deux qu'vne mesme chose, qui s'est partagée apres la mort?

HERCVLE. Quoy qu'on ne se pût empescher de respondre à vn si impudent Sophiste, ie te diray que ce qui estoit né d'Amphitryon est mort, & c'est cela que ie suis; mais ce qui estoit né de Iupiter est dans le Ciel.

DIOGENE. Ie t'entens, c'est qu'Alcmene eut deux iumeaux, l'vn d'Amphitryon, & l'autre de Iupiter.

HERCVLE. Nullement; ces deux n'estoient qu'vn.

DIOGENE. Cela est dificile à comprendre, deux Hercules en vn seul, l'vn mortel & l'autre immortel, si ce n'est comme l'on peint les Centaures, moitié cheuaux & moitié hommes.

HERCVLE. Ne sommes-nous pas tous composez de l'ame & du corps? Qui empesche donc que l'vne ne monte au Ciel, qui est le lieu de son origine, & que l'autre ne defcende icy?

DIOGENE. Cela feroit bon, fi tu eftois le corps d'Hercule; mais tu n'és que fon ombre, & tu ferois fans y penfer, trois Hercules au lieu de deux; l'vn au Ciel, l'autre dans les enfers, & le troifiefme fur le mont Oëta, où tu as efté bruflé.

HERCVLE. Ie vois bien que tu és vn grand Sophifte; mais qui és-tu?

DIOGENE. Diogene, & non pas fon ombre; qui ne fuis pas dans le Ciel, mais parmy les morts, & me moque d'Homere & de fes Fables.

DIALOGVE

DE MENIPE ET DE TANTALE.

MENIPE. Qvas-tv à pleurer, Tantale; & quel tourment foufres-tu dans ce lac où tu habites;

TANTALE. Ie meurs de foif, Menipe.

MENIPE. E's-tu fi pareffeux, que de ne te pouuoir baiffer pour boire, ou prendre feulement de l'eau dans le creux de ta main?

TANTALE. L'eau s'enfuit quand ie m'aproche, & fi i'en penfe prendre auec la main, elle eft auffi-toft écoulée.

MENIPE. Cela eft étrange! Mais qu'as tu befoin de boire, n'ayant plus de corps? Car ce qui auoit faim & foif, eft enterré en Lydie, & l'ame n'a pas befoin de boire ni de manger.

TANTALE. C'eft mon fuplice, Menipe, que mon ame ait la mefme altération que mon corps.

MENIPE. Ie le veux croire, puifque tu le dis: mais encore quelle eft ton aprehenfion?

Crains-tu de mourir de soif, comme s'il y auoit vne autre mort apres celle-cy?

TANTALE. Non; mais cela fait partie de mon suplice, d'auoir soif sans qu'il en soit besoin.

MENIPE. Tu resues, Tantale, & si tu as besoin de boire, c'est de l'ellebore, pour guerir vn mal contraire à la rage, d'aprehender la soif, & non pas l'eau.

TANTALE. Ie ne refuse pas d'en boire, pourueu qu'on m'en donne.

MENIPE. Console-toy, Tantale, tu n'és pas le seul des morts, qui ne boit point; car tous tant qu'ils sont, n'ayant point de corps ne peuuent boire, mais tous n'ont pas comme toy vne soif extrême, sans se pouuoir desalterer.

DIALOGVE

DE MENIPE ET DE MERCVRE.

MENIPE. OV sont toutes ces beautez de l'autre monde? Montre moy tout, Mercure; car ie ne fais que d'arriuer.

MERCVRE. Ie n'ay pas le loisir, Menipe; mais regarde de ce costé-là, tu y verras Nirée, Narcisse, Hyacinthe, Achille, Tyro, Léda, Helene; enfin, tout ce que l'Antiquité a eu de beau dans l'vn & dans l'autre sexe.

MENIPE. Ie ne vois que des os, & des carcasses toutes semblables.

MERCVRE. C'est pourtant tout ce que les Poëtes ont admiré, quoy qu'il semble que tu n'en fasses point d'estat.

MENIPE. Pour le moins, monstre-moy Helene; car ie ne la saurois reconnoistre.

MERCVRE. Cette carcasse que tu vois c'est Helene.

MENIPE. Quoy ? c'est pour cela que toute la Grece s'embarqua sur mille Nauires, & que tant de braues gens périrent, & tant de Villes furent ruinées ?

MERCVRE. C'est que tu ne l'as pas veuë en sa beauté; car ie suis seur que tu n'aurois point craint d'endurer mille trauaux pour cette Belle, comme dit le Poëte. Ne vois-tu pas que les fleurs, quand elles sont passées, n'ont plus rien de beau, & lors qu'elles sont en leur lustre, tout le monde les admire ?

MENIPE. C'est ce qui m'étonne, Mercure, que tant d'honnestes gens ne se soient pas apperçeus qu'ils entreprenoient de si grands trauaux, pour vne chose de si peu de durée.

MERCVRE. Ie n'ay pas le loisir de philosopher, Menipe, choisy vn lieu commode pour ta demeure, tandis que i'iray faire passer le reste des Ombres.

DIALOGVE

D'EAQVE, DE PROTE'SILAS, DE ME'NE'LAVS, ET DE PARIS.

E'QVE. POurqvoy est-ce, Protesilas, que tu te iettes sur Helene, & que tu l'étrangles ?

PROTE'SILAS. Par ce qu'elle est cause de ma mort, & de ce que ma femme est demeurée veuve, & ma maison imparfaite.

E'AQVE. Il s'en faut prendre à Ménélaüs,

qui t'a mené à la guerre de Troye, où tu-és mort.

PROTESILAS. Tu-as raison ; c'eſt à toy que i'en veux, miſérable.

MENELAVS Ce n'eſt pas encore à moy qu'il s'en faut prendre, mais à Pâris, qui contre tout droit d'hoſpitalité m'eſt venu enleuer ma femme, & meriteroit d'eſtre mal-traité, non ſeulement par les Grecs, mais par tous ceux qui ſont morts au ſiege de Troye

PROTESILAS. Vien donc, mal-heureux, que ie t'étrangle, puis que tu és cauſe de la mort de tant de gens ; Tu ne m'échaperas point.

PARIS. Tu as tort, Protéſilas, de traiter ſi mal vn amoureux comme toy, & l'eſclaue d'vn meſme Dieu. Ne ſais-tu pas que c'eſt luy qui nous force d'aymer, & qui fait de nous ce qui luy plaiſt?

PROTESILAS. Il eſt vray que ce petit Dieu d'amour eſt cauſe de tout le mal.

EAQVE. Mais on le pouroit excuſer auſſi en diſant, qu'il n'y a que toy proprement qui ſois cauſe de ta mort ; puis qu oubliant ta maiſtreſſe, que tu ne faiſois que d'épouſer, tu t'allas ietter deuant tous les autres pour aquerir de la gloire, & fus le premier tué à la deſcente du Nauire.

PROTESILAS. J'aurois bien plus de ſujet de m'en prendre aux Dieux, & d'acuſer le deſtin qui l'auoit ainſi ordonné.

EAQVE. Pren-t'en donc à eux, & laiſſe ceux-cy en repos apres leur mort.

DIALOGVE

DE MENIPPE ET D'EAQVE.
Où plusieurs autres parlent.

MENIPE. IE te conjure par le Dieu des Enfers, de me montrer tout ce qu'on peut voir icy.

EAQVE. Il seroit dificile de te montrer tout; mais voicy le principal, Cerbére, Caron, Phlégéton, & le marais que tu-as passé.

MENIPE. Ie say tout cela, & que tu-és le portier des Enfers, Iay veu mesme Pluton & les Furies; mais montre-moy ces illustres morts dont on parle tant.

EAQVE. Voilà Agamemnon, Achile, Diomede, Vlysse, Ajax, Idomenée, & les autres Princes Grecs.

MENIPE. Grands Dieux, Homere! en quel état sont les Heros de tes Rapsodies, sans aucune forme ni beauté qui les puisse faire reconnoistre. En vn mot, rien que cendre & que poussiere. Mais qui est celuy-cy, Eaque?

EAQVE. C'est Cyrus & Crésus en suite; puis Sardanapale, & plus loin, Midas & Xerxes.

MENIPE. C'est donc toy, détestable, qui as percé le mont Athos, & enchaisné l'Hellespont, & qui as fait trembler toute la Grece: Est-ce là Crésus? Dieux! comme il est fait! & Sardanapale! ie te prie que ie luy donne vn coup de poin.

EAQVE. Tout beau; Tu luy romprois la teste qu'il a extrémement délicate, à cause que ce n'estoit qu'vn éfeminé. Mais veux-tu que ie te montre aussi les Philosophes?

MENIPE. Ie le veux.

E'AQVE. Tien, voilà Pytagore.

MENIPE. Bon-jour, Euphorbe, Apollon, & tout ce qu'il te plaira.

PYTAGORE. Bon-jour, Menipe.

MENIPE. N'as-tu plus ta cuiſſe d'or ?

PYTAGORE. Non; mais que ie voye s'il n'y a rien à manger dans ta beſace.

MENIPE. Il n'y a que des féues, mon amy, qui n'eſt pas vn manger pour toy.

PYTAGORE. Donne, donne, on a d'autres ſentimens en l'autre monde, & ie ne m'aperçois point icy de ce que i'y remarquois là-haut.

E'AQVE. Voilà Solon, Thalés, Pittacus, & les autres Sages, qui ſont, comme tu vois, ſept en tout.

MENIPE. Ie ne vois que ceux-là qui ne pleurent point, & qui conſeruent quelque gayeté icy bas; Mais qui eſt celuy-cy tout poudreux comme vn gaſteau cuit dans les cendres, & tout plein d'éleueures ?

EAQVE. C'eſt Empedocle qu'on a tiré du mont Ethna, tout échaudé.

On luy donne des pantoufles d'airain.

MENIPE. Dieu te gard Maiſtre Pantouflier, qui t'a meu de te ietter tout vif dans cette fournaiſe ?

EMPEDOCLE. La melancolie.

MENIPE. Dy pluſtoſt que c'eſtoit orgueil, vanité, préſomption, pour faire croire que tu eſtois immortel lors qu'on ne te trouueroit plus; Voilà ce qui t'a conſumé toy & tes pantoufles. Mais ta fourbe n'a ſeruy de rien; car on ta veu aprés ta mort. Ce n'eſt pas tout ; Où eſt Socrate?

E'AQVE. Auec Neſtor, Palamede, & les autres grands cauſeurs du temps paſſé, qui en conte à ſon ordinaire.

MENIPE.

MENIPE. Ie ferois bien-aife de le voir, fi c'eſt prés d'icy.

EAQVE. Voy-tu cette teſte chauue ?

MENIPE. C'eſt vn ſigne commun à tous les morts.

EAQVE. Ie te dis ce camus.

MENIPE. Ils le ſont tous auſſi.

SOCRATE. Eſt-ce moy que tu demandes, Menipe ?

MENIPE. Ouy, Socrate.

SOCRATE. Que fait-on à Athenes ?

MENIPE. Force gens font les Philoſophes, qui n'en ont que l'habit & la démarche ; Tu ſais comme Platon & Ariſtipe ſont venus icy, l'vn ſortant de la Cour d'vn Tyran ; & l'autre tout parfumé.

SOCRATE. Et qu'eſt ce qu'on dit de moy ?

MENIPE. Tu-és trop heureux pour ce regard; car on croit que tu-as eſté vn homme admirable & qui as tout feu, quoy que pour te dire la verité, ie croy que tu ne ſauois rien.

SOCRATE. Ie leur ay dit cela tant de fois ; mais ils n'en vouloient rien croire.

MENIPE. Qui ſont ceux-là qui ſont prés de toy ?

SOCRATE. Charmide, Phedre, & Alcibiade.

MENIPE. Courage, tu, n'as pas oublié tes bonnes couſtumes en l'autre monde, & aimes encore les beaux garçons.

SOCRATE. Que voudrois-tu que ie fiſſe icy de plus agréable ? mais aſſis-toy là prés de nous.

MENIPE. I'aime mieux aler prés de Créſus & de Sardanapale, pour leur ouïr faire leurs regrets; car cela me fait creuer de rire.

G

E'AQVE. Et moy, ie m'en vais aussi, de peur que quelque mort ne s'éuade pendant mon absence, Adieu ; vne autre fois tu verras le reste.

DIALOGVE
DE MENIPE ET DE CERBERE.

C'est que Menipe estoit vn Philosophe Cynique.

MENIPE. Dy-moy, Cerbere, puisque nous sommes camarades, En quel estat estoit Socrate lors qu'il vint icy ? Car comme tu-és Dieu, tu sais pour le moins aussi bien parler qu'aboyer.

CERBERE. Il sembloit d'abord fort résolu, & vouloit passer pour homme qui n'aprehende point la mort ; mais lors qu'il eut mis le pied dans ces tristes lieux, il fut éfrayé de l'épaisseur de leurs ténebres & comme ie commençay à l'aboyer & à le mordre, il se mit à pleurer comme vn enfant, & à se tourmenter en cent façons.

MENIPE. C'étoit donc vn imposteur, qui ne méprisoit pas la mort, comme il disoit.

CERBERE. Quand il vit qu'il en faloit passer par là, il témoigna de la résolution, pour ne point paroistre soufrir à regret vne necessité, & pour se rendre plus admirable. On peut dire cela generalement de tous les Philosophes, qu'ils sont fort vaillans iusqu'à ce passage ; mais ils perdent cœur alors comme les autres.

MENIPE. Mais moy ; comment t'ay-je paru en ce moment ?

CERBERE. Digne de ta profession, & Diogene auant toy, car vous n'estes point venus icy par force, ni en rechignant ; mais d'vne façon libre &

paye, comme s'il n'y eust eu à rire que pour vous, & à pleurer pour tous les autres.

DIALOGVE
DE CARON, DE MENIPE ET DE MERCVRE.

CARON. PAye le Battelier, maraut.
MENIPE. Crie tant que tu voudras, tu n'auras rien.

CARON. Cà, vn double pour le passage.

MENIPE. Comment veux-tu que ie t'en donne si ie n'en ay point?

CARON. Y a-t-il quelqu'vn qui n'ait pas vaillant vn double?

MENIPE. Moy.

CARON. Ie t'étrangleray, mal-heureux, pour mon argent.

MENIPE. Et moy, ie te rompray la teste à coups de baston.

CARON. Ie t'auray donc passé pour neant?

MENIPE. Que Mercure te paye s'il veut, puisqu'il m'a amené icy.

MERCVRE. Cela seroit bon, que ie payasse pour les morts, apres auoir eu la peine de les conduire!

CARON. Ie ne te laisseray pas aller autrement.

MENIPE. Mets donc ta nacelle à bord; mais comment feras-tu pour me faire payer, si ie n'ay point d'argent?

CARON. Ne sauois-tu pas bien qu'il en faloit aporter?

MENIPE. Et quand ie l'aurois sceu, me pouuois-je empescher de mourir?

CARON. Quoy! tu seras le seul qui te venteras d'auoir passé la barque de Caron pour rien?

MENIPE. Non pas pour rien; car i'ay tiré à la rame & à la pompe, sans te rompre la teste de mes cris comme les autres.

CARON. Cela n'a rien de commun auec le passage.

MENIPE. Remets-moy donc en vie.

CARON. Bon, pour me faire batre par Eaque!

MENIPE. Laisse-moy donc en repos.

CARON. Monstre ce que tu as dans ta besace. *Pois plat & amer.*

MENIPE. Il n'y a que des lupins, ou quelque œuf couué.

CARON. D'où nous as-tu amené ce chien, Mercure, qui ne fait qu'aboyer tout le monde, & se moquer de ceux qui pleurent?

MERCVRE. Tu ne sais qui tu as passé, Caron, c'est vn homme parfaitement libre, & qui ne se soucie de rien.

CARON. Que si ie te r'atrape iamais!

MENIPE. On n'y retourne pas deux fois.

DIALOGVE
DE PLVTON, DE PROTÉSILAS ET DE PROSERPINE.

PROTÉSILAS. HA! Pluton & toy fille de Cerés, ne rejettez pas la priere d'vn Amant.

PLVTON. Qui és-tu, qui parles ainsi?

PROTÉSILAS. Le premier des Grecs, qui mourut au siege de Troye.

PLVTON. Et que veux-tu?

PROTE'SILAS. Retourner au monde pour quelques heures.

PLVTON. C'est vne priere que font tous les morts, & que personne n'obtient.

PROTE'SILAS. Ce n'est pas l'amour de la vie qui me fait parler ; mais le desir de voir ma maîtresse, que ie laissay dans sa chambre nuptiale, pour me haster de partir auec les Grecs; & ie fus si mal-heureux que d'estre tué par Hector à la descente du Nauire; L'amour que i'ay donc pour cette Belle ne me donne point de repos, & ie voudrois la pouuoir encore entretenir vn moment.

PLVTON. N'as-tu pas beu de l'eau du fleuue Léthé comme les autres?

PROTE'SILAS. I'en ay beu, mais le mal estoit plus fort que le remede.

PLVTON. Elle ne tardera point à venir, & t'épargnera la peine de l'aller trouuer.

PROTE'SILAS. Mais ie ne puis souffrir l'atente; Tu sais l'impatience des Amans, Pluton, car tu-as autrefois aimé.

PLVTON. Que te seruira-t-il de la reuoir vn moment, pour la reperdre pour toûjours?

PROTE'SILAS. Peut-estre que ie la persuaderay de venir auec moy, & par ce moyen ie croistray ton Empire d'vne Ombre.

PLVTON. Cela n'est pas iuste Protésilas, & ne s'est iamais fait.

PROTE'SILAS. C'est qu'il ne t'en souuient plus; car tu rendis à Orphée son Eurydice, & à Hercule Alceste, qui estoit ma parente.

PLVTON. Voudrois-tu paroistre deuant elle en cet estat, où tu la ferois mourir de peur? Et penses-tu qu'elle te voulust regarder, ni qu'elle te pust reconnoistre?

G iij

PROSERPINE. Faisons-luy grace, Pluton, & commandons à Mercure de le remettre la-haut & de le fraper de sa verge lors qu'il sera arriué au monde, pour luy faire reprendre sa premiere forme, & le rendre tel qu'il estoit au sortir de sa chambre nuptiale.

PLVTON. Puis-que Proserpine le veut, i'y consens. Remene celuy-cy, Mercure ; mais qu'il se souuienne qu'on ne luy a acordé qu'vn iour.

DIALOGVE
DE MAVSOLE ET DE DIOGENE.

DIOGENE. POurquoy fais-tu tant le dédaigneux & le méprisant, comme si l'on n'estoit pas digne de te regarder ?

MAVSOLE. Parce que i'ay esté Roy, Diogene, & que i'ay commandé vn grand païs, sans parler de ma beauté ni de ma valeur. D'ailleurs i'ay vn superbe tombeau dans Halicarnasse, enrichy de figures taillées dans le marbre, de sorte qu'il y a peu de temples qui égalent mon sépulcre; Aprés cela, n'ay-je pas raison de faire le vain?

DIOGENE. Quoy? pour ta beauté, ta valeur, ton Royaume & ton sépulcre ? Mais, mon amy, tu n'as rien icy bas de tout cela; & si tu veux prendre quelqu'vn pour Iuge, on te dira que ta carcasse n'est pas diférente de la mienne. Pour ton sépulcre, c'est à ceux d'Halicarnasse à s'en vanter, & à le montrer aux Etrangers, comme vne des merueilles du Monde, & vn chef-d'œuure d'Architecture; mais ie ne voy pas à quoy il te peut seruir, si ce n'est à t'acabler sous sa pesanteur.

MAVSOLE. Comment? tout cela me feroit inutile ; & Maufole ne feroit en rien diférent de Diogene?

DIOGENE. Si fait bien ; car Maufole pleurera fa felicité paſſée, & Diogene s'en rira. Il parlera de fon fépulcre, conſtruit par fa belle Artemife, & Diogene ignorera s'il a vn fépulcre ; car cela luy eſt indiferent, mais il fe fouuiendra qu'il a laiſſé vne memoire immortelle, pour auoir mené la vie la plus acomplie qu'vn mortel puiſſe mener, plus haute mille fois que ton fepulcre, miferable Maufole, & plus durable que luy, quand il feroit baſty fur vn roc.

DIALOGVE

DE THERSITE, DE NIRÉE, ET DE MENIPE.

NIRÉE. Voicy Menipe qui iugera lequel de nous deux eſt le plus beau.

MENIPE. Il faut ſauoir premierement qui vous eſtes.

NIRÉE. Nirée & Therfite.

MENIPE. Lequel de vous deux eſt Nirée, & lequel Therfite ? car ie ne le ſaurois diſcerner.

THERSITE. I'ay deſia cet auantage, qu'auec ma teſte pelée & pointuë, nous ſommes ſi ſemblables, que noſtre Iuge ne nous a pû reconnoiſtre ; Dy maintenant, Menipe, lequel de nous deux te ſemble deuoir remporter le prix de la beauté.

NIRÉE. Moy, ſans doute, qui ſuis fils de Carops & d'Aglaye, & le plus beau de tous ceux qui furent au ſiege de Troye.

MENIPE. Mais mon ami, tu n'as point aporté ta beauté en l'autre monde ; & s'il y a quelque diference en ta carcaſſe & la ſienne, c'eſt que la tienne eſt plus fragile, parce que tu n'eſtois qu'vn éfeminé.

NIRE'E. Demande vn peu à Homere comme i'eſtois fait là-haut.

MENIPE. C'eſt vn ſonge que la vie, Nirée, il ne faut pas regarder ce que tu eſtois autrefois; mais ce que tu-és maintenant.

NIRE'E. Quoy! ie ne ſuis pas encore plus beau que luy?

MENIPE. Voulez-vous que ie vous die, vous n'eſtes beaux ni l'vn ni l'autre, ni pas vn d'entre les morts; car il n'y a point de diſtinction.

DIALOGVE
DE MENIPE ET DE CHIRON.

MENIPE. I'AY oüi dire Chiron, que pouuant eſtre immortel, tu auois ſouhaité la mort; Comment as-tu pû auoir de l'amour pour vne choſe ſi peu aymable?

CHIRON. C'eſt que i'eſtois las de viure.

MENIPE. Mais n'eſtois-tu pas bien-aiſe de voir la lumiere?

CHIRON. Non; car ie ne faiſois tous les iours que la meſme choſe, boire, manger & dormir; & le plaiſir de la vie conſiſte dans la diuerſité.

MENIPE. Mais comment ſuportes-tu la mort, aprés auoir quité la vie pour elle?

CHIRON. Sans déplaiſir. Car il y a vne certaine égalité parmy les morts qui ne me déplaiſt pas; comme dans vn Eſtat populaire, où l'vn n'eſt pas plus grand Seigneur que ſon compagnon; & il ne m'importe qu'il ſoit iour ou nuit; outre qu'on a eét auantage icy bas, qu'on n'eſt pas tourmenté de faim ni de ſoif, & des autres incommoditez de la vie humaine.

MENIPE. Pren garde, Chiron, que tu ne retombes inſenſiblement dans le defaut que tu as voulu éuiter; Car ſi tu t'és laſſé de la vie parce que tu faiſois tous les iours la meſme choſe, tu te laſſeras, à plus forte raiſon, de la mort, où tout eſt ſemblable.

CHIRON. Que faut-il donc faire, Menipe?

MENIPE. Ce que font les Sages, Se contenter de ſa condition, & croire qu'il n'y a rien d'inſuportable ni dans la vie ni dans la mort.

DIALOGVE
DE DIOGENE, D'ANTISTHENE, ET DE CRATE´S.

DIOGENE. PVISQVE nous ſommes de loiſir, alons nous promener vers la porte, pour voir ceux qui entrent, & ce qu'ils diſent.

ANTISTHENE. Ie le veux; car c'eſt vn plaiſir de voir les vns pleurer & les autres ſuplier qu'on les relâche, ou ſe roidir en deſcendant contre celuy qui les méne.

CRATE´S. Ie vous veux conter, à ce propos, ce qui m'arriua à la deſcente. Nous eſtions grand nombre; mais les plus aparens eſtoient Arſacés Satrape des Medes, Oronte l'Armenien, & le riche Iſmenodore. Le dernier auoit eſté tué par des voleurs prés la montagne de Cithéron, comme il aloit à Eleuſine, & auoit encore les mains toutes ſanglätes des coups qu'il auoit receus; Auſſi se lamentoit-il étrangement, & regretoit ses enfans qu'il laissoit encore ieunes, s'acusant d'vne extréme imprudence, de ce qu'ayant à passer par des lieux que la guerre auoit désolez, il n'auoit mené que deux valets auec luy, quoy qu'il eust quantité de vaisselle d'or & d'argent. Arsacés estoit vn venerable vieillard, qui se fâchoit fort d'aler à pied contre la coustume des Parthes; & qui eût bien voulu qu'on luy eût amené son cheual, qui auoit esté tué auec luy. Car comme il couroit à toute bride deuant les autres, en vne bataille contre le Roy de Capadoce, vn soldat Thracien s'auancant, mit vn genou en terre afin de se tenir plus ferme & destournant de son bouclier le coup que luy portoit Arsacés, donna de sa pique dans le poitral de son cheual, de telle roideur, qu'il perça homme & cheual tout ensemble, l'impetuosité de sa course ayant redoublé la force du coup. Pour Oronte, il auoit les iambes si foibles, qu'il ne se pouuoit tenir debout, ce qui arriue ordinairement à ces peuples, acoustumez à aller à cheual; de sorte qu'en metant pied à terre, on diroit qu'ils marchent sur des épines ; Il bronchoit donc à chaque pas sans qu'on le pût faire auancer; si bien que Mercure fut contraint à la fin de le charger sur ses épaules, & de le porter iusqu'au bateau, ce qui me faisoit rire.

ANTISTHENE. Pour moy, quand ie descendis icy, ie ne voulus point me mesler parmy la foule, mais laissant les autres crier & se plaindre, ie courus prendre place dans la nacelle, afin de passer plus commodément. Cependant, voyant lamenter les vns, & les autres rendre gorge, ie ne me pouuois tenir de rire non plus que toy.

DIOGENE. Voilà les auentures de voſtre paſſage ; mais les miennes ſont bien plus plaiſantes;
car il m'arriua de paſſer auec le Banquier Blepſias, qui eſtoit du port de Pirée, Lampis l'Acarnanien, qui commandoit les troupes étrangeres, & vn riche homme de Corinthe nommé
Damis, que ſon fils auoit empoiſonné. Le premier s'eſtoit laiſſé mourir de faim, à ce qu'on diſoit, & paroiſſoit fort paſle & fort maigre, & le
ſecond s'eſtoit tué pour vne Courtiſanne ; Quoy
que la cauſe de leur mort ne me fuſt pas inconnuë,
ie ne laiſſay pas de la vouloir aprendre d'eux ; &
comme Damis acuſoit ſon fils, ie luy dis, qu'il
ne s'en deuoit prendre qu'à luy-meſme, puis-
qu'il ne luy donnoit rien à l'âge des voluptez,
tandis que tout vieux & caſſé il paſſoit le temps
dans les délices. Ie dis à l'Acarnanien qu'il auoit
grand tort de s'eſtre laiſſé vaincre par vne femme,
luy qui auoit touſiours paru inuincible à ſes ennemis ; & ie gronday fort Blepſias d'auoir épargné
ſon bien, comme s'il euſt dû viure éternellement,
pour le laiſſer à des étrangers qui ne le touchoiét
de rien ; Mais nous voicy tantoſt arriuez à la décente. Remarquons de loin ceux qui viennent:
Dieux ! combien en voilà qui ſe tourmentent, iuſqu'à ces vieillars tout décrépits, tant ils ſont amoureux de la vie ! Ie ne voy que les enfans qui ne
pleurent point ; mais interrogeons ce vieux bon-
homme que voicy ; Qu'as-tu à pleurer, mon amy?
eſt-ce que tu croyois eſtre immortel; ou que tu regrette quelque grande felicité ?

VN MORT. Non, i'eſtois vne pauure peſcheur,
qui auois bien de la peine à viure, tout boiteux
& preſque aueugle, ſans aucuns enfans pour me
ſoulager.

DIOGENE. Et auec cela tu regrettes la vie?

VN MORT. C'est qu'elle est agreable; & la mort hideuse & terrible.

DIOGENE. Tu radotes, bon-homme, & tu retournes en enfance; Que dirons-nous de ces ieunes gens qui ayment la vie, si celuy-cy la regrette lors qu'il deuroit souhaiter la mort, comme vn azyle à sa vieillesse? Mais retournons, de peur qu'on ne s'imagine en nous voyant si prés de la porte, que nous voulions nous éuader.

DIALOGVE

DE MENIPE ET DE TIRESIAS.

MENIPE. Il n'est pas aisé maintenant de sauoir si tu-as esté aueugle, car tout le monde l'est icy; mais si tu-as esté masle & femelle, comme on nous le veut faire croire, dy-moy, ie te prie, quelle est la condition la plus heureuse, celle de l'homme ou de la femme?

TIRESIAS. Celle de la femme; car elles sont les maîtresses & ne vont point à la guerre, n'ont ni procés ni querelles à démesler, ni aucune autre fâcheuse afaire.

MENIPE. Mais ne te souuient-il point de la Medée d'Euripide, qui déplore leur condition & le mal qu'elles soufrent en acouchant? A propos, n'as-tu iamais acouché?

TIRESIAS. Pourquoy me fais-tu cette question?

MENIPE. Par curiosité, sans aucun dessein de t'ofenser.

TIRESIAS. Ie n'ay point eu d'enfans, mais ie n'estois pas stérile.

MENIPE. Estois-tu homme & femme tout

enſemble, ou ſi vn ſexe a ſuccedé à l'autre; & cela s'eſt-il fait peu à peu, ou tout d'vn coup?

TIRESIAS. A quoy tendent toutes ces demandes? Eſt-ce que tu doutes de la verité?

MENIPE. Eſt-il défendu d'en douter? & faut-il receuoir pour Oracles, tout ce que diſent les Poëtes, ſans oſer s'en enquerir?

TIRESIAS. Tu n'aurois garde de croire qu'il y ait eu des femmes changées en beſtes ny en arbres, puis que tu doutes qu'il y en ait eu de changées en hommes.

MENIPE. Nous examinerons cela vne autre fois; Mais dy-moy maintenant, quand tu eſtois femme, ſi tu ſauois l'auenir, ou ſi tu-és deuenu homme, & prophete en meſme temps?

TIRESIAS. Que tu ſais peu de mes nouuelles! Il ſemble que tu ignores comme les Dieux me firent Iuge de leur diferent, & que Iunon m'aueugla; mais Iupiter me donna le don de prophetie pour recompenſe.

MENIPE. N'es-tu point encore défait de ces fables? Mais tu-as cela de commun auec tous les autres Deuins, de ne rien dire qui vaille.

DIALOGVE

D'AIAX, ET D'AGAMEMNON.

AGAMEMNON. SI ta fureur t'a couſté la vie, lors que tu faiſois le moulinet ſur vn troupeau de moutons, comme ſi c'euſſent eſté des hommes, pourquoy t'en prens-tu à Vlyſſe, & pourquoy ne le voulus-tu pas voir l'autre iour qu'il deſcendit aux Enfers, pour conſulter Tiréſias?

AIAX. C'est qu'il est cause de ma mort, pour m'auoir disputé les armes d'Achille.

AGAMEMNON. Mais croyois-tu deuoir estre le maistre par tout, sans qu'on t'osast rien contester?

AIAX. Non; mais ces armes m'appartenoient par le droit de ma naissance; Toy-mesme me les cedois, qui estois plus grand seigneur qu'Vlisse, & tous les autres, horsmis ce facquin, à qui i'ay sauué mille fois la vie.

AGAMEMNON. Il s'en faut prendre à Thetis qui les vint exposer en public, comme si chacun eust eu droict d'y prétendre; au lieu de te les donner comme à son cousin germain.

AIAX. Ie ne deuois m'attaquer qu'à celuy qui me les contestoit.

AGAMEMNON. Mais Vlisse est excusable, s'il a eu de la passion pour la Gloire, dont tous les honnestes gens sont amoureux; & tu sais qu'il remporta la victoire, au iugement mesme de nos ennemis.

AIAX. Ie say bien qui en fut la cause, mais il ne se faut pas attaquer aux Dieux; Toutefois, ie n'aymerois pas Vlysse, quand mesme ils me le commanderoient.

DIALOGVE

DE MINOS ET DE SOSTRATE

MINOS. Qv'on plonge ce Voleur dans le Phlégéton, & qu'on fasse déchirer ce Sacrilege, à la Chimere. Pour ce Tyran, qu'on l'étende tout de son long ptés de Ticye, pour estre rongé comme luy par des vautours;

Mais vous autres Belles ames; allez aux champs Elifées, cueillir le fruict de vos bonnes actions.

SOSTRATE. Ie n'ay que deux mots à dire, s'il plaift à Minos de m'écouter.

MINOS. Que ie t'écoute, méchant! comme fi tu n'eftois pas conuaincu d'auoir tué & volé fur les grands chemins!

SOSTRATE. Il eft vray; mais il faut voir fi i'ay merité pour cela d'eftre puny.

MINOS. Comment? ne faut-il pas rendre à chacun felon fes œuures?

SOSTRATE. Les deftins ne l'auoient-ils pas ordonné, comme ils ordonnent tout le bien & le mal qui fe fait au monde?

MINOS. Il eft certain que nous fommes tous fujets aux loix des Parques, qui préfcriuent à chacun ce qu'il doit faire, dés le point de ma naiffance.

SOSTRATE. Mais quand on tuë quelqu'vn par l'ordre d'vn autre, qui eft proprement l'auteur du meurtre?

MINOS. Celuy qui l'a commandé, car l'autre n'en eft que l'inftrument, non plus que l'épée; fur tout, s'il a efté contraint d'obeïr.

SOSTRATE. Courage, tu fortifies encore mon raifonnement; & lors qu'vn valet aporte vn prefent de la part du Maiftre, à qui a-t-on l'obligation, ou au maître, ou au valet?

MINOS. Au maître, car l'autre n'en eft que le porteur.

SOSTRATE. Ne vois-tu donc pas que tu as tort de me punir & de recompenfer ceux-cy, puis que nous n'auons fait les vns & les autres qu'exécuter l'ordre du Deftin?

MINOS. On trouueroit bien d'autres chofes à dire qui voudroit tout éplucher; mais tu meriterois d'estre puny non seulement comme vn Voleur, mais comme vn Sophiste qui controle les actions des Dieux. Toutesfois, délie ce pauure diable, Mercure; mais c'est à la charge qu'il ne l'ira pas dire aux autres, de peur qu'ils ne nous viennent rompre la teste de semblables questions.

LA NECROMANCIE,
DIALOGVE
DE MENIPE ET DE PHILONIDE.

Il se rit de l'incertitude des Philosophes, & conclut que la vie la plus commune est la meilleure; mais il se moque, en passant, de la magie, & de ses ceremonies ridicules & extrauagantes.

MENIPE. JE te salue, Portique, superbe entrée de mon Palais, que ie te contemple auec plaisir, depuis que ie suis de retour à la lumiere!

PHILONIDE. N'est-ce pas là le Philosophe Menipe? C'est luy sans doute; Mais quel estrange équipage, & que veut dire cette massuë, cette lyre, & cette peau de lion? Il faut que ie l'aborde. Bon-jour, Menipe, d'où viens-tu, que l'on a esté si long-temps sans te voir?

MENIPE. *Ie sors des portes des Enfers, & de la sombre demeure des morts, où l'on habite loin des Cieux.*

PHILONIDE. Grands Dieux! nous n'auions pas seu que Menipe estoit mort, & le voilà ressuscité.

MENIPE. Tu te trompes, *l'Enfer m'a receu tout vif dans ses entrailles.*

LA NECROMANCIE.

PHILONIDE. Hé! mon amy, qui ta meû d'entreprendre vn si étrange voyage?

MENIPE. *Le feu boüillant de la jeunesse.*

PHILONIDE. Quite vn peu ce langage tragique, & mettant bas le cothurne, dy-nous d'où vient cét habit extrauagant, & quel a esté le sujet d'vn voyage si peu agreable.

MENIPE. *Vn importāt secret m'a cōduit en ces lieux,*
Pour consulter là bas l'ombre de Tirésie.

PHILONIDE. Tu resues de parler ainsi poëtiquement à tes amis, & par Rapsodies.

MENIPE. Ne t'en étonne point, Philonide; Car, comme ie ne fais que de quiter Euripide & Homere, i'ay l'esprit encore tout plein de leurs termes tragiques & empoulez, & il me semble que les Vers me naissent à la bouche. Mais dy-moy comme va le monde, & ce qu'on y fait?

PHILONIDE. Ce qu'on y faisoit lors que tu en és party, on vole, on se parjure, on preste à vsure.

MENIPE. Miserables, qui ne sçauent pas ce qui est ordonné contre les riches dans les Enfers, dont les decrets sont irreuocables.

PHILONIDE. Que dis-tu? y a-t-il quelque chose d'ordonné depuis peu là-bas, contre ceux qui sont icy?

MENIPE. Ouy certes, & tres-important; mais il n'est pas parmis de reueler ces mysteres, de peur qu'on ne nous acuse d'impieté deuant le tribunal de Rhadamante.

PHYLONIDE. Hé! Menipe, par les Dieux, ne refuse pas ce secret à ton amy, qui le saura bien cacher & qui est initié luy-mesme dans les mysteres.

MENIPE. Tu m'impose vne charge bien rude,

Philonide ; mais pour l'amour de toy il faut tascher de s'en acquiter ; Il est ordonné que les riches qui tiennent leurs tresors enfermez comme vn autre Danaé.

PHILONIDE. Ne passe pas outre, que tu ne m'ayes dit le sujet de ton voyage, & qui t'a seruy de guide ; aprés tu conteras tout d'vn temps ce que tu-as veu & ouï dans les enfers; car comme tu-és curieux, tu n'auras sans doute rien oublié de remarquable.

MENIPE. Il te faut obeïr ; car le moyen de refuser quelque chose aux prieres d'vn amy. Ie commenceray donc par mon voyage, & te diray l'ocasion qui me le fit entreprendre. Comme i'estois encore ieune, & que i'entendois les Poëtes parler des guerres & des diuisions, non seulement des Heros, mais des Dieux mesmes; & conter leurs larcins, leurs incestes, leurs adulteres, & leurs violences ; ie m'imaginois que tout cela estoit non-seulement veritable, mais iuste, comme estant fait par les Dieux, qui ne pouuoient faillir, & en estois sensiblement touché. Mais lors que ie fus deuenu grand, & que ie vis les loix qui disoient tout le contraire, & qui punissoient les voleurs, les seditieux, & les adulteres ; ie fus en grand' peine, ne sachant quel party prendre. Car d'vn costé ie ne pouuois m'imaginer que les Dieux pussent faire des injustices ; & de l'autre, ie sauois que les Legislateurs n'eussent pas défendu ces choses s'ils les eussent trouuées raisonnables. Dans cette incertitude, ie crûs qu'il estoit à propos de consulter les Philosophes, comme les Sages du monde, & les Précepteurs du genre humain, pour aprendre d'eux la verité. Mais ie m'aperçeus bien-tost que i'estois tombé d'vn petit mal en vn plus grand. Car apres auoir bien épluché leur vie & leur doctrine, ie trouuay qu'il y auoit plus d'incertitude parmy eux, que parmy les autres, & que noſtre vie eſtoit ſans comparaiſon plus tranquille & plus reglée que la leur. L'vn m'ordonnoit de paſſer mon temps & de me reſioüir, & diſoit que le ſouuerain bien conſiſtoit dans la volupté; L'autre crioit que c'eſtoit la peſte de la vie, & qu'il faloit ſuër trauailler, s'endurcir au mal & à la peine, gronder tout le monde, & tâcher de luy déplaire, & auoit touſiours dans la bouche ce mot d'Heſiode, Que la vertu ne ſe peut obtenir ſans trauail, & qu'il faut grimper ſur le coſtau. Celuy-cy eſtoit d'auis de mépriſer les richeſſes, & en tenoit la poſſeſſion non-ſeulement indiferente, mais dangereuſe; Cét autre les mettoit hardiment entre les biens. Apres, combien de contrarieté parmy eux pour les choſes de la Nature? L'vn poſe vn vuide; l'autre des atomes; celuy-cy des idées; celuy-là des ſubſtances incorporelles, auec vne foule de termes barbares & inconnus, dont ils vous aſſomment. Mais ce qui eſt de plus étrange, c'eſt qu'auançant des maximes toutes contraires, ils ſemblent pourtant auoir tous raiſon; ſi bien que vous ne ſçauez que répondre à celuy qui dit qu'il eſt froid, ni à celuy qui dit qu'il eſt chaud; quoy que vous ſachiez bien qu'il ne peut eſtre froid & chaud en meſme temps. I'eſtois donc comme ces dormeurs qui donnent de la teſte tantoſt d'vn coſté, & tantoſt d'vn autre, ſans ſauoir ce qu'ils font. Ce qui eſt de plus inſuportable, c'eſt que conſiderant leur vie, vous la trouuez toute contraire à leur doctrine. Car ceux qui diſent qu'il faut mépriſer les richeſſes, ſont les plus auares, n'enſeignent que pour de l'argent, & ont tous les iours des procés pour leurs vsures. Ceux qui rejettent la gloire font tout pour elle. Mais sur tout, ils crient presque tous contre la volupté, & en particulier ils ne s'atachent qu'à elle, & sont plus voluptueux que les autres. Déchû donc de l'esperance de trouuer la verité par leur moyen, i'estois plus en peine que iamais, & si quelque chose me consoloit, c'estoit de voir, que ceux qu'on estimoit les plus sages, n'estoient pas plus habiles que moy en ce point. Cependant comme ie resuois là dessus iour & nuit, il me prit enuie d'aler en Babylone, consulter quelque Mage des disciples de Zoroastre, parce qu'on disoit que par des charmes & des sortileges, ils ouuroient la porte des Enfers, & faisoient entrer & sortir qui il leur plaisoit. Mon dessein estoit de consulter Tirésias, qui estant sage & prophete tout-ensemble, me pourroit enseigner mieux que nul autre, quelle estoit la meilleure vie, & celle qu'vn honneste homme deuoit choisir. Ie fis donc marché auec l'vn d'eux nommé Mithrobarzanés, qui auoit de longs cheueux & vne grande barbe blanche, & obtins de luy, auec beaucoup de peine, qu'il voulust estre mon guide dans vne entreprise si hazardeuse. Il me prit, & me laua dans l'Euphrate vn mois entier, selon le cours de la Lune, commençant au leuer du Soleil le visage tourné vers l'Orient, & barbotant vne longue oraison, comme ces Sergens entoüez qui parlent si viste & si mal qu'on ne les entend point. Ie pense toutefois qu'il inuoquoit les démons. Apres auoir fait toutes ses conjurations, il me cracha au nez par trois fois, & me ramena, sans regarder personne par le chemin. Cependant il ne me donnoit à manger que du gland,

LA NECROMANCIE.

& à boire que du laict & de l'hydromel, ou de l'eau du fleuue Coaspés : Nous auions la terre pour lit, & le ciel pour couuerture. Lors que ie fus bien préparé de la sorte, il me mena sur le minuit à la riuiere du Tigre, & m'y ayant bien laué & netoyé, fit quelques ceremonies de purification auec vne torche, de l'oignon marin, & plusieurs autres choses, barbotant tousiours cette longue oraison. Comme ie fus bien enchanté & tournoyé, pour n'estre point endommagé par les fantômes, il me ramena au logis, en me faisant marcher à reculons. Le reste de la nuit fut employé à nous préparer au départ. Il mit donc vne longue soutane de Magicien, & m'arma comme tu vois de cette massuë, de cette lyre, & de cette peau de lion, auec ordre si l'on me demandoit mon nom, de ne pas dire Ménipe, mais Vlysse, Hercule, ou Orphée.

PHILONIDE. Pourquoy cela ? ie n'en voy pas la raison.

MENIPE. C'est qu'il croioit que nous passerions mieux sous le nom de ces Heros, qui est connu dans les enfers, que sous le nostre. Le iour venu nous descendîmes à la riuiere pour nous embarquer ; Car il auoit préparé vn bateau & des victimes, auec les autres choses necessaires pour le sacrifice. Aprés que nous eûmes chargé nostre petit fait, nous entrâmes tristes & dolens, comme dit le Poëte, & quitant à regret le riuage. Nous n'eûmes pas vogué long-temps, que nous descendîmes dans le lac où l'Euphrate se perd, & de-là dans vne terre déserte & si couuerte de bois qu'on n'y voyoit goute. Ie mis pied à terre sous la conduite du Mage, & aprés auoir creusé vne fosse, nous y égorgeâmes nos victimes & espanchâmes le sang tous autour. Pendant tous ces mysteres, il tenoit vne torche alumée, & inuoquoit ensemble tous les demons; les peines, les furies, la nocturne Hecate, & la haute Proserpine, entremeslant parmy ces discours de grands mots barbares & inconnus, & criant à pleine teste, & non plus entre ses dents, comme auparauant. Tout à coup la forest tremble, par la force de l'enchantement, la terre se fend, & l'on entend de loin les cris de Cerbére. L'enfer peu à peu se découure, auec le lac brûlant, le fleuue de feu, & le manoir de Pluton, qui trembloit iusques sur son trône. Nous entrons par cette ouuerture, & trouuons Rhadamante à demy-mort de frayeur, Cerbére aboyant, & tout prest à nous déuorer, mais ie l'endormis aisément au son de ma lyre. Comme nous fûmes à la barque de Caron, nous faillîmes à ne point passer, tant elle estoit pleine ; Ce n'estoit que gens blessez, l'vn à la jambe, l'autre à la teste, comme au retour d'vn combat. Mais aussi-tost qu'il nous vit, & qu'il apperceut la peau de lion & la massuë, s'imaginant que i'estois Hercule, il nous fit faire place, & nous passa à l'autre bord. En suite, il nous monstra le chemin. Mitrobarzanés marchoit deuant, parce qu'on ne voyoit goute, & ie le suiuois pas à pas, le tenant par le bord de sa robe, tant que nous arriuâmes dans vn pré qui estoit tout planté d'asphodeles, où nous fusmes incontinent enuironnez d'ombres murmurantes. Nous passons outre, iusqu'au tribunal de Minos, qui auoit à ses costez les demons, les peines, & les furies, auec vne longue chaîne de coupables. Ce n'estoit, qu'adulteres, maquereaux, maltotiers, flateurs de Cour, hypocrites, & autre semblable vermine qui trouble la tranquilité de nostre vie. On voyoit à part les vsuriers, pâles, goutteux, hydropiques, auec chacun vn chaîne au col & vn maillet de fer du poids de six vingt liures. Nous demeurâmes là quelques temps à entendre leurs défenses; mais ils estoient acusez par de plaisans Orateurs.

PHILONIDE. Qui sont-ils? ne m'enuie point ce plaisir.

MEDIPE. Te souuient-il de ces ombres que font les corps, lors qu'ils sont oposez au Soleil? Ce sont là nos acusateurs apres nostre mort & les fideles témoins de tout ce que nous auons fait au monde, comme ceux qui ne nous ont point abandonnez durant tout le cours de nostre vie. Minos, apres les auoir ouïs & examinez, renuoye les coupables aux lieux destinez aux suplices pour y payer la peine de leurs crimes. Il tourmente principalement ceux qui se sont enorgueillis de leur grandeur, détestant leur faste & leur vanité de peu de durée, de ne s'estre pas souuenus qu'ils estoient hommes, & mortels comme les autres. Vous les voyez alors nus, honteux, & dépoüillez, qui osent à peine leuer les yeux, & qui regardent leur felicité comme vn songe. I'auois vne ioye incroyable de les voir en cét état, & m'aprochant doucement de ceux que i'auois connus en ce monde, ie les faisois souuenir de leur arrogance, & du plaisir qu'ils prenoient, à voir le matin vne foule de gens à leur porte, qui les atendoient à la sortie, & qui estoient repoussez par leurs valets, iusqu'a ce qu'il plust à Monsieur de sortir, tout couuert d'or & de pourpre, qui caressoit les vns d'vn clin d'œil, & les autres d'vn foûris & penfoit bien obliger ceux à qui il donnoit fa main à baifer. Ils' enrageoient de fe voir reprocher leurs veritez. Il fe plaida là vne caufe, où Minos fembla donner quelque chofe à la faueur. Car comme Denis le Tyran eftoit acufé de crimes atroces, par Dion, & conuaincu par le témoignage irrefragable des Philofophes Stoïques; Ariftipe le Cyrenien vint à la trauerfe, & comme il eft refpecté là-bas, & en grande autorité parmy les Ombres, il le déliura, fur le point d'eftre déuoré par la Chymere, en difant, qu'il auoit fait du bien aux gens de Lettres. Alors, quitant le tribunal de Minos, nous vinmes aux lieux deftinez aux fuplices, où c'eftoit vne chofe éfroyable d'entendre le cry des damnez, parmy le fon des foüets & le bruit des chaifnes. Ils eftoient tous pefle-mefle, Rois, vaffaux, pauures, riches, libres, efclaues, & tous de diferentes peines; les vns dans le feu ou fur la roüe, les autres déchirez par Cerbere, ou par la Chiméré, & tous déteftoient leur crime. Nous en remarquâmes quelques-vns de nôtre connoiffance qui fe cachoient, & tournoient la tefte de l'autre cofté; ou s'ils nous regardoient, c'eftoit en tremblant, & auec des refpects & des foûmiffions, qui nous faifoient rire, fur tout, lors que nous nous fouuenions de leur orgueil & de leur préfomption. On faifoit graces aux pauures de la moitié de leurs peines. Nous vifmes auffi ces celebres criminels des Fables, Sifyphe, Ixion, Tantale, & cét enfant de la terre, qui couure neuf arpens de fon corps. De-là, nous paffâmes aux champs Elyfées, qui eft le féjour des bien-heureux, où nous vifmes vne autre foule de morts, diftinguez par Tribus & par Nations. Les vns fecs & vfez, qui s'en vont prefque en fumée,

comme

comme dit Homere ; D'autres, ieunes & plus entiers, particulierement les Egyptiens, à cause qu'on les embaume. Mais ils sont tous tres-dificiles à connoistre ; car on diroit que tous les morts se ressemblent. Toutefois, en y prenant garde de bien prés, on y remarquoit quelque diference. Ils estoient couchez tous ensemble grands & petits, sans qu'on pût distinguer Agamemnon d'auec son cuisinier Pyrrhias, ni Thersite d'auec Nirée ; car ils n'auoient plus les marques qui les faisoient reconnoistre. Ce n'estoient que des carcasses qui guignoient par les trous des yeux, & montroient de grandes dens décharnées. Considerant donc ces choses, la vie de l'homme me sembloit vne Comedie, dont la fortune est le Poëte, qui donne à chacun le personnage qu'elle veut; à l'vn, celuy d'vn Monarque, ou d'vn faquin ; à l'autre, celuy d'vne ieune beauté ou d'vne vieille ridicule. Car pour faire que la Comedie soit bonne, il faut qu'il y ait de tout. Quelquefois vne mesme personne change de condition, comme Crésus de Roy deuient esclaue, & Meandre successeur de Polycrate, passe du rang des valets en celuy des Princes. La fortune les laisse quelque temps sous cét habit ; mais à la fin de la Comedie, chacun reprend le sien, & redeuient ce qu'il estoit auparauant. Quelques sots & opiniastres, apres veulent conseruer leur habillement, veulent conseruer leur dignité & se faschent quand on les dépouille, comme si la Comedie deuoit tousiours durer, & que les habits ne fussent pas empruntez. C'est ainsi qu'vn Comedien fait tantost Priam & tantost Agamemnon, & deuient esclaue, apres auoir esté Cecrops ou Erecthée. En vn mot, lors qu'il a mis bas le

H

Cothurne, ce n'est plus Agamemnon fils d'Atrée, ni Créon fils de Ménacès ; mais Pol fils de Cariclès, de quelque meschant village, ou Satyre fils de Theogiton, qui n'est pas de meilleur lieu. Voilà comme vont les choses du monde.

PHILONIDE. Mais dy-moy, ceux qui ont ces magnifiques tombeaux enrichis de colonnes & de statuës, auec ces superbes inscriptions ; ne sont-ils pas plus estimez là-bas que les autres ?

MENIPE. Non, mon ami ; car si tu auois veu Mausole, auec son Mausolée, tu te creuerois de rire ; Il est ietté là en vn trou comme les autres, & ne gagne rien à son tombeau si somptueux, que d'estre acablé sous sa pesanteur. Car lors qu'Eaque distribuë les places, il ne donne pas plus d'vn pied à chacun, & il faut retirer ses iambes, & s'y acommoder comme on peut. Mais tu rirois bien dauantage si tu voyois les Satrapes mendiant là-bas, & estant contrains pour viure, de faire le métier de Harangéres ou d'aprendre la Grammaire à des grimaux, bafoüez & soufletez comme des coquins. Pour moy, ie ne me pouuois tenir de rire en voyant Philipe de Macedoine refaire des vieilles sauates en vn coin ; & d'autres demander l'aumone aux carrefours, comme Darius, Xerxés, & Polycrate.

PHILONIDE. Tu nous contes-là d'estranges choses, & presque incroiables; mais les Sages comme Diogene & Socrate, que font-ils ?

MENIPE. Celuy-cy se promene comme il faisoit à Athenes & contrôle tout le monde, estant d'ordinaire auec Palamede, Nestor, Vlysse, & les autres grands causeurs du temps passé, qui se plaisent à son entretien. Il semble auoir encore les iambes enflées du poison qu'on luy a donné. Pour

Diogene, il s'amuse à persecuter Midas & Sardapale, auprés desquels il a choisi sa demeure, & s'éclate de rire lors qu'il leur entend regretter leur felicité, demeurant tout le iour couché sur le dos, à chanter, tandis que les autres pleurent ; si bien que ces pauures miserables, pour n'auoir pas toûjours la teste rompuë, ont fait résolution d'abandonner le quartier.

PHILONIDE. C'est assez de ces choses, dy maintenant ce qu'on a ordonné dans les Enfers contre les riches.

MENIPE. Tu-as bien-fait de m'en faire souuenir ; car i'ay failly à l'oublier, quoy que ce fust le sujet principal de mon discours. Comme i'estois donc là bas, le Magistrat fit publier l'Assemblée pour les affaires de la Communauté, & voyant tout le monde y courir, ie me meslay parmy la foule. On y traita diuerses matieres, dont la derniere fut celle des riches, à qui l'on fit des reproches de leur insolence & de leur présomption. Alors vn des principaux de l'Assemblée se leuant, leut ce Decret : *Sur ce qui nous a esté representé, Que les Riches, pendant leur vie, font beaucoup de mal aux pauures, & les bafouent & mal-traittent; il a semblé bon au Senat & au Peuple, qu'aprés leur mort, leur corps soit condamné aux peines comme les autres ; & pour leur ame, qu'elle passe incessamment d'asne en asne, pour estre batuë & chassée par les pauures, comme ils les ont batus & chassez pendant leur vie, iusqu'à ce que le terme soit accomply de deux cens cinquante mille ans, aprés lequel il leur sera permis de se retirer. Vn tel, fils d'vn tel, d'vn tel païs, & d'vne telle tribu a fait ce Decret.* Cette Ordonnance leuë, le Magistrat l'aprouua, le Peuple le ratifia ; Cerbére en aboya, &

Proserpine en bourdonna, qui sont les formes des verifications dans les Enfers. Voilà ce qui se passa ce iour-là dans l'Assemblée, apres quoy, i'alay faire mes afaires, & consulter Tirésie, qui estoit le sujet de mon voyage. Ie luy dis d'abord ce qui m'auoit amené, & le priay de me dire son sentiment. Alors se soûriant d'vne façon ridicule, comme c'est vn petit vieillard aueugle, tout contrefait, il me dit d'vne voix gresle, Mon fils, ie voy bien que tu-as frequenté les Philosophes, & que ce sont eux qui ont causé ton incertitude ; car ils ne sont pas d'acord de ce que tu veux sçauoir ; mais il n'est pas permis de le reueler, de peur qu'on ne nous acuse d'impieté deuant le tribunal de Rhadamanthe. Ha! mon petit bon-homme, luy dis-ie, ne me laisse pas languir dauantage dans vn aueuglement plus grand que le tien. A ces mots, comme s'il eust eu pitié de moy, il me tira à part, & s'aprochant de mon oreille, La meilleure vie, dit-il, c'est la plus commune. C'est pourquoy, quittant-là toutes ces chimeres des Philosophes, & ces vaines spéculations sur la fin & le principe des choses, & tenant pour certain que tous ces beaux raisonnemens ne sont rien que de subtiles impostures ; songe à viure & à te réjouïr. Cela dit, il se déroba, & rentra dans son pré d'Asphodelle ; & moy parce qu'il se faisoit tard, ie dis au Mage, qu'il estoit temps de se retirer, & de reprendre nostre chemin. Ne te mets point en peine, dit-il. i'en say vn plus court, & me prenant par la main il me mena en vne contrée plus obscure, où me montrant du doigt vn foible rayon de lumiere, qui passoit à trauers vne fente ; C'est là, dit-il, l'Oracle de Trophonius, & le chemin par où l'on décend de la Beocie dans les Enfers ; Remonte par là

& tu seras incontinent en ton païs. Moy, tout resioüi, ie pris congé du Mage, & grimpant du mieux que ie pûs par ce trou, ie me suis trouué, ie ne sais comment, à Lébadie.

CARON, OV LE CONTEMPLATEVR,

DIALOGVE

DE CARON ET DE MERCVRE.
Où plusieurs autres parlent.

Il dépeint icy la vanité des choses du monde, d'une façon tres-agréable.

MERCVRE. DEQVOY ris-tu, Caron, & pourquoy quitant ta nacelle és-tu venu icy haut chercher la lumiere ? Tu n'auois pas acoustumé de te mesler des choses du monde.

CARON. I'ay voulu voir ce qui s'y passe, & ce que les hommes regrettent tant quand ils meurent; car personne n'est entré dans ma nacelle sans larmes. A l'exemple de ce ieune Thessalien, i'ay demandé de pouuoir estre vn iour absent du nauire; & en ayant obtenu la permission, ie suis monté iusqu'icy, tres-heureux de t'auoir rencontré; car ie suis seur que tu me montreras tout. *Protesilas.*

MERCVRE. Ie n'ay pas le loisir, Caron; car i'ay quelque commission de la part de Iupiter, & tu sais qu'il est coléré & que si ie tardois trop, il me pourroit laisser pour iamais auec vous dans les Enfers; ou me prenant par vn pied, comme il fit Vulcain, me précipiter en bas du Ciel, pour faire rire

en suite les Dieux, lors que ie leur verserois à boire tout clopinant.

CARON. Quoy ! tu abandonnerois ainsi ton
ancien amy, & ton camarade, errant par le monde sans guide ? Souuien-toy que ie ne t'ay iamais fait tirer la rame ni la pompe, en passant la
Barque, quoy que tu sois fort & robuste ; Mais
en ariuant là-bas, tu te couches de ton long sur
le tillac, & dors tout ton soul, si ce n'est que
tu rencontres quelque babillard d'entre les morts
pour t'entretenir. Cependant tout vieux que ie
suis, il faut que i'empoigne la rame, & que ie
vous passe à l'autre bord. Ne m'abandonne donc
point, ie te prie, mon petit Mercure ; car comme
les autres chancellent dans les ténébres, ie suis
tout esbloüi à la lumiere.

MERCVRE. Tu-as enuie de me faire batre ; mais
on ne sauroit éuiter son mal-heur, ni rien refuser
à son ami. N'atens pas, pourtant, que ie t'aillé
montrer tout ; il faudroit pour cela vn siécle, &
Iupiter me feroit crier par les carrefours comme
vn fugitif. Dailleurs, les reuenus de Pluton en pâ-
tiroient, car personne ne passeroit cependant ; &
Eaque, qui est le maltôtier des Enfers, deman-
deroit diminution ; mais il faut tâcher de te montrer le principal.

CARON. C'est à toy à voir ce qu'il faut faire ;
car ie suis tout neuf en ce païs-cy.

MERCVRE. Il nous faut choisir quelque
montagne d'où l'on puisse tout voir ; Si tu pouuois monter au ciel, ce seroit vn grand abregé,
car tu contemplerois aisément tout de la-haut ;
mais comme tu conuerses incessamment parmy
les Ombres, tu n'és pas digne d'entrer au palais de
la lumiere.

CARON Tu sais ce que ie dis là-bas à ceux qui passent la Barque, lors qu'ils se veulent mesler de me donner leur auis, car comme ils n'entendent rien à la nauigation, s'il arriue quelque tempeste, ils veulent aussi-tost qu'on baisse les voiles, ou qu'on les relâche à bord ; mais ie leur commande de se tenir coy, & de me laisser faire. De mesme à présent, fay tout ce que tu iugeras à propos, sans m'en demander mon auis, comme si tu estois le pilote, & que ie fusse le passager ; car ie t'obeïray en tout & par tout.

MERCVRE. Tu-as raison ; Ie feray ce qu'il faudra ; Il ne reste plus qu'à trouuer vn lieu commode pour tout voir. Le Caucase sera-t-il assez haut, ou si nous prendrons le Parnasse, ou le mont Olympe ? Mais cela me fait souuenir d'vn dessein que ie te veux communiquer ; car i'auray besoin de ton assistance.

CARON. Commande, c'est à moy d'obeïr.

MERCVRE. Homere dit, Que les fils d'Aloée qui n'estoient que deux non plus que nous, & encore enfans, entreprirent de déraciner le mont Ossa, & de le mettre sur l'Olympe, & celuy de Pelion par dessus, afin de s'en seruir comme d'échelle peur monter aux cieux ; Mais ces ieunes étourdis furent punis de cette témerité. Pour nous qui ne voulons pas, comme eux, prendre le ciel par escalade, ie suis d'auis seulement que nous roulions ces montagnes l'vne sur l'autre, pour découurir de plus loin

CARON. Et penses-tu que nous soyons assez forts tous deux pour cela ?

MERCVRE. Pourquoy non ? crois-tu que nous ne vaillions pas bien des enfans ?

CARON. Ie ne dis pas cela ; mais pour en

H iiij

venir à bout, il faut des forces extraordinaires.

MERCVRE. C'est que tu-és grossier, mon amy; & que tu n'as pas leu Homere. Car en trois mots, ce galant-homme fait vne eschelle de montagnes, par où l'on peut grimper au ciel aisément ; & ie m'étonne que tu trouues cela étrange, veu que tu sais qu'Atlas seul nous porte tous & le ciel mesme, & qu'Hercule prit vn iour sa place pour le délasser.

CARON. l'ay ouï dire cela aussi bien que toy; mais s'il est vray ou non, ie m'en raporte à toy & aux Poëtes.

MERCVRE. Il est tres-veritable, Caron ; car pourquoy des gens d'honneur voudroient-ils mentir? Trauaillons donc premierement à déraciner le mont Ossa, puis nous mettrons dessus Pelion au sommet feüillu. Regarde comme nous auons tost fait, & poëtiquement. Ie veux monter le premier pour voir s'ils seront assez hauts. Grands Dieux ! nous ne sommes encore qu'au bas du ciel ; Ie découure à peine à l'Orient, l'Ionie & la Lydie; & à l'Occident l'Italie & la Sicile; l'Isle de Créte au Midy, & le Danube au Septentrion. Il faut aler querir le mont Eta, & mettre encore le Parnasse par dessus.

CARON. Ie le veux ; mais pren garde en chargeant trop que tout ne vienne à tomber, & que nous ne nous repentions vn peu tard d'auoir ajoûté foy à l'architecture d'Homere.

MERCVRE. Ne crain point, mon ami, tout ira bien ; Transporte l'Eta, & roule dessus le Parnasse. Voilà qui va le mieux du monde. Ie voy tout, tu n'as plus qu'à monter.

CARON. Donne-moy la main; car la montée est vn peu haute, pour vn vieillard comme moy.

MERCVRE. C'est ta curiosité, & non pas moy qui te donne toute cette peine; car on ne peut tout voir, & demeurer dans sa chambre ; çà la main, & pren garde où tu mets le pied, pour n'aler pas faire la culebute. Courage ! te voilà en haut, aussi bien que moy, le mont Parnasse est fourchu, tu te metras sur vn coupeau, & moy sur l'autre, pour estre plus à nôtre aise, & nous considererons ce que nous voudrons tout à loisir. Que vois-tu ?

CARON. Ie vois vne grande plaine, & vn grand lac qui l'enuironne, auec des riuieres plus grosses que le Phlégéton & le Cocyte ; Ie vois aussi de petits animaux qui sortent hors de leurs trous.

MERCVRE. Ces trous là ce sont des villes, & ces animaux, des hommes, qui te paroissent petits de loin.

CARON. Vois-tu que tu n'as rien fait, d'entasser montagne sur montagne ; car on n'aperçoit pas distinctement de si loin, & mon dessein n'estoit pas de voir des villes & des forests comme dans la carte ; mais de connoistre ce qui se passe dans le monde, & comme l'on s'y gouuerne ; car ce matin, lors que tu m'as rencontré, ie rious d'vne auéture assez plaisante. Quelqu'vn prié à souper chez son voisin, a dit qu'il ne manqueroit pas de s'y trouuer ; mais là-dessus, il est tombé vne tuile qui luy a cassé la teste ; N'y auoit-il pas de quoy rire, de luy voir promettre si hardiment ce qu'il ne pouuoit tenir ? Il nous faut donc décendre, pour considerer les choses de plus prés.

MERCVRE. Demeure, ie say vne recette pour éclaircir la veuë, que i'ay aprise aussi d'Homere; nous verrons s'il est aussi bon Empyrique qu'Architecte. Mais pren garde, quand ie l'auray faite, de bien voir, afin qu'il n'y faille plus retourner.

l'osteray le bandeau qui te couuroit les yeux ;
Tu verras aisément les hommes & les Dieux.
Qu'est-ce ? ne vois-tu pas bien à present ?

CARON. A merueilles ; Vn lynx est aueugle au prix de moy ; Tu n'as-plus qu'à te préparer à répondre. Mais veux-tu que ie t'interroge aussi en Vers, pour montrer que ie ne suis pas si ignorant que tu penses ?

MERCVRE. Et où les aurois-tu apris, pauure Batelier ?

CARON. Tu ne saurois t'empescher de médire de la vacation. N'ay-je pas ouï Homere là bas débagouler ses Rapsodies ? Car comme ie le passois, il s'émût vne tempeste, excitée sans doute par quelques Vers qui estoient contraires à la nauigation, de sorte que Neptune, en colere, ietta son trident comme s'il eust voulu pescher à la ligne, & fit vne si grande tourmente que ma barque faillit à s'enfoncer. Cependant, il prit vn mal de cœur à Homere qui luy fit vuider tout ce qu'il auoit dans le corps auec Scylle, Caribde, & Polyphéme.

MERCVRE. Ie ne m'étonne pas qu'il te soit resté quelque chose d'vne si grande éuacuation; mais si tu m'en crois, tu parleras en langage plus humain.

CARON. Dy-moy donc sans tant de façon, qui est celuy-cy, qui passe tous les autres tant en force qu'en grandeur ?

MERCVRE. C'est Milon Crotoniate, à qui la Grece aplaudit dans les spectacles, pour luy auoir veu porter vn beuf d'vn bout à l'autre de la cariere.

CARON. Hé ! mon ami, qu'ils auront bien plus de raison de m'aplaudir, lors que ie le porteray moy-mesme, apres que la mort, cet Athlete inuincible, l'aura terrassé. Il se lamentera alors au souuenir de ces aclamations, Maintenant, tout glorieux, il ne songe pas à nous.

MERCVRE. Comment y songeroit-il en vn état si vigoureux?

CARON. Laissons-le là, il nous donnera assez de plaisir, lors que bien loin de porter vn beuf, il ne pourra pas porter vn moucheron. Mais qui est cét autre plein de majesté? il semble étranger à son habit?

MERCVRE. C'est Cyrus fils de Cambyses qui a transporté l'Empire des Medes aux Perses. Il vient de domter les Assyriens, & de prendre Babylone, & marche maintenant contre Crésus Roy de Lydie, afin de se rendre maître de l'Vniuers.

CARON. Et où est Crésus?

MERCVRE. Regarde cette forteresse à triple mur; C'est Sardes capitale de son Empire. Le voilà assis sur vn trône d'or, qui parle à Solon. Veux-tu que nous écoutions ce qu'ils disent?

CARON. Ie le veux.

CRÉSVS. Maintenant, Solon, que i'ay déplié deuant toy tous mes tresors, & que tu as veu toute ma gloire, dy-moy, ie te prie, qui tu crois le plus heureux de tous les hommes?

CARON. Escoutons vn peu ce qu'il répondra.

MERCVRE. Ne crain rien, il ne dira point de sotise.

SOLON. Il y en a bien peu, Crésus, qui meritent ce nom, mais de tous ceux que i'ay connus, Biton & Cleobis me semblent les plus heureux.

MERCVRE. Il veut dire les enfans de cette Prestresse d'Argos, qui moururent tous deux en

H vj

mesme temps, aprés auoir traîné leur mere sur vn char dans le temple.

CRE'SVS. Et bien que ceux-là soient les plus heureux ; qui sont les autres ?

SOLON. Tellus, cét illustre Athenien, qui mourut pour son païs, aprés auoir bien vécu.

CRE'SVS. Et moy, maraut ne te semblé-je point heureux ?

SOLON. On ne peut iuger de la félicité de l'homme, qu'aprés cette vie, lors qu'il a fourni heureusement sa carriere.

CARON. Courage, Solon, tu-és vn braue homme de faire ma barque iuge de ce diferent. Mais qui sont ceux-là, que Crésus enuoye si chargez, & qu'est-ce qu'ils portent sur leurs épaules ?

MERCVRE. Des lingots d'or, qu'il donne en ofrande à Apollon, pour récompense de ses oracles trompeurs qui le feront bien-tost perir ; car il est extrémement superstitieux.

CARON. Quoy ! ce iaune rougissant c'est de l'or ? Voilà la premiere fois que i'en auois veu, apres en auoir tant oüi parler.

MERCVRE. Voilà, mon amy, le sujet de tant de querelles, de combats, de trahisons, de larcins, de meurtres, d'empoisonnemens, de parjures, de dangers sur mer & sur terre.

CARON. Quoy ! pour cela ? il ne ressemble pas mal à du cuiure ; car i'en vois, comme tu sais, dans la monnoye qu'on me donne pour le passage. Mais ie ne voy point l'auantage qu'a ce métal sur les autres, sinon, qu'il est plus pesant, & qu'il fait courber ces crocheteurs sous le faix.

MERCVRE. On ne fait pas estat du cuiure, parce qu'il est trop commun ; mais l'vn & l'autre se tire des entrailles de la terre.

CONTEMPLATEVR.

CARON. Tu contes-là d'étranges folies.

MERCVRE. Solon, comme tu vois, n'en fait point de conte, & se moque de la vanité de ce Roy barbare; mais il semble qu'il luy veüille dire quelque chose. Ecoutons.

SOLON. Dy-moy, Crésus, croy-tu qu'Apollon ait besoin de ces tresors?

CRE'SVS. Pourquoy non ? il n'a point de pareilles offrandes dans son temple.

SOLON. Il faut qu'il y ait bien de la gueuserie dans le ciel, qu'on y ait besoin des richesses de la Lydie.

CRE'SVS. Où en pouroit-on trouuer ailleurs autant que dans mon Empire ?

SOLON. Dy-moy, y croist-il aussi du fer ?

CRE'SVS. Non.

SOLON. Voy-tu que le meilleur de tous les métaux te manque ?

CRE'SVS. Pourquoy ?

SOLON. Si tu veux répondre sans te mettre en colere, tu le sauras. Quel est le meilleur de ce qui conserue, ou de ce qui est conserué ?

CRE'SVS. Ce qui conserue.

SOLON. Si donc Cyrus t'ataque, comme on le dit, feras-tu des armes d'or, ou bien de fer ?

CRE'SVS. De fer.

SOLON. Et si tu n'en as point, on transportera tous tes tresors en Babylone.

CRE'SVS. Ne parlons point de cela.

SOLON. Ie prie les Dieux que cela n'arriue point; mais tu vois par là que le fer vaut mieux que l'or.

CRE'SVS. Voudrois-tu que ie fisse reuenir mes lingots d'or pour en enuoyer de fer ?

SOLON. Non; car Apollon n'en a que faire, & ceuxcy seront la proye de quelque Pirate, ou de quelque Conquerant, qui s'en seruiront mieux que luy.

CRÉSVS. Tu portes enuie à mes richesses, & leur fais tousiours la guerre.

MERCVRE. Le barbare ne peut souffrir la liberté du Philosophe, & s'étonne de luy voir mépriser son luxe & sa vanité ; mais il regrettera bien-tost de ne l'auoir pas crû, lors qu'il se verra prest d'estre conduit au suplice ; car i'entendis n'aguere Cloton, qui repassoit les destins des hommes, & qui disoit que Crésus seroit pris par Cyrus, & Cyrus par la Reyne des Massagetes ; La vois-tu montée sur vn cheual blanc, toute preste à triompher ; & d'autre costé, Cambysés le successeur de Cyrus, qui apres auoir erré long-temps par la Lybie & l'Ethiopie, mourra enragé pour auoir tué le beuf Apis ?

CARON. Il y aura bien alors dequoy rire ; Mais on n'oseroit les regarder maintenant, au milieu de leur pompe & de leur gloire.

MERCVRE. Qui croiroit que l'vn seroit mené dans peu sur vn échafaut, & l'autre plongé dans vn tonneau plein de sang, auec ces reproches, *Soule-toy du sang dont tu as toûjours esté si alteré.*

CARON. Mais qui est celuy-là auec vn manteau de pourpre & vn diadême, à qui son cuisinier donne vn anneau d'or, qu'il a trouué dans le ventre d'vn poisson ?

MERCVRE. C'est Polycrate Tyran de Samos qui se croit parfaitement heureux, & qui ne sait pas, qu'il sera trahy par son esclaue, & liuré au Strape Orétés, qui l'atachera à vn gibet ; car i'ay oüi dire tout cela à Cloton.

CARON. Courage, ma fille, pend les vns, & décapite les autres, pour leur aprendre qu'ils sont hommes, & ne les éleue que pour les précipiter de plus haut; afin que la cheute en soit plus grande. Ie riray alors tout mon soûl, quand ie les verray dans ma nacelle, sans tout cet équipage de grandeur.

MERCVRE Voilà ce qui ariuera; Mais vois-tu cette foule de gens, dont les vns labourent, les autres nauigent; les vns font la guerre, les autres plaident; les vns triomphent, les autres mendient?

CARON. Ie voy vne grande multitude bien ocupée, & vne vie bien pleine de trouble & de misere. On diroit de leurs villes, que ce sont des ruches d'abeilles, car chacun a son éguillon dont il pique son voisin; mais i'en voy comme les guespes & les frélons qui mangent le bien d'autruy sans rien faire. Mais qu'est-ce que cette nuë obscure qui les enuironne?

MERCVRE. Ce sont les diuerses passions qui les agitent, & particulierement la crainte & l'esperance, dont l'vne les menace & les attrere, & l'autre les flate & les reléue, les laissant à la fin comme des Tantales, qui bâillent aprés vn bien qui s'enfuit. Voy-tu les Parques qui filent d'enhaut leurs destins, où ils tiennent atachez par de petits filets semblables à des toiles d'araignées, & demeurent suspendus pour quelque temps? Mais lors que le filet vient à rompre, ils tombent auec grand bruit, sur tout quand ils font montez fort haut. Car cét autre qui n'est gueres esleué, quand il viendra à tomber, il n'y aura que son voisin qui l'entende. En vois-tu dont le filet est ataché à celuy de leur compagnon? c'est signe que leur vie dépend de la sienne, & celuy qui a le plus long fil sera heritier de celuy qui a le plus court.

CARON. Cela est tout à fait plaisant.

MERCVRE. Encore plus que tu ne penſes, & particulierement quand on conſidere leurs ocupations, & leurs exercices, & comme la Mort vient trancher leur vie & leurs eſpérances. Vois-tu ſes bourreaux & ſes miniſtres, la peſte, la guerre, la famine, ſans conter vne infinité d'autres maladies, à quoy ils ne ſongent point durant la proſperité; mais l'aduerſité les réueille tous auec des gémiſſemens & des plaintes. Que s'ils conſideroient de bonne-heure qu'ils ſont mortels, & qu'aprés auoir demeuré quelque temps en vie, il la faudra quiter comme vn ſonge, ils ſeroient beaucoup plus ſages, & n'auroient pas tant de peine à mourir. Mais maintenant qu'il leur ſemble que le preſent durera toûjours, lors que l'vn de ces miniſtres de la Mort leur vient ſignifier l'arreſt du Deſtin, ils ne ſont pas conſolables. Que penſes-tu que feroit celuy qui baſtit vn Palais, & qui preſſe les ouuriers, s'il croyoit mourir auant qu'il fuſt acheué? Et celuy qui ſe resjouit de ce que ſa femme luy a fait vn fils, & qui veut qu'il porte ſon nom; s'il eſtoit auerty qu'il ne paſſera pas l'âge de ſept ans, comment ſe deſeſpereroit-il, au lieu d'en faire des feux de ioye? Mais le mal eſt, qu'il regarde celuy de ſon voiſin, qui a remporté le prix aux jeux Olympiques, & non pas cét autre qu'on porte au bûcher, ou qui a fait mourir ſon pere de déſeſpoir, par ſes débauches. Vois-tu cette grande troupe de chicaneurs & d'vſuriers, qui ne ſongent qu'à amaſſer, & auant que d'auoir ioüi de leur bien, ils ſont apellez par ces triſtes oficiers de la mort?

CARON. Ie vois tout cela, & ſonge en moy-meſme, quel eſt ce grand plaiſir qu'ils regrettent tant quand ils meurent.

CONTEMPLATEVR.

MERCVRE. Si quelqu'vn vouloit examiner la condition des hommes, à commencer par celle des Rois, & de ceux qu'on estime les plus heureux, & qui semblent hors du pouuoir de la fortune, on trouueroit qu'il y a plus de mal que de bien. Car sans parler des maladies, qui leur sont communes auec les autres, toute leur vie n'est que trouble & qu'inquietude. Si ceux-là donc sont mal-heureux, ie laisse à iuger ce que sont les autres.

CARON. Ie te veux dire à quoy ie compare les pauures mortels: à ces bouillons d'écume que font les torrens, dont les vns plus petits, les autres plus gros, se grossissent encore de la ruine des autres; iusqu'à ce qu'ils viennent à creuer eux-mesmes, par leur excessiue grosseur.

MERCVRE. Ie trouue cette comparaison pour le moins aussi bonne que celle d'Homere, qui les compare à des feuïlles; mais ie m'estonne qu'estant si fragiles, ils fassent de si grands desseins, & qu'ils se tourmentent si fort pour de vains honneurs & des dignitez passagéres.

CARON. Veux-tu que ie leur crie de toute ma force, qu'ils quitent ces trauaux inutiles, & qu'ils songent desormais à viure, comme des gens qui doiuent mourir. O fous que vous estes! pourquoy courez-vous sans cesse aprés les vanitez ? vous ne durerez pas éternellement. De tout ce que vous admirez, il n'y a rien d'immortel, ni qui vous doiue acompagner aprés cette vie. Il faut que cet vsurier quite ses tresors, cet amoureux sa maistresse, cet ambitieux sa dignité. Si ie leur criois cela, & autres choses semblables, crois-tu qu'ils n'en deuinssent pas plus sages ?

MERCVRE. O mon ami! tu ne sais en quel état l'erreur & la passion les ont mis. Ils auroient les oreilles sourdes à tes remontrances, plus que les compagnons d'Ulysse ne les auoient au chant des Sirénes. Ils ne t'entendroient pas quand tu te romprois la teste à force de crier. Il est vrai qu'il y en a qui entendent vn peu plus clair que les autres.

CARON. Veux-tu que nous parlions à ceux-là?

MERCVRE. Il seroit superflu ; car ils sauent tout ce que tu leur peux dire ; Les vois-tu qui se retirent en vn coin pour en rire tout-seuls à leur aise: car ils sont haïs des sots, autant pour le moins qu'ils les haïssent, & méditent de bonne heure leur retraite.

CARON. Courage, Messieurs ; Mais le nombre en est bien petit.

MERCVRE. Il y en a assez pour pouuoir instruire les autres ; Mais il est temps de se retirer.

CARON. Apren-moy vne chose auparauant, & ie ne te rompray plus la teste; où sont les sépulcres où l'on les met aprés leur mort ?

MERCVRE. Vois-tu ces lieux releuez qui sont prés des villes, enrichis de petites colonnes & de pyramides ? ce sont leurs sépulcres.

CARON. Pourquoy s'amusent-ils ainsi à couronner & à parfumer de pierres ? I'en voy, ce me semble, qui dressent leur bûcher auprés, & qui creusent vne fosse où ils brûlent des viandes, & versent du vin & de l'hydromel.

MERCVRE. Ie ne sçay à quoy cela peut seruir; mais ils se persuadent que les ames reuiennent des enfers, humer la graisse & la fumée, & boire le vin qui est dans ces fosses.

CARON. Comment pourroient-ils manger qu'ils n'ont plus de corps ? Mais tu le sais mieux que moy ; car comme c'est toy qui les amenes, tu vois si on les laisse reuenir. I'aurois bien des

CONTEMPLATEVR. 187

afaires, s'il me les faloit repasser à toute heure pour aler boire. O insensez! vous ne sauez gueres comment vont les choses de là bas ; celuy qui a vn superbe tombeau, est comme celuy qui n'en a point: On n'y fait pas plus d'honneur à Agamemnon qu'à son valet, ni à Achille, qu'à Thersite.

Cela est pris d Homere.

MERCVRE. Puis que tu m'en fais souuenir, ie te veux montrer le tombeau d'Achille, Le vois-tu sur le bord de la mer, au Cap de Sigée, vis à vis de celuy d'Ajax dans le Rhetéen ?

CARON. Ils ne sont pas fort magnifiques; Mais montre-moy vn peu ces villes dont on parle tant, Niniue, Babylone, Mycéne, Cleone, & Troye mesme ; car il me souuient d'en auoir bien passé de ce quartier-là en l'espace de dix ans.

MERCVRE. Il y a long-temps que Niniue n'est plus, sans qu'on puisse deuiner seulement où elle a esté ; mais voila la grande Babylone auec ses Tours, que bien-tost on cherchera aussi dans ses ruines. Pour Mycéne, Cleone & Troye, i'ay honte de te les montrer; car ie say qu'à ton retour tu étrangleras Homere, d'en auoir parlé si hyperboliquement. Il est vray qu'elles ont esté autrefois plus considerables, mais maintenant elles sont toutes ruinées, car les villes ont leur destin aussi bien que les hommes ; & ce qui est de plus étrange, les fleuues mesmes, comme celuy d'Inacus, dont on ne voit pas seulement les vestiges dans Argos.

CARON. Grands Dieux, Homere! quelle hyperbole d'auoir apelé Troye, la Grande, & Cleone, la bien bastie ! Mais tandis que nous parlons, qui sont ceux-là qui se batent?

MERCVRE. Les Argiens & les Lacedemoniens qui s'entretuënt pour le lieu mesme qui leur sert de champ de bataille. Vois-tu le General Othryadés à demi mort, qui dresse luy-mesme son trofée?

CARON. O la grande folie, de ne pas sauoir, que quand chacun d'eux possederoit le Péloponése tout entier, il n'obtiendroit pas d'Eaque plus d'vn pied de terre apres sa mort ; & pour ce champ-là, il sera tantost aux vns & tantost aux autres, qui renuerseront souuent ce trofée auec la charruë.

MERCVRE. C'est ainsi qu'il en arriuera ; Mais il est temps de décendre, & de remettre ces montagnes en leur place, pour n'embarasser pas les Geographes lors qu'ils les troueroient à dire. Retournons chacun à nos afaires, toy à ta nacelle, & moy à ma commission. Adieu, ie t'iray bien-tost reuoir.

CARON. Tu m'as fait grand plaisir, Mercure, & ie te mettray toute ma vie au rang de mes bien-faiteurs. Dieux qu'est-ce des pauures mortels! Rois, lingots, sacrifices, combats, & de Caron pas vn mot!

DES SACRIFICES.

Il se moque de la Religion des Payens & de leurs mysteres, & particulierement de l'abus des sacrifices.

IL n'y a personne si mélancolique qui ne rie, en voyant ce que font tous les iours les hommes dans leurs festes, leurs ceremonies, & leurs sacrifices, & quelle opinion ils ont des Dieux, sans parler de leurs vœux & de leurs prieres. Mais il faut considerer premierement, s'ils meritent le nom de Religieux, plutost que d'Impies, d'auoir de si lasches sentimens de la Diuinité, que de croire qu'elle veüille estre cajollée, & qu'elle se fâche quand on ne luy rend pas de vains honneurs, & des seruices inutiles. Car on dit que tous les maux qui arriuerent autrefois en Etolie, & toutes les calamitez des Calydoniens, auec leur meurtre & la mort de Méléagre, viennent du courroux de Diane, indignée de ce qu'on l'auoit oubliée en vn sacrifice; Et il me semble que ie la voy toute seule dans le Ciel, qui se plaint & se desespere, tandis que les autres font bonne chere chez Ænée. Si cela est, les Ethiopiens doiuent estre trois fois heureux, comme Homere les appelle, ou Iupiter est bien ingrat, veu qu'ils le traittent quelquefois douze iours entiers auec tous les Dieux à sa suite. Car comme il vend ses faueurs & qu'il ne donne rien pour neant, il y a aparence qu'il recompense bien ceux qui le seruent. L'vn achette de luy la santé par le sacrifice d'vn bœuf; l'autre la royauté par vne hecatombe. Celuy-cy immole quatre victimes pour deuenir riche; Cet autre neuf pour pouuoir retourner en son païs, ou sa fille mesme, comme Agamemnon, pour sortir du sien. Il y en eut vn alors, qui racheta pour quelque temps le sac de Troye par vn sacrifice de douze bœufs, sans conter vn voile qu'il donna en ofrande à Minerue. Ie croy qu'il y a bien des choses à meilleur marché, & qui ne coûtent, comme on dit, que le demander, ou tout au plus qu'vn chapeau de fleurs, ou bien quelques grains d'encens. Sur ce fondement, Chrysés Prestre d'Apollon & consommé dans ses mysteres, se plaint à luy de ce que son voyage vers Agamemnon a esté inutile, & luy fait des reproches de ce qu'il soufre qu'on le méprise, aprés auoir mis en credit son Temple, &

brûlé le premier sur ses Autels, les cuisses des taureaux & des chévres. Apollon donc, touché au vif de ces reproches, empoigne son arc & ses flesches, & se perchant sur les nauires, frape d'vn trait pestilenciel non seulement les hommes, mais les bestes mesmes. Puis que nous sommes sur son sujet, voyons tout d'vn temps, ce que la Religion luy atribuë; Ie laisse à part ses amours infortunées, comme le mespris de Daphné & le trépas d'Hyacinthe; mais on dit qu'il fut bany du Ciel pour auoir tué les Cyclopes, & contraint pour viure de se loüer à Admette en Thessalie, & en Phrygie à Laomédon, en la compagnie de Neptune, où gagnant leur miserable vie à faire des briques, ils bastirent les murs de Troye; & furent si malheureux, que de n'estre pas payez de leurs iournées. N'est-ce pas là vne belle histoire, & bien honorable pour vn Dieu ? Mais ce n'est rien encore au prix de ce qu'on dit de Vulcain & de Promethée, de Saturne & de Cybelle, & de presque toute la race de Iupiter. Car les Poëtes, apres auoir inuoqué les Muses, pour aprendre d'elles ces beaux mysteres, chantent comme Saturne châtra le Ciel dont il estoit fils, afin de regner en sa place, & déuora ses enfans comme Thyeste, pour empescher qu'ils ne luy en fissent autant qu'il en auoit fait à son pere. Que Iupiter fut dérobé par sa mere, qui suposa pour luy vne pierre, & qui l'exposa en Créte, où il fut nourry par vne chévre, comme Téléphe par vne biche, Cyrus par vne chienne, & Romulus par vne louue. Ils ajoûtent, qu'il déposa aussi son pere, & le mit en prison perpetuelle & qu'il épousa plusieurs femmes, & sa sœur la derniere, à la façon des Assyriens & des Perses. Que fécond amoureux, il remplit le Ciel d'enfans, tant bâtards que legitimes, se changeant tantost en taureau, tantost en cygne, tantost en aigle, & quelquefois en or, pour ioüir de ses amours : enfin, en autant de formes que Protée. Qu'il enfanta Minerue de son cerueau, comme Bacchus de sa cuisse, où il le mit pour acheuer son terme, aprés l'auoir tiré du ventre de sa mere, qu'il n'estoit qu'à demy formé, c'est pourquoy il luy falut faire vne incision pour acoucher, lors que les tranchées le prirent. Ils disent presque la mesme chose de Iunon, Qu'elle engendra Vulcain toute seule, sans la compagnie de son mary, & que ce malotru forgeron qui ne bouge du fourneau & de l'enclume, parmy le feu & la fumée, fut ietté en bas du Ciel par Iupiter, & tomba dans l'Isle de Lemnos, où il se fust rompu le col sans les habitans du païs qui le receurent entre leurs bras, comme il ganbadoit par l'air, & le garentirent du destin d'Astyanax; Cela n'empescha pas pourtant qu'il ne se rompist vne jambe dont il sera boiteux toute sa vie. Encore cela n'est-il rien à l'égard du mal-heureux Promethée, qui pour auoir esté trop charitable enuers les hommes, fut ataché par Iupiter sur le mont Caucase, où vne aigle luy ronge le foye.

Mais pour Cybelle, car il est desormais temps d'en parler, n'a-t-elle pas bonne grace à son âge, & mere des Dieux comme elle est, de se promener par la Phrygie, auec son Atis, qu'elle a contraint par sa jalousie à se faire Eunuque? Apres cela qui peut condamner les débauches de Venus & les amours d'Endymion & de la Lune? Mais quitons-là tous ces beaux mysteres pour monter au Ciel, & voir vn peu ce qu'on y fait. Homere nous aprend qu'il est d'airain; mais qu'en y entrant on le voit briller d'vne clarté beaucoup plus pure & plus viue que la noſtre ; Que le plancher y eſt d'or, & qu'il n'y fait iamais nuit. On rencontre d'abord les Heures qui ſont comme les portiers, & Iris auec Mercure qui ſeruent de valets de pied ; Apres vient la forge de Vulcain, qui eſt pleine de toute ſorte de feux d'artifices, & en ſuite le palais des Dieux qu'il a fait de ſes propres mains, & celuy de Iupiter qui eſt ſon chef-d'œuure. Or les Deïtez aſſemblées chez le Monarque des Cieux, car il faut parler poëtiquement des fictions poëtiques, ſe courbent pour regarder s'ils ne verront point monter quelque part la fumée d'vn ſacrifice, afin d'en venir humer la graiſſe, & boire le ſang autour des Autels, comme des mouches. Car autrement, ils ſont reduits à leur ordinaire, de nectar & d'ambroſie, qui ne doiuent pas eſtre ſi excellens que chantent les Poëtes, puis-qu'ils les quittent pour du ſang & de la graiſſe. Ils ont admis autrefois les hommes à leur table, comme Tantale & Ixion, dont l'vn fut chaſſé pour ſon caquet, & l'autre pour ſa laſciueté, & depuis ce temps-là le Ciel a eſté comme inacceſſible au genre humain. Voilà l'hiſtoire des Dieux, & le culte qu'on leur rend y eſt conforme. On leur a conſacré d'abord des foreſts & des montagnes, & en ſuite des plantes & des oyſeaux, aſſignant à chacun le ſien. Apres cela, les hommes ſe les ont partagez, & ont pris chacun le leur; Ceux de Delphes & de Délos, ont pour leur part Apollon, les Atheniens Minerue, comme le mot Grec le teſmoigne ; les Mygdoniens Cybelle ; les Epheſiens Diane. Iunon eſt alée demeurer à Argos, & Venus à Paphos & à Cytere. Ceux de Créte reconnoiſſent Iupiter pour leur citoyen, & de plus monſtrent ſon ſépulcre ; cependant, nous ſommes ſi

ſots

DES SACRIFICES. 193

sots de croire que c'est luy qui tonne & qui foudroye, veu qu'il y a long-temps qu'il est mort & enterré. On leur a aussi basti des Temples pour leur demeure, & dressé des statuës, faites de la main des plus grands Sculpteurs, qui sans les auoir iamais veus, que ie sache, ont fait Iupiter barbu, Apollon sans barbe, Mercure en ieune homme, Neptune auec des cheueux noirs, Minerue auec des yeux bleus, & ainsi du reste. Cependant le peuple ignorant qui les adore, ne croit plus que ce soit l'iuoire des Indes, ni l'or de la Thrace ; mais le fils de Saturne & de Rhée, que Phidias a transporté du Ciel en terre, pour garder la solitude de Pise, où il est assez heureux, quand on luy fait tous les cinq ans quelque sacrifice aux ieux Olympiques. Ce n'est pas tout, car aprés leur auoir construit des Temples & des Autels, auec vn lieu pour les Aspersions & les Oracles, ce Laboureur y meine son beuf, le Berger sa brebis ou sa chévre, vn autre y porte vn gâteau ou de l'encens ; mais le pauure qui n'a rien, en est quite pour faire la reuerence. Lorsque la victime est couronnée, on considere bien atentiuement si elle n'a point quelque defaut, de peur de perdre son temps & sa peine, & ce qui est de plus fâcheux son argent ; puis on l'aproche de l'Autel & on l'égorge en la présence de Dieu. Elle iette des cris mourans qui sont comme l'augure du Sacrifice. Cependant il est écrit sur la porte ; Que personne n'entre dans le lieu des Aspersions qu'il n'ait les mains pures. En suite, le Sacrificateur tout sanglant, ouure l'estomach de la victime, & luy arachant les entrailles, comme vn autre Polyphéme, en tire le cœur, puis arose de sang le tour de l'Autel, & fait le reste de la ceremonie.

Ou, pour leur baiser la main.

I

Car alumant du feu, il y porte la chévre auec fa peau, & la brebis auec fa laine ; La graiffe monte au Ciel en vn globe de fumée, où elle fe perd dans les nuës. Les Scythes méprifant ce culte comme indigne de la Diuinité immolent des hommes à Diane, qui fe plaift à répandre le fang humain. Mais cela n'eft encore rien, à mon auis, au prix de ce que font les Egyptiens ; Car c'eft là veritablement qu'on voit des chofes toutes celeftes & toutes diuines ; Iupiter, auec la tefte d'vn Belier, Mercure auec celle d'vn chien, Pan auec vn corps de Chévre, vn autre en Cigogne, en Singe, ou en Crocodile. Que fi vous voulez fauoir ce que cela fignifie, vous trouuerez des Preftres ras ou tonfurez, auec des Prophetes & des Scribes, qui vous diront, mais à huis clos, & comme on dit *hors d'icy Prophanes*, Que les Dieux pour fe fauuer des mains des Géans, fe vinrent cacher en Egypte, fous la figure de ces animaux, dont ils gardent encore l'image en memoire de cette auanture. Et de peur que vous n'en doutiez, cela eft écrit il y a plus de dix mille ans, dans le liure des ceremonies. Les victimes y font de mefme qu'ailleurs, hormis qu'ils les pleurent auant que de les égorger, & les enuironnent en fe frapant l'eftomac Quelques-vns fe contentent pour tout facrifice de les enterrer apres qu'elles font égorgées. Pour le bœuf Apis, qui eft leur grand Dieu, perfonne ne fait tant d'état de fa cheuelure, euft-il la perruque de Nifus, qu'il ne la rafe en figne de deüil, lors que ce Dieu vient à mourir. Cependant on le prend comme les autres du milieu du troupeau ; mais on deftine toufjours le plus beau à cét ofice. Ces chofes-là, & autres femblables, fe font tous les iours, &

& sont crües du peuple ignorant; mais elles sont si sotes qu'elles n'ont point besoin d'estre réfutées. Il ne faut qu'vn Héraclite & vn Démocrite, l'vn pour en pleurer, l'autre pour en rire.

LES SECTES DES PHILOSOPHES, A L'ENCAN.

DIALOGVE

DE IVPITER ET DE MERCVRE.
Où plusieurs autres parlenr.

C'est vne raillerie de toutes les Sectes, & de leurs Auteurs.

IVPITER. QV'ON range ces Sieges, & qu'on nétoye par tout, tandis qu'on aura soin de parer les Sectes, afin qu'elles donnent dans la veuë. Mercure, fay l'office de Sergent, & apelle les marchands à la bonne heure, pour ne point retarder la vente. Nous vendons toutes sortes de vies, & à l'vsage de tout le monde; Si quelqu'vn n'a pas son argent comptant, on luy fera credit pour vn an, en donnant caution.

MERCVRE. Voilà bien des acheteurs, il ne les faut pas laisser morfondre. Par ou commencerons-nous?

IVPITER. Par la Secte Italique? Fay décendre ce venerable vieillard aux cheueux longs.

MERCVRE. Là ho! Pytagore, descendez, & faite le tour de la place pour vous montrer au peuple.

IVPITER. Crie.

MERCVRE. Voicy vne vie celeste & diuine, qui l'achetera ? Qui veut estre plus grand que l'homme ? Qui veut connoistre l'harmonie de l'Vniuers, & reuiure apres sa mort ?

VN MARCHAND. Voilà de grandes promesses, & le personnage a bonne mine ; mais que sait-il principalement ?

MERCVRE. L'Arithmetique, l'Astronomie, la Geometrie, la Musique, la Magie, la Science des Prodiges ; tu vois vn Prophete acomply.

LE MARCHAND. Peut-on l'interroger ?

MERCVRF. Pourquoy non ?

LE MARCHAND. D'où és-tu ?

PYTAGORE. De Samos.

LE MARCHAND. Où as-tu étudié ?

PYTAGORE. En Egypte chez les Sages du païs.

LE MARCHAND. Si ie t'achette que m'aprendras-tu ?

PYTAGORE. Ie ne t'aprendray rien ; mais ie te feray souuenir de ce que tu as seu autrefois.

LE MARCHAND. Comment cela ?

PYTAGORE. En purifiant ton ame, & la nétoyant de ses ordures.

LE MARCHAND. Prenons qu'elle soit desia nette ; comment l'instruiras-tu ?

PYTAGORE. Par le silence ; Tu seras cinq ans sans parler.

LE MARCHAND. Va-t-en instruire le fils de Crésus ; Ie veux estre homme & non pas statuë : Mais encore, que feras-tu apres ce long silence ?

PYTAGORE. Ie t'enseigneray la Geometrie, & la Musique.

LE MARCHAND. Cela est plaisant qu'il faille estre Violon, auant que d'estre Philosophe ! Et apres cela, que m'aprendras-tu ?

PHILOSOPHES A L'ENCAN.

PYTAGORE. L'Arithmetique.

LE MARCHAND. Ie la say desia.

PYTAGORE. Comment conte-tu?

LE MARCHAND. Vn, deux, trois, quatre.

PYTAGORE. Tu te trompes, ce que tu crois quatre, c'est dix, le triangle parfait; & nostre sentiment. *c'est que 1. 2. 3. 4. sont dix.*

LE MARCHAND. Par le grand Dieu *Quatre*, ie n'ay iamais rien oüi de plus merueilleux, ni de plus diuin!

PYTAGORE. Apres cela, tu sauras qu'il y a quatre Elemens, la Terre, l'Eau, l'Air, & le feu, leur forme, leurs qualitez, & leur mouuement.

LE MARCHAND. Comment! l'air & le feu ont vne forme.

PYTAGORE. Ouy, & tres-visible; car s'ils n'auoient point de forme, ils ne se pourroient mouuoir. Apres tu sauras que Dieu est vn nombre, & vne harmonie.

LE MARCHAND. Tu nous contes d'estranges choses!

PYTAGORE. Bien plus; tu-és autre que tu ne parois, & il y a en toy plusieurs hommes.

LE MARCHAND. Que dis-tu? ie ne suis pas celuy qui te parle?

PYTAGORE. Tu és le mesme à cette heure, mais tu-as esté vn autre iadis, & passeras à l'auenir en d'autres personnes, par vne réuolution perpetuelle.

LE MARCHAND. Ie seray donc par ce moyen, immortel. Mais c'est assez de ces choses, dequoy vis-tu?

PYTAGORE. Ie ne mange rien qui ait vie; mais de tout le reste, horsmis des féues.

LE MARCHAND. Pourquoy ne manges-tu point de féues ?

PYTAGORE. Parce qu'elles ont quelque chose de diuin ; Premierement, elles ressemblent aux parties naturelles, ce que tu remarqueras aisément, si tu-en prens vne verte & que tu luy ostes la cosse; D'ailleurs estant cuites & exposées à la Lune vn certain nombre de nuits, elles se changent en sang ; Mais, ce qui est de plus considerable, c'est qu'on s'en sert à Athenes pour eslire les Magistrâs.

LE MARCHAND. Certes tes discours sont plus qu'humains ; mais deshabille-toy ; car ie te veux voir tout nud. Grands Dieux ! il a vne cuisse d'or ; ce n'est pas vn homme, mais vn Dieu : Il faut que ie l'achette à quelque prix que ce soit : combien en veut-on ?

MERCVRE. Trois cens liures.

LE MARCHAND. Ie les donne.

IVPITER. Ecry son nom, & de quel païs il est.

MERCVRE. C'est vn Italien, des enuirons de Crotone & de Tarente ; mais il n'est pas seul, ils sont plus de trois cens qui l'ont acheté en commun.

IVPITER. Qu'ils l'emmenent. Publies-en vn autre.

MERCVRE. Icy, Diogene : Voicy vne vie masle & courageuse, vne vie libre ; qui l'achetera ?

LE MARCHAND. Tout beau, Sergent, on ne vend point vn homme libre : Ne crains-tu point qu'on te fasse vn procés criminel dans l'Areopage?

MERCVRE. Il ne se soucie point qu'on le vende ; car en quelque état qu'il soit, il est tousiours libre.

DES PHILOSOPHES A L'ENCAN. 199

LE MARCHAND. Que pouroit-on faire d'vn si malôtru animal, si l'on n'en fait vn fossoyeur, ou vn porteur d'eau?

C'est qu'il portoit vn meschant manteau tout rapetassé, auec un bâton & vne besace.

MERCVRE. Non, mais vn portier, car il aboye comme vn chien, & en porte le nom.

LE MARCHAND. Mais d'où est-il? & que sait il faire?

MERCVRE. Tu luy peux demander.

LE MARCHAND. Ie crains qu'il ne me morde: car il grince les dents, & me regarde de trauers: Vois-tu, comme il fronce le sourcil & comme il leue le baston.

MERCVRE. Ne crains point, il est apriuoisé.

LE MARCHAND. De quel païs és-tu, mon ami?

DIOGENE. De tout païs.

LE MARCHAND. Comment cela?

DIOGENE. Ie suis citoyen de l'Vniuers.

LE MARCHAND. Quel est ton but?

DIOGENE. D'imiter Hercule.

LE MARCHAND. Que n'as-tu donc comme luy la peau de lion, car ton bâton te peut seruir de massuë;

DIOGENE. Ce meschant manteau me sert de peau de lion, & ie fais la guerre comme luy à des monstres qu'on nomme les passions, afin d'en purger l'Vniuers.

LE MARCHAND. C'est vn beau dessein, mais quelle est ta profession?

DIOGENE. Ie suis le Medecin de l'ame, & le Heraut de la liberté & de la verité.

LE MARCHAND. Dieu te gard, maistre Heraut, si ie t'achete, que m'aprendras-tu?

DIOGENE. Ie t'aracheray à tes délices, &

I iiij

t'enfermeray auec la pauureté ; En suitte, ie te feray suër, trauailler, coucher sur la dure, & manger de tout, Que si tu-as de l'argent, tu le jetteras, si tu m'en crois, dans la riuiere. Du reste, tu ne te soucieras ni de parens ni de patrie, & tout ce qu'on en dit te passera pour vne fable. Aprés, quitant la maison de ton pere tu habiteras quelque vieille masure, ou quelque sepulcre, ou si tu veux, comme moy vn tonneau. Ta besace sera tout ton reuenu ; Elle sera tousiours pleine de bribes & de vieux bouquins, & auec cela, tu feras la nique aux richesses, & disputeras de la felicité auec Iupiter. Que si l'on te fouëtte, ou qu'on t'outrage, tu n'en feras que rire.

LE MARCHAND. Il faudroit pour cela, auoir la peau d'vne huître à l'escaille, ou d'vne tortuë.

DIOGENE. Tu feras ce que dit Euripide, Tu souffriras sans te plaindre. Du reste, voicy le sommaire de ma doctrine. Il faut estre audacieux, éfronté, gronder tout le monde, & trouuer à redire à tout ; car c'est le moyen de se faire admirer. Auoir la parole rude, le ton de mesme, le visage renfrongné, la mine barbare ; enfin, toute la façon farouche & sauuage ; Estre sans douceur, sans pudeur, sans humanité ; viure dans les lieux les plus frequentez, comme s'il n'y auoit personne ; & estre tout seul parmy la foule. Choisir tousjours en amour le plus ridicule objet, & faire en public ce que les autres ont honte de faire en particulier. Que si tu t'ennuye de viure, auec vn grain d'arsenic tu t'enuoieras en l'autre monde. Voila la beatitude que ie te presche.

LE MARCHAND. Elle n'est pas humaine, & me fait horreur.

DIOGENE. Mais elle est facile, & l'on n'a besoin pour cela ni de liures ni de préceptes ; D'ailleurs, c'est le chemin le plus court pour ariuer à la gloire ; car tu deuiendras en moins de rien tres-celebre, fusses-tu moins qu'vn Sauetier ou qu'vn Crocheteur.

LE MARCHAND. Il ne faut point de precepteur pour cela, & ie ne say quel métier tu ferois bien, si ce n'est celuy de Battelier ou de Harangere, où l'on est acoutumé à dire & à receuoir des injures. Toutesfois si l'on en veut deux carolus, les voila.

MERCVRE. Donne ; aussi bien nous tardoit-il d'en estre défait ; car il ne faisoit que nous rompre la teste, & aboyer tout le monde.

IVPITER. Qu'on en crie vn autre.

MERCVRE. Qui veux-tu ?

IVPITER. Aristipe, cet illustre débauché.

MERCVRE. Voicy vn morceau friand & delicat, qui l'achetera ? Qui veut mener vne vie douce & oisiue, parmy les plaisirs & la bonne chere, qu'il achette ce beau mignon.

VN MARCHAND. Qu'il s'auance & qu'il nous die ce qu'il sait faire ; s'il m'acommode ie l'acheteray.

MERCVRE. Ne le tourmente pas ; car il est yure, & il auroit peine à te répondre : Voy comme il chancelle & comme il begaye ?

LE MARCHAND. Où est l'homme de bon sens qui se voudroit charger d'vn tel maraut ? Dieux! quelle cassolette ! Mais dy-moy, ce qu'il sait faire, & à quoy il sera propre?

MERCVRE. A faire raison à table, & à danser apres boire, c'est le fait de quelque riche desbauché ; car il entend la sausse & le ragoust ; en vn mot, c'est vn grand artisan de la volupté. Il a toufiours efté nourry à Athenes ou à la Cour des Rois de Sicile, qui en faifoient grand eftat.

LE MARCHAND. Mais quel eft le fommaire de fa doctrine?

MERCVRE. Ne fe foucier de rien, fe feruir de tout, chercher la volupté par tout où elle eft.

LE MARCHAND. Qu'il s'adreffe à vn autre qu'à moy, ma cuifine n'eft pas affez bien fondée pour luy.

MERCVRE. Vous verrez qu'il nous demeurera.

IVPITER. Fay-le retirer, & en apelle vn autre, ou pluftoft ces deux contraires; car il ne les faut pas feparer.

MERCVRE. Héraclite & Démocrite, defcendez; Voicy l'abregé de la fageffe & de la folie du monde.

VN MARCHAND. Dieux quelle antipathie! l'vn ne ceffe de pleurer, & l'autre de rire; Quas-tu à rire, mon ami?

DEMOCRITE. C'eft que tout ce que vous faites me femble ridicule, & vous auffi.

LE MARCHAND. Quoy! Tu te moques ainfi des hommes, & des chofes humaines?

DEMOCRITE. Oüy; car il n'eft rien de folide, tout eft vanité; l'homme n'eft qu'vn concours d'atômes, & le ioüet du fort & de la fortune.

LE MARCHAND. C'eft toy-mefme qui és fou & extrauagant: Mais quelle impudence? Ne ceffera-il iamais de rire? Il vaut mieux s'adreffer à l'autre qui eft plus fage. Dy-moy, mon ami, qu'as-tu à pleurer?

HERACLITE. C'eft que la condition des hommes me femble tout à fait déplorable, rien n'eft permanent icy bas, tout eft fujet à vne viciffitude perpetuelle, le plaifir de l'homme n'eft que douleur, fon fauoir qu'ignorance; fa grandeur que bassesse, sa force qu'infirmité. Ie regrette le passé, le present m'ennuye, l'auenir m'épouuante, ie veux dire la fin du monde, & l'embrasement de l'Vniuers.

LE MARCHAND. Et qu'est-ce que le monde ?

HERACLITE. Vn enfant qui iouë aux osselets, & qui se tourmente pour néant.

LE MARCHAND. Et les hommes ?

HERACLITE. Des Dieux mortels.

LE MARCHAND. Et les Dieux ?

HERACLITE. Des hommes immortels.

LE MARCHAND. Tu nous contes des énigmes, & n'és gueres plus clair que les Oracles.

HERACLITE. C'est que ie ne me soucie pas d'estre entendu.

LE MARCHAND. Personne aussi ne voudra t'auoir, & ne se souciera de toy.

HERACLITE. Ie vous ordonne à tous de pleurer, soit que vous m'achetiez, ou que vous ne m'achetiez point.

LE MARCHAND. L'vn est fou gaillard, & l'autre melancolique ; ie ne veux ni l'vn ni l'autre.

MERCVRE. Ceux-cy encore nous demeureront,

IVPITER. Apelle cét eloquent Athenien.

MERCVRE. Icy, Socrate, décendez; Voicy vne vie sage & reglée ; qui l'achettera ?

LE MARCHAND. Que fais-tu faire ?

SOCRATE. Aimer.

LE MARCHAND Tu n'és pas mon fait; car i'ay besoin d'vn precepteur pour mon fils; & il est trop beau pour le confier à vn amoureux.

SOCRATE. Et qui peut mieux que moy gouuerner vn bel enfant ? car ie ne suis pas amoureux du corps, mais de l'esprit, & quand nous coucherions ensemble, il ne se passeroit rien de deshonneste.

LE MARCHAND. Cela est vn peu suiet à caution.

SOCRATE. Ie te le iure par le Chien & le Platane.

LE MARCHAND. Les plaisans Dieux !

SOCRATE. Quoy ! le Chien ne te semble pas vn Dieu ? & ne sais-tu pas ce qu'est Cerbére dans les Enfers, & Anubis en Egypte ; sans parler du Chien celeste ?

LE MARCHAND. Tu as raison, ie n'y pensois pas ; mais encore qu'elle est ta doctrine.

SOCRATE. I'ay formé vne Republique en idée, & me gouuerne selon ses loix.

LE MARCHAND. Dy-m'en quelqu'vne ?

SOCRATE. Premierement, les femmes y sont communes, & il est permis à chacun de caresser celle de son voisin.

LE MARCHAND. Et que deuiendront les loix contre l'adultere ?

SOCRATE. Ce ne sont que des chansons.

LE MARCHAND. Et pour les garçons, quel est ton sentiment ?

SOCRATE. Que leur baiser soit la recompense de la vertu.

LE MARCHAND. Voilà vne belle récompense ! mais encore quels sont tes principaux dogmes.

SOCRATE. Les Idées, qui sont les exemplaires eternels de tout ce qui est au monde ; Car de tout ce que tu vois, il y a des modeles & des patrons hors de la Nature.

LE MARCHAND. Et où sont-ils ?

PHILOSOPHES A L'ENCAN.

SOCRATE. Nulle part ; car s'ils estoient quelque part ils ne seroient point.

LE MARCHAND. Ie ne vois point ces exemplaires eternels, dont tu me parles.

SOCRATE. C'est que tu-és aueugle des yeux de l'esprit, mais moy ie voy des idées de toutes choses, & toy & moy inuisibles : En vn mot, ie voy tout double.

LE MARCHAND. Tu dois estre habile, puis que tu-és si clairuoyant : Il faut que ie t'achette. Combien me coustera-t-il ?

MERCVRE. Mille escus.

LE MARCHAND. Ie les payeray au premier iour.

MERCVRE. Ton nom ?

LE MARCHAND. Dion de Syracuse.

MERCVRE. Emmene-le à la bonne heure.

IVPITER. Vn autre.

MERCVRE. Epicure, c'est à toy qu'on en veut: Voicy le disciple de ce grand rieux, & de ce grand débauché, sinon qu'il est vn peu plus impie que tous deux ensemble ; Du reste, homme de bonne compagnie, & qui aime la bonne chere.

VN MARCHAND. Combien en veut-on?

MERCVRE. Cinquante francs.

LE MARCHAND. Les voilà ; mais que ie sache auparauant ce qu'il aime.

MERCVRE. Les choses douces & sucrées.

LE MARCHAND. Voila qui va bien ; ie luy acheteray des figues.

MERCVRE. C'est ce qu'il luy faut.

IVPITER. Fay venir ce Stoïcien à la barbe longue, & aux cheueux courts.

MERCVRE. Tu-as raison ; car toute la place l'atend. Icy Chrysipe. Voicy vne vertu consommée, ou plutost la Vertu mesme; Le censeur & le

C'est que les natures vniuerselles comme l'homme, le chien, &c. ne subsistent point separément, & en se singularisãt se détruisent, c'est à dire perdent leur vniuersalité.

Démocrite Aristipe

grand critique des actions humaines, qui est luy seul toutes choses.

VN MARCHAND. Comment l'entens-tu?

MERCVRE. C'est qu'il est luy seul sage, riche, eloquent, beau, iuste; & ainsi du reste.

LE MARCHAND. Il est donc aussi de tous métiers?

MERCVRE Il le semble.

LE MARCHAND. Dy-moy, mon ami, ne seras-tu point fasché de seruir?

CHRYSIPE. Non; car cela n'est pas en nostre pouuoir, & ce qui n'est pas en nostre pouuoir, est indiferent.

LE MARCHAND. Ie ne t'entens point.

CHRYSIPE. Quoy! tu ne sais pas qu'il y a des choses principales, & moins principales?

LE MARCHAND. Encore moins.

CHRYSIPE. C'est que tu n'as pas la faculté compréhensiue, & que tu n'es pas acoustumé à nos termes ; Mais quand tu auras apris la Philosophie, tu ne sauras pas seulement cela, mais ce que c'est qu'accident, & accident d'accident.

LE MARCHAND. Apren-moy ce que cela signifie; car ces mots m'étonnent.

CHRYSIPE. Rien n'empesche que tu ne le fâches; si quelqu'vn venoit à estre blessé à vne iambe, dont il fust desia estropié, la premiere blessure seroit vn accident, & la seconde vn accident d'accident.

LE MARCHAND. La grande subtilité ; mais ne sais-tu rien dauantage?

CHRYSIPE. Ie say faire des filets à prendre les hommes.

LE MARCHAND. Comment s'apellent-ils?

CHRYSIPE. Des syllogismes.

LE MARCHAND. Il faut que ce soit vn ouurage fort subtil.

PHILOSOPHES A L'ENCAN.

CHRYSIPE. Voicy quel il est; As-tu vn fils?

LE MARCHAND. Pourquoy?

CHRYSIPE. Si vn crocodile l'auoit pris, & qu'il eust promis de le rendre, pourueu qu'on luy pûst dire ce qu'il a resolu d'en faire, Que répondrois-tu?

LE MARCHAND. Ie ne say. Respon pour moy, ie te prie, de peur qu'il ne le déuore.

CHRYSIPE. Ne crain rien; ie t'aprendray d'autres choses bien plus subtiles, & de plus fins argumens, comme *le Moissonneur, le Dominant, l'Electra, & le Masqué.*

LE MARCHAND. Quelle est cette Electra?

CHRYSIPE. La fille d'Agamemnon si celebre, qui sait en mesme temps vne chose, & ne la sait pas: Car elle sait qu'Oreste est son frere, mais elle ne sait pas, que celuy qui est present, est Oreste. Pour le Masqué il est tout à fait incomprehensible. Respon-moy: Tu connois ton pere?

LE MARCHAND. Qui en doute?

CHRYSIPE. Qui te le presenteroit masqué, que répondrois-tu?

LE MARCHAND. Que ie ne le connois point.

CHRYSIPE. Tu connois donc ton pere, & si tu ne le connois pas?

LE MARCHAND. Nulement; car qu'on le démasque ie le connoistray: Mais encore, quel est le but d'vne Science si admirable? Et lors que tu y seras arriué, comment viuras-tu?

CHRYSIPE. Selon Nature; Mais il faut bien trauailler auparauant, & s'vser les yeux sur de vieux manuscrits tout grifonnez; lire de gros commentaires, & aprendre des termes barbares & inconnus. Auec tout cela, on ne sauroit estre sage sans s'estre purgé le cerueau trois fois auec de l'élébore.

LE MARCHAND. Cela est grand & genereux; mais d'estre vn passe vsurier comme tu-és, cela est-il d'vn homme qui a pris trois fois de l'élébore, & qui a vne vertu consommée?

CHRYSIPE. Oüy ; car il n'apartient qu'au sage de faire profiter son argent.

LE MARCHAND. Pourquoy ?

CHRYSIPE. Parce qu'il n'apartient qu'à luy de tirer des consequences, & que l'interest est vne consequence du principal. Par mesme raison, il peut tirer l'interest de l'interest, comme d'vne consequence on en tire vne autre ; Et cela se prouue par ce Syllogisme hypothetique. Si le premier luy apartient, aussi fait le second. Or le premier luy appartient, Ergo le second.

LE MARCHAND. Il faut dire la mesme chose de l'argent que tu prens pour instruire la jeunesse; Que le sage peut faire profiter de tout, & mesme de la vertu ?

CHRYSIPE. Tu l'entens ; mais ce n'est pas à cause de moy que ie le prens, c'est à cause de mon disciple ; Car comme il est plus honneste de donner que de receuoir, ie ne refuse pas d'estre le preneur, afin qu'il soit le donneur.

LE MARCHAND. Mais vous dites le contraire, Que le disciple est le preneur, & le maître le donneur en l'instruisant ?

CHRYSIPE. Tu fais le railleur, mais pren garde que ie ne te perce à iour d'vne demonstration.

LE MARCHAND. Et qu'en arriuera-t-il?

CHRYSIPE. Honte, silence, confusion ; car si ie veux presentement, ie te changeray en pierre.

LE MARCHAND. Comment cela ; és-tu vn Persée ?

PHILOSOPHES A L'ENCAN. 209

CHRYSIPE. Voicy comment la pierre est vn corps.

LE MARCHAND. Il est vray.

CHRYSIPE. Vn animal est vn corps?

LE MARCHAND. Sans doute.

CHRYSIPE. Tu-és animal?

LE MARCHAND. Cela s'entend.

CHRYSIPE. Ergo tu-és pierre?

LE MARCHAND. Nulement; mais ie te prie, ren-moy ma premiere forme.

CHRYSIPE. Il est aisé, Nulle pierre n'est animal, Tu és animal, Ergo tu n'és pas pierre.

LE MARCHAND. Grand mercy, ie commençois desia à sentir du froid aux jambes, & aurois peur d'estre petrifié comme Niobe; Cela sera cause que ie t'acheteray. Combien en veut-on?

MERCVRE. Cent quatre liures.

LE MARCHAND. Les voila.

MERCVRE. Es-tu seul?

LE MARCHAND. Non; tous les Banquiers y ont part.

MERCVRE. Ils sont en grand nombre, & bien capables du *Moissonneur*; car ils sont forts & robustes. *Argument dont il a parlé.*

IVPITER. Ne t'amuse point, Publies-en vn autre.

MERCVRE. Là ho: Peripateticien, décendez; Voicy le beau, le riche, le sauant, le doux, le sage, le moderé; en vn mot, conuenable à la vie humaine, & qui plus est, double.

VN MARCHAND. Comment cela?

MERCVRE. Il semble autre dedans que dehors, c'est pourquoy si tu l'achettes souuien-toy de distinguer entre l'homme exterieur & l'interieur.

Le Marchand. Quels sont ses principaux dogmes?

Mercvre. Qu'il y a trois sortes de biens, ceux du corps, de l'esprit, & de la fortune.

Le Marchand. Cela est humain. Combien me coutera-t-il?

Mercvre. Cinq cens liures.

Le Marchand. C'est beaucoup.

Mercvre. Ce n'est pas trop; car il semble auoir de l'argent caché, & tu ne te saurois trop haster de l'emmener, parce qu'il y aura bien des encherisseurs. D'ailleurs, comme il n'ignore rien, il t'aprendra combien vit vn moucheron; iusqu'à quelle profondeur les rayons du Soleil pénetrent la mer; quelle est l'ame des huistres, & mille autres curiositez.

Le Marchand. Dieux! qu'il est subtil.

Mercvre. Il sait bien encore d'autres choses plus curieuses, Comment se forme l'enfant dans le ventre de la mere; Que l'homme est vn animal risible, & non pas l'asne, qui ne sait ni rire, ni bastir, ni nauiger.

Le Marchand. Voila vn sauoir admirable, & sur tout, bien necessaire. Tien, voila ton argent.

Ivpiter. Que reste-t-il?

Mercvre. Le Sceptique. Décendez, Pyrrhon, il se faut haster; car la presse s'écoule. Qui veut celuy-cy?

Vn Marchand. Moy: Mais dy auparauant, que sais-tu Pirrhon?

Pyrrhon. Rien.

Le Marchand. Comment rien?

Pyrrhon. Parce que ie ne say pas seulement s'il y a quelque chose au monde.

PHILOSOPHES A L'ENCAN.

LE MARCHAND. Et ne suis-je pas?

PYRRHON. Ie ne sçay.

LE MARCHAND. Et toy?

PYRRHON. Encore moins.

LE MARCHAND. Dieux! la plaisante incertitude! Et que veulent dire ces balances?

PYRRHON. C'est pour peser les raisons de part & d'autre; & aprés auoir bien pesé & consideré tout, ie trouue que ie ne say rien.

VN MARCHAND. Es-tu aussi extrauagant dans les mœurs, que dans la doctrine, & ne fais-tu rien auec ordre?

PYRRHON. Tout; hormis que ie ne poursuis point vn fugitif. *La Verité qui s'enfuit.*

LE MARCHAND. Pourquoy?

PYRRHON. Parce que ie ne saurois aprehender. *Il iouë sur le mot d'aprehender, qui signifie conceuoir & prendre, en termes de chicane.*

LE MARCHAND. Ie le croy; car tu és assez pesant; mais encore quel est le but de ton sauoir?

PYRRHON. Ne voir, ni n'ouïr, ni n'entendre.

LE MARCHAND. Quoy! estre sourd & aueugle?

PYRRHON. Et auec cela, perdre le sens & la raison, & n'estre en rien diferent d'vn vermisseau.

LE MARCHAND. Tu mérites que l'on t'achette pour ta rareté, comme vne piece de cabinet; Combien en veut-on?

MERCVRE. Trente liures.

LE MARCHAND. Les voila. Hé bien! que dis-tu maintenant? n'és-tu pas à moy?

PYRRHON. Ie ne say.

LE MARCHAND. Cela est pourtant vray, l'argent est compté, & la marchandise liurée.

PYRRHON. Ie ne me détermine point, & tiens toûjours la balance égale.

LE MARCHAND. Cependant, il me faut suiure; car ie t'ay acheté.

Pyrrhon. Qui le fait?

Le Marchand. Le Sergent & les affiftans.

Pyrrhon. Y a-t-il quelqu'vn icy?

Le Marchand. Ie te le feray tantoft bien fauoir en te faifant trauailler à coups de bafton.

Mercvre. Suy-le, fans tant contefter, A demain, Meffieurs, que nous vendrons la vie des bourgeois & des artifans, & autres de moindre eftoffe.

LE PESCHEVR OV LA VENGEANCE.

DIALOGVE

DE LVCIEN ET DES PHILOSOPHES,

Où plufieurs autres parlent.

Il s'excufe de ce qu'il a dit contre les Philofophes, comme n'ayant eu deffein que de parler de ceux qui abufent de ce nom.

Socrate. Donne, donne, à bons coups de mottes & de pierres, fur cét impofteur: Prenons garde qu'il ne nous efchape; Boute Platon, Boute Chryfipe; Choquons tous enfemble; Que le bafton & la beface s'entrefuiuent contre leur commun ennemy; car il n'a épargné perfonne. Qu'eft-ce, Ariftipe, tu languis. Que le fouuenir de l'injure qu'il t'a faite, ferue à t'animer à la vengeance. C'eft à ce coup, Diogene, qu'il faut mettre le bafton en œuure, & monftrer ce que tu fais faire. Courage, Ariftote, doublons le pas. Bon, le voila pris. Nous te tenons, mefchant, tu ne nous efchaperas pas,

OU LA VENGEANCE.

On te fera voir tout à cette heure quelles gens tu as ofenfez ? De quelle mort le ferons-nous mourir ? mais ce n'eſt pas aſſez d'vne mort, il faut qu'il en ſoufre pluſieurs, pour réparation de ſon crime ; autrement la Iuſtice qui proportionne la peine au delict, ne ſeroit pas ſatisfaite.

PLATON. Ie ſuis d'auis qu'on luy arache les yeux, & qu'on luy coupe la langue, puis qu'on le mette en croix, après l'auoir bien fouëté ; Que t'en ſemble, Empedocle ?

EMPEDOCLE. Qu'il le faut jetter tout vif dans la fournaiſe du mont Ethna, pour luy aprendre à parler de ceux qui valent mieux que luy.

PLATON. Mettons-le plutoſt en pieces, comme Penthée ou Orphée, afin que chacun en ait ſa part.

LVCIEN. Hé ! pardon, Meſſieurs ! ie vous en conjure au nom de la Philoſophie.

SOCRATE. Point de pardon, mon ami, Il n'y a point de ſocieté entre l'homme & les beſtes farouches.

LVCIEN. Suiuez plutoſt le conſeil d'Homere : *Prenez la rançon du captif, & le laiſſez aller.*

PLATON. Tu as beau dire ; tu ne nous eſchaperas pas.

LVCIEN. Si Homere me manque, i'auray recours à Euripide : *Ne rejettez point les prieres du miſerable, qui implore voſtre aſſiſtance.*

PLATON. Mais il dit en vn autre endroit ; Que celuy qui a fait le mal, ſe doit reſoudre à le ſoufrir, & que la fin de la calomnie eſt l'infelicité.

LVCIEN. Puis qu'il n'y a point moyen d'eſchaper, dites-moy pour le moins ce que i'ay fait ?

PLATON. Tu le demande, meſchant, après nous auoir vendus comme eſclaues ; nous qui ne ſommes pas seulement libres, mais qui afranchissons les autres! Tu nous vois donc assemblez pour tirer vengeance de cette injure, apres auoir obtenu de Pluton vn iour de répit pour te venir persécuter. Il n'est pas iusqu'à Pytagore qui n'en ait voulu estre, le vois-tu en ce coin qui ne dit mot?

LVCIEN. Ie commence à reprendre haleine; car ie suis asseuré que vous ne me ferez point de mal pouruëu que vous me vouliez écouter. Iettez ces pierres que vous auez amassées, ou les gardez plutost pour en lapider ceux qui le meritent.

PLATON. Tu nous cajoles en vain pour essayer de te sauuer. Il faut que tu vestes vn pourpoint de pierre, comme dit Homere, pour reparation des crimes que tu as commis.

LVCIEN. Moy, Messieurs. Ha! ne traitez pas si mal vostre bien-faiteur, qu'on ne vous acuse d'ingratitude comme les Philosophes de ce temps-cy. Vous perdriez trop à ma mort.

PLATON. Qui a iamais ouï parler d'vne si grande insolence? A la fin il nous fera croire que nous luy sommes fort obligez, pour nous auoir vendus à l'encan.

LVCIEN. Quelle aparence y a-t-il que ie vous aye voulu ofenser, moy qui vous dois tout ce que ie sais & ce que ie vaux; puis-que c'est dans vos liures que i'ay puisé ma doctrine, & dans ce diuin parterre que i'ay cueilly toutes ces fleurs? Il faudroit que ie fusse plus brutal que ces barbares qui s'ataquerent à Apollon & aux Muses, aprés auoir apris d'eux l'art de chanter & celuy de tirer de l'arc.

Thamyris & Euryte. Ou, de lancer le iauelot.

PLATON. C'est-là vn trait de ta Rhetorique; car on dit que tu-és grand Orateur. Mais tu-és d'autant plus coupable, que tu te sers de nos armes

OV LA VENGEANCE.

contre nous-mesmes, & que tu iettes des pierres dans vn iardin où tu-as cueilly des fleurs.

LVCIEN. Ie n'eusse iamais crû que de si Grands hommes se fussent laissés transporter à la colere sur les bruits de la Renommée. Pour le moins ne me condannez pas sans m'oüir, & faites qu'on iuge nostre procez par les formes de la Iustice. Conuenons du Iuge, du temps, & du lieu; & puis, vous parlerez l'vn ou l'autre, ou tous ensemble, & ie répondray à tous les chefs de vostre acusation & aquiesceray au iugement quel qu'il puisse estre. Que si ie gagne ma cause, ie ne veux point d'autre recompense, sinon, que vous tourniez vos armes contre ceux qui vous ont animez contre moy.

PLATON. Encore que ce soit donner moyen d'échaper à vn imposteur, nous voulons bien te permettre de te défendre, pourueu que ce soit deuant vn Iuge qui ne nous soit point suspect. Qui prendrons-nous?

LVCIEN. La Philosophie.

PLATON. Mais elle ne peut estre Iuge & partie tout ensemble; car c'est elle que tu as ofensée en nostre personne.

LVCIEN. I'ay tant de confiance en la bonté de ma cause, que ie ne craindrois pas de prendre pour Iuges mes ennemis.

PLATON. Que ferons-nous, Messieurs? nous ne pouuons refuser des ofres si raisonnables.

SOCRATE. Il le faut prendre au mot, & luy donner audience; Car si nous le condannons sans l'oüir, nous ouurons vne large porte à la calomnie, & ie ne saurois que répondre à mes acusateurs, s'ils venoient à me reprocher ce crime.

PLATON. Tu-as raiſon ; Alons trouuer la Philoſophie, & luy demander iuſtice.

LVCIEN. Courage, Meſſieurs, voila qui eſt bien plus raiſonnable que ce que vous vouliez tantoſt faire. Mais où eſt-elle ? car ie ne vous celle point qu'il y a long-temps que ie la cherche inutilement. I'ay bien trouué des gens qui ſe vantoient de ſauoir le lieu de ſa demeure, & qui s'ofroient de m'y mener ; mais i'ay reconnu à la fin qu'ils ne le ſauoient pas mieux que moy. Quelquefois i'ay eſté en des lieux, où l'on diſoit qu'elle eſtoit, & i'en voyois ſortir des Perſonnages fort venerables; mais en entrant ie n'ay trouué au lieu d'elle qu'vne courtiſane plâtrée & fardée, qui cachoit ſon aféterie ſous vne feinte negligence ; mais ſes actions la faiſoient aſſez connoiſtre & démentoient ſes paroles ; car elle aymoit les cajoleries & les préſens, & faiſoit plus d'eſtat des Grands Seigneurs que des autres. D'ailleurs, quoy qu'elle paruſt fort negligée, elle portoit des parures & des ornemens ſous ſa robe. Ie me retiray donc de bonne heure, de peur d'eſtre pris en ſes filets, & i'eus pitié de ceux, qui au lieu de la Philoſophie, n'embraſſent que ſon fantôme.

PLATON. Il eſt vray que ſa demeure n'eſt pas connuë de tout le monde, mais elle doit paſſer icy au retour de l'Academie, pour s'aler promener au Pécile. La voy-tu qui en vient auec vne façon douce & modeſte ? On diroit qu'elle medite par le chemin, tant elle marche grauement.

LVCIEN. I'en voy pluſieurs qui ont ſa démarche & ſa contenance ; mais nous la reconnoiſtrons bien à ſes diſcours, & encore mieux à ſes actions.

LA PHILOSOPHIE. Qu'eſt-ce-cy, mes amis, vous a-t-on fait quelque afront là bas que vous eſtes

OV LA VENGEANCE.

eſtes venus icy? Qui eſt cét homme que vous traînez? Eſt-ce quelque voleur, ou quelque aſſaſſin?

PLATON. Non, mais vn monſtre, qui n'eſt pas digne de viure, pour s'eſtre ataqué à toy que tout l'Vniuers reſpecte, & pour nous auoir dit des injures à nous qui ſommes tes diſciples?

LA PHILOSOPHIE. Il ne faut pas prendre garde aux paroles, mais aux actions; Ne voyez-vous pas que ie ſoufre tous les iours que la Comedie me déchire en plein Theatre; car comme les vens allument vn flambeau au lieu de l'éteindre, les faux raports redoublent l'éclat de la vertu, & font briller dauantage ſa lumiere. Comment eſtes-vous deuenus ſi chagrins & ſi coleres en l'autre monde, vous qui criïez tant contre les paſſions en celuy-cy?

PLATON. La Renommée nous a aporté iuſqu'aux enfers, l'afront que celuy-cy nous a fait, & nous en a tirez pour venir venger cette iniure.

LA PHILOSOPHIE. Il ne faut pas le condamner ſans l'oüir; Que répons-tu à cela, mon ami.

LVCIEN. Que i'ay eu bien de la peine, diuine Fille du Ciel, à les faire conſentir à te vouloir prendre pour Iuge, quoy qu'il n'y ait que toy capable de découurir la verité, & de conuaincre le menſonge.

PLATON. Tu la cajoles maintenant, deteſtable, apres l'auoir venduë au plus ofrant pour deux carolus?

LA PHILOSOPHIE. Prenez garde que ce ne ſoit pas à moy qu'il en veüille, mais à ceux qui abuſent de mon nom.

LVCIEN. Tu le ſauras tantoſt, apres nous

K

auoir oüis ; Alons seulement, à l'Aréopage, ou pluftoft à la fortereffe, pour découurir de plus haut ce qui se paffe dans la ville.

LA PHILOSOPHIE. Atendez-moy au Pëcile, mes Compagnes, ie reuiendray bien-toft vous trouuer.

LVCIEN. Qui font-elles ?

LA PHILOSOPHIE. Celle que tu vois fi robufte, c'eft la Vertu, la Science marche deuant, & la Verité la fuit.

LVCIEN. Où eft la Verité ? ie ne la voy point.

LA PHILOSOPHIE. C'eft qu'elle ne veut pas qu'on la voye, parce qu'elle eft nuë & fans ornement ; mais regarde de ce cofté-là tu la verras à demy.

LVCIEN. Ie la découure à toute peine. Mais pourquoy ne les meines-tu pas auec toy pour rendre la compagnie plus complette ? outre qu'il eft dificile fans elles de nous bien iuger, & que ie veux prendre la verité pour mon Auocat.

LA PHILOSOPHIE. Suiuez-moy, mes cheres fœurs ; car vous auez quelque intereft à la caufe.

LA VERITÉ. Allez-y vous autres ; car pour moy il y a long-temps que ie fais ce qui en eft, & que ie ne me mefle plus des chofes du monde.

LVCIEN. Mais tu-és neceffaire à la iuftification d'vn innocent.

LA VERITÉ. Que la Liberté donc vienne auec moy, pour m'affifter au iugement d'vne perfonne qui eft en peine pour l'amour d'elle, & que la Raifon demeure.

LVCIEN. Nous en auons befoin auffi ; car

OV LA VENGEANCE.

nous auons afaire à des gens qu'il est dificile de conuaincre, parce qu'ils trouuent tousiours quelque eschapatoire.

LA VERITÉ. Qu'elle vienne donc, & qu'elle amene auec soy la Demonstration. Suiuez-moy toutes, puis-que vous estes necessaires au iugement.

ARISTOTE. Quoy! nostre aduersaire se veut seruir contre nous de la Verité?

LA PHILOSOPHIE. As-tu peur qu'il ne la corrompe?

PLATON. Non; mais il est fort artificieux.

LA PHILOSOPHIE. Il ne sauroit rien faire en presence de la Vertu qui tient la balance; mais comment est-ce qu'il s'apelle?

LVCIEN. Parrhésiade, fils d'Aléthion, & d'Elenxiclée.

LA PHILOSOPHIE. Quel est son païs?

LVCIEN. La Syrie prés de l'Euphrate; Quoy! tu t'en étonnes. Il y a plusieurs de mes parties dont l'origine n'est pas moins barbare. Il n'importe que la langue soit si pure, pourueu que la doctrine le soit.

LA PHILOSOPHIE. Il est vray; mais quelle est ta profession? car il est besoin de le sauoir.

LVCIEN. C'est de dire la verité librement, & de conuaincre l'orgueil & l'imposture.

LA PHILOSOPHIE. Tu fais vn métier bien dangereux, & qui a beaucoup d'ennemis.

C'est à peu prés ce que son nom signifie.

LVCIEN. Il le paroist bien; car ie suis en danger pour ce sujet, & comme i'aime la simplicité & la verité, autant que ie hay le mensonge & l'arrogance, ie trouue bien plus d'objets de ma haine, que de mon amour.

K ij

LA PHILOSOPHIE. Auſſi ces deux choſes ne ſont-elles qu'vne, quoy qu'elles paroiſſent doubles; c'eſt pourquoy elles ne doiuent point eſtre ſeparées.

LVCIEN. Tu le ſais mieux que perſonne, diuine Fille; mais il eſt vray que i'abhorre les méchans autant que i'ayme les gens de bien.

LA PHILOSOPHIE. Puis-que nous voicy deuant le Temple de Minerue, Que la Preſtreſſe range les ſiéges, tandis que nous entrerons pour faire noſtre priere.

LVCIEN. Ie te prie, grande Deeſſe, comme tu découures tout du haut de ton Temple, de m'aider à découurir la fourbe & l'impoſture. Tu ſais combien tu en vois tous les iours qui ſe parjurent, il eſt temps que tu les châties. Que ſi tu vois que le menſonge l'emporte ſur la verité, donne-moy pour le moins ton ſufrage pour contrebalancer celuy des autres.

LA PHILOSOPHIE. Nous voila aſſis, commençons; Que les Philoſophes choiſiſſent quelqu'vn pour porter la parole, car ils ne ſauroient parler tous enſemble? Et quand il aura acheué, l'acuſé parlera à ſon tour.

LES PHILOSOPHES. Qui prendrons-nous? C'eſt à toy Platon à nous défendre, car tu as l'eſprit ſublime; & les raiſons fortes & preſſantes, acompagnées de délicateſſe & des autres graces de ton païs. Raſſemble donc tout ce que tu as iamais dit contre tes ennemis, & tes enuieux, car celuy-cy eſt pire que tous les autres. Déployé toutes les forces de ton éloquence, & mets en œuure toutes les figures de ta Rhetorique, & particulierement l'Ironie qui t'eſt ſi familiere, auec ces interrogations fréquentes &

Gorgias, Polus, Prodicus, Hippias.

OV LA VENGEANCE.

agreables. Dy, si tu veux, que Iupiter monte sur son Char aislé pour prendre vengeance des coupables.

PLATON. Ie ne suis pas assez fort pour vne si grande accusation, prenez plustost Diogéne, ou quelqu'autre Philosophe acoûtumé à dire des iniures; car il n'est pas tant question icy d'élégance que de vehemence & de force.

DIOGENE. C'est moy qui seray l'accusateur, puis-que c'est moy, aussi bien, qu'il a traité le plus mal, & qu'il n'est pas besoin de grand discours où la chose parle de soy-mesme.

PLATON. Souuien-toy qu'il ne s'agit point icy des diferens qui sont entre nous, mais d'vn afront qui nous est fait en commun ; c'est pourquoy n'adandonne point nostre cause, pour plaider la tienne. Il n'est question que de sauoir si nous sommes tels que celuy-cy nous a dépeins. Parle fortement, comme le merite la grandeur de l'iniure, & l'estime qu'on a de toy.

DIOGENE. Ne craignez point, Messieurs, ie n'oublieray rien qui serue à nostre défense, & ne trahiray point vostre cause. Si la Philosophie mesme, comme elle est d'vne nature douce & paisible, qui n'aime pas la vengeance, vouloit pardonner au coupable, ie ferois voir à ce galand, que ie ne porte pas en vain vn baston.

LA PHILOSOPHIE. Il le faut vaincre par la raison & non par la force. Mais ne tarde pas dauantage, Voila l'eau versée, & toute la compagnie atentiue à oüir ce que tu diras. *Coustume ancienne d'horloges d'eau.*

LVCIEN. Puis qu'il n'y a que Diogéne qui parle, que les autres prennent place parmy les Iuges.

LA PHILOSOPHIE. Mais ne crains-tu point de faire tes Iuges de tes parties ?

LVCIEN. Non; Cela ne feruira qu'à faire éclater dauantage mon innocence, & à honorer mon triomphe.

LA PHILOSOPHIE. Ie te trouue bien genereux; Prenez place, puis qu'il le veut, & que Diogene parle.

DIOGENE. Ie ne m'amuferay point à defcrire icy les auantages de la Philofophie, ni à reprefenter les feruices que tous ces Grands perfonnages que voicy ont rendus au genre humain. Il n'y a point d'aparence de perdre en loüanges fuperfluës, le temps qu'on nous a donné pour faire nos plaintes, puis-qu'il n'y en a par trop pour vne fi grande acufation. Ce Sophifte que vous voyez, ayant quité le bareau pour nous venir ataquer, a tranfporté contre nous tout ce qu'il auoit de force & de vehemence, & ne ceffe de nous dire des injures & de nous expofer aux mefpris & à la haine publique; Car il veut faire paffer nos plus hautes meditations pour des chimeres, & nous traite de ridicules, ayant gagné par là l'approbation du peuple, qui n'aime rien tant que la médifance, & qui eft bien-aife de voir déchirer la reputation des plus Grands hommes, comme fi leur abaiffement contribuoit quelque chofe à fa gloire. C'eft ainfi qu'on fe plaifoit autrefois à voir expofer Socrate en rifée dans les Comedies d'Eupolis & d'Ariftophane; mais ce n'eftoit pas vn fi grand crime de railler vn particulier, en vn jour de réjouïffance, où la boufonnerie faifoit partie de la fefte, que d'affembler toute vne compagnie d'honneftes gens, comme fait celuy-cy, pour reciter vn volume d'inuectiues contre les Philofophes les plus celebres, fans qu'on luy en ait iamais

Fefte de Bacchus.

donné aucun sujet ; ce qui le rend sans excuse. Mais ce qui est insuportable, c'est qu'il emprunte le sacré nom de la Philosophie pour maltraitter ses disciples, & qu'il se sert du Dialogue nostre fauory contre nous-mesmes, ayant corrompu jusqu'à Menipe l'vn de mes sectateurs, pour se moquer de nous plus hardiment. Il en faut donc faire vn chastiment exemplaire, si nous ne voulons deuenir la fable du peuple, & donner licence à tout le monde de nous dire des injures. Car de se taire en cette rencontre, ce ne seroit pas modestie, mais lâcheté, aprés auoir soufert le plus grand afront qu'on puisse faire à des gens libres, qui est de les vendre pour esclaues, & moy particulierement qu'il a liuré pour deux carolus, comme l'oprobe de tous les autres. Quelque artificieux donc qu'il puisse estre, ie ne say ce qu'il pourra dire, d'auoir ainsi prophané ce qu'il y a de plus saint parmy les hommes. C'est-là le sujet pourquoy nous nous sommes assemblez ; & nous nous adressons à toy, pour tirer vengeance de cette injure, afin d'empescher qu'à l'aduenir on ne nous méprise, & qu'aucun ne soit si osé que de rien entreprendre de semblable.

LES PHILOSOPHES. Courage, Diogéne ; Voila parler fortement, & dire beaucoup de choses en peu de paroles.

LA PHILOSOPHIE. Cessez ces vaines acclamations, & qu'on verse de l'eau à l'acusé pour se défendre.

LES PHILOSOPHES. Que dira-t-il ?

LVCIEN. Que Diogene n'a pas dit tout ce qui faisoit contre moy, & qu'il en a oublié ce qu'il y auoit de plus atroce, dont i'ay pourtant si peu de honte, que ie le veux dire moy-mesme,

K iiij

parce que cela seruira à l'esclaircissement de la verité, & fera voir qui sont ceux que i'ay voulu piquer dans cette satyre. Que si ma réponse a quelque chose de rude, qu'on ne s'en prenne pas à moy, mais à ceux qui en sont cause par leurs vices. Pour reprendre la chose de plus haut, dés que i'eus remarqué le mensonge, l'imprudence, & les criailleries du bareau, auec les autres vices de la chicane, Ie la quitay promtement, pour me ietter entre les bras de la Philosophie comme en vn port salutaire; Car elle meine vne vie tranquille éloignée du trouble & de la discorde, & ses preceptes sont tres-saints, pourueu qu'on les veüille pratiquer, ce que peu de gens font. Lors que i'eus donc reconnu que plusieurs n'aymoient pas tant la Philosophie pour elle-mesme, que pour la gloire & pour le profit, & qu'ils se contentoient d'auoir la mine & l'aparence de Philosophes, sans en auoir l'éfet; i'entray en colere de leur voir profaner ce sacré nom, & ne pûs souffrir que des singes contrefissent les hommes, ni qu'vn asne couuert de la peau d'vn lion vouluft passer pour ce qu'il n'étoit pas. Mais ce qui me fâchoit le plus, c'est qu'on vouloit rendre la Philosophie complice de leurs defauts, & acuser de leurs vices ces Grands hommes dont ils empruntoient le nom pour couurir leurs crimes. Car comme on auoit perdu l'idée de leur vie, & qu'on ne sauoit plus de quelle façon ils auoient vescu, cela rendoit la calomnie plus plausible. Ie voulus donc faire quelque piece de raillerie, conforme à l'humeur du peuple, pour luy aprendre à vous distinguer de ces infames; mais vous ne le pouuez souffrir, & vous me traisnez en Iustice pour ce sujet. Dites-moy, Messieurs, si ie voyois quelqu'vn qui reuelast les mysteres, serois-ie impie de le reprendre? Ne voyez-vous pas que les Intendans des ieux font foüetter souuent en leur presence les Acteurs qui representent mal Iupiter, Minerue, ou Neptune; sans que ces Dieux trouuent mauuais qu'on châtie ceux qui ne ioüent pas bien leurs personnages? Car de faire mal celuy d'vn messager ou d'vn esclaue, il n'y a pas grand danger; mais il n'est pas pardonnable de deshonorer vn Heros ou vn Dieu par des gestes lascifs & des contenances deshonnestes: Ce qu'il y a de plus étrange, c'est qu'il y en a qui semblent n'aprendre vos maximes, que pour viure tout au contraire; car ils ne cessent de crier, qu'il faut méprifer la gloire & les richesses, viure sans passion, n'estimer Bien que ce qui est honneste; & cependant, ils courent aprés les grandeurs & les vanitez, n'enseignent que pour de l'argent, sont plus coleres que de petits chiens, plus mutins que des coqs, plus timides que des liévres, plus flateurs que des singes, plus lascifs que des moineaux, & plus larons que des choüettes. Ils font rire tout le monde, lors qu'on les voit parmi la foule, à la suite des Grands, & se presser à leur porte ou à leur table, où ils sont insuportables mesme aux Courtisans, par leurs lâches flateries; & contraints par la violence du vin, ils font & disent cent extrauagances, & exposent en risée la Philosophie. Mais ce qui est de plus honteux, c'est que disant que le sage n'a besoin de rien, & qu'il possede tout en soy-mesme, ils ne cessent de demander, & se fasche quand on les refuse, qui est vne chose aussi plaisante, que si l'on voyoit quelqu'vn mendier auec la pourpre & le diadême. Cependant, lors qu'ils vous importunent de leurs demandes, ils vous font vn grand sermon sur la liberalité, & disent, que les richesses sont indiferentes ; Mais si quelqu'vn de leurs amis a besoin de quelque chose, ou qu'il les prie de luy faire part de ce qu'ils ont de trop, ils demeurent muëts comme des poissons, & tous ces beaux discours de vertu s'en vont en fumée. En vn mot, leur amitié ne dure qu'autant qu'on ne touche point à leur bourse ; le moindre interest est capable de la rompre, & de les faire renoncer à leurs maximes. Semblables à ces chiens qui se ioüent ensemble, mais si quelqu'vn vient à ietter vn os au milieu d'eux, aussi-tost ils s'entremordent. On dit à ce propos, qu'autrefois vn Roy d'Egypte aprit des singes à danser, à quoy ils réüssirent admirablement, parce que cét animal ayme à contrefaire toutes les actions de l'homme. Ce spectacle dura long-têps, iusques à ce qu'vn Bourgeois qui vouloit rire, s'auisa de ietter des noix dans la sale où ils dansoient ; car alors, oubliant leurs pas & leur contenance affectée, ils se ruérent dessus pesle-mesle, sans auoir égard à leurs beaux habits ni à leurs masques, & oublierent le personnage qu'ils représentoient, pour ioüer celuy qu'ils estoient en effet. C'est ce que font ces mauuais Philosophes dont ie parle; car ie n'ay garde de toucher aux autres. Mais, dites-moy, Messieurs, qu'ont ces gens-là de commun auec vous que la mine & l'aparence? Encore leur pardonnerois-je s'ils vous contrefaisoient bien ; mais ils en sont plus éloignez que le ciel ne l'est de la terre. Voila ce que i'auois à dire pour ma défense; & ie prens à témoin la Verité, si i'ay rien dit que ce qu'elle sait elle-mesme.

LA PHILOSOPHIE. Retirez-vous ; qu'on aille aux opinions. Que vous en semble, mes Compagnes ?

LA VERITÉ. Pour moy, tandis qu'il a parlé ie baissois la veuë de honte, & eusse voulu estre bien loin, parce que i'en reconnoissois plusieurs à ses discours, tant il les a bien dépeins, & pensois voir ce qu'il raportoit.

LA VERTV. Il m'est arriué la mesme chose.

LA PHILOSOPHIE. Qu'en dites-vous, mes Disciples ?

LES PHILOSOPHES. Que bien loin d'estre nostre ennemy, il le faut mettre au rang de nos bien-faiteurs, puis qu'il a soin de nostre reputation, & qu'il veut conseruer l'estime que nous auons aquise durant nostre vie. Nous auons fait iustement comme ceux de Troye, qui pressérent tant des Comédiens qui passoient par leur païs, de leur iouër quelque Tragedie, qu'ils leurs representerent leurs propres mal-heurs. Qu'il raille desormais tant qu'il luy plaira des défauts de ceux qui contrefont les Philosophes, nous l'auouërons plustost que de le contredire.

DIOGENE. Pour moy, ie luy en say bon gré; & non seulement ie me repens de ce que i'ay dit contre luy ; mais ie veux estre son ami à l'auenir.

LA PHILOSOPHIE. Ie le declare absous tout d'vne voix, & le repute pour mien.

LVCIEN. Il reste encore quelque chose à faire apres ma iustification, c'est de châtier les coupables ; car ie veux estre leur accusateur.

LA PHILOSOPHIE. Que le Syllogisme les apelle.

LE SYLLOGISME. Paix, Ecoutez ; Que tous les Philosophes viennent au Palais pour se défendre, en presence de la Philosophie, accompagné de la Verité & de la Vertu.

LVCIEN. Il y en a peu qui se présentent ; car ils redoutent la Vertu, & aprehendent que la verité ne découure leurs défauts ; outre qu'ils sont répandus à cette-heure par la ville pour chercher quelque lipée franche ; mais ie say bien le moyen de les faire venir. Que tous ceux qui font profession de la Philosophie viennent receuoir chacun vne piece d'argent & vn pain; Et ceux qui auront la plus grande barbe, auront de surcroist vn cabat de figues. Il n'est point besoin de science ni de vertu, pourueu qu'on sache faire des argumens en toutes les formes; mais celuy qui remportera le prix de la dispute, aura pour recompense vn talent. Grands Dieux ! comme ils acourent en foule, & comme ils se pressent de tous costez pour entrer. On diroit d'vn essain d'abeilles ; le Printemps n'a pas tant de fleurs, l'Esté de moissons, ni l'Automne de raisins, pour parler comme les Poëtes. Tout le Palais en est plein, & l'on ne voit par tout que barbes, bastons & besaces, pour ne rien dire des autres marques qui sont pires que celles là. Ce peu qui estoit monté à la premiere publication est disparu, ou confondu dans la foule : mais certes il y deuroit auoir quelque signe pour les reconnoistre ; car ceux qui ne valent rien ont quelquefois meilleure mine que les autres, & parlent mieux de la Vertu, quoy qu'ils la pratiquent plus mal.

LES PHILOSOPHES. Nous y donnerons ordre vne autre fois ; Ecoutons ce qu'ils veulent dire.

PLATONICIENS. C'est à nous à receuoir les premiers.

PYTAGORICIENS. Nullement ; C'est à

OV LA VENGEANCE.

nous qui sommes les plus anciens.

PERIPATETICIENS. C'est plustost au Peripateticiens, puis qu'il s'agist de receuoir de l'argent, qui fait partie de leur felicité.

STOICIENS. Si cela est, les Stoïciens sont preferables, parce qu'ils le sauent mieux faire profiter que les autres.

EPICVRIENS. Le cabat de figues pour le moins nous appartient ; car nous mettons le souuerain bien dans la volupté.

ACADEMICIENS. Et à nous le prix de la dispute; car il n'y en a point qui sachent mieux disputer que les Academiciens.

STOICIENS. Il faudroit que les Stoïciens n'y fussent pas; car ils ne le cedent à personne en opiniâtreté.

ACADEMICIENS. Mais vous estes atachez à de certaines maximes, que vous estes obligez de défendre, au lieu que n'en ayant point, nous pouuons disputer contre les autres & contre nous-mesmes.

LA PHILOSOPHIE. Cessez de vous entrebatre ; & vous autres Cyniques ; quittez ce baton, ou ne vous en seruez qu'à marcher. Ce n'est pas de cela dont il s'agit ; mais de discerner les bons & les mauuais Philosophes, pour recompenser les vns & punir les autres. Qu'est-ce là ? ils s'écoulent tous & craignent la touche. Qu'on amasse cette besace que ce Cynique a iettée pour mieux fuïr, & qu'on voye ce qui est dedans ; sans doute que ce sont des bribes, ou de vieux bouquins.

LVCIEN. Nulement ; mais de l'argent, des dez, vn miroir & des parfums, auec vn petit coûteau de sacrifice.

LA PHILOSOPHIE. Et auec cela, il a la hardieſſe de crier contre le luxe?

LVCIEN. Voila comme ils ſont faits preſque tous; mais comment ferons-nous pour faire connoiſtre les méchans? C'eſt à la Verité d'y trauailler, pour empeſcher que le menſonge ne triomphe d'elle.

LA VERITE'. Puis que tu témoignes tant de paſſion pour moy, pren auec toy la raiſon, & alez enſemble faire vne reueuë generale. Vous aménerez tous les Philoſophes dans le Prytanée, où l'on couronnera les vns, & l'on marquera les autres au front d'vn fer chaud, qui portera l'empreinte d'vn renard ou bien d'vn ſinge.

LA PHILOSOPHIE C'eſt bien dit; mais pour les reconnoiſtre, il les faudroit éprouuer non pas au Soleil, comme l'Aigle fait ſes petits; mais à la gloire, aux plaiſirs & aux richeſſes. Ceux qui pourront les regarder fixement, ſans eſtre éblouïs de leur éclat, ſeront déclarez legitimes, & les autres iettez en bas comme des bâtards.

LVCIEN. Mais comment les pourrons-nous atraper? Ie ſuis d'auis que la Preſtreſſe du Temple nous preſte cette ligne que quelque peſcheur à conſacrée à la Déeſſe, & nous mettrons au bout vn peu d'or ou quelque friandiſe pour les ſurprendre.

LA PRESTRESSE. La voila.

LA PHILOSOPHIE. Que veut-il faire de cette ligne? Il la iette du coſté de la ville, a-t-il enuie de peſcher des pierres dans le Pelagiſque?*

LVCIEN. Taiſez-vous, que vous n'épouuantiez le gibier. Ie voy venir vne grande dorade; mais non, c'eſt vn chat de mer, qui eſt en embuſcade autour de ce roc. Prions les Dieux marins de nous eſtre fauorables; le voila qui

C'eſt vn quartier d'Athenes qu'on met dans la forsereſſe.

OV LA VENGEANCE.

bâille apres l'hameçon, il sent l'or, il le suit, il l'aualle, il est pris; Tirons-le en haut; Que le Syllogisme nous ayme; Ie le tiens. Grands Dieux! quelles dents! pendons-le par les ouïes, & retirons l'or de sa gueule; Quoy! il l'a desia aualé? faisons-luy reietter pour en prendre d'autres; Que dis-tu, Diogene, connois-tu le compagnon? Il est de ton viuier.

DIOGENE. Ie le renie pour mien.

LVCIEN. Combien penses-tu qu'il vaille? Il se plaignoit hier que nous l'auions liuré pour deux carolus.

DIOGENE. Encore est-ce trop, car il ne vaut rien du tout; Reiettons-le, & essayons d'en auoir quelqu'autre; mais prenons garde qu'il ne soit si pesant qu'il rompe la ligne.

LVCIEN. Ne crain point, ils sont legers comme du vent; mais qui est celui-cy, large & plat? C'est vn Turbot. Le voila qui mord à l'hameçon, il est pris, tirons-le; Demande à Platon s'il le connoist, car il est des siens.

PLATON. Quoy! maraut, tu donnes sur l'or?

LVCIEN. Que veux-tu qu'on en fasse?

PLATON. Qu'on le reiette comme l'autre, il ne vaut pas mieux que luy.

DIOGENE. Peschons encore.

LVCIEN. I'en voy aprocher vn tout rayé d'or qui court à la proye; mais il a découuert l'hameçon, il tourne queuë; Toutefois, le voila qui reuient tant il est gourmand; il mord; il est pris.

DIOGENE. De quelle espece est-il?

LVCIEN. Demande-le à Aristote.

ARISTOTE. Ie ne le connois point.

LVCIEN. Ie suis donc d'auis qu'on le reiette.

DIOGENE. J'en voy plusieurs qui vont en foule; prenons vn filet; car ils sont dificiles à atraper, & piquent de tous costez; mais ce sera assez d'en prendre vn, aussi bien ne valent-ils rien, & sont pleins d'arrestes. Iette la ligne, mais garny-là de plomb par en-bas, de peur qu'ils ne la coupent, & qu'ils s'en aillent auec la proye.

Il raille des espines de la Philosoph Stoïque.

LVCIEN. Grands Dieux! comme ils s'entre-batent pour la prendre, les vns rongent la figue, les autres s'atachent à l'or. Mais en voila vn de pris; Dy-nous qui tu-és? Ie suis plaisant d'interroger vn poisson qui est muet, il le faut demander à Chrysipe; car il y a de l'or en son nom.

C'est que Chryson en Grec signifie or.

CHRYSIPE. Il est trop gourmand, ie ne le connois point.

LVCIEN. Tu-as raison, il ne vaut pas mieux que les autres, n'en mangeons point, que quelque areste ne nous étrangle.

LA PHILOSOPHIE. C'est assez, aussi-bien nôtre amorce est trop précieuse, pour la hazarder dauantage, & le prouerbe ne veut pas qu'on pesche auec vn hameçon d'or, de peur de perdre plus qu'on ne peut gagner. Rendons la ligne à la Prestresse, & renuoyons les Philosophes, puisque voila tantost le iour écoulé; cependant la Raison & Parrhesiade feront la reueuë que i'ay dit.

LVCIEN. Allons; mais où irons-nous premierement? sera-ce à l'Academie ou au Portique, ou si nous commencerons par le Lycée?

LA RAISON. Il n'importe; mais en quelque lieu que nous alions, nous aurons plus besoin de fer chaud, que de couronnes.

LE TYRAN, OV LE PASSAGE DE LA BARQVE.

DIALOGVE

DE CARON, DE CLOTHON, ET DE MERCVRE, Où plusieurs autres parlent.

C'est vne raillerie des Tyrans & de leurs Vices.

CARON. CLOTHON, tout est prest, la sentine est vuidée, le mast dressé, les voiles tenduës, les rames atachées, il n'y a plus qu'à leuer l'anchre ; mais Mercure n'est pas encore venu. Cependant il se fait tard, & nous n'auons rien gagné, quoy que nous dûssions auoir desia fait trois voyages. Pluton ne manquera pas tantost de s'en prendre à moy, & de dire que ie n'ay iamais haste ; mais tu vois que ce n'est pas ma faute, & que c'est nostre beau conducteur qui a oublié de reuenir. Ie croy qu'il a beû de l'eau du fleuue d'oubly, ou qu'il s'amuse à luter en quelque lieu, ou à ioüer des instrumens, ou à haranguer, ou à dérober ; car c'est aussi vn de ses métiers. Apres cela, il vient faire le galand, comme si nous n'estions pas dignes de le regarder, & qu'il ne fût pas à nous pour moitié.

CLOTHON. Vous verrez qu'il est empesché là-haut, & qu'il y a quelque amourette en campagne, ou quelque commission de Iupiter.

CARON. C'est mal vser d'vn bien qui est en commun, nous n'auons pas acoûtumé de le retenir icy au delà de son terme. Mais ie voy bien ce que c'est, il n'y a parmy nous que de l'Asphodelle & de la viande pour les morts, le reste n'est rien que tenebres; au lieu que tout est beau & riant là-haut, & qu'on y a tout son soul de nectar & d'ambrosie. Aussi diroit-on quand il sort d'icy, que c'est vn prisonnier qui se sauue; & quand il faut reuenir, c'est le Diable, on ne le sauroit rauoir.

CLOTHON. Ne te mets point en colere; le voila de retour auec bonne compagnie. Voy comme il les chasse deuant luy ainsi qu'vn troupeau de moutons; mais il me semble que i'en voy vn qui est lié, & vn autre qui se creue de rire, & qui aide à les chasser. Qu'as-tu Mercure, d'estre ainsi tout en eau, & hors d'haleine, auec les pieds poudreux?

MERCVRE. Qu'aurois-ie? sinon qu'il m'a falu courir tout le iour apres ce miserable qui s'enfuyoit, & qui est cause que i'ay failly aujourd'huy à faire banqueroute à la nacelle.

CLOTHON. Qu'auoit-il ainsi à fuïr?

MERCVRE. Il vouloit retourner au monde; il faut que ce soit quelque Prince, car il regrette vne grande felicité.

CLOTHON. Et pensoit-il pouuoir viure, ayant acheué sa fusée?

MERCVRE. S'il le pensoit? Voy-tu ce galand homme, auec son baston & sa besace, ie croy que sans luy il en fût venu à bout; car depuis que ta sœur Atropos me l'a mis entre les mains, il n'a fait que se debatre, & roidir des iambes pour s'empescher d'auancer. Quelquefois il tâchoit de me fléchir par ses prieres, & par ses larmes, & me faisoit de grandes promesses; mais ie say trop bien mon métier. Cependant, il a si bien-fait qu'il s'est dérobé de nous, tellement qu'estant à la porte, comme i'ay voulu rendre mon compte, il s'eſt trouué vn mort à dire. Alors Eaque fronçant le ſourcil, & me regardant de trauers? Ne ſaurois-tu, m'a-t-il dit, t'empeſcher de dérober meſme les morts? Say-tu pas bien que ce n'eſt pas icy le lieu de voler, mais de punir les voleurs, & qu'on ne nous ſauroit, ni corrompre, ni ſurprendre? Alors, tout confus, comme tu peux penſer, ie me ſuis ſouuenu de ce qui eſtoit ariué par le chemin, & retournant ſur mes pas, i'ay rencontré ce galand, qui n'eſtoit qu'à deux doigts de la lumiere.

CLOTHON. Cependant, nous t'acuſions de pareſſe, ſans conſidérer que le meſſager des Dieux doit auoir apris à cheminer.

CARON. Qu'atendons-nous à partir? Eſt-ce que nous n'auons pas eſté aſſez long-temps ſans rien faire?

CLOTHON. Tu as raiſon, embarque, tandis que ie prendray mon regiſtre, & me mettant à la deſcente, ie demanderay à chacun ſon nom, ſon vilage, & ſa maiſon. Mercure aura ſoin de les ranger à meſure qu'ils entreront. Commençons par ces petits enfans qui n'ont rien à me répondre, comme ie n'ay rien à leur demander.

MERCVRE. Tien, Caton, en voila trois cens, en contant ceux qui ont eſté expoſez.

CARON. Voila vne belle marchandiſe, & bien capable de nous enrichir! Ceux-cy ont eſté bien pris ſur le Vert? Ie voudrois bien ſauoir pourquoy ils ſont venus au monde, pour en partir auſſi-toſt.

MERCVRE. Tay-toy? Que veux-tu apres cela, Clothon? Prendrons-nous ceux qui n'ont point eſté pleurez à leur mort?

CLOTHON. Tu veux dire ces vieillars?

Charge-les, aussi-bien ne sauroient-ils marcher; & ie ne les veux point interroger, car ie n'ay que faire de sauoir ce qui s'est fait, il y a cent ans. La ho ! bonnes gens ? Ils ne répondent rien : Ie pense qu'ils sont sourds de vieillesse.

MERCVRE. Ils sont tout flétris & ridez comme ces fruits que l'on a cueillis trop tard, & qui sont seichés sur la branche. En voila quatre cens moins deux.

CLOTHON. On diroit de raisins secs; Améne en suite les blessez ? Qui est-ce qui vous a ainsi acoustrez, mes amis ? Mais i'auray plustost fait de le regarder sur mon liure : Il en deuoit mourir hier quatre-vingts-quatre, en vn combat chez les Medes, & parmy-eux Gobare, fils d'Oxyarte.

MERCVRE. Les voila.

CLOTHON. Et ces sept amoureux qui se sont tuez par desespoir, auec le Philosophe Théagene pour vne Courtisane de Megare ?

MERCVRE. Les voicy tout contre.

CLOTHON. Ceux qui se sont entretüez pour regner, y sont-ils ? Et ce Cocu qui a esté empoisonné par sa femme, & par son galand ?

MERCVRE. Les voila aussi.

CLOTHON. Améne en suite les pendus & les roüez, auec ces seize, qui ont esté tüez par des voleurs sur le grand chemin.

MERCVRE. Les voila tout percez de coups; Veux-tu aussi les femmes ?

CLOTHON. Oüy, & ceux qui sont peris sur mer, & les malades auec le Medecin Agathoclés : Mais où est ce Philosophe Cynique, qui deuoit s'empoisonner pour venir en poste en l'autre monde ?

VN CYNIQVE. Me voicy, Clothon, que t'auois-ie fait pour me laiffer fi long-temps en vie ? Ma fufée n'eſtoit-elle pas encore acheuée ? Car i'ay tâché pluſieurs fois de la rompre fans en pouuoir venir à bout.

CLOTHON. Nous t'auions laiffé en vie pour inſtruire les autres, & pour les guerir de leurs vices ; mais entre à la bonne-heure.

VN CYNIQVE. Non pas, s'il te plaiſt, que celui-cy ne ſoit entré, car i'ay peur qu'il ne nous eſchape, & qu'il ne t'émeuue à compaffion par ſes prieres, & par ſes larmes.

CLOTHON. Tu ne me connois pas bien ; Ie fuis vne mau-piteuſe, auec qui il n'y a rien à gagner : Mais qui eſt-il ?

LE TYRAN. Le Tyran Megapenthés.

CLOTHON. Fay-le entrer.

LE TYRAN. Ie te prie, Clothon, que ie puiffe retourner en vie pour quelques heures, ie reuiendray apres ſans mander.

CLOTHON. Que veux-tu aler faire là-haut ?

LE TYRAN. Acheuer mon Palais, qui eſt demeuré imparfait.

CLOTHON. Ne t'en mets point en peine, vn autre l'acheuera.

LE TYRAN. Que i'aille pour le moins dire à ma femme où i'ay caché mon threſor ?

CLOTHON. Il eſt defia trouué, Megaclés s'en eſt faiſi.

LE TYRAN. Quoy ! cét infame, que i'ay épargné par mépris !

CLOTHON. Luy-meſme, il viura encore quarante ans, & ioüira de tes Concubines, & de ton bien.

LE TYRAN. Tu me fais tort, Clothon, de liurer ce que i'ay de plus precieux, à mon plus grand ennemy.

CLOTHON. Hé maraut ! n'eſtoit-ce pas le bien de Cydimaque que tu fis mourir, apres auoir égorgé ſes enfans en ſa preſence ?

LE TYRAN. Mais il eſtoit maintenant à moy.

CLOTHON. Il eſt vray ; mais le temps de le poſſeder eſtoit paſſé.

LE TYRAN. Eſcoute vn mot à l'oreille, ie te donneray mille talens d'or.

CLOTHON. Où ſont-ils ? tu n'as plus rien, mon amy ; Qu'on emporte ce galand : car ie voy bien qu'il n'entrera d'aujourd'huy de ſon plein gré.

LE TYRAN. Que n'atendois-tu que i'euſſe acheué de domter les Piſidiens, & de mettre ſous contribution toute la Lydie, pour grauer ſur mon tombeau mes grandes & immortelles actions.

CLOTHON. Ce n'eſtoit pas là l'ouurage d'vn iour, il t'eut falu plus de vingt années.

LE TYRAN. Ie te donneray caution du retour: Veux-tu au lieu de moy mon fauory ?

CLOTHON. On ne meurt point par Procureur : Mais n'eſtoit-ce pas luy, meſchant, que tu ſouhaitois tant de laiſſer en vie ?

LE TYRAN. Cela eſtoit bon alors, mais on a d'autres maximes en l'autre monde.

CLOTHON. Il ſera bien-toſt icy, ne t'en mets point en peine, car ton ſucceſſeur le fera mourir.

LE TYRAN. Acheue de redoubler mon ſuplice, & me dis le reſte de ce qui arriuera aprés ma mort.

CLOTHON. L'vn de tes valets épouſera ta femme, qu'il y a long-temps qu'il entretient.

LE TYRAN. Qui ! ce perfide, qu'elle m'a fait mettre en liberté ?

CLOTHON. Luy-meſme. Pour ta fille, on la

conte desja entre les Concubines du nouueau Prince : D'ailleurs on a brifé toutes tes ſtatuës, & ton nom eſt en oprobre, & en exécration à ta Patrie.

LE TYRAN. Mais n'y a-t-il pas vn de mes amis qui entreprenne ma défenſe, & qui témoigne quelque reſſentiment de ces injures ?

CLOTHON. Et auois-tu des amis ? ou as-tu merité iamais d'en auoir ? Toutes les careſſes qu'on te faiſoit, c'eſtoit ou par crainte ou par eſperance ; & ce n'eſtoit pas toy qu'on aymoit, c'eſtoit ta fortune.

LE TYRAN. Mais ce n'eſtoit que vœux & que ſouhaits pour ma proſperité, lors que ie tombois malade : Chacun deſiroit de mourir, & de me laiſſer en vie ; Ils ne iuroient tous que par moy.

CLOTHON. C'eſt pourtant l'vn deux qui t'a empoiſonné. Te ſouuient-il du dernier coup que tu bûs hier chez Hippias ?

LE TYRAN. Quoy ! ce coup qui eſtoit vn peu amer ? ie m'en doutay bien. Mais pourquoy l'a-t-il fait.

CLOTHON. Tu perds le temps en des queſtions inutiles, il faut partir.

LE TYRAN. Vne choſe me tuë, Clothon, & me fait ſouhaiter de reuiure pour m'en venger. Comme i'auois la mort entre les dents, vn de mes valets monta ſur le ſoir dans ma chambre, & ne voyant qu'vne de mes concubines prés de moy, la ietta par terre, & la des-honora à ma veuë, aprés auoir fermé la porte ſur luy. En ſuite, ſe tournant vers mon lit : Ha ! méchant, dit-il, combien de fois m'as-tu batu iniuſtement ? Là deſſus il me cracha au nez, & ſe mit à me ſoufleter, & à m'aracher la barbe. Sur ces entrefaites on oüit monter quelqu'vn, & ma concubine fit la pleureuſe. Que ſi ie les pouuois tenir?

CLOTHON. Ceſſe de les menacer, & vien rendre compte de tes actions.

LE TYRAN. Y a-t-il quelqu'vn aſſez hardy pour vouloir condamner vn Roy?

CLOTHON. Vn Roy non, mais bien vn mort: Tu auras tantoſt à faire à vn Iuge qui ne t'épargnera pas.

LE TYRAN. Que ie retourne donc en vie, quand ce ſeroit pour eſtre eſclaue.

CLOTHON. Où eſt ce Philoſophe Cynique auec ſon baſton, & toy, Mercure, tirez-le enſemble par les pieds & par la teſte.

MERCVRE. Suy-moy, coquin; Tien Caron, ie t'en charge, atache-le bien au maſt du nauire, qu'il ne puiſſe eſchaper.

LE TYRAN. Qu'on me donne pour le moins le haut bout, puis-que i'ay eſté Roy?

LE CYNIQVE. Ie ne m'étonne pas que ton valet t'ait mal-traité, glorieux comme tu és. Si tu n'és plus ſage, ie traiteray mal ta Royauté.

LE TYRAN. Quoy! vn Cynique aura la hardieſſe de me brauer; vn coquin, que i'ay failly à faire pendre, parce qu'il ſe meſloit de contrôler mes actions!

CLOTHON. Qu'on l'atache pour punition au maſt du vaiſſeau.

MICYLE. Et moy; Ne ſonge-t-on point à me paſſer, ou ſi l'on mépriſe ma pauureté?

CLOTHON. Qui és-tu?

MICYLE. Le Sauetier Micyle.

CLOTHON. Quoy? tu te fâches de demeurer, & ce Tyran veut donner des millions pour le laiſſer encore ſur terre? Eſt-ce que tu eſtois las de viure.

MICYLE.

MICYLE. Ecoute, la plus venerable de toutes les Deesses: Iamais la promesse du Cyclope ne m'a plû d'estre mangé le dernier, puis qu'enfin il faut estre mangé: D'ailleurs, il y a bien de la diference entre la vie de ce Tyran & la mienne. Il viuoit dans la gloire & dans l'opulence; parmy les ieux, les plaisirs & la bonne chere; & il a de la peine à quitter toutes ces delices. Car ces choses sont si glüantes, qu'on ne s'en sauroit détacher. Ceux qui sont par tout ailleurs, tremblent quand il en faut venir là, & ne se peuuent empescher de tourner la teste vers le monde, comme vn amant passionné vers sa maistresse. Ce Tyran donc n'a cessé de contester par le chemin, & de t'importuner pour retourner à la lumiere. Mais moy, qui n'ay rien qui m'areste; ni tresors, ni grandeurs, ni voluptez, i'estois tousiours prest à partir, & ta sœur ne m'a pas plustost fait signe, que i'ay ietté là mon tranchet & mes sauates, pour acourir icy pieds nuds, sans songer seulement à me décrasser ni à oster la poix de mes mains. Ie marchois deuant, comme tu as veu, & en arriuant, i'ay esté rauy de voir que nul n'est icy plus grand que son compagnon, & que ie ne cours point fortune de mourir de chaud ni de froid, de soif ni de faim, ni d'estre batu par les valets d'vn grand Seigneur, ou mis en prison par vn importun creancier. Au contraire, ie voy que les pauures rient icy, & que les riches y pleurent, bien loin de ce qui se fait là-haut.

CLOTHON. Il est vray qu'il y a long-temps que ie te voy rire, Dy-m'en le sujet?

MICYLE. Ie te le diray, Comme ie demeurois prés du Tyran, & que ie contemplois de plus prés sa gloire, il me paroissoit comme vn Dieu, tant il estoit au dessus de la condition humaine. Mais lors que ie l'ay veu icy, sans sa pourpre & son diadême, il m'a semblé ridicule; & ie me suis ry de moy-mesme, d'auoir iugé de sa felicité par l'odeur de sa cuisine, & par vne vaine pompe. Quand ie considere aussi cét vsurier, qui se plaint & se tourmente, de ce qu'il est mort sans auoir ioüi de ses richesses, & qui les a laissées en proye à vn ieune débauché, qui s'en donne par les ioües : Ie ne puis m'empescher de rire, sur tout, lors qu'il me souuient comme ie l'ay veu pasle & défait, qui n'estoit heureux que par le bout des doigts, dont il contoit ses écus; Mais que ne partons-nous, reseruant cét entretien pour le passage?

CLOTHON. Monte, que l'on tire l'anchre.

CARON. Où veux-tu aler? que tout est plein, aten à passer vne autre fois.

MICYLE. Tu me fais tort, Caron, de me laisser ainsi transir sur le bord, & ie m'en plaindray à Rhadamante. Mal-heureux que ie suis, ils partent sans moy! ie les suiuray à la nage; aussi-bien n'ay-ie pas peur de me noyer estant mort, & d'ailleurs ie n'ay pas dequoy payer le batelier.

CLOTHON. Areste, il n'est pas permis de passer de la sorte.

MICYLE. I'iray encore plus viste que vous,

CLOTHON. Aprochons-nous plustost pour le prendre. Ten-luy la main, Mercure, & l'ayde à monter.

CARON. Où voulez-vous qu'il se mette?

MERCVRE. Sur les épaules de ce Tyran.

CLOTHON. Tu as raison? Monte & foule aux

piés la Tyrannie. Voguons maintenant à la bonne heure.

LE CYNIQVE. Te peut-on dire la verité, Caron, ie n'ay rien pour te donner; car ie n'ay aporté que mon baston & ma besace, mais ie m'offre de tirer à la rame, & à la pompe, & pourueu que tu me donnes de bons outils, tu n'auras point de sujet de te plaindre de moy.

CARON. Tien, il faut tirer d'vne mauuaise paye ce qu'on peut.

LE CYNIQVE. Diray-ie en passant quelque chanson pour nous desennuyer?

CARON. Ie le veux? Si tu en sais quelque bonne.

LE CYNIQVE. Fay-donc taire ceux-cy, qui me rompent la teste de leurs cris.

LES MORTS. Ah ma vigne! ah ma maison! ah ma femme! ah mes enfans! ah mes grandeurs! ah mes richesses!

MERCVRE. Il n'y a que toy qui ne regrettes rien, Micyle; mais il n'est pas permis de passer la barque de Caron sans larmes.

MICYLE. Que veux-tu que i'y fasse: Ie n'ay rien à regretter.

MERCVRE. Encore faut-il donner quelque chose à la coûtume.

MICYLE. Ah, mes vieux souliers! Ie ne vous verray plus! Ie ne seray plus tout le iour à me morfondre dans vne ruë, exposé à toutes les iniures du temps & des laquais, sans manger depuis le matin iusqu'au au soir! Qui est-ce qui heritera de ma poix & de mes alesnes? Mais ie suis las de crier, nous voila tantost à bord.

CARON. Çà, que chacun mette la main à la bourse. Tu ne tires rien, Micyle?

L ij

MICYLE. Que veux-tu que ie tire, si ie n'ay rien ? A peine say-ie de quelle couleur est l'argent, ni si la monnoye est ronde ou carrée.

CARON. O l'heureuse iournée, & le grand gain que nous auons fait! Encore ay-ie peur que celuy-cy n'améne la coustume de ne rien payer: Décendez viste, que i'aille passer les asnes, & le reste des animaux.

CLOTHON. Conduy-les, Mercure, tandis que i'iray querir ces deux Princes, qui se sont entre-tuëz pour les bornes de leurs Estats.

MERCVRE. Alons, mes amis, marchez deuant, si vous n'aimez mieux me suiure.

MICYLE. Grand Dieux, quelle obscurité ! Où est maintenant le beau Paris ? On ne sauroit discerner icy la brune d'auec la blonde ; car tout y est de mesme couleur, & ie ne voy point de diference entre mes haillons, & la pourpre de ce Tyran. Mais où est ce Cynique ?

LE CYNIQVE. Icy, Micyle, nous irons si tu veux de compagnie.

MICYLE. I'en suis content, donne-moy la main ? Te souuient-il des mysteres d'Eleusine? il me semble que cecy y a beaucoup de rapport.

C'est qu'on y representoit Cerés de la sorte.

LE CYNIQVE. Tu as raison, en voicy vne qui s'auance la torche au poin, auec vn regard furieux ; Sans doute, c'est quelqu'vne des Furies.

MERCVRE. Reçoy ceux-cy, Tisiphone, il y en a mille, & quatre par dessus le marché.

TISIPHONE. Il y a long-temps que Rhadamante vous atend.

RHADAMANTE. Fay-les aprocher ; & toy, Mercure, fay l'ofice d'Huissier, aussi-bien icy bas que là-haut.

LE CYNIQVE. Ie te prie, Rhadamante, que ma cause soit apellée la premiere, car ie veux acuser ce Tyran, & mon témoignage aura beaucoup plus de force, quand on saura comme i'ay vescu.

RHADAMANTE. Qui es-tu ?

LE CYNIQVE. Vn Philosophe Cynique.

RHADAMANTE. Auance-toy; Crie, Mercure, si quelqu'vn a des reproches à faire contre luy. Personne ne parle, deshabille-toy, pour voir si tu n'as point quelque tache de peché.

LE CYNIQVE. Regarde, me voila tout nud.

RHADAMANTE. Ie n'en voy que trois ou quatre, encore à demy éfacées : mais voila quelque marque de brûlure, on diroit que tu y as mis le feu.

LE CYNIQVE. Ce sont les restes des pechez que i'ay faits auant que d'auoir embrassé la Philosophie : mais ie les ay éfacez depuis peu à peu.

RHADAMANTE. Tu as vsé d'excellens remedes, car il n'y paroist presque plus ; Va dans les champs Elysées, iouïr du repos des bienheureux : Mais qu'on apelle auparauant la cause de ce Tyran, puis qu'il en veut estre l'acusateur.

MICYLE. Hé ! Seigneur Rhadamante, il n'y a qu'vn mot à la mienne ; me voila desia deshabillé.

RHADAMANTE. Qui és-tu ?

MICYLE. Le Sauetier Micyle.

RHADAMANTE. Il est vray que tu n'as pas la moindre tache, non pas mesme les marques de brûlure de ce Philosophe, va-t-en auec luy; Qu'on apelle la cause de ce Tyran.

MERCVRE. Megapenthés fils de Lacydas, où es-tu ; c'est à toy qu'on en veut ? Il tourne la teste de l'autre costé, & ne fait pas semblant de nous entendre : Tisiphone, traîne-le par les cheueux. Que l'acusateur parle.

LE CYNIQVE. Il n'est pas besoin de grands discours pour le conuaincre, il ne faut que le deshabiller comme les autres, on verra de belles taches ; Toutefois, si tu veux pour la forme, ie diray vne partie de ce qu'il a fait. Ie ne parleray point des crimes qu'il a commis, pour paruenir à l'Empire, ni auant que d'y estre paruenu ; Mais apres qu'il s'en fut rendu maistre, auec vne bande de voleurs & d'assassins, il fit mourir plus de dix mille Citoyens sans aucune forme de procés ; & s'estant enrichy de leurs dépoüilles, s'abandonna à toutes sortes de vices & de dissolution. Car il violoit les filles, enleuoit les femmes à leurs maris, & les enfans à leurs peres, & triomphoit hautement de la pudeur, & de la liberté publique. Pour son orgueil & son insolence, ils ont esté à vn si haut point, qu'il seroit plus aisé de regarder le Soleil en plein midy, que de le contempler en sa gloire. Quant à la cruauté, il a inuenté de nouueaux suplices pour tourmenter les miserables, & n'a pas épargné ses propres amis, les vns à cause de leur vertu, les autres pour auoir leur bien. Qu'on les apelle, ils témoigneront contre luy ; mais les voila tous venus.

RHADAMANTE. Que répons-tu à cela?

LE TYRAN. Que les meurtres sont veritables ; mais ce qu'il a dit des voluptez est faux.

LE CYNIQVE. Ie ne veux point d'autres témoins que la lampe qui a éclairé ses débauches, & le lict où il les a commises.

MERCVRE. La Lampe & le Lict de Megapenthés, aprochez?

RHADAMANTE. Qu'a-t-il fait en voſtre preſence.

LE LICT. Toutes les ſaletez imaginables, que i'ay honte de publier.

RHADAMANTE. Ton ſilence les dit aſſez. Que la lampe parle.

LA LAMPE. Celles qu'il a faites de iour me ſont inconnuës; mais la nuit, i'ay voulu quelquefois m'éteindre pour ne les point voir; car il a ſoüillé en cent façons ma lumiere.

RHADAMANTE. C'eſt aſſez; Qu'on les deshabille? Dieux! il eſt tout couuert de vices: Quel ſuplice trouuerons-nous aſſez grand pour le punir?

LE CYNIQVE. I'en ſay vn dont perſonne ne s'eſt encore auiſé.

RHADAMANTE. Dy-le, tu obligeras tout l'Enfer.

LE CYNIQVE. Qu'il ne boiue point de l'eau du fleuue d'Oubly, comme les autres.

RHADAMANTE. Pourquoy?

LE CYNIQVE. Parce que le ſouuenir de ſes crimes luy ſera vn bourreau perpetuel.

RHADAMANTE. Tu as raiſon, qu'on l'atache prés de Tantale, & que la conſideration de ſa felicité paſſée ſerue encore à le tourmenter.

DE CEVX QVI ENTRENT AV SERVICE DES GRANS.

Il décrit les incommoditez qu'on y souffre, & particulierement celles qu'endurent les gens de Lettres.

IE ne say par où commencer, mon cher Timoclés, pour te dire ce qu'on est contraint de faire & de soufrir chez les Grans, quand mesme on y entreroit comme ami, si l'on peut apeller amitié vne si dure seruitude. Car ie say vne partie de ce qu'on y soufre, non pas pour l'auoir éprouué moy-mesme; mais pour l'auoir apris de ceux qui auoient passé par cette épreuue, dont les vns languissoient encore dans les fers, les autres en estoient déliurez, & contoient auec plaisir l'histoire de leurs mal-heurs, & celle de leur déliurance. Ceux-ci me sembloient les plus croyables, & les mieux instruits, pour auoir sondé pleinement, s'il faut ainsi dire, la profondeur de ces mysteres. Ie les écoutois donc atentiuement, comme on fait ceux qu'on voit échapez du naufrage, conter, la teste rase dans les temples, la fureur des vagues émuës, la rage des vens, la hauteur des rochers, les cris lamentables des matelots, lors que le gouuernail emporté, le mast rompu, les voiles déchirées, ostent toute esperance de salut; & là-dessus l'apparition fauorable des étoiles de Castor & de Pollux, qui viennent tout à propos comme vn Dieu de Comedie, lors que le Poëte ne peut plus démesler son intrigue. C'est ainsi que ces Courtisans me contoient les tempestes de la Cour, où tout leur rioit d'abord; mais ils disoient que le calme fut bien-tost suiuy de la tourmente, & qu'ils eurent beaucoup à souffrir tout le temps de leur nauigation, iusqu'à ce que leur vaisseau s'alla briser contre vn écueil qui estoit caché sous les ondes, ou contre quelque roc escarpé, d'où ils se sauuerent à peine tout nuds, apres auoir tout perdu. Pendant ce triste recit, il me semble que de honte, ils taisoient encore plusieurs choses, que ie deuinois aisément, & que ie te veux representer auec le reste, parce que ie te vois brûler d'enuie il y a long-temps de t'embarquer sur cette mer. Car comme l'on fut tombé vn iour sur ce discours, dans vne compagnie où nous estions, l'vn de ceux qui estoient presens ayant commencé à loüer cette condition comme la plus heureuse, parce que non seulement on faisoit bonne chere sans qu'il en coustât rien, on estoit logé magnifiquement, traisné en carosse, aymé des plus grands de Rome; mais qu'on estoit payé pour cela comme pour vn grand seruice : Ie te vis alors ouurir l'oreille à ce discours, & tout prest à mordre à l'hameçon. Pour empescher donc que tu ne sois pris, & que tu ne te puisse plaindre qu'on t'ait veu tomber dans le precipice, sans t'en auertir, ie te veux representer vne partie des maux qui sont atachez à cette profession, & te découurir les filets qui sont tendus sous ces fleurs. Aprés, tu t'y ietteras si tu veux à corps-perdu, sans que ie m'en soucie beaucoup, puis-que ie me seray acquité de mon deuoir, & que i'auray déchargé ma conscience. Mais quoy que ce discours soit entrepris particulierement pour toy, il ne regarde pas seulement les Philosophes, mais toutes les personnes de Lettres qui s'atachent au seruice des Grans pour estre à leurs gages, puis-que les maux qu'on y soufre sont communs à tous, mais doiuent estre d'autant plus insuportables aux Philosophes, qu'ils ne sont pas mieux traitez que les autres. Et en cela ie ne condamne pas seulement ceux qui sont cause du mal, mais ceux qui sont si lâches que de l'endurer : ce que tu ne dois point trouuer mauuais, si ce n'est vn crime de dire la verité trop librement ; puis-que ce n'est pas moy qui suis cause de leur mal-heur, mais eux-mesmes. Ie ne prétens pas pourtant comprendre en ce rang les Courtisans, ny les autres ames lâches qui ne sauroient faire autre chose, & qui sans cela seroient inutiles : car outre qu'ils ne sont pas dignes d'vn meilleur traittement, ils ne m'écouteroient pas quand ie leur dirois la verité, & ne croiroient pas receuoir vn affront, quand mesme on leur verseroit, comme on dit, le pot de chambre sur la teste. C'est donc seulement pour les personnes de Lettres que i'écris, afin de les afranchir s'il se peut. Pour cela, i'examineray toutes les raisons qui les peuuent porter à ce dessein, & feray voir qu'elles ne sont ni pressantes, ni necessaires, afin de leur oster toute sorte de pretexte & d'excuse. La premiere qu'ils aleguent, c'est la pauureté, comme le pire de tous les maux, pour lequel éuiter on peut tout faire, & tout souffrir. Ils ont donc toûjours à la bouche le mot de Theognis, *Qu'elle domte les plus fiers courages*, & aleguent tout ce que les Poëtes & les plus lâches esprits ont pû inuenter contre-elle, pour en faire peur aux hommes. Il est certain que s'ils se pouuoient par là mettre à couuert de la necessité pour toute leur vie, ils seroient excusables de chercher vn azile pour se défendre contre vn si grand ennemy : mais le remede est pire que le mal, & au lieu de le guerir, il ne fait que l'empirer. Car la pauureté dure tousiours, & la cruelle necessité de seruir, parce qu'on dépense chez les Grans tout ce qu'on gagne à leur seruice, encore souuent ne sufit-il pas. L'autre raison est, qu'ils n'embrasseroient pas cette profession, s'ils en auoient d'autre; mais comme ils ne sont plus en âge d'aprendre, ils sont contrains de subir le joug de la seruitude. Voyons donc, s'ils n'ont point d'autre moyen de subsister, & si ce qu'ils gagnent ne leur couste gueres, & qu'ils ne trauaillent pas plus que les artisans pour l'auoir ; Car ce seroit le comble de la félicité, de pouuoir viure à son aise sans rien faire. Mais le contraire se trouuera veritable, puis qu'il leur naist tous les iours de nouueaux maux, à qui les forces du corps & de l'esprit ne sont pas capables de resister. Nous en parlerons lors que nous representerons le reste de ce qu'ils endurent; il sufira presentement de montrer, que ce n'est pas-là la veritable cause du mal : mais l'éclat trompeur des richesses qui leur donne dans la veuë, & les éblouït. Ils croyent que la felicité consiste dans le luxe, & se promettent des montagnes d'or, qu'ils ne possederont iamais qu'en songe. Ce n'est donc pas tant la necessité qui les presse, que le desir de choses vaines & superfluës, qui les rend esclaues toute leur vie. Car comme les Dames adroites qui sauent que l'amour s'éteint par la ioüissance,

L vj

entretiennent d'esperance leurs galans, & promettent tousiours ce qu'elles n'accordent iamais; les Grans recompensent le plus tard qu'ils peuuent ceux qui les seruent, pour faire durer leur seruitude. Or il est ridicule de tousiours souffrir pour l'esperance toute seule, sur tout lors qu'elle est incertaine; & le mal certain & indubitable : Car ie ne les blâmerois pas trop de trauailler pour la volupté, s'ils ne l'achetoient point au prix de la liberté qui vaut mieux qu'elle, & au lieu de la felicité, n'embrassoient que son idole. Les compagnons d'Vlysse, charmez d'vne volupté présente, firent banqueroute à l'honneur & en oublierent le retour en leur patrie; C'est à peu prés ce que font ceux qui voilent leur seruitude du nom d'vne honneste amitié. Mais pour moy ie renoncerois mesme à celle de l'Empereur, si elle me coûtoit ma liberté, sans en tirer aucun auantage, & qu'il possédast tout seul toutes ses grandeurs & ses richesses sans m'en faire part. Voila donc le sujet veritable de leur esclauage, & le peu d'vtilité qui leur en reuient. Voyons maintenant ce qu'ils sont obligez de faire pour en venir là; nous examinerons en suite ce qu'ils sont contrains de souffrir dans cette condition, & quelle est la catastrophe de la tragédie. Premierement, on ne peut dire qu'il est facile d'entrer chez les Grans, & qu'il n'y a qu'à lé vouloir; Il faut bien suër & trauailler auparauant; s'habiller au dessus de sa condition, & de la façon qu'ils aiment le mieux pour ne leur pas mettre deuant les yeux des objets qui leur soient desagreables; les suiure partout, auec mille incommoditez; se trouuer le matin à leur leuer, souffrir la mauuaise

Il y a au Grec, de la couleur.

AV SERVICE DES GRANS.

humeur de leurs valets, & les rebufades de leurs portiers, à qui il faut mesme donner de l'argent pour retenir vostre nom. Auec tout cela, Monsieur sera plusieurs iours sans vous regarder ; Que si vous estes si heureux qu'après vn long-temps il vienne à ietter les yeux sur vous, & à s'abaisser iusqu'à vous parler, alors vous croyez que vostre fortune est faite. Cependant, vous faites rire ceux qui sont presens, qui vous voyent tout interdit, dire quelque mot de trauers, & qui vous prennent pour vn lourdaut, ou pour vn faquin, qui n'a pas coûtume de parler à des personnes de condition : car ce que vous apellez pudeur, vn Courtisan l'apelle lâcheté & foiblesse. Vous vous retirez donc tout confus, & vous blâmez vous-mesme de trop de timidité. Enfin, après beaucoup de trauaux, non pas pour Helene ni pour Troye, comme dit le Poëte, mais pour deuenir esclaues ; Si la fortune vous rit, & que quelque Dieu vous soit fauorable, ou vous reçoit à faire preuue de vostre esprit. Vous ne manquez pas de prendre pour vostre sujet le Panegyrique de celuy à qui vous parlez ; Car les Grans sont bien aises d'entendre publier leurs loüanges. Alors comme s'il s'agissoit de la vie ou de l'honneur, il vous faut donner la gesne, pour faire quelque chose de grand & d'acheué, de peur de tromper son attente, outre qu'estant rebuté vne fois, personne après cela ne vous voudroit plus receuoir. Vous vous tourmentez donc en cent façons pour surpasser vos riuaux, & tremblez lors que ce Seigneur semble ne pas aprouuer ce que vous auez fait, ou le loüer foiblement & l'écouter auec negligence. Mais vous estes tout transporté, lors qu'il souſrit & qu'il fait mine de l'entendre auec plaiſir. Conſiderez cependant, quel creue-cœur c'eſt à vn honneſte-homme, qui eſt quelquefois deſia ſur l'âge, de ſubir l'examen d'vn ſot ou d'vn ignorant. Ajouſtez à cela, qu'on recherche toute voſtre vie, & qu'on vous contraint de répondre de toutes les fautes de vôtre ieuneſſe; car vous ne manquez pas d'enuieux qui les publient, ou par la malice, ou pour ſe mettre en voſtre place; & l'on croit plus aiſément le mal que le bien. Que ſi vous eſtes aſſez heureux pour ſurmonter toutes ces dificultez; Que perſonne ne vous trauerſe; Que le maître vous gouſte; Que ſa femme y conſente; Que vous ayez l'aprobation des amis & des domeſtiques: Alors vous penſez eſtre au deſſus de la fortune, mais vous n'eſtes encore qu'au bas de la rouë, car tous vos biens ne ſont qu'en imagination, & tous vos maux en éfet. Or il euſt eſté à propos, pour tant de peine que vous auiez priſe, que vous n'euſſiez pas remporté ſeulement vne couronne de laurier, mais du profit auſſi bien que de l'honneur. Car pour commencer par le feſtin de voſtre réception, permettez-moy d'apeller ainſi le premier repas que vos ferez chez ce Seigneur, vous y trouuerez plus de ſujet de mécontentement, que de ſatisfaction. Il viendra d'abord vn valet aſſez bien fait vous conuier, à qui il faudra donner quelque choſe, qu'il reſuſera du commencement, mais il le prendra à la fin, riant en ſoy-meſme de ce que vous eſtes obligé de luy faire des preſens pour eſtre compagnon de ſa ſeruitude. Vous vous parez, cependant, & mettez vos beaux habits, pour aſſiſter à vn feſtin où vous deuez perdre voſtre liberté. Il faut

AV SERVICE DES GRANS. 157

bien prendre vos mesures, pour n'ariuer ni trop tost ni trop tard; car l'vn est inciuil & l'autre importun. Le maistre, apres vous auoir bien receu, vous prendra par la main & vous fera asseoir au dessus de luy, pour vous faire plus d'honneur, & vous serez contraint de vous y mettre apres plusieurs contestations, & de prendre place parmy quelques amis qu'il aura apellez pour ce sujet. Alors, comme si vous estiez à la table de Iupiter, vous repaissez plus vos yeux que vostre estomac, à contempler tout ce qui se passe. Les autres ne sont pas moins curieux de voir comme vous vous y prendrez d'abord; quelquefois par ordre du maistre, pour remarquer si vous ne ietterez point quelques regards à la dérobée sur sa femme, ou sur ses enfans. Que si vous paroissez vn peu surpris, & déconcerté, on ne manquera pas d'en rire, & de vous prendre pour vn pédant qui n'auez pas accoustumé de hanter les compagnies. Car vous n'auez pas seulement la hardiesse de demander à boire, ni de toucher aux viandes, & atendez qu'on vous serue, ou auez l'œil sur vostre voisin, pour faire comme luy, de peur de commettre quelque inciuilité. Cependant, vous estes agité de cent diuerses pensées, & tantost admirez la magnificence de ce Seigneur, & auez pitié de vostre condition en la comparant à la sienne; tantost vous benissez vostre fortune d'estre prest à iouïr de cette felicité, & à faire des iours gras toute vostre vie. Vous tenez donc pour bien employez tous les trauaux que vous auez pris pour y paruenir. Là dessus, on se met à boire des santez, & quelqu'vn prenant vn grand verre, pour vous faire plus d'honneur, boit à la vostre, en vous donnant quelque titre qu'il croira vous

Ou, quelqu'vn au lieu de luy.

estre agreable. Mais quand c'est à vostre tour, vous ne sauez que répondre, & passez pour vn sot ou pour vn pedant. Vous ne laissez pas de donner de la ialousie aux anciens seruiteurs de la maison, qui voyent traiter auec tant de ciuilité vn nouueau venu. Il ne manquoit plus que cela à nostre seruitude, disent-ils; il n'y a plus rien à faire à Rome que pour ces gens-là, parlant des Grecs, & ie ne voy pas pourquoy l'on en fait tant d'état pour sauoir parler vne autre langue que la nostre. Atten, dit l'vn, cela ne durera pas long-temps, c'est vn balay neuf, qu'on iettera bien-tost derriere la porte; Ie ne luy donne que quatre ou cinq iours, aprés quoy ie le verray aussi bien que nous, regretter sa condition. L'autre ajouste, n'auez-vous pas remarqué comme il boit & mange goulûment, & qu'il ronge ses viandes iusqu'aux os. On voit bien qu'il n'a pas acoûtumé de faire bonne chere; Ie croy qu'il n'auoit pas son soul de pain. En vn mot, vous faites ce iour-là tout l'entretien de la famille, & c'est proprement vostre festin, car on n'y parle que de vous; & l'on se prépare desia à vous faire piéce. D'autre costé, comme vous auez plus bû & mangé que de coûtume, le ventre vous presse & vous voudriez estre dehors; mais il vaudroit mieux creuer que de faire quelque action mal seante. Cependant, comme le festin continuë, & qu'il ariue tousjours mets sur mets, & spectacles sur spectacles? car le maître du logis est bien-aise d'étaler deuant vous toute sa magnificence: Vous maudissez mille fois & le festin & les conuiez, & l'heure que vous auez iamais pensé à venir là, & voudriez à vn besoin, que le feu prist à la maison,

Coustume ancienne.

ou qu'il furuint quelqu'autre accident, qui obligeast la compagnie à fe retirer. Vous ne prenez donc plaifir à rien, & ne voyez pas, s'il faut ainfi dire, ce qui fe paffe, ni n'entendez la douceur des voix & des inftrumens, quoy que vous foyez contraint par bien-féance, de faire de temps en temps des exclamations, quand ce ne feroit que pour ne point paffer pour ftupide. Voila quel eft ce premier feftin tant fouhaitté, qui ne vaut pas le moindre repas qu'on fait chez foy. Car ce n'eft pas dans la multitude ni dans la diuerfité des viandes que confifte la bonne chere, mais dans la franchife & la gayeté. Ajoûtez à cela, le dégouft qui fuit voftre débauche, & les maux de tefte & d'eftomac que vous auez toute la nuit, auec des inquietudes qui vous empefchent de repofer. Cependant, il faut conuenir le lendemain du prix de voftre feruitude, en prefence de deux ou trois de ces Meffieurs qui ont foupé le foir auec vous, & lors que vous auez pris vn fiége, car on ne parlera pas à vous autrement, ce Seigneur commence ainfi : Vous voyez, Monfieur l'état de ma maifon, & comme tout y eft fans fard & fans artifice ; vous en deuez vfer de mefme, & croire que tout eft à vous. Car il n'y auroit point d'aparence que i'euffe quelque chofe de referué pour vne perfonne à qui i'ouure mon cœur & mon ame, & à qui ie donne la conduite de mes enfans & de moy-mefme. Mais puis qu'il faut quelque chofe de certain pour voftre entretenement, quoy que ie fache bien que ce n'eft pas ce qui vous meine, & qu'il ne faut pas grand' chofe à vn homme de Lettres ; ie vous prie de le dire franchement, & de ménager la bourfe d'vne perfonne qui vous aime, & qui a beaucoup d'autres dépenses à faire, comme vous voyez. Ie ne parle *Estrennes* point des presens que vous receurez icy, qui se- *&c.* ront pourtant assez considerables pour les mettre en ligne de compte, ni des faueurs que vous pouuez iustement atendre. Ces paroles démontent toutes vos esperances, & vous précipitent du faiste de la gloire où vous pensiez estre monté, dans l'abisme du neant. Vous demeurez donc quelque temps sans repartir, tant que flaté de l'espoir d'vne recompense incertaine, & de ce qu'il a dit en entrant que tout estoit à vous, quoy que ce ne fust qu'vn compliment; vous luy répondez tout confus, que vous n'auez garde de luy rien prescrire, & que vous ne voulez que ce qu'il luy plaira. Mais il ne l'entend pas ainsi, & vous presse de le dire; & sur vostre refus, il prie vn de ses amis de le faire, aprés luy auoir fait encore quelque préambule sur la grandeur & la necessité de sa dépense. Alors ce galant-homme, noûry toute sa vie dans les flatteries de la Cour, commence par le bon-heur que ce vous est d'auoir obtenu vne place si enuiée, & d'estre dans la maison & dans l'amitié d'vn des plus grands de Rome. Il dit que vous estes trop heureux, pourueu que vous le sachiez connoistre; Qu'il sait plusieurs personnes de Lettres tres-celebres qui donneroient beaucoup pour cela, bien-loin de demander quelque chose, à cause de l'honneur & du profit qui leur en pouroit reuenir. Là dessus il propose quelque apointement fort leger, particulierement si l'on a égard à vostre esperance, & vous estes obligé de vous en contenter, pour ne point contester honteusement sur des gages comme vn valet; outre qu'il n'est plus temps de reculer, & que vous estes pris. Vous passez donc sous le ioug, qui est assez doux d'abord ; car on ne vous veut pas desesperer, & l'on n'est pas encore las de vous, ioint qu'on a quelque respect pour vn nouueau venu. D'ailleurs, vous estes felicité de ceux de vostre connoissance, comme si vous auiez fait vne grande fortune, & admiré des sots qui vous voyent entrer librement dans le balustre, quoy que vous soyez bientost las de cét honneur, & que vous ne sachiez pas ce qu'on peut tant admirer dans vostre condition. Vous ne laissez pas pourtant de vous plaire à ces petits aplaudissemens, & de iuger de vostre bon-heur par l'opinion d'autruy. Vous aydez mesme à vous tromper, & vous flatez d'esperance que vôtre fortune augmentera tous les iours, encore que tout le contraire ariue, & que vous reconnoissiez à la fin ce que i'ay dit, que tous vos biens ne sont qu'en imagination, & tous vos maux en éfet. Vous demanderez, peut-estre, quels sont ces maux, & ce qu'il y peut auoir de si insuportable en cette condition ? Premierement, il faut renoncer à toute la gloire de vos Ancestres si vous en auez quelqu'vne, & conter ce iour-là pour le dernier de vostre liberté, & le premier de vostre seruitude. Ne vous ofensez pas du mot, puis que vous soufrez bien la chose, & tenez pour asseuré que vos seruices ne feront pas encore si agreables que ceux des autres, parce que vous vous y prendrez de mauuaise grace, n'y estant pas acoûtumé. Cependant, le souuenir de vostre liberté vous reuiendra dans l'esprit, & vous fera regimber quelquefois & porter plus impatiemment vostre esclauage. Si ce n'est que vous ne croyiez pas estre esclaue pour n'estre pas né en Bithynie, &

n'auoir pas esté vendu à son de trompe sur la place publique. Car il n'en estoit point de besoin, puis-que vous vous estes vendu vous-mesme, & que vous auez couru toute la ville pour chercher vn maistre. Ajoûtez à cela, qu'il faut tendre la main de temps en temps parmy les autres valets, pour receuoir vos gages quels qu'ils puissent estre. Mais dites-moy, miserable ; Car ie dois parler ainsi à vn homme qui se dit Philosophe, & qui ne l'est pas ; si vous auiez esté pris sur mer, & vendu par les Pirates, ne crîriez-vous pas contre la Fortune ? & si quelqu'vn vous vouloit entraîner dans la seruitude, n'imploreriez-vous pas le secours des Loix ? & ne prendriez-vous pas à témoin les Dieux & les hommes, pour montrer que vous estes né libre ? Cependant, pour peu de chose vous renoncez volontairement à la liberté, & encore à vn âge où vous deuriez songer à vous afranchir, si vous estiez né esclaue. Que sont deuenus tous ces beaux discours de la Philosophie qui mettent la liberté à vn si haut prix ? Vous la rendez esclaue elle-mesme, auec la Vertu & la Sagesse, & n'auez point de honte de les mesler parmy la canaille, & de leur aprendre à begayer vne langue étrangere pour les rendre ridicules. Vous mangez tous les iours auec vne foule de gens ramassez, où vous estes contraint de boire plus que vostre soul, quand il leur plaist, & de loüer ce qui ne vous plaist pas, pour vous leuer le lendemain dés le point du iour, au son d'vne cloche, & perdre la plus douce heure du repos, pour aller courir toute la ville auec vos bas crotez du soir. Estiez-vous réduit à vne si grande necessité, que d'estre contraint pour viure, de trahir ainsi vostre liberté & vostre honneur, ou si vous auez esté

Ou, vos iambes.

ébloüi de l'éclat de trompeur des Richesses, & charmé par l'odeur de la Cuisine? Vous portez donc maintenant tout à loisir la peine de vostre intemperance, & comme vn singe ataché à vn billot, vous seruez de iouët aux autres, tandis que vous vous estimez heureux, pour manger tout vostre soul de figues? Où sont tous ces beaux discours de Sagesse & de Vertu? vous les auez mis en oubly, aussi bien que vostre patrie & vostre race. Encore seroit-ce peu, si vostre seruitude n'estoit que honteuse, & que la peine n'y fut pas iointe à l'infamie. Mais considerons vn peu, si vos trauaux sont suportables, & s'ils diferent beaucoup de ceux des autres valets. Premierement, la passion que ce Seigneur auoit témoignée d'abord pour les Lettres, n'estoit qu'vne passion feinte ; car comme dit le Prouerbe, *Qu'a de commun l'asne auec la Lyre?* Pensez-vous qu'il se soit iamais rompu la teste pour découurir la sagesse de Platon, ou l'éloquence de Demosthene? Qui auroit banny du cœur des Grans l'auarice & l'ambition, il n'y resteroit que le luxe, l'ignorance, la mollesse & la brutalité. Pourquoy donc a-t-il voulu auoir vn Philosophe à sa suite ? parce que cela faisoit à sa vanité, & qu'il en aquerroit la reputation d'habile-homme. C'est pour ta barbe & ton manteau qu'il t'as pris, plustost que pour ta doctrine. Il veut passer pour sauant, ou du moins pour homme qui aime les belles Lettres, & qui se connoist aux bonnes choses ; c'est pourquoy il te fait suiure par tout, sans te donner vn seul moment de relâche. Quelquefois il t'entretient par la ruë, non pas de doctrine, car il ne sauroit ; mais de tout ce qui luy vient à la fantaisie, pour faire voir qu'il donne tout son temps à l'étude, &

à l'entretien des personnes doctes. Cependant, il te faut courir haut & bas, car tu sais comme la ville de Rome est faite, & troter aprés luy pour le suiure, iusqu'à ce qu'il entre chez quelqu'vn de ses amis, où pendant qu'il demeure enfermé, tu-és dehors à t'entretenir tout seul, & prens vn liure à la main, que tu lis debout, faute de siége. Enfin, la nuit vient que tu n'as quelquefois ni bû ni mangé, & as à peine le loisir d'entrer dans le bain pour souper sur le minuit, le reste des autres. Car on ne te fait plus le mesme honneur qu'auparauant, & l'on entretiendra en ta place vn nouueau venu, selon la coûtume des Grans, qui méprisent ceux qui sont à eux, & qui caressent ceux qui n'y sont pas. Tu te mets donc à table en vn coin pour estre témoin de ce qui se passe, comme si tu n'estois pas de la compagnie : Car tu ne bois plus du mesme vin, ni ne manges des mesmes viandes, mais on seruira au haut bout le gibier & la venaison, & deuant toy quelque pigeon maigre & sec, encore quelquefois te le prend-on pour le donner à vn autre, & l'on te dit à l'oreille, pour te consoler, que tu-és de la maison. Que s'il y a quelque morceau délicat, n'aten pas que l'on t'en serue, si tu n'és bien des amis de celuy qui tranche, où l'on te donnera quelques os couuerts de graisse, comme Promethée fit à Iupiter. N'est-ce pas encore vne chose insuportable, & qui fait enrager, quand on a tant soit peu de sentiment ; de voir que ceux qui sont au dessus de vous à table, laissent par mépris des viandes où vous n'oseriez toucher, & aualent le vin délicieux tandis que vous ne beuuez que du ginguet ; Encore n'en auez-vous pas tout vostre soul ; car souuent les valets ne font pas semblant de vous entendre, & tournent la teste de l'autre costé, quand vous demandez à boire. Mais en recompense, ils vous seruent tousiours dans quelque coupe d'or ou d'argent, afin qu'on ne voye pas la diference du vin. Ajoûtez à cela plusieurs autres déplaisirs, sur tout, quand vous verrez qu'on fera plus de cas d'vn Maquereau ou d'vn Violon que de vous; si bien que vous vous retirez à part tout triste, & maudissez le Destin, la Fortune, ou la Nature, de ne vous auoir donné aucun agrément pour vous faire aimer. Car vous ne sauez pas seulement faire vn bon conte, & estes mesme à charge lors qu'on se veut réjouïr. En vn mot, si vous voulez tenir vostre grauité, vous estes insuportable; & si vous voulez faire le plaisant, vous deuenez ridicule, comme vn Comédien, qui voudroit faire rire dans vn personnage de Tragédie. Vous en venez donc iusqu'à souhaiter d'estre Poëte au lieu de Philosophe, & à vn besoin Astrologue ou Magicien, à cause de l'estime que vous voyez faire de ces gens-là chez les Grans, à qui ils composent des chansons d'amour, & promettent des grandeurs & des richesses. Au defaut de cela, vous estes contraint de plier & de baisser la teste, parce qu'il ne faut qu'vn valet enuieux ou mécontent pour vous perdre, & pour vous acuser de ne trouuer pas que le page de Madame chante *Ou, dans-* bien, ou ioüe bien de la lyre, qui est vn crime *se.* irremissible. Il faut donc, en dépit que vous en ayez vous répandre en loüanges excessiues & afectées, & crier auec vn gosier sec comme les grenoüilles des champs. Car on atend tousiours de vous quelque flaterie délicate, qui témoigne vostre esprit & vostre complaisance. Mais ce que ie trouue de plus étrange, c'est de vous voir ainsi à ieun, couronné & parfumé comme ces sepulcres autour desquels on fait bonne chere, & qui n'ont pour leur part que des odeurs & des guirlandes. D'autre costé, quand le maître de la maison est vn peu ialoux, vous n'estes pas en seureté, si vous n'estes tout à fait desagreable, & estes contraint de baisser les yeux à table comme les Courtisans du Roy de Perse, de peur d'estre percé d'vn coup de fléche tout en beuuant. Car les Grans ont vne infinité d'yeux & d'oreilles, qui voyent & qui entendent, non seulement ce qui se passe, mais ce qui ne se passe pas. Quand donc le matin, ou lors que vous ne pouuez dormir, vous faites reflection là dessus, vous dites en vous-mesme, Miserable que ie suis, quelle felicité ay-ie quittée pour me plonger dans vn goufre de mal-heurs? Que sont deuenuës toutes ces belles esperances dont i'entretenois ma réuerie? Au lieu de la liberté, ie rencontre la seruitude, & pour le repos, ie trouue le tracas & le tumulte. Quand viuray-ie pour moy, apres auoir tant vescu pour autruy? On me traîne par tout emmuselé comme vn Ours, & ie sers de iouet à tout le monde, & de suplice à moy-mesme. Là dessus l'heure sonne, il faut retourner à son trauail ordinaire, apres s'estre graissé les iointures, afin de les auoir plus souples. Cependant, cette vie si contraire à celle que vous meniez auparauant, vous mine peu à peu, & entraîne apres soy plusieurs maladies; mais il ne faut pas laisser de faire bon visage, & de tâcher à vaincre son mal. Car si vous venez à vous relâcher tant soit peu, on dira que vous contrefaites le malade, pour vous exemter de vostre deuoir; de sorte que vous

deuenez

deuenez à la fin pâle & tranſi comme vn mort. Voila les maux de la ville. Que s'il faut aler à la campagne, ce ſont de nouuelles incommoditez. Car pour ne point parler des autres, il ſe trouue ſouuent que vous venez des derniers, ou à cauſe du mauuais temps, ou pour auoir atendu trop long-temps le chariot, ſi bien qu'en ariuant à l'hoſtel-lerie, vous ne ſçauez où coucher, ſi ce n'eſt auec le cuiſinier ou le côiffeux de Madame, qui vous donnent la moitié de leur lict, encore eſt-ce par vne grace particuliere. Ie te veux conter, à ce propos, ce qui auint à vn Philoſophe Stoïque qui demeu- *Theſmo-* roit chez vne Dame de condition, & des plus ga- *polus.* lantes de Rome, laquelle allant aux chams, le fit aſſeoir prés de ſon Mignon. Premierement, l'aſ-ſemblage eſtoit ridicule d'vn Muguet & d'vn Philoſophe; Et il les faiſoit beau voir tous deux à vne portiere, l'vn auec ſa mine graue, & l'au-tre paré & ajuſté en Courtiſane, qui à vn beſoin euſt porté vne côiffe pour ſe garder du haſle, & l'on dit qu'il le vouloit faire ſi l'on ne l'en euſt empeſché. Tout le long du chemin il ne fit que rire & chanter, à peine qu'il ne danſaſt en caroſ-ſe. Pour comble de bonne fortune, la Dame pria noſtre Philoſophe, comme le plus ſage de la compagnie, de porter ſa petite chienne, à qui elle craignoit qu'il n'arriuaſt quelque accident, à cauſe qu'elle eſtoit pleine, ce qui fit dire aſſez plaiſamment à ce Muguet, que de Philoſophe Stoïque il eſtoit deuenu Philoſophe Cynique, & il falut boire la raillerie de peur de l'acroi-ſtre en le défendant, & de ſe faire moquer de ſoy. Cependant, cela augmentoit la beauté du ſpectacle, de voir vn Philoſophe deſia ſur l'â-ge, auec ſa grande barbe, porter entre ſes bras vn petit chien qui paſſoit la teſte par l'ouuerture de ſon manteau, & s'amuſoit à leſcher ſa barbe où il eſtoit reſté peut-eſtre quelque goute de ſauce du ſoir precedent. On dit qu'il piſſoit meſme quelquefois ſur luy, & que la pauure beſte fit ſes petis dans ſon manteau. Voila les afrons que les gens de Lettres ſont contrains d'endurer chez les Grans, où l'on les accouſtume peu à peu à tout ſouffrir. I'en ay veu vn qu'on obligea de declamer en pleine table pour diuertir la compagnie, & l'on le railloit de ce qu'il ne haranguoit pas à l'eau, mais au vin; Toutefois pour le conſoler en quelque ſorte, on luy donna cinquante francs. Que ſi le maiſtre de la maiſon ſe meſle d'écrire en proſe ou en vers, ce vous eſt vn nouueau ſupplice. Car il ne manquera pas de vous lire ſes ouurages, meſme pendant le repas, & il les faudra admirer quand ils ſeroient pleins de ſoleciſmes, & prendre ſes fautes pour des figures de Rhetorique; ſi l'on ne veut courir la fortune des Courtiſans de Denis le Tyran, qu'il enuoyoit aux Carrieres lors qu'ils ne le loüoient pas aſſez à ſon gré, & les faiſoit paſſer pour des enuieux, ou pour des traîtres. D'autres veulent paſſer pour beaux; qu'il faut traiter d'Adonis & d'Hyacinthes, quand ils ſeroient les plus deſagreables du monde. Mais c'eſt bien pis quand les femmes font les ſauantes, & veulent auoir des Doctes auprés d'elles pour les entretenir tandis qu'on les coiffe, ou qu'elles dinent. Car s'il arriue alors quelque poulet de leur Galand, elles les plantent là pour y répondre, & il faut quitter tous ces beaux diſcours de Vertu & de Doctrine, tandis que Madame fait vne lettre d'amour. Que ſi elles vous font quelque miſerable preſent aux eſtrennes, il

Il a eſgard à la couſtume ancienne des horloges d'eau, dont on ſe ſeruoit dans le barreau.

C'eſtoit comme les Galeres parmy nous.

faudra pour action de graces leur faire vn Panegyrique, où on les comparera à tout ce qu'il y a de beau & d'iluftre dans toute l'antiquité ; Mais il ne faut pas oublier de donner quelque chofe au valet qui en porte le premier la nouuelle, quoy qu'il en vienne encore vne douzaine d'autres le lendemain fe faire de fefte, à qui il faudra témoigner d'en auoir l'obligation, bien qu'ils n'y ayent rien contribué, & leur faire quelque prefent, encore ne font-ils pas contens. Ajoûtez à cela que pour eftre payé de fes apointemens, qui font moins que rien, il faut faire la cour au Treforier ou à l'Intendant, fans parler de ceux qui ont l'oreille de Monfieur ou de Madame, & qui les gouuernent; car s'il vous arriue de les demander, vous eftes infuportable. Cependant, vous ne receuez rien que vous ne le deuiez long-temps auparauant au Tailleur, au Cordonnier, ou à l'Apoticaire ; fi bien que vous ne mettez rien en bourfe. Pour comble de mal-heur, vous eftes expofé à l'enuie & à la médifance : Car comme le maître commence à fe laffer de vous, qui vieilliffez, & deuenez vn peu pefant, il voudroit en eftre defia défait ; outre que vous luy eftes à charge, parce que vous atendez de luy quelque récompenfe de vos longs feruices. Il ne faut donc que le moindre faux raport pour vous perdre & pour vous faire chaffer mefme en plein minuit ; & alors de tous vos feruices il ne vous refte que la goute, ou quelqu'autre maladie incurable. Cependant, non feulement vous n'auez rien amaffé, mais vous auez mangé tout ce que vous auiez, & oublié tout ce que vous fauiez ; fi bien qu'il ne faut plus parler pour vous ni d'employ ni de fortune ; joint que vous eftes desja fur l'âge, & reffemblez à ces vieux cheuaux vſez de trauail, dont la peau meſme ne vaut rien. D'ailleurs, celuy qui vous a chaſſé, vous imputera quelque crime pour ſe iuſtifier, fuſt-ce celuy de magie, & on le croira aiſément, pour la haine qu'on porte aux gens de Lettres ; outre que la pluſpart ne pouuant ſe rendre recommandables par de bonnes qualitez, font ſemblant pour ſe faire eſtimer, d'auoir quelques ſecrets défendus, & l'on croit facilement les meſmes defauts de ceux qui ont la meſme flaterie & la meſme lâcheté. Ajoûtez à cela, que le maître de la maiſon a intereſt de vous perdre, de peur que vous ne réuéliez les ſecrets de ſa famille, comme chez les Grans il y a toûjours quelque choſe qu'il importe de cacher. Il ne vous reſte donc de tous vos trauaux que la Gourmandiſe, qui eſt vn monſtre inſatiable, qui à la fin vous déuorera lors que vous n'aurez plus dequoy luy donner. Pour acheuer le portrait de cette vie, à l'exemple de Cébes, ie voudrois pouuoir emprunter le pinceau d'Apelle, ou de quelqu'autre fameux Peintre de l'Antiquité ; mais à leur defaut ie tâcheray de m'en aquiter. Figure-toy la Fortune ſur vn thrône éleué, enuironné de rochers & de précipices, & à l'entour d'elle vne infinité de gens qui s'éforcent d'y monter, tant ils ſont éblouïs de ſon éclat & de ſes lumiéres. L'Eſperance richement parée ſe préſente à eux pour guide, ayant à ſes coſtez la Tromperie & la Seruitude, & derriere elle, le Trauail & la Peine, qui les exercent rudement, & aprés les auoir bien tourmentez, les abandonnent à la Vieilleſſe. Alors la Calomnie les empoignant les traîne en bas, nuds, honteux & dépoüillez, tenant d'vne main vn licou, & de l'autre couurant leur honte suiuis du Repentir qui les liure au Defefpoir, & c'eſt la fin du Tableau. Voila la peinture des Ambitieux; Confidere fi tu veux fuiure leur route, & entrer par la porte de la Gloire pour fortir par celle de la Honte. Mais quoy que tu faſſes, fouuien-toy du Sage qui dit, *Qu'à tort nous accufons le Deftin de nos malheurs, dont nous fommes cauſe nous-meſmes.*

DEFENSE DV DISCOVRS
PRECEDENT.

C'eſt vne Apologie pour foy-mefme, fur ce qu'ayant pris la charge d'Intendant de l'Empereur en Egypte, ou quelqu'autre femblable, il-femble auoir contreuenu à fes maximes.

IL y a long-temps que ie confidere, illuſtre Sabinus, ce que tu peux penſer de me voir entrer au feruice de l'Empereur, aprés auoir tant crié contre ceux qui entrent au feruice des Grans. Car ie m'imagine que tu ne t'és pû empeſcher de rire, & de dire ainfi en toy-meſme, Quoy! aprés auoir tant blâmé la feruitude, s'y ietter volontairement! A-t-il perdu le iugement ou la memoire, de démentir ainſi fes paroles par fes actions? Il faut qu'il ait eſté bien ébloüi de l'éclat de l'or, pour prendre des chaînes à cauſe qu'elles eſtoient dorées; & qu'on luy ait fait de grandes promeſſes, pour le faire changer d'auis à fon âge, & renoncer à la liberté qui luy eſtoit fi naturelle. Voila à peu prés ce que tu-as dit, à quoy tu ajoûteras peut-eſtre vn confeil d'ami. Tu fais, me diras-tu, que ton Difcours a eſté publié il y a long-temps,

& estimé de tous ceux qui l'ont veu, & particulierement des personnes doctes. Car outre qu'il est bien écrit, il explique clairement & agréablement la plus grande partie des défauts qui se rencontrent dans cette profession, & contient des préceptes tres-salutaires pour empescher les gens de Lettres de tomber en vn endroit assez glissant, & dans vn piége capable d'atraper les plus habiles. Mais puis que tu y es tombé toy-mesme, songe à suprimer de bonne heure ton Ouurage, & prie Mercure de donner, s'il se peut, à boire de l'eau du fleuue Léthé à tous ceux qui l'ont veu & oüi, de peur qu'on ne te reproche la mesme chose qu'à Bellérophon, d'auoir esté toy-mesme l'instrument de ton malheur. Car, pour te dire la verité, ie ne voy point de couleur pour te défendre, & ie te trouue bien empesché de répondre à ceux qui diront, Que tu parles comme vn Cesar, mais que tu n'agis pas de mesme, & que tu n'és libre qu'en paroles, mais que tu és esclaue en éfet. Ou bien l'on dira que ce n'est pas ton ouurage que tu as lû, & que tu t'és paré des plumes d'autruy comme la Corneille d'Ésope; ou que tu as fait comme ce Législateur des Crotoniates, qui apres auoir fait des loix sanglantes contre l'adultére, fut trouué couché auec sa belle-sœur, & se lança hardiment dans le feu, quoy qu'on vouluft changer son suplice en vn exil, & qu'il eut l'amour pour excuse, qui est vne passion qui triomphe des plus sages. Ainsi, apres auoir décrié le seruice des Grans, tu y entres en ta vieillesse, & és d'autant moins excusable que ta seruitude est volontaire & plus éclatante. On ne manquera pas de dire de toy ce vieux mot d'vne Tragedie, *Ie hais le sage qui n'est pas sage pour luy-mesme*, & de te comparer à ces

Bellérophon porta les lettres qui contenoient qu'on le fist mourir.

Salætho.

Acteurs qui se font admirer en la représentation des personnages des Dieux & des Heros, & ne sont pourtant que des faquins; ou au Singe de Cleopatre, qui aprés auoir dansé auec aplaudissement au son de la flûte en habit d'homme, renonça à toutes ces aclamations pour courir aprés des noix qu'on luy ietta. Ainsi ayant voulu faire le Législateur & donner des Loix aux plus Grans hommes, tu as montré que tu n'estois rien moins que cela, & que tu n'auois goûté la Philosophie que du bout des lévres. Tu portes donc iustement la peine de ton inconstance, d'entrer volontairement en seruitude, aprés auoir insulté si hautement aux malheureux que la pauureté contraint de seruir; Semblable à ce Charlatan, qui débitoit vn remede indubitable contre la toux, & en estoit tourmenté luy-mesme. Voila à peu prés ce que l'on peut dire contre moy; à quoy il est temps que ie réponde, aprés auoir fait des vœux à Mercure qui est le Dieu de l'Eloquence, afin qu'il me preste des paroles & des raisons pour me iustifier; sinon ie te suplieray comme vn grand Orateur, de supléer à ce qui manquera à ma défense. Mais par où commenceray-ie d'abord ? rejetteray-ie ma faute sur le Destin ou sur la Fortune qui sont les Arbitres du monde, & qui nous entraînent par force où il leur plaist; ou si quitant cette défence, comme trop foible & trop commune, Ie nieray que ce soit pour la récompense que ie me sois mis au seruice de l'Empereur, mais pour l'assister en la conduite de son Estat, & n'estre pas inutile au public, ou par l'admiration que i'auois de sa vertu. Mais i'ay peur, si ie dis cela, qu'on ne m'acuse d'aiouster la flaterie à l'inconstance, & de redoubler mon crime au lieu de le diminuer, si bien qu'il ne reste plus que de rejetter ma faute sur la necessité qui n'a point de loy, & de dire auec la Medée d'Euripide, Que ie voy bien que ie fais mal, mais que j'y suis contraint par la pauureté, dont les éguillons sont si poignans, que Theognis pardonne à celuy qui se noye ou se précipite pour les éuiter. Voila, à mon auis, ce qu'on peut dire en ma faueur ; Mais ne crains pas que i'employe de si foibles armes pour me défendre. La Famine ne sera iamais si grande dans Argos, qu'on y soit contraint d'aller cultiuer les deserts de l'Arabie, ni moy si mauuais Orateur, que d'auoir recours à vne si lâche défense. Prenons donc vne autre route, & considerons ensemble, s'il n'y a point quelque diference entre le seruice des Grans & celuy du Prince. Certes ces choses sont aussi éloignées que le ciel l'est de la terre : Car encore qu'il y ait par tout du seruice & de la récompense, la chose n'est pas semblable. L'vn est vn triste esclauage, l'autre vn commandement honorable, que l'on ne peut condanner sans blâmer tous les Magistrats & les Gouuerneurs des Prouinces aussi bien que les Generaux d'Armée, qui reçoiuent comme moy des apointemens du Prince pour le seruice qu'ils luy rendent. Il ne faut donc pas confondre des choses toutes diuerses, sous pretexte qu'on se sert d'vn mesme terme pour les exprimer, ni mettre en mesme classe tous ceux qui tirent quelque récompense du Public pour leurs trauaux & leurs veilles, autrement on en viendroit iusqu'à s'ataquer à la personne mesme de l'Empereur, comme ie diray tantost. Aussi n'ay-je compris dans ma censure que les gens de Lettres ; car encore qu'ils soient aux Grans comme nous sommes au Prince, & reputez de leur maison comme nous de celle de l'Empereur; ils n'ont pas pour cela part au Gouuernement. Si ie voulois donc reueler ma condition autant que tu la rauales, ie dirois, que bien loin de seruir, ie fais la charge du Prince en Egypte, & suis l'arbitre de la Prouince, en composant & décidant les diférens des particuliers, & veillant à l'obseruation des Loix dont i'ay en main l'interprétation. D'ailleurs, ie ne reçoy pas mes apointemens d'vn particulier, mais de l'Empereur; non pas des gages de valet, comme ceux dont i'ay parlé, mais des apointemens tres-confiderables. Ajoûtez à cela, qu'en m'aquittant bien de ma charge ie pourray passer à de plus grandes, au lieu que les autres demeurent esclaues toute leur vie. Mais ie passe bien plus outre, & dis, qu'il n'y a personne qui ne trauaille en quelque sorte pour la récompense, & que le Prince mesme n'en est pas exemt. Car sans parler des tribus qu'on luy paye, qui sont comme les apointemens de la Royauté; les Statuës & les Temples qu'on luy dresse, auec les loüanges & les benedictions qu'on luy donne, font le salaire & la recompense de ses soins & de ses veilles; de sorte qu'on pourroit dire, si ce n'estoit trop entreprendre, que son employ & le mien ne different que du plus & du moins, & qu'il y a la mesme proportion que du petit au grand. Veritablement, si i'auois posé pour fondement, comme quelques Philosophes, que le sage ne doit rien faire, on auroit sujet de m'acuser d'auoir contreuenu à mes Loix & peché contre mes maximes; mais si l'on doit s'employer à quelque chose, comme personne n'en peut douter, à quoy peut-on mieux s'ocuper qu'à rendre seruice à son Prince & à son païs? Ajoûtez à cela, que ie ne fais pas profession de cette haute sagesse que quelques

M v

rêueurs font confifter en la feule contemplation, mais d'vne fageffe humaine, conforme à noftre nature & à noftre befoin, qui veut qu'on foit vtile aux autres & à foy-mefme, fans eftre vn inutile faix de la terre, comme dit Homere. I'ay choifi donc vn employ qui eûft quelque proportion à ma capacité, & à l'eftude que i'auois faite toute ma vie, & où ie puis dire que i'auois aquis quelque reputation. Et veritablement, ie ne croy pas que tu me puiffes condamner, veu que tu fais ce que ie faifois en Gaule lors que tu y arriuas en vifitant les Prouinces de l'Occident; & comme i'y tenois rang parmy les plus celebres Rhéteurs, & receuois de grandes recompenfes de mon trauail. Ie t'ay écrit cecy au milieu de mes ocupations, pour me iuftifier auprés de toy, à caufe de l'eftime que ie fais de ton merite & de ton aprobation. Pour les autres, qu'ils me condannent tant qu'il leur plaira, c'eft dequoy Hippoclide ne fe foucie point, comme dit le Prouerbe Grec.

Il y a icy vn traité, fur ce que Lucien s'eftoit mépris en faluant quelqu'vn, & auoit dit le matin ce qu'on a couftume de dire le foir, comme qui diroit bon foir ou Adieu, pour bon iour, ou Dieu vous gard; Mais il ne fe peut traduire à caufe de diuerfes allégations, qui font renfermées dans la proprieté des termes Grecs, & qui n'ont point de raport à noftre façon.

HERMOTIME, OV DES SECTES.

Il se rit des promesses magnifiques des Philosophes, & montre que toute leur felicité n'est qu'une chimere, & que personne n'y est paruenu.

DIALOGVE

DE LYCINVS ET D'HERMOTIME.

LYCINVS. A Te voir aller si viste, Hermotime, auec ton liure sous le bras, tu vas sans doute chez ton Philosophe; Car tu remuës les lévres & faits des gestes de la main, comme si tu recitois ta leçon. N'est-ce point que tu repasses dans ton esprit quelque question épineuse ou quelque argument captieux, pour n'estre pas mesme inutile pendant le chemin, & faire tousiours quelque progrés dans la Vertu?

HERMOTIME. Il est vray que ie songeois à la leçon d'hier, pour ne point perdre le temps qui nous est si precieux. Car, comme dit Hippocrate, la vie est courte & l'art long & dificile; Que si cela est vray dans la Medecine, il l'est à plus forte raison dans la Philosophie, qui est beaucoup plus considerable, & où il ne s'agit pas de la santé, mais de la felicité de l'homme.

LYCINVS. C'est vne chose de grand prix, Hermotime; mais tu ne dois pas, à mon auis, en estre fort éloigné, si l'on en peut iuger par le long-temps qu'il y a que tu t'y appliques, & par la peine que tu prens depuis vingt ans, à frequenter les écoles, & à transcrire des leçons, toûjours courbé sur vn liure auec vn visage pâle & défait, & ne reposant pas mesme durant la nuict. Car ie croy que tu ne rêues à autre chose en dormant, ce qui me fait iuger, comme i'ay dit, que tu n'és pas bien loin du but, si tu n'y es desia arriué.

HERMOTIME. Ie ne fais que commencer, Lycinus, & tu sais que la Vertu demeure en vn lieu haut & reculé, comme dit Hésiode, & qu'on a beaucoup de peine à y monter par vn sentier rude & épineux.

LYCINVS. Mais n'as-tu pas assez sué & trauaillé en l'espace de vingt années?

HERMOTIME. Ie ne suis encore qu'au pied de la montagne.

LYCINVS. Mais qui a bien commencé, comme dit le mesme Poëte, a fait la moitié de l'ouurage; si bien qu'on peut dire que tu és desia vers le milieu.

HERMOTIME. Tu me flates, Lycinus, ie n'auance guere, parce que la montée est âpre, & difficile, & que ie n'ay personne qui me tende la main d'enhaut.

LYCINVS. Ton maistre n'est-il pas capable de t'enleuer iusques-là par ses discours, comme par la chaîne d'or de Iupiter; car y a long-temps qu'il est au sommet?

HERMOTIME. S'il ne tenoit qu'à luy ie l'aurois desia ateint; mais comme ie veux m'éleuer, ma nature basse & terrestre me rameine contre bas.

LYCINVS. Il faut prendre courage, Hermotime, sans perdre iamais de veuë son objet, pour s'animer dauantage, sur tout ayant vn si bon guide. Mais encore, quand te donne-t-il

OV DES SECTES.

esperance d'y arriuer? sera-ce aprés les prochains mysteres, ou du moins apres la grande feste de Minerue?

HERMOTIME. Tu prens vn terme bien court, Lycinus.

LYCINVS. Quoy donc! à la premiere Olympiade?

HERMOTIME. C'est bien peu encore, tant pour s'exercer dans la Vertu, que pour obtenir le souuerain bien.

LYCINVS. Pour le moins à la seconde, ou tu aurois bien peu de courage, de n'y pouuoir paruenir en autant de temps qu'il faudroit pour faire trois fois le tour du Monde, quand on s'amuseroit encore par le chemin. Le roc sur lequel elle habite est-il plus haut que celuy d'Aorne, qu'Alexandre emporta en bien moins de temps?

HERMOTIME. Ces choses n'ont point de raport, Lycinus; car quand dix mille Alexandres ioindront leurs forces, ils n'en viendroient iamais à bout. Il y a des millions d'hommes qui l'ont tenté vainement, dont les vns sont demeurez au bas de la montagne, les autres ayant commencé à grimper se sont lassez aussi-tost; Quelques-vns estant montez iusqu'au milieu, sont retombez en bas par leur pesanteur naturelle; Mais ceux qui ont assez d'heur & de courage pour vaincre les dificultez qui se rencontrent dans vne si longue carriere, iouïssent aprés d'vne souueraine beatitude, & regardent le reste des hommes comme des fourmis, tant ils sont éleuez au dessus d'eux.

LYCINVS. Grands Dieux! Hermotime, comme tu nous rauales! tu nous fais plus petis que des Pygmées; Il semble que tu triomphes desia dans le Ciel, tandis que nous rampons contre terre.

HERMOTIME. Plût à Dieu que ie fusse assez heureux pour ariuer à la Beatitude où i'aspire; mais il y a encore bien du chemin.

LYCINVS. Ne saurois-tu iuger à peu prés le temps qu'il faut pour cela ?

HERMOTIME. Non, mais peut-estre que dans vingt ans.....

LVCINVS. Vingt ans ! c'est beaucoup.

HERMOTIME. La recompense aussi n'en est pas petite.

LYCINVS. Ie le croy; mais as-tu lettres de viure iusques-là, desia vieux & cassé comme tu és ? & as-tu consulté là-dessus quelque Oracle ? où si ton Docteur est Prophete aussi-bien que Philosophe, pour t'asseurer que tu arriueras à bon port apres de si longues erreurs. Car il n'y auroit point d'aparence, de prendre tant de peine, & de hazarder son repos sur vn peut-estre.

HERMOTIME. Ne parlons point de cela, & prions seulement les Dieux que nous puissions viure vn moment dans la felicité.

LYCINVS. Tu bornes tes souhaits à bien peu de chose, pour tant de trauaux & de veilles. Comment sais-tu qu'on soit si heureux en ce païs-là, veu que tu n'y as iamais esté ?

HERMOTIME. Ie croy mon maistre, qui le sait.

LYCINVS. Et que dit-il encore ? la Beatitude est-ce vn tresor, ou quelque chose de semblable ?

HERMOTIME. Tes pensées sont bien basses, Lycinus, & bien indignes d'vn Philosophe !

OV DES SECTES.

LYCINVS. Mais quel plaisir est-ce donc, si ce n'est la Gloire ou la Volupté ?

HERMOTIME. C'est la Force, la Iustice, la Sagesse, la Temperance ; auec vne Science certaine & indubitable de tout ce qu'on peut sauoir. Pour les richesses, les honneurs, & les plaisirs, il s'en faut dépoüiller, comme fit Hercule sur le mont Eta de sa dépoüille mortelle, n'emportant auec soy que la parcelle de la diuinité, toute pure & sans mélange, apres auoir esté purifiée par le feu. Ainsi épuré par la Philosophie, & dépoüillé de tout ce qu'on auoit de terrestre, on monte dans le ciel de la Vertu, pour y iouyr d'vne felicité eternelle, sans se soucier des choses du monde ; non plus que de la bouë, & méprisant ceux qui les estiment.

LYCINVS. Par Hercule Etéen, Hermotime, tu as de hauts sentimens de la Vertu : Mais dy-moy, ceux qui y sont arriuez ne descendent-ils iamais du sommet où elle habite, pour conuerser icy-bas parmy les hommes, ou s'ils demeurent tousiours perchez là-haut, sans se soucier du reste ?

HERMOTIME. Oüy, rien ne les touche plus, ni gloire, ni grandeur, ni richesses, ni voluptez ; car ils sont afranchis de la tyrannie des passions.

LYCINVS. S'il m'estoit permis de dire la verité ; Mais ie ne croy pas qu'il soit honneste de rechercher trop curieusement la vie de ces Grans hommes.

HERMOTIME. Pourquoy ? dy hardiment ce qu'il t'en semble.

LYCINVS. Auec toute ta permission, ie n'y vais qu'en tremblant.

HERMOTIME. Ne crain rien, nous sommes seuls.

LYCINVS. Tandis que tu as parlé d'autre chose, ie t'ay laissé dire; Mais lors que tu as dit que les Philosophes ne se soucioient plus des choses du monde, & estoient afranchis de la tyrannie des passions, Alors, certes; mais n'y a-t-il point de danger de le dire? ie me suis souuenu de ce qui est arriué tout nouuellement à l'vn d'eux; Veux-tu que ie te le nomme?

HERMOTIME. Pourquoy non?

LYCINVS. C'est ton maistre qui est si haut éleué dans la Vertu, & dans vne vieillesse si venerable.

HERMOTIME. Et qu'a-t-il fait?

LYCINVS. Tu connois ce ieune étranger aux cheueux blonds, qui aime tant à disputer.

HERMOTIME. C'est Dion.

LYCINVS. Luy-mesme; Pour ne l'auoir pas payé à point nommé, il l'a pris au colet, & l'a traîné en Iustice; & si on ne luy eust ôté des mains ce pauure garçon, ie croy qu'il luy eust arraché le nez, tant il estoit en colere.

HERMOTIME. Pourquoy ne le paye-t-il pas aussi?

LYCINVS. Et quand il ne l'auroit pas payé, est-il d'vn homme consommé dans la Vertu, & qui a dépoüillé sur le mont Eta tout ce qu'il auoit de terrestre, d'en venir à cette extremité?

HERMOTIME. C'est qu'il a de petis enfans, à qui il faut trouuer du pain.

LYCINVS. Et que ne les entraîne-t-il apres soy là-haut, pour iouïr ensemble de la Beatitude?

HERMOTIME. Adieu, Ie n'ay pas le loisir de t'entretenir plus long-temps; il faut que ie me haste, de peur de perdre la leçon.

LYCINVS. Demeure, il y a congé aujourd'huy, si l'on en doit croire l'afiche qui est sur la porte.

HERMOTIME. D'où vient cela?

LYCINVS. C'est que ton Philosophe fit hier la débauche chez vn de ses amis, qui celebroit le iour de la naissance de sa fille, & aprés auoir bien bû & philosophé, il se prit de parole auec le Peripateticien Euthydême, qui soustenoit opiniâtrément les choses qui sont contestées entre vous; de sorte qu'il cria iusqu'à minuit, ce qui luy fit mal à la teste, outre qu'il auoit trop mangé pour vn vieillard. Il se mit donc au lict au retour, aprés auoir serré les viandes, qu'il auoit données à garder à son valet, qui estoit derriere luy à table, & pris garde s'il n'en auoit rien escroqué. On dit que depuis il n'a fait que dormir & ronfler, aprés auoir rendu gorge. *Eucrate.*

HERMOTIME. Ne sais-tu point qui a remporté la victoire?

LYCINVS. Ton maistre; quoy que ce n'ait pas esté, comme l'on dit, sans coup férir. Car comme l'autre est querelleux & opiniastre, & qu'il ne se vouloit pas rendre à ses raisons, il luy a ietté à la teste vne coupe grande comme celle de Nestor, dans laquelle il faisoit raison, & luy a fait vn grand abruuoir à mouche, & par ce moyen est demeuré victorieux.

HERMOTIME. Voila comme il faut traiter les les opiniâtres.

LYCINVS. Il est vray; car pourquoy iriter vn sage qui est roy de ses passions, & principalement ayant vn si grand verre à la main : Mais puis-que tu-és de loisir, Hermotime, ie te conjure de me dire qui t'a meu d'embrasser la Philosophie ; car tu me persuaderas peut-estre d'en faire autant.

Hermotime. Ha! si tu voulois, Lycinus, tu passerois en moins de rien tous les autres?

Lycinvs. Tu me flates. Ce seroit beaucoup si en l'espace de vingt années ie pouuois arriuer où tu és. Mais à quel âge as-tu commencé?

Hermotime. A quarante ans, qui est à peu prés celuy que tu as.

Lycinvs. Il est vray ; si bien que tu n'as qu'à me donner des préceptes ; mais dy-moy auparauant, s'il me sera permis de faire mes dificultez?

Hermotime. Pourquoy non ? dés à present si tu as quelque doute tu n'as qu'à le proposer ; car c'est le moyen d'aprendre.

Lycinvs. Courage, Hermotime, dy-moy, par Mercure, dont tu portes le nom ; s'il n'y a qu'vn chemin pour ariuer à la Vertu, ou s'il y en a plusieurs?

Hermotime. Plusieurs ; car il y a diuerses Sectes.

Lycinvs. Et disent-elles toutes la mesme chose?

Hermotime. Nullement ; elles sont toutes contraires.

Lycinvs. Mais la Verité ce me semble est vne?

Hermotime. Il est vray.

Lycinvs. Comment as-tu donc fait pour la trouuer, & pour découurir le droit chemin parmy tant d'autres qui égaroient. Apillon t'a-t-il seruy de guide comme il fit autrefois à Chérephon,

OV DES SECTES. 285

car il a coûtume de répondre à chacun ce qui luy est propre?

HERMOTIME. Ie ne l'ay point consulté sur ce sujet

LYCINVS. Est-ce que tu n'as pas crû la chose digne de consolation, ou que tu as pensé pouuoir bien choisir tout seul? Car il n'est pas question de sauoir ce que tu és maintenant, sage à demy, ou tout à fait ; mais ce que tu estois alors, c'est à dire vn ignorant comme moy.

HERMOTIME. I'ay crû estre assez habile pour cela.

LYCINVS. Mais comment as-tu fait pour découurir la verité qui est si cachée? enseigne-moy ton secret, afin que i'en puisse faire autant.

HERMOTIME. I'ay suiuy l'opinion commune.

LYCINVS. As-tu compté les voix, comme on fait dans les Eslections, pour sauoir qui en auoit le plus?

HERMOTIME. Non; mais tout le monde dit que les Epicuriens sont voluptueux ; les Peripateticiens pointilleux & auares ; les Platoniciens vains & glorieux ; les Pythagoriciens superstitieux ; les Cyniques sales & éfrotez ; il n'y a que les Stoïciens qui fassent profession d'vne vertu mâle & solide, & qui soient seuls sages, riches, iustes, & tout ce qui leur plaist.

LYCINVS. Mais sont-ce les autres qui disent cela d'eux, ou eux-mesmes ; car il n'y a point d'aparence de les prendre pour Iuges en leur propre cause?

HERMOTIME. Ce sont les autres.

LYCINVS. Qui? les Peripateticiens, les Platoniciens, & les autres Philosophes?

HERMOTIME. Non, mais le peuple.

LYCINVS. Pren garde que tu ne me trompes, & ne me veüilles pas enseigner la verité, car quelle aparence y a-t-il de prendre le peuple pour Iuge en des choses où il ne connoist rien ?

HERMOTIME. Ie ne l'ay pas pris pour Iuge, mais moy-mesme ; car voyant la grauité & la modestie des Stoïciens, tant en leur habit qu'en leur contenance, i'ay crû leur Secte la meilleure.

LYCINVS. Mais n'as-tu pas remarqué aussi leur orgueil, leur opiniâtreté, leur auarice, & crois-tu que pour estre vertueux ce soit assez d'aller vestu simplement, & de porter les cheueux courts, & la barbe longue ? Veux-tu que nous prenions desormais ces marques pour celles de la sagesse, & que si l'on n'est comme eux réueur & mélancolique, on ne soit pas raisonnable ? Tu dis cela, sans doute, pour m'éprouuer, & pour voir si ie seray assez sot pour te croire.

HERMOTIME. Pourquoy ?

LYCINVS. Parce que ce sont les statuës qu'on iuge par l'exterieur, & selon les diuerses manieres, on reconnoist celles de Myron, d'Alcamene ou de Phidias, mais s'il faloit iuger des Philosophes par là, que feroit vn pauure aueugle qui ne connoist rien à la mine ?

HERMOTIME. Nous n'auons pas afaire à des aueugles.

LYCINVS. Non ; mais il est question de trouuer vne marque certaine & indubitable, qui soit commune à tous, & par où l'on puisse dicerner le pretexte & l'aparence, d'auec la verité. Toutefois puis-que tu le veux, Que les aueugles soient exclus de la Philosophie, quoy que cela leur dût seruir de consolation pour la perte de leurs yeux: Mais pour les autres, quand ils seroient les plus clairs-voyans du monde, comment pourront ils iuger de l'interieur par la mine? Car la sagesse n'est pas vne chose qui paroisse au dehors, mais qui est renfermée au dedans, & qui se met en éuidence par le discours, & par des éfets semblables aux paroles. Ie te veux dire à ce propos ce que Momus reprit dans l'ouurage de Vulcain. Les Poëtes disent que ce Dieu eut vn iour contestation auec Neptune & Minerue touchant l'excellence de leur art. Neptune, pour son chef-d'œuure, fit vn taureau, Minerue vne maison, & Vulcain vn homme. Lors qu'ils furent deuant Momus qu'ils auoient pris pour Iuge, il n'est pas besoin de dire ce qu'il reprit dans les ouurages des autres, mais il blâma Vulcain de n'auoir pas fait vne fenestre au cœur de l'homme, pour voir si ce qu'il dit, s'acorde auec ce qu'il pense. Mais il en parloit en Aueugle; tu vois bien plus clair que luy, & tu n'aperçois pas seulement les pensées & les desseins, mais la bonté & la malice des hommes.

HERMOTIME. Tu railles; I'ay choisi à la bonne heure, & ne me repens point de mon choix.

LYCINVS. Mais ne me veux-tu pas communiquer ton secret pour m'empescher de perir comme les autres?

HERMOTIME. Rien ne t'agréra de tout ce que ie te diray.

LYCINVS. Ce n'est pas cela, mais tu ne veux rien dire qui m'agrée. Toutefois, puis que tu dissimule, & que tu m'enuies ce bon-heur, de crainte peut-estre que ie ne deuienne plus habile que toy; ie tâcheray de trouuer tout seul la verité, & de faire le choix le plus iuste & le plus équitable qui me sera possible.

HERMOTIME. I'en suis content ; car ce sera sans doute quelque chose digne d'estre sçeu.

LYCINVS. Ne te moque point de moy, si mon inuention est vn peu grossiere, puis-que tu ne me veux pas dire la tienne. Posons que la Vertu soit vne ville dont les habitans sont parfaitement heureux ; & comme ton maître, doüés de force, de iustice, de sagesse, de temperance, en vn mot semblables à Dieu. Qu'il n'y ait là dedans ni haine, ni enuie, ni rancune, ni violence ; rien que douceur, qu'amitié, que concorde, qu'vnion. Car ce qui fait les querelles & les diuisions parmy les hommes, en est banny ; l'orgueil, l'ambition, l'auarice, qui sont les pestes de la societé humaine ; de sorte qu'on y meine vne vie heureuse & tranquille, dans l'égalité, la liberté, l'équité, & les autres vertus qui font la félicité des Empires.

HERMOTIME. Et bien, Lycinus, tout le monde ne doit-il pas souhaiter d'estre citoyen d'vne si diuine Republique, sans se soucier de la peine qu'il faut prendre pour y paruenir, ni perdre courage pour la longueur du chemin, pourueu qu'on en puisse venir à bout ?

LYCINVS. Par Iupiter, Hermotime, ce doit estre là le but de tous nos desseins, pour lequel il faut négliger tous les autres, & ne se soucier ni de femmes, ni d'enfans, ni de patrie ; mais essayer par vn genereux éfort de les entraîner aprés nous, & s'ils nous retiennent, leur abandonner plustost le manteau pour estre plus libres. Car il ne faut pas craindre qu'on nous refuse la porte pour estre nus, & sans équipage. I'ay oüi autrefois vn vieillart discourir de cette contrée, & me conuier à le suiure, auec promesse de m'y faire receuoir pour Citoyen; mais ie ne le voulus pas croire, ou par ieunesse, ou par ignorance, dont ie ne suis pas à me repentir; car ie serois desia pour le monis aux faux-bourgs. Il disoit, ent'autres choses, s'il m'en souuient bien, que tous les habitans de cette ville estoient étrangers, & qu'il n'y auoit point de naturel du païs; mais que chacun y estoit bien venu sans distinction de richesse, de naissance, ou de dignité, pourueu qu'on fût adroit, laborieux, vigilant, pour pouuoir surmonter toutes les dificultez qui se rencontrent dans vne si longue catriere; car si-tost qu'on est arriué, on est égal à tous les autres.

HERMOTIME. Tu vois donc bien que ie ne me peine pas en vain pour y ariuer.

LYCINVS. I'ay le mesme desir, Hermotime, & il n'y a rien que ie ne fisse pour cela; mais comme elle est inuisible, & reculée des yeux des hommes, ainsi que tu dis aprés Hesiode, on a besoin d'vn bon guide pour la trouuer, de peur de s'égarer par le chemin. On ne manque pas de gens qui se vantent de le sauoir, & qui promettent d'y mener; mais ils tiennent des routes toutes contraires. Les vns vous conduisent par des lieux agréables, où vous trouuez du frais & de l'ombre; les autres par des deserts & des rochers, où vous estes brûlé des ardeurs du Soleil, & à demy mort de soif & de lassitude. Chacun crie neantmoins, que son chemin est le meilleur, & qu'il meine droit à la felicité; quoy qu'ils aboutissent à des lieux diferens : Et quelque route que vous teniez, vous trouuez toufiours à l'entrée vn homme de bonne mine qui vous tend les bras, & qui vous conuie d'y entrer, & dit que c'eſt le droit chemin, & que tous les autres vous égalent. C'eſt ce qui donne de la peine que cette multitude & cette diuerſité de chemins ; car on ne ſait lequel ſuiure.

HERMOTIME. Ie te veux tirer de doute, Lycinus ; car tu ne peux manquer de croire ceux qui y ont eſté.

LYCINVS. Qui ? mon amy, & par quel endroit ? Les guides ſont auſſi incertains que les voyes ; car celuy qui ſuit Platon, dit que le ſien eſt le meilleur ; l'Epicurien & le Peripateticien tout de meſme ; tu en diras autant des Stoïques ; chacun louë celuy qu'il a ſuiuy, mais ie ne puis ſauoir qui a raiſon. Ie voy bien qu'ils ſont tous ariuez quelque part ; mais ſi c'eſt à la ville que nous cherchons, c'eſt ce que ie ne ſay point ; & peut-eſtre qu'au lieu d'aller à Corinthe ou à Athênes, ils me meneront en Babylone. D'ailleurs, comme il n'y peut auoir qu'vn droit chemin, il ne faut pas peu d'eſprit ou de bon-heur, pour bien adreſſer, & il eſt dangereux de laiſſer aller ſes pas à l'auanture, & de mettre au hazard vne choſe d'où dépend noſtre felicité ; outre qu'il n'y a pas peu de danger d'abord à quitter le droit chemin ; car depuis qu'on eſt vne fois embarqué dans vn Vaiſſeau, on eſt contraint de ſuiure ſa route.

HERMOTIME. Quoy que tu puiſſes faire, tu ne trouueras point de meilleurs guides, ni de plus aſſurez que les Stoïques, & tu n'as qu'à ſuiure la piſte de Zenon & de Chryſipe, pour ariuer à Corinthe.

LYCINVS.

LYCINVS. Celuy qui suit Platon ou Epicure m'en dira autant, Hermotime ; si bien qu'il faut ou les croire tous, ce qui seroit ridicule, ou n'en croire pas vn, ce qui est plus seur, iusqu'à ce qu'on ait découuert la verité. Car posé qu'ignorant le meilleur chemin, ie suiue le vostre, Platon & Pythagore n'auront-ils pas sujet de me dire, Que t'auons-nous fait, Lycinus, pour nous condamner sans nous ouïr, & pour embrasser à nostre préjudice le party d'vn nouueau venu? Que leur répondray-ie, à ton auis? sera-ce assez de dire, I'ay crû Hermotime qui estoit mon ami? Ne diront-ils pas qu'ils ne connoissent point cét Hermotime, & ne sauent qui il est, mais qu'il ne faloit pas ainsi ajoûter foy à vn homme qui ne connoissoit qu'vne Secte, encore peut-estre ne la sauoit-il pas trop bien ; ni condamner toutes les autres, sans auoir examiné leur doctrine. Que les Legislateurs veulent qu'on entende les deux parties, auant que de prononcer sur leur diferent, & quand on ne le fait pas la Sentence est nulle, & il est permis d'en apeller. Si quelque Ethiopien, aioûteront-ils, n'estant iamais sorty de son païs, disoit que tous les hommes sont noirs, ne luy diroit-on pas qu'il a tort, d'assurer ce qu'il ne sait point? Pren donc garde qu'on ne te condanne, d'asiner qu'il n'y a point de meilleure Secte que la tienne, sans auoir éprouué les autres, & de faire vne regle generale pour tous les hommes, sans estre iamais sorty d'Ethiopie.

Zenon.

HERMOTIME. Mais pour auoir suiuy la doctrine des Stoïques, ie n'ignore pas celle des autres Philosophes ; car la regle du bien aprend à connoistre le mal, & au mesme temps que mon Docteur me dictoit son opinion, il me réfutois celle de Platon & d'Epicure.

LYCINVS. Mais Platon & Epicure ne se tairont pas, & diront; Tu-as vn étrange ami, Lycinus, qui croit à nos ennemis touchant les choses qui nous concernent, sans considerer que par erreur ou par malice ils peuuent déguiser la verité, & qu'il n'y a personne qui sache mieux nos opinions que nous-mesmes. Si quelqu'vn voyoit vn Athléte s'exercer tout seul auant le combat, & donner en l'air des coups de poin, le prononceroit-il pour cela victorieux, & ne luy diroit-il pas que pour remporter la victoire, il faut auoir terrassé son ennemi? Voila ce que te diront les Philosophes; mais Platon, qui a esté en Sicile, y ajoûtera peut-estre l'exemple de Gélon & de Syracuse, qui fut long-temps sans sauoir qu'il auoit l'haleine mauuaise, iusqu'à ce qu'vne Courtisane le luy aprit. Alors, il alla trouuer sa femme, tout en colere, & luy dit des injures de ce qu'elle luy auoit celé si long-temps vn defaut, où il eût pû aporter quelque remede. Mais elle s'excusa sur ce qu'elle croyoit tous les hommes faits de la sorte, n'ayant iamais pratiqué que son mary. Ainsi, Hermotime, celuy qui n'a veu que les Stoïques, ignore auec raison comme sont faits tous les autres.

HERMOTIME. Laissons-là, ie te prie, l'Ethiopien & la femme de ce Tyran, & considerons ensemble si la chose n'est point comme ie dis. N'est-il pas vray que si ie disois que deux fois deux sont quatre, ils ne seroit pas besoin d'assembler tous les Arithmeticiens du monde, pour sauoir si i'aurois raison, puis-qu'il ne se pourroit faire autrement, quand tous les Mathematiciens diroient le contraire?

LYCINVS. La chose n'est pas semblable;

Hermotime, car tu confons des choses qui n'ont point de raport, & compare ce qui est certain & dubitable auec ce qui ne l'est pas. As-tu iamais veu quelqu'vn qui doutast que deux fois deux fussent quatre, au lieu que les Philosophes ne s'acordent ni de la fin ni des principes ? Pren donc garde que tu n'argumentes mal ; car tandis qu'on est en dispute quelle Secte est la meilleure, tu vas l'attribuer tout d'vn plein saut à la tienne.

HERMOTIME. C'est que tu ne prens pas bien ce que ie dis : Posons que deux hommes soient entrez dans vn Temple, & qu'on ait perdu quelque vaisseau sacré, les faudra-t-il foüiller tous deux si on le trouue sur le premier ? ie croy que non. Ainsi, il n'est pas besoin de chercher ailleurs, ce qu'on rencontre chez les Stoïques.

LYCINVS. La chose n'est pas encore semblable. Car premierement, deux hommes ne sont pas seulement entrez dans le Temple, mais plusieurs ; si bien qu'il n'est pas necessaire que l'vn deux l'ait absolument. D'ailleurs, il n'est pas bien certain quelle est la chose qu'on a prise ; car tous les Prêtres du Temple n'en sont pas d'acord. Ils ne s'accordent pas seulement de la matiere, les vns disent qu'elle est d'or, les autres d'argent ou de cuiure ; c'est pourquoy il est necessaire de les foüiller tous pour le sauoir, & quand on auroit trouué quelque piece sur le premier, il ne faudroit pas laisser de deshabiller les autres, parce qu'on ne sait pas assurément si c'est celle-là qu'on a perduë, & que le vaisseau sacré n'a aucune marque pour le faire reconnoistre. Ce qui augmente encore la dificulté, c'est que tous ont quelque chose de diuers prix ; Mais il te faut éclaircir cela par vn autre exemple; As-tu iamais assisté aux Ieux de la Grece ?

HERMOTIME. Ouy, & en diuers lieux. Tout nouuellement aux Ieux Olympiques, i'eſtois à la gauche des Iuges, pour voir de plus prés ce qui ſe paſſoit.

LYCINVS. Sais-tu comme on fait pour aparier les combatans ?

HERMOTIME. Autrefois, quand Hercule y préſidoit, on prenoit des feüilles de laurier.

LYCINVS. Ie ne demande pas ce qui ſe faiſoit autrefois, mais ce qui ſe fait maintenant.

Quand le nombre des combatans eſt pair.

HERMOTIME. On prend vne vrne, dans laquelle on met des balotes de la groſſeur d'vne féve, où il y a écrit vn A, ou vn B, ou quelqu'autre lettre ſemblable, & touſiours deux de chacune. Alors, les champions s'auancent l'vn aprés l'autre, & font leur priere à Iupiter, puis mettent la main dans l'vrne ; mais le Heraut étendant ſa verge les empeſche de lire, iuſqu'à ce qu'ils ayent tous tiré. Auſſi toſt l'vn des Iuges, ou quelqu'autre, car il ne m'en ſouuient pas bien, prend la balote de chacun, & aparie ceux qui ont les lettres ſemblables : Que ſi le nombre des Athlettes eſt impair, celuy qui a la lettre vnique ſe bat contre le vainqueur, qui n'eſt pas vn petit auantage, parce qu'il vient tout frais au combat, contre vn qui eſt deſia laſſé.

LYCINVS. Areſte ; Voila ce que ie voulois. N'eſt-il pas vray qu'on ne ſauroit reconnoiſtre celuy qui a la lettre vnique que l'on n'ait veu toutes les autres ? Pour reprendre donc tous nos exemples ; comme on ne peut deuiner celuy qui doit combatre le dernier, ou qui a dérobé le vaſe, ou quel eſt le chemin qui va à Corinthe qu'on ne les ait examinez tous : On ne peut connoiſtre quelle est la meilleure de toutes les Sectes, sans les auoir toutes épluchées; puis-que si l'on en a oublié quelqu'vne, ce sera peut-estre celle-là qui aura trouué la verité. C'est ainsi que pour dire quel est le plus beau de tous les hommes, il faut les auoir tous veus; or c'est la beauté souueraine que nous cherchons.

HERMOTIME. I'en tombe d'accord.

LYCINVS. Et sais-tu quelqu'vn qui ait couru toutes les Sectes & examiné toute leur doctrine? car si cela estoit, tu nous deliurerois d'vne grande peine?

HERMOTIME. Il seroit dificile d'en trouuer.

LYCINVS. Que ferons-nous donc, Hermotime, perdrons-nous pour cela courage, ou si nous tâcherons de faire nous-mesmes ce que personne n'a encore fait, de tout voir & examiner? Si ce n'est que ce que nous auons dit y repugne, que depuis qu'on s'est vne fois embarqué dans vn vaisseau, il faut, en dépit qu'on en ait, suiure sa route, & qu'on n'ariue nulle part, quand on change à toute heure de chemin.

HERMOTIME. Il nous faudroit, comme à Thesée, le fil d'Ariadne, pour nous démesler de ce labyrinthe.

LYCINVS. Suiuons le conseil de cét Ancien, de demeurer sur la défiance, sans ajoûter foy à tout ce qu'on dit; & comme vn bon Iuge, donnons audience à toutes les parties l'vne aprés l'autre.

HERMOTIME. C'est bien-fait.

LYCINVS. A qui nous adresserons-nous le premier? Veux-tu que ce soit à Pythagore? Combien penses-tu qu'il faille de temps pour apprendre sa doctrine? seras-ce assez de dix ans, sans y comprendre les cinq années du silence; mais il en faudra donner autant à Platon, à Aristote, à Diogene, à Pyrrhon & à Epicure; sans parler des Stoïques, puis que tu-as tantost dit qu'à peine quarante ans sufiroient. Et pour montrer que ie n'en prens pas trop, il ne faut que te ressouuenir combien tu connois de Philosophes de toutes Sectes, qui ont plus de quatre-vingts ans, qui publient tout-haut qu'ils ne sont encore que des nouices. Si tu n'en veux croire Socrate, qui ne faisoit pas profession de tout sauoir, mais de ne sauoir rien. Cependant, cela fait cent ans, en prenant seulement dix Sectes.

HERMOTIME. Ie voy bien desia qu'il est impossible de les aprendre toutes.

LYCINVS. Que ferons-nous donc ? faudra-t-il renoncer à nostre maxime, de ne se point determiner qu'on ne les ait toutes épluchées ? Car si nous faisons autrement, nous marcherons en ténèbres, & broncherons à chaque pas prenant la premiere chose qui se presentera, pour la verité, faute de la bien connoistre; & quand nous l'aurons rencontrée, nous ne saurons pas assurément si c'est elle, parce qu'il y a plusieurs mensonges qui luy ressemblent.

HERMOTIME. Tu me mets fort en peine, Lycinus, & ie croy que ie suis sorty aujourd'huy de chez moy à la male-heure, veu que ie pensois estre desia bien auant dans la recherche de la Verité, & ie voy qu'il est impossible de la trouuer.

LYCINVS. Ce n'est pas à moy qu'il s'en faut prendre, mais à ceux qui t'ont mis au monde ou plustost à la Nature, qui ne t'a pas donné d'assez bons yeux, ni vne assez longue vie pour la découurir. Ie te diray seulement, qu'elle n'a pas tant d'éclat que le mensonge ; mais qu'elle parle plus librement; ce qui la rend souuent importune. Considere que tu t'és voulu mettre en colere contre moy, pour auoir leué vn peu le voile qui la couuroit. Mais si tu aymois vne statuë, & que ie t'eusse fait voir que tu n'en saurois ioüir, faudroit-il pour cela me prendre à partie, au lieu de me rendre graces pour t'auoir détrompé ?

HERMOTIME. Que ferons-nous donc, renoncerons-nous à la Philosophie ?

LYCINVS. Ie ne dis pas cela ; mais seulement que pour bien faire il faut reconnoistre & examiner toutes les Sectes, auant que de s'embarquer en pas vne, de peur de s'égarer en voulant prendre party. N'és-tu pas de cette opinion ?

HERMOTIME. Ie ne say que répondre, puis-qu'il faudroit pour cela viure autant que le Phénix; & qu'on ne se peut fier à des gens qui ne sont pas d'acord entr'eux, & qui se déchirent les vns les autres, ou par malice, ou par enuie, ou par ignorance. Mais si cela est, tu-és donc le seul qui ait découuert la verité ?

LYCINVS. Ie ne dis pas cela, mais que ie l'ignore comme les autres.

HERMOTIME. On pouroit dire, ce me semble, qu'encore qu'il fût necessaire d'examiner toutes les Sectes, pour sauoir quelle est la meilleure, il ne faudroit pas tant de temps pour cela ; puisque, comme dit le Prouerbe, on peut iuger par vn échantillon de toute la piece, comme Phidias iugea de la grandeur du lion à voir sa grife. Ainsi, en courant les principaux dogmes de chaque Secte, ce qu'on peut faire en peu d'heures, on verroit bien à peu prés ceux qui ont raison, sans vne recherche si curieuse.

Lycinvs. I'ay bien ouï dire, qu'on pouuoit iuger d'vne partie par le tout, mais non pas du tout par vne partie; & ton exemple ne conclud rien: Car Phidias n'eust pas iugé de la grandeur du lion par sa grife, s'il n'eust iamais veu de lion, comme à voir la main d'vn homme on ne iugeroit pas de qui il est, si l'on n'auoit iamais veu d'homme. Ainsi, tu ne peux bien sauoir ce qui est honneste, où consiste la felicité des Stoïques, que tu ne saches le reste de leur doctrine. Car encore que tu puisses aprendre en peu de temps leurs sentimens touchant la fin & les principes des choses, tu ne peux sauoir s'ils ont raison, que tu n'ayes examiné toutes leurs preuues, ce qui n'est pas l'ouurage d'vn iour. Autrement, pourquoy auroient-ils fait tant de volumes, pour prouuer ce peu de chose qui te semble si facile? Il vaudroit mieux, & ce seroit le plus court, de consulter quelque Deuin à chaque proposition, pour sauoir si elle est vraye, ou bien égorger des victimes, pour essayer de voir dans leurs entrailles ce qu'on ne peut voir dans son esprit. Mais si tu veux ie te donneray vne inuention plus facile & de moindre dépence, qui est de faire des marques qui portent emprint le nom de chaque Secte, & de tirer au sort la premiere qui viendra?

Hermotime. Cela seroit ridicule; mais comme ceux qui veulent acheter du vin, ne vont pas fureter tous les cabarets de la ville, mais quand ils en trouuent vn bon ils s'y tiennent, & ne boiuent pas tout le tonneau pour en iuger, mais se contentent de quelques goutes; Qui empesche de faire la mesme chose dans la Philosophie.

Lycinvs. Que tu-és glissant, Hermotime, quand on te pense tenir tu échapes; mais tu n'as rien fait, parce que tu compares encores des choses qui n'ont point de raport, & que l'vne est vn Tour dont les parties sont semblables, & l'autre non. Ie ne voy pas ce que peut auoir de commun le vin auec la Philosophie, si ce n'est que les Philosophes, comme les Cabaretiers, alterent & broüillent leur marchandise, & vendent à faux poids & à fausse mesure. Pren garde que la Philosophie ne soit plustost comme vn doux poison, qui ne donne pas la mort lors qu'on ne fait qu'en gouster, mais qui emporte ceux qui en veulent trop prendre, parce que la raison humaine est vn abysme, où l'on se perd, quand on le veut sonder trop auant. Mais prenons que pour examiner ces choses, il ne falust pas tant d'années, il faudroit tousiours pour cela vn iugement tres-exquis, que peu de gens ont; parce que les choses sont tellement broüillées & confuses, qu'on prend souuent le mensonge pour la verité, à cause qu'il luy ressemble. D'ailleurs, s'il faut arriuer à la felicité par la connoissance, voila premierement tous les enfans qui en sont bannis, puis, toutes les femmes, qui sont plus de la moitié du monde; car la façon dont elles se gouuernent, occupées aprés les soins du ménage, ne leur permet pas de penetrer dans ces mysteres. Il en faudroit encore bannir tous les vilageois & les artisans, qui ne sont pas capables d'vne si haute recherche; sans parler d'vne infinité de peuples, qui n'ont aucune connoissance des Lettres ni de la Philosophie. Il ne resteroit donc que fort peu de gens, encore ceux-là ne sont-ils iamais bien d'accord. Cependant, la felicité humaine doit estre vne chose facile à obtenir, & commune à tous les hommes. Ajoûtez à cela, que les plus habiles se trompent à toute heure dans la recherche de la Verité, semblables à des pescheurs, qui aprés auoir ietté leur filet, sentant quelque chose de pesant, pensent auoir pris bien du poisson, & trouuent que ce ne sont que des pierres. Ie dis dauantage, qu'aprés auoir couru toutes les Sectes, on ne peut sauoir encore si la Verité n'est point quelqu'autre chose que tout cela.

Hermotime. Comment?

Lycinvs. Si quelqu'vn, par exemple, prenoit vingt jettons dans sa main, & donnoit à deuiner combien il y en a, ne se peut-il pas faire que tous se trompassent au compte ? De mesme, en la Philosophie, l'vn dit que la felicité consiste dans la Vertu; l'autre dans la Volupté; celuy-cy dans le Sçauoir; celuy-là dans les Honneurs ou les richesses, ne se peut-il pas faire, comme i'ay dit, que ce ne soit rien de tout cela ? Mais nous nous hastons de courir, sans sauoir si nous sommes dans le chemin. Il faloit s'enquerir auparauant, si la Verité estoit le partage des hommes, & s'il y auoit quelqu'vn qui l'eust trouuée ?

Hermotime. Tu veux donc dire, que quand nous saurions tout ce qui a iamais esté dit sur ce sujet, nous ne serions pas asseuré de l'auoir !

Lycinvs. C'est vne consequence necessaire de ce raisonnement.

Hermotime. C'est donc peine perduë d'étudier en Philosophie ?

Lycinvs. Il le semble ; Car nous trouuons premierement, qu'il faut choisir quelle Secte est la meilleure, mais que pour cela il faudroit vn temps qui surpasse la vie de l'homme ; sans parler des afaires & des maladies, qui l'ocupent ou qui la trauerfent: Aprés, qu'il faut vn iugement tres-exquis; enfin, qu'il eft mefme incertain fi l'on peut trouuer la Verité. Il feroit donc befoin d'abord, de trouuer quelqu'vn qui nous aprift à la connoiftre; autrement, le premier impofteur fera de nous ce qu'il luy plaira, comme de l'eau répanduë fur vne table, que l'on conduit du doigt où l'on veut, ou comme vne giroüette qui tourne à tout vent.

HERMOTIME. Tu as raifon; il faut trouuer quelqu'vn qui nous l'enfeigne. Ie t'ay beaucoup d'obligation, de m'auoir abregé le chemin.

LYCINVS. Tu en és plus éloigné que iamais; car aprés auoir trouué quelqu'vn qui faffe profeffion de dicerner le vray d'auec le faux, il faut, pour luy ajoûter foy, eftre affeuré qu'il ne fe trompe point. Et qui prendrons-nous pour cela? car pour iuger d'vn habile homme, il faut eftre auffi habile que luy; & celuy-là aura befoin encore du témoignage d'vn autre, ce qui iroit à l'infiny. D'ailleurs, toutes les demonftrations qu'on publie, ne font ni certaines ni éuidentes, & prouuent fouuent des chofes douteufes par d'autres qui le font encores plus; fi bien qu'à l'exemple de ceux qui courent dans vn rond, on fe retrouue toufiours au lieu d'où l'on eft party.

HERMOTIME. Toute la peine donc que i'ay prife iufqu'à cette heure, eft inutile?

LYCINVS. I'en fuis bien fâché; mais tu as bien des compagnons, ce qui te doit feruir de quelque confolation; car tous les Philofophes fe tourmentent de ce qu'ils n'entendent point, & ont des defirs & des deffeins au deffus de leur portée. Tu fais donc comme vn homme qui se plaindroit de ce qu'on l'auroit éueillé au milieu d'vn songe agreable. Car lors que les Philosophes se promettent des montagnes d'or, & qu'ils font les Rois & les Dieux sur le papier ; si leur valet leur vient demander quelque chose des necessitez de la vie, ils se mettent en colere, comme si on les tiroit du ciel en terre, & de l'opulence à la pauureté. En vn mot, la Beatitude imaginaire que tu te figurois tantost, n'est guére diferente des Chiméres & des Hippogrifes, & autres fictions poëtiques, qui plaisent à l'esprit par la nouueauté. Comme donc Medée deuint amoureuse de Iason, sans l'auoir veû, tu t'és passionné pour vne chose que tu ne connoissois pas, & que tu ne pouuois obtenir. Et la cause de cela, vient, à mon auis, de ce que le premier qui se l'est imaginé, a esté assez adroit pour le persuader aux autres ; & personne ne s'est auisé de tourner la teste, pour voir s'il estoit dans le chemin, mais il a suiuy aueuglément la trace de ceux qui l'ont deuancé ; outre que chacun s'ennuye de sa condition, & croit tousiours trouuer la felicité en ce qui luy manque. Car nous sommes si promts, que sans nous enquerir dauantage si ce qu'on nous dit est veritable, nous nous laissons aler inconsiderément à la premiere opinion qui se presente, & sommes emportez aprés par la consequence des choses ; comme si nous auions acordé vne fois que deux fois deux sont cinq, on concluroit en suite que quatre fois deux sont dix, & cent autres absurditez. C'est ainsi que fait la Mathematique, qui aprés auoir basty sur des fondemens qui ne sont point, vne longueur sans largeur, vn point qui ne se peut diuiser, croit que le reste qu'elle enseigne sont des veritez infaillibles. Ainsi, aprés auoir acordé les principes de chaque Secte, nous sommes contrains de croire les consequences qu'on en tire, encore qu'elles soient fausses. Cependant, nous vieillissons dans nostre erreur, sans obtenir ce que nous cherchons, ni découurir l'imposture, & ceux qui la reconnoissent ont honte de se dédire en leur vieillesse, & de confesser qu'ils se sont trompez, & ocupez toute leur vie à des fadaises. Car s'ils auoüoient leurs fautes, ils ne seroient plus respectez comme auparauant. Que si nous en trouuons quelqu'vn qui ait la hardiesse de l'auoüer, celuy-là merite veritablement le titre de Philosophe ; les autres sont des Charlatans, qui ignorent la verité ou qui la déguisent. Mais posons que la Philosophie Stoïque soit la meilleure, encore faudra-t-il considerer si nous pouuons arriuer au but qu'elle nous propose, & si ce n'est point en vain qu'on y trauaille. Veritablement, elle promet beaucoup, Qu'on sera seul riche, sage, sauant, roy de ses passions; mais nous l'aprendrons mieux, si nous pouuons trouuer quelqu'vn qui y soit paruenu. En connois-tu de la sorte?

HERMOTIME. Non.

LYCINVS. Pourquoy donc se donner tant de peine pour ariuer en vn lieu, où, ni toy, ni ton maistre, ni le sien, ni pas vn de leurs deuanciers ne sont ariuez ? Tu ne saurois dire qu'il suffit d'en aprocher ; car celuy qui est à la porte, n'est pas plus dedans, que celuy qui en est à cent lieuës ; mais il a seulement plus d'inquietude, parce qu'il voit de plus prés ce qui luy manque. D'ailleurs, ie veux que tu sois fort proche, il y a desia tant de temps que tu trauailles, & tu dis qu'il te faut encore plus de vingt années : As-tu lettres de viure iufques-là, à l'âge où tu és ? Mais pofons le cas que tu y ariues, & que tu trouues ce que tu cherches, combien en ioüiras-tu ? C'eft comme fi quelqu'vn fe laiffoit mourir de faim, en trauaillant toufiours à aquerir de l'appetit. On dit que la Vertu confifte dans l'action, c'eft à dire, à viure iuftement, fagement, fortement ; mais vous autres Stoïciens, & quand ie dis vous, ie penfe dire les plus grans de tous les Philofophes ; laiffant-là les chofes effentielles qui ne font point conteftées, vous trauaillez à aprendre des termes barbares, & à faire des argumens cornus ; & celuy qui y eft le plus fauant, eft eftimé le plus habile. Ainfi quitant le fruit qu'on peut tirer de la Philofophie, vous vous atachez à l'écorce. N'eft-ce pas ce que vous faites dans vos écoles, depuis le matin iufqu'au foir ?

HERMOTIME. Il eft vray.

LYCINVS. Ne vous reprocheroit-on pas donc à bon droit, que vous prenez l'ombre pour le corps, & que vous courez toute voftre vie apres vn fantofme, quoy que vous penfiez faire vne chofe fort vtile ? Dy-moy, ie te prie, voudrois-tu eftre femblable à ton Precepteur, à la referue de la fcience ; auffi colere, auffi quereleux, auffi auare, auffi gourmand, auffi voluptueux, encore qu'il ne le femble pas ? Veux-tu que ie te die à ce propos ce que répondit l'autre iour vn fimple Bourgeois à vn Philofophe qui eft fuiuy de toute la ieuneffe ? Car comme il fe vouloit faire payer d'vn de fes écoliers, & luy reprochoit en colere, que le mois eftoit échû, fon oncle prenant la parole : Ceffe, luy dit-il, de croire que mon neueu t'ait fait vne grande iniure, si n'ayant acheté de toy que des paroles, il ne t'a pas si-tost donné de l'argent. Outre que tu n'as rien perdu de tout ce que tu luy as apris: ce que nous desirions le plus sa mere & moy, lors que nous le mismes entre tes mains, c'estoit de le rendre plus vertueux, & il n'est rien moins que cela. Car il a violé la fille de nostre voisin, & couroit fortune de la vie, si l'on n'eust acommodé l'afaire pour de l'argent. En suite, il a batu sa mere, qui l'auoit surpris comme il emportoit quelque chose de la maison, pour friponner auec ses camarades. Il n'y a que le mensonge & l'éfronterie, & autres vertus semblables où il a fait grand progrés, car il estoit beaucoup plus sage & plus modeste, quand nous te l'auons donné; Cependant, i'aimerois mieux qu'il eut apris à se corriger de quelques-vns de ses défauts, que cent sotises, dont il nous rompt la teste tous les iours, Qu'vn Crocodile a pris vn enfant, qu'il a promis de rendre pourueu qu'on luy die ce qu'il a resolu d'en faire; Que s'il est iour il n'est pas nuit; & autres semblables fadaises. Enfin, il ne dit rien que ce qu'on sait, ou qu'on ne veut pas sauoir, & croit quand il saura tout cela, que rien n'empeschera qu'il ne soit parfaitement sage, & qu'il ne considere le reste des hommes que côme des fourmis ou des mouches. Côme on reprochoit donc cela à ce Philosophe, il répondit, que la Philosophie luy auoit seruy de bride, & que s'il ne l'eût aprise, au lieu qu'il n'a fait que batre sa mere, il l'eût peut-estre tuée; Qu'il faut dire de luy ce que disent les nourices, quand elles enuoyent leurs enfans à l'école, *Que s'ils n'y font point de bien, ils n'y feront point de mal*: Que pour luy, il auoit fait ce qui estoit de son deuoir, & qu'on le fist interroger par vn Philosophe de leur Secte, qu'il le satisferoit sur tout. Voila ce que dit ce Docteur; mais pour toy, tu n'as pas apris la Philosophie pour t'empescher de deuenir pire, mais pour en deuenir meilleur.

HERMOTIME. Que veux-tu que ie te die? ie suis si touché de tes raisons, que ie regrette mille fois la peine que i'ay prise pour ne rien sauoir. Maintenant, que tu m'as dessillé les yeux, ie voy clairement la vanité des choses que i'ay admirées, & pleure le temps que i'ay perdu en des curiositez fâcheuses & inutiles.

LYCINVS. Il n'est pas question de pleurer; mais de prendre pour soy la consolation que donna le renard des fables, à celuy qui s'amusoit à conter les vagues, & qui s'estoit mépris au comte. Car il luy dit, qu'il n'auoit qu'à conter celles qui restoient, sans se mettre en peine de celles qui estoient écoulées, veu qu'aussi-bien il en estoit passé vne infinité de semblables auāt qu'il se mist à conter. Contente-toy donc desormais de viure comme les autres, sans faire des desseins au dessus de ta portée, ni auoir honte d'estre deuenu sage vn peu tard. Du reste, ce que i'ay dit, n'est point par vne haine particuliere que i'aye contre les Stoïques; au contraire, i'ay choisi leur Secte comme la principale, pour cōfondre en elle toutes les autres.

HERMOTIME. Ie te promets de changer maintenant, non seulement de vie, mais d'habit & de contenance, & d'en prendre vne plus reglée & plus humaine, pour faire voir que i'ay renoncé à toutes ces sottises, & plût à Dieu que ie pusse oublier tout ce que i'en ay apris. Ie prendrois volontiers pour cela de l'élébore comme fit Chrysipe, quoy que pour vn diferent sujet.

Cependant, ie t'ay beaucoup d'obligation de m'auoir détrompé ; il me semble que tu m'és aparû comme les étoiles de Castor & de Pollux, pendant la tempeste. A peine que ie ne me fasse couper les cheueux, comme ceux qui sont eschapez du naufrage ; ie fuiray à l'auenir la rencontre d'vn Philosophe, comme celle d'vn furieux ou d'vn chien enragé.

HERODOTE, OV AETION.

Il se sert des exemples d'Herodote & d'Aetion, pour iustifier sa conduite.

QV'ON seroit heureux de pouuoir imiter Herodote, ie ne dis pas en toutes ses perfections, car ce seroit vn trop grand souhait ; mais ou en la beauté du discours, ou en la grauité des Sentences, ou en la delicatesse de sa langue Ionique, ou enfin en mille autres auantages, qui font tomber la plume des mains de tous ceux qui le voudroient entreprendre. Mais ce qu'il fit lors qu'il sortit de son païs, peut estre imité aisément. Car aprés auoir deliberé en soy-mesme des moyens qu'il tiendroit pour se rendre ilustre, il crût qu'il seroit trop long de courir par toutes les villes, & se presentant aux ieux Olympiques où toute la Grece estoit assemblée, il recita son histoire auec tant d'aplaudissement, qu'on donna le nom de Muses à ses liures. Il deuint donc, en moins de rien, plus celebre que ceux qui auoient gagné le prix des jeux, & l'on crioit par tout, lors qu'il passoit, Voila celuy qui a si dignement chanté nos victoires, & celebré les auantages que nous auons remportez sur les Barbares. Par cet artifice il obtint l'aprobation generale dans vne seule assemblée, & au lieu d'vn Héraut qu'ont les autres victorieux, il eut toute la Grece pour Trompette de ses loüanges. Son exemple fut suiuy depuis par le Rheteur Hippias, qui estoit Grec, & en suite par plusieurs autres, qui se sont signalez de mesme par des harangues publiques. Mais il n'est point besoin d'aleguer les Anciens, puis que de nostre temps Aëtion exposa publiquement aux jeux Olympiques le tableau des amours de Roxane & d'Alexandre, ce qui luy aquit tant de réputation, que celuy qui presidoit aux ieux luy donna sa fille en mariage. Ce deuoit estre vn merueilleux tableau, direz-vous, pour éleuer vn Peintre à vn si haut degré d'honneur. Ie vous en veux faire la description pour en donner quelque idée à ceux qui n'ont point esté en Italie, où est maintenant vne si excellente piece. C'est vne chambre magnifique où l'on voit assise sur son lit Roxane toute éclatante de gloire, mais plus brillante encore par sa beauté, quoy qu'elle baisse les yeux de honte, pour la présence d'Alexandre qui est debout deuant elle. Mille petis amours soûrians voltigent autour, dont les vns léuent son voile par derriere, comme pour la montrer au Prince; les autres la deshabillent. Quelques-vns tirent Alexandre par le manteau comme vn ieune Epoux plein de pudeur, & le presentent à sa maistresse. Il met à ses pieds sa couronne, en la compagnie d'Ephestion, qui tient vn flambeau à la main, & qui s'apuye sur vn beau garçon qui represente l'Hymenée. Voila le principal dessein du tableau. A costé sont d'autres petis Amours qui folâtrent auec ses armes. Les vns portent sa

Prodicus Ceus, Anaximenes Chius, Polus Agrigentinus.

Proxenidés.

OVAETION.

lance, tout courbez comme des porte-faix sous vn fardeau trop pesant; les autres son bouclier, sur lequel il y en a vn d'assis, qu'ils meinent comme en triomphe, tandis qu'vn autre est en embuscade dans sa cuirasse, qui les atend au passage pour leur faire peur. Et cette galanterie n'est pas inutile, mais elle sert à faire voir l'humeur belliqueuse d'Alexandre, qui au milieu des plaisirs n'abandonnoit pas le soin de la guerre. Voila la description de ce chef-d'œuure, qui par la feinte réprésentation d'vn mariage, en produisit vn véritable. Maintenant, pour en faire l'aplication, ie diray qu'à l'exemple d'Herodote & d'Aëtion, voulant me faire connoistre à mon entrée dans la Macedoine, sans courre par tout en vne saison fâcheuse, i'ay choisi cette ilustre Compagnie, qui n'est pas composée d'vne vile populace, comme celle qui se trouue à des ieux, mais des plus Grands personnages de toute la Grece; & n'est pas assemblée dans les deserts de Pise sous des hutes & des cabanes, mais dans vne ville magnifique, où elle represente comme les Etats de la Prouince, si bien qu'elle ne cede en rien à la solemnité des jeux Olympiques. A la verité, si vous me comparez à ces deux Heros, ie seray fort peu de chose; mais en me considérant separément, ie meriteray peut-estre quelque estime.

Philosophes, Orateurs, Historiens.

ZEVXIS, OV ANTIOCVS.

C'est comme une Apologie de sa façon d'écrire, dont il y a desia quelque chose dans le Traité contre celuy qui l'auoit apellé Promethée.

COMME ie me retirois l'autre iour, aprés vous auoir lû mon ouurage, plusieurs de ceux qui l'auoient ouï m'aborderent, & m'ayant salüé fort ciuilement, me reconduisirent chez moy, auec des loüanges qui me faisoient rougir, & que i'aurois honte de raporter à d'autres qu'à mes amis. Ce qu'ils admiroient dauantage dans ma façon d'écrire, c'estoit la nouueauté de l'inuention, dont chacun raportoit quelque exemple qui l'auoit le plus touché; Car ils n'auoient point de sujet de vouloir flater vn étranger comme moy, de qui ils n'auoient rien à esperer ni à craindre. Ces loüanges, quoy qu'elles me chatouillassent l'oreille, me laissoient neantmoins quelque regret, en ce qu'ils sembloient n'admirer en mes ouurages que la nouueauté, comme on dit qu'vne chanson, quelque mauuaise qu'elle soit, est bonne quand elle est nouuelle. Ie disois donc en moy-mesme, Quoy! n'ay-je aucun auantage par dessus les autres, que de ne pas suiure leur route? N'y a-t-il pas du choix & de l'agencement dans mes paroles; de la force & de la delicatesse dans mes pensées; de la vigueur dans mon expression; de l'ordre & de la conduite dans tout mon discours? Voila ce qui est digne de loüange, & non pas la nouueauté, qui ne doit estre estimée que comme la bordure du tableau. Ie vous veux conter, à ce propos, l'hiſtoire de Zeuxis, qui a remporté la gloire du plus grand Peintre qui fut iamais, & qui ne s'amuſoit point à repreſenter des choſes ordinaires comme les autres, mais tâchoit touſiours de montrer l'excellence de ſon Art ſur de nouueaux ſujets. Entre tous ſes grands deſſeins, celui qui m'a le plus touché c'eſt la Centaure, dont i'ay veu vne copie à Athénes; car l'original fut emporté par Sylla, & perit ſur mer auec pluſieurs autres raretez de la Gréce. Ie vous la vais donc dépeindre, au moins mal qu'il me ſera poſſible, non pas pour pretendre la gloire d'exceller dans les deſcriptions, mais parce que l'étonnement qu'elle me donna a ſerui à me la mieux imprimer dans l'eſprit. C'eſt vne Centaure couchée ſur l'herbe, dont la partie animale eſt étenduë par terre, & celle qu'elle a de femme eſt releuée à demy & apuyée ſur le coude. Elle alonge les pieds de derriere, & trouſſe ceux de deuant, en recourbant l'vn, & pinçant la terre de l'autre, comme font les cheuaux quand ils ſe veulent redreſſer. Elle ſe panche vn peu ſur le coſté pour donner à teter à ſes petis, dont elle tient l'vn entre ſes bras, qu'elle alaite auec ſes mamelles de femmes, & l'autre eſt pendu à celles qu'elle a de caualle. Au haut du tableau, eſt le Centaure comme en ſentinelle, qui ne paroiſt qu'à demy, & leur montre vn fâon de lionne, qu'il a pris. Quoy qu'il ſemble ſoûrire, il a neantmoins la mine farouche & la perruque afreuſe, outre qu'il eſt preſque tout velu. Mais ſa femme, auſſi mignonne qu'il eſt ſauuage, a la moitié du corps de ces belles caualles de Theſſalie, qui n'ont point encore eſté domtées, & l'autre moitié de la plus belle femme du monde, hormis qu'elle a les oreilles droites & pointuës comme on les peint aux Satyres. Des deux enfans, l'vn est sauuage & velu comme le pere, l'autre plus doux & plus humain; & tous deux regardent, en alaitant, le lionceau, que leur pere éleue par dessus sa teste, comme pour leur faire peur. Ie laisse aux Peintres à admirer le docte mélange des couleurs aussi bien que leur aplication, la iustesse des proportions, la délicatesse des ombres, & la hardiesse du dessein, mais ce qui me toucha le plus, fut l'industrie de l'ouurier, d'auoir sceu mêler si adroitement deux natures toutes contraires, que le passage de l'vne à l'autre est imperceptible. Ce chef-d'œuure rauit d'abord tous ceux qui le virent; mais comme Zeuxis aperceut qu'ils en admiroient l'inuention, sans prendre garde à ce qui estoit plus considerable, il l'osta en colere du lieu où il l'auoit mis pour le faire voir. Auant que d'aproprier cét exemple à mon sujet, i'en veux encore raporter vn autre d'Antiocus Soter à la bataille qu'il donna contre les Galates. Comme ce Prince vit le grand nombre & le bel ordre des ennemis, il desespera de la victoire, & se preparoit desia à la retraite, ou à faire quelque méchant accommodement, lors que l'vn de ses Capitaines le rassura. Voyant donc la Caualerie ennemie qui venoit fondre sur luy, & l'Infanterie qui s'ouuroit pour donner passage aux chariots, il lâcha si à propos les Elephans qu'il auoit cachez exprés derriere les bataillons pour donner plus de terreur, que la Caualerie & les chariots épouuantez, se renuerserent sur leurs gens de pied; si bien que donnant là dessus on en fit vn carnage éfroyable. Mais comme les Macedoniens vouloient féliciter Antiocus de sa victoire, & poussoient en l'air des

Theodotas le Rhodien.

cris de ioye : N'auez vous point de honte, leur dit-il, de faire les vains pour le gain d'vne bataille, que vous deuez plûtoſt à la fortune qu'à voſtre valeur ? de ſorte qu'il ne fit peindre pour trophée qu'vn Elephant. Il ſeroit temps de faire l'aplication de ces deux Hiſtoires, ſi elle n'eſtoit aſſez viſible. Car vous voyez que ce qui me donne l'auantage, c'eſt ce dont ie faiſois le moins de cas, & qu'on eſt ſurpris de la venuë des Elephans & de la femelle du Centaure, ſans admirer ce qu'il y a de plus admirable. Ie ne le dis pas pour vous qui ſauez connoiſtre parfaitement ce qu'il y a de plus beau & de plus acomply dans vn ouurage ; mais pour ceux qui n'eſtiment que la nouueauté, ſans ſe ſoucier du reſte.

HARMONIDE.

Il ſe iuſtifie par l'exemple d'Harmonide de ce qu'il s'adreſſe au plus grand perſonnage du païs pour auoir ſon aprobation.

VN grand ioüeur de flûte demandoit vn iour à ſon maiſtre, apres auoir apris de luy tous les ſecrets de ſon Art, comment il feroit pour ſe rendre illuſtre : Car ie ne deſirerois pas, dit-il, ioüer auſſi bien de la flûte qu'Olympe ou que Marſyas, s'il n'y auoit point de gloire à aquerir ; & ie dis des Muſiciens ce qu'on dit de la Muſique, *Que celle qu'on n'entend point eſt inutile.* Timothée répondit à Harmonide, car c'eſt ainſi que s'apelloient le maiſtre & le diſciple, Qu'il ne luy faiſoit pas vne petite demande, & qu'eſtant impoſſible de ioüer deuant tout le monde, il faloit tâcher de gagner l'eftime de ceux qui eftoient capables d'en donner. Car les ignorans, dit-il, ont acoûtumé de s'en fier aux autres, comme dans les fpectacles chacun aplaudit aux Acteurs, mais peu ajugent la victoire. Harmonide ne fceut profiter de cét auis; car la premiere fois qu'il monta fur le Theatre public, il expira pour l'auoir voulu prendre d'vn ton trop haut, & mourut fans eftre couronné. Mais cela ne s'adreffe pas feulement à luy, c'eft à tous ceux qui fe veulent rendre iluftres dans quelque profeffion que ce foit. Ie me fuis donc prefenté à vous, pour me faire connoiftre, comme à celuy qui a l'aprobration génerale, & de qui les fentimens font la regle de tous les autres. Les Rois de Lacedemone n'auoient que deux voix dans le Confeil, mais vous les auez toutes, & vos réponfes font autant d'oracles, qu'on réuére d'autant plus qu'ils font toufiours clairs & falutaires. C'eft ce qui me raffure dans la grandeur de mon deffein; outre, que ie penfe eftre à vous en quelque forte, puis-que ie fuis d'vne ville dont vous auez pris la protection, & que vous auez comblée de vos faueurs tant publiques que particulieres. S'il ariue donc que ie n'aye pas affez de voix pour remporter le prix, Ajoûtez-y voftre fufrage, comme celuy de Minerue; Auffi bien, fi ie n'auois voftre aprobation, celle des autres ne me fufiroit pas; & fans elle, ie comte pour rien toute ma gloire. C'eft vous qui deuez aprendre à la pofterité ce qu'elle doit croire de mes ouurages, & ie m'adreffe à vous comme aux Dieux, pour confirmer la reputation que les hommes m'ont donnée, afin que i'aye plus d'affurance de paroiftre deformais en public; car il n'y n'y a plus d'assemblée à redouter à celuy qui a triomphé aux Ieux Olympiques.

LE SCYTHE, OV L'E'TRANGER.

Ce discours a quelque chose de semblable au sujet du precedent; car par l'exemple de Toxaris qui mena Anacarsis chez Solon comme à l'abregé de toute la Gréce, il s'adresse à ceux à qui il parle, pour auoir le suffrage public.

ANACARSIS n'est pas le premier qui vint de Sythie pour aprendre les Siences à Athénes, car Toxaris y auoit esté auant luy; mais il n'estoit pas comme l'autre de race Royale, ni de ceux qui portent des chapeaux, qui est parmy eux vne marque de grandeur; il estoit de ceux qu'on nomme à huit jambes, parce qu'ils n'ont que deux bœufs à leur chariot. Aussi ne retourna-t-il point en son païs, mais il s'habitua à Athénes; & quelque temps apres sa mort, on luy sacrifia comme à vn Heros, pour faire voir que les Grecs ont le pouuoir de deïfier, aussi bien que les Scythes, qui dépeschent tous les ans vn Ambassadeur vers leur Dieu Zamolxis. Car comme la contagion estoit grande à Athénes, la femme d'vn Senateur de l'Aréopage vit en songe Toxaris, qui luy commandoit de dire aux Athéniens, que pour faire cesser la peste il faloit arouser de vin l'entrée des maisons; ce qu'on fit, & la peste cessa. Soit que la vertu de cette diuine liqueur eust la force de purifier l'air, ou que Toxaris qui estoit sauant dans la Medecine, eust

C'est qu'ils ly sacrifioient to us les ans vn homme.

quelque secret là dessus qui n'est pas connu de tout le monde ; Tant y a que par forme de reconnoissance, on immole depuis, tous les ans, vn cheual blanc sur son sepulcre, d'où cette femme le vit monter ; car son nom fut reconnu par l'Epitaphe, quoy qu'à demy éfacée. Mais on voyoit vn Scythe graué sur la colonne, auec vn arc tendu en vne main, & vn liure en l'autre, & le liure & l'arc se voyent encore auec plus de la moitié du corps ; le reste a esté consumé par le temps. Ce tombeau est assez prés du Dipyle à main gauche en alant à l'Academie, & n'est pas fort magnifique, mais du reste ne manque iamais ni de fleurs ni de couronnes ; Car on dit que ce Heros guerit encore de la fiévre, ce qui n'est pas étrange, apres auoir guery toute vne ville de la peste. Mais pour venir au sujet pour lequel ie l'ay alegué, Toxaris viuoit encore lors qu'Anacarsis vint à Athênes, & le rencontra vn iour par la ruë tout interdit, comme vn étranger qui ne sait pas les mœurs du païs, & n'en entend pas la langue ; de sorte qu'il se repentoit d'estre venu, & se preparoit desia au retour. Il ne luy fut pas dificile de le reconnoistre, tant à son habit que parce que c'estoit vn des grands Seigneurs d'entre les Scythes ; si bien qu'il l'aborda, & luy demanda s'il n'estoit pas Anacarsis, ce qui le surprit tellement, qu'il laissa couler des larmes de ioye, de trouuer vn homme de connoissance en vn païs étranger. Il luy demanda donc son nom ne le pouuant reconnoistre à cause de sa longue absence, outre qu'il estoit vestu à la Grecque, la barbe rase, & sans épée, & qu'à son discours & a sa façon, on l'eût pris pour vn Athenien, tant il estoit changé depuis son départ. Comme il se fut nommé,

Anacarſis s'enquiſt ſi ce n'eſtoit pas luy qui auoit quité ſon païs & ſa famille, pour ſe venir établir en Grece, où l'on diſoit qu'il eſtoit maintenant en grande eſtime; & ſur ſa réponſe, ſache, luy dit-il, que ie ſuis l'vn de tes adorateurs, & que l'amour de la Grece m'a porté comme toy en cette Prouince, où i'ay beaucoup ſoufert depuis ma venuë, ſeruant de iolïet aux petis enfans par la nouueauté de mon habit; ſans parler des trauaux que i'ay endurez par le chemin. Ie te conjure donc par les Dieux, de me montrer ce qu'il y a de plus remarquable icy, & de m'aprendre les loix & les coûtumes du païs, & me donner la connoiſſance des grands hommes, qui eſt le ſujet de mon voyage, auſſi bien que du tien. C'eſt auoir bien peu de courage, luy dit Toxaris, de vouloir ſi-toſt quiter la Grece, aprés auoir tant pris de peine pour y venir; mais elle n'a que trop de charmes pout te retenir lors que tu viendras a la connoiſtre; Ie te donneray ſeulement vn ſecret pour aprendre en peu de temps ce que tu deſires ſauoir. Il y a vn iluſtre vieillard en cette ville qui a voyagé long-temps en Aſie & en Egypte, & conuerſé auec les Sages du païs; ſi bien que les Atheniens l'ont choiſi pour leur Legiſlateur, quoy qu'il ne ſoit pas fort riche. Si tu peux auoir ſa connoiſſance, tu verras en luy toute la Grece, puis que c'eſt comme vn abregé de tout ce qu'il y a de meilleur. Ne tarde donc pas dauantage, dit Anacarſis, à me le faire connoiſtre, & me meine de ce pas chez luy, mais ie crains qu'il ne ſoit dificile à aborder, & qu'il ne me rebute ſur mon nom. Ne crains point, dit Toxaris, ie t'aſſure du contraire, & qu'il ſera bien-aiſe d'obliger vn étranger comme toy; ſuy-moy ſeulement, & vien faire preuue en sa personne, de la courtoisie & de la generosité des Grecs. Mais le voila tout à propos qui s'auance tout rêueur, abordons-le. Reçoi ce présent de ma main, Solon, Voici l'vn des plus grands Seigneurs de mon païs, qui l'a quité pour te venir voir, & pour apprendre de toy les loix & les coûtumes de la Grece. Si ie te connois bien, tu ne tromperas point son atente ni la mienne, & d'vn hôneste Scythe tu en feras vn honneste Athénien. Sache, Anacarsis, que tu as en Solon Athénes & toute la Grece, & que si tu peux obtenir son amitié, tu ne seras plus étranger, mais connu & cheri de tout le monde, tant il y a de perfections renfermées dans ce seul homme. Sa conuersation te fera oublier ta patrie, & si tu cherches vn ami comme tu dis, tu trouueras icy le but & l'acomplissement de ton dessein; car c'est vn modelle de vertu, & l'image viuante de la Philosophie. Ren graces aux Dieux de ce que tu as trouué vn si grand tresor, & ne te plains plus de la fortune, ni ne regrettes les maux que tu as enduré en ton voyage. Il seroit long de dire combien ce présent plut à Solon, & ce qu'il répondit à des ofres si courtoises. C'est assez de dire qu'ils vécurent depuis dans vne parfaite intelligence, & qu'il aprit à Anacarsis tout ce qu'il sauoit, & luy donna la connoissance des plus grands personnages de la Grece. D'autre costé, Anacarsis ne le pouuoit quiter vn moment, tant il estoit charmé de son sauoir & de sa vertu; de sorte qu'il aprit en peu de temps tout ce qu'il desiroit, & se rendit tres-illustre, chacun croyant que s'il n'eust eu quelque ressemblance aux mœurs de Solon, il n'en eust pas fait son amy. Il est donc le seul des Barbares qui a esté initié dans les mysteres, & fait citoyen d'Athênes, si l'on en veut croire Theoxéne. Aussi ne retourna-t-il en son païs, comme ie croy, qu'aprés la mort de Solon. Maintenant pour dire ce qui m'a fait tirer Anacarsis de la Scythie, pour venir en Macedoine auec Toxaris & Solon, c'est qu'il m'est arriué la mesme chose qu'à luy, & ne croyez pas que ie die par vanité. Car les Syriens ne sont pas moins honnestes gens que les Scythes, & ce n'est pas en noblesse ni en grandeur que ie me veux comparer à Anacarsis ; mais en ce que ie me trouuay tout surpris, en arriuant icy ; tant de la beauté & de la grandeur de la ville, que de la multitude & de la splendeur de ses habitans ; de mesme que Telemaque fut remply d'étonnement & d'admiration en voyant le palais de Menelaüs. Car comme i'auois enuie de me faire connoistre par quelque ouurage ; puis-que ie ne pouuois mieux faire paroistre mon esprit qu'en ce lieu? & que ie manqueroient de ceux qui estoient le plus en estime, pour m'adresser à ceux & pour implorer leur protection ; ie ne trouuay pas seulement vn Toxaris, mais plusieurs ; qui aprés m'auoir dit le grand nombre d'honnestes gens dont cette ville estoit remplie, ajoûterent, qu'il y en auoit deux principaux tant en noblesse qu'en credit, qui pouuoient disputer de sauoir & d'éloquence auec les plus grands personnages de la Grece, & estoient également cheris & estimez de tout le monde. Pour leur courtoisie & le reste de leur vertus, il n'est point besoin, dirent-ils, de vous en parler ; car vous les reconnoistrez assez vous-mesme. Il sufit de vous dire que l'vn est le pere & l'autre le fils, & que le premier peut estre comparé legitimement à Solon, à Periclés ou à Ariſtide, & l'autre à Alcibiade; puis-qu'il a comme luy les façons aymables & attrayantes, ſans parler des auantages de ſa taille & de ſa bonne mine. Toute la diference qu'il y a, c'eſt que la Grece ſe repentit d'auoir aimé l'autre, & que l'amour qu'on a pour celuy-cy augmente tous les iours auec ſon eſtime. Enfin, c'eſt l'honneur de ſon païs, & les délices de tout le monde. Si-toſt qu'il ouure la bouche pour parler, il rauit chacun en admiration; ſi bien que vous n'auez rien à deſirer ſi ſon pere & luy viennent vne fois à vous receuoir dans leur amitié. I'ateſte les Dieux que voilà quel eſtoit le ſentiment general, mais ie n'ay plus que faire du témoignage des autres, aprés l'auoir reconnu moy-meſme, & ie trouue ſeulement qu'on n'en a pas aſſez dit. Il ne faut donc point tarder dauantage à gagner leurs bonnes graces, puis-que leur amitié nous doit ſeruir d'abry contre la tempeſte, comme les eſtoiles de Caſtor & de Pollux ſi fauorables aux Nautonniers.

COMMENT IL FAVT ESCRIRE L'HISTOIRE.

Le titre ſert icy d'Argument.

ON dit que ſous le regne de Lyſimachus les habitans de la ville d'Abdere furent tourmentez d'vne fiévre chaude tres-violente, qui finiſſoit le ſeptieſme iour par vne perte de ſang ou vne ſuëur. Mais ce qu'il y auoit de plus étrange, c'eſt que tous ceux qui en eſtoient ateints recitoient des Tragédies, & particulierement l'Androméde d'Euripide, d'vn air graue

& d'vn ton lugubre, & toute la ville estoit pleine de ces Comediens faits à la haste, qui tout hâues & défigurez, s'écrioient, *O amour, Tyran des Dieux & des hommes!* & ioüioient le reste du rôle de Persée fort mélancoliquement; ce qui dura iusqu'à la venuë de l'Hiuer qu'vn grand froid emporta toute cette frenésie. Ce mal venoit de ce que le Comedien Arquélaüs qui estoit en grande vogue en ce temps-là, auoit ioüé cette Tragédie auec aplaudissement, dans les plus ardentes chaleurs de l'Esté; de sorte que plusieurs au retour du theatre se mirent au lict, & le contrefaisoient le lendemain, ayant l'esprit encore tout plein de ses termes tragiques & empoulez. Vne maladie assez semblable a gagné depuis peu nos beaux esprits, qui depuis la défaite d'Armenie, & les victoires remportées en suite sur les Barbares, ne se peuuent tenir, non pas de ioüer des Tragédies, car il ne seroit pas desagréable d'ouïr reciter de beaux vers, mais d'écrire l'Histoire; & l'on ne voit plus que des Xenophons, des Hérodotes & des Thucydides; ce qui iustifie le dire de cét Ancien, *Que la guerre est mere de tout*, puis-qu'elle produit mesme les Historiens. A l'exemple donc de Diogéne, qui à la venuë de Philipe voyant les Corintiens employez, les vns à reparer leurs bresches, les autres à nétoyer leurs armes, s'amusoit à rouler son tonneau, pour n'estre pas le seul oisif dans vne ville si ocupée: I'ay pris la plume, afin de ne pas faire dans la Comédie vn personnage muët, ni me taire tandis que tous les autres parlent. Ie ne suis pourtant pas si temeraire que d'entreprendre d'écrire l'Histoire, ie craindrois trop de donner à trauers quelque banc ou quelque écueil caché sous les

Il vouloit dire la discorde des Elemens.

ondes, qui brisaft mon fresle vaisseau. Ie veux seulement donner quelque auis à ces nouueaux Ecriuains, quoy que la pluspart ne croyent pas en auoir besoin, & qu'ils se figurent qu'ils n'y a qu'à sauoir s'expliquer passablement pour deuenir bon Historien. Mais tu sais bien le contraire, mon cher Philon, & qu'il n'y a guere de chose plus dificile, si l'on veut trauailler, comme dit Thucydide, pour l'Eternité. Ie say bien que ie ne feray pas plaisir à ceux qui ont desia publié leur souurages, auec les aclamations acoûtumées; mais cela leur pourra seruir vne autrefois à décrire les guerres étrangeres, puis-qu'en l'état qu'est maintenant l'Empire Romain, il n'y a rien qui l'ose choquer. Que s'ils ne veulent pas receuoir instruction, ie ne m'en soucieray pas beaucoup, & quand tous les Abdérites auroient la fiévre chaude, le Medecin n'en fera que rire. Or comme tous les préceptes concernent ce qu'on doit faire & ce qu'on doit éuiter, ie commenceray par ceux-cy, sans m'étendre aux autres qui sont communs à toutes les productions de l'esprit, & qui concernent l'ordre, la pensée & l'expression; mais ie me renfermeray dans ceux qui sont propres à nostre sujet. Premierement, quelle faute ne font point ces nouueaux Docteurs, lors qu'au lieu de raporter simplement les choses comme elles se sont passées, ils s'étendent dans le blâme ou la loüange des Chefs, & font vne Satyre ou vn Panegyrique au lieu d'vne Histoire; sans considerer que ces choses sont éloignées l'vne de l'autre, comme le ciel l'est de la terre. Celuy qui loüe n'a autre but que de resioüir, & ne se soucie pas de le faire au prejudice de la verité; mais le moindre mensonge corrompt la nature de l'Histoire,

& fait d'vne verité vne fable. L'Histoire ne s'acorde pas plus auec la Poësie, qui n'a pour bornes que la fantaisie du Poëte, dont la raison s'apelle fureur. Mais elle est plus chaste & ne peut employer les ornemens de la Poësie, non plus qu'vne honneste femme ceux d'vne Courtisane; d'autant plus qu'elle n'emprunte pas le secours des Fictions, & n'a pas les figures & les mouuemens qui transportent l'ame & qui la mettent hors de son siege. Si vous y meslez donc trop d'ornemens, vous la rendez semblable à Hercule vestu des habits d'Omphale, qui est la derniere extrauagance. Ce n'est pas qu'elle ne puisse quelquefois employer les loüanges auec grace; mais elle y doit estre fort retenuë, & se souuenir tousiours que son but n'est pas de plaire, mais d'instruire; & qu'elle ne trauaille pas tant pour ceux qui sont à present, que pour la posterité. Ceux-là donc s'abusent qui diuisent l'Histoire en deux parties, l'vtile & le delectable, & pour cela y comprennent les loüanges. Car l'Historien ne doit auoir pour but que l'vtilité qui se tire d'vne narration veritable, & s'il mesle quelque agrément dans son ouurage, il ne faut pas que ce soit pour en corrompre la verité, mais pour la faire mieux receuoir. Or ce qui sent trop la flaterie dégouste vn honneste homme au lieu de le réjoüir; & c'est celuy-là qu'on se doit proposer de contenter sans se soucier des autres. Car quand on plairoit à quelques-vns, les gens d'esprit s'en riront, parce qu'ils sauent que la perfection de chaque chose consiste dans sa nature, & que si vous l'en tirez, vous faites vn monstre, au lieu d'vn miracle. Ie laisse à part que les loüanges ne sont d'ordinaire agréables qu'à ceux qu'on loüe, encore faut-il pour plaire qu'elles sont bien delicates ; mais elles sont insuportables à tout le monde, lors qu'elles contiennent des hyperboles excessiues & des flateries manifestes. Plusieurs, neanmoins, qui ne les sauent pas aprester, & n'ont pas la grace de l'agencement, se contentent d'assembler plusieurs choses incroyables, sans leur donner seulement la teinture de la verité ; mais bien loin de plaire ils fâchent mesme ceux qu'ils cajollent, s'ils ont tant soit peu de pudeur. On dit à ce propos qu'Aristobule l'vn des Capitaines d'Alexandre, lisant vn jour à ce grand Prince de qui il a écrit l'Histoire, la bataille contre Porus, où il mesloit des flateries extraordinaires, Alexandre qui nauigeoit alors sur l'Hydaspe, ietta le liure dans la riuiere, & luy dit qu'on luy en deuroit faire autant, d'estre si éfronté que d'attribuer de faux exploits à Alexandre, comme s'il n'en auoit pas assez fait de veritables. Colere bien iuste & bien conforme à vne autre action de ce Prince, lors qu'il rebuta l'Architecte qui vouloit tailler le mont Athos à sa ressemblance, & faire que d'vne main il tinst vne ville, & de l'autre il versast vn fleuue. Aussi depuis ne se seruit-il plus d'Aristobule, apres auoir reconnu sa flaterie & sa lâcheté. Car quel plaisir y a-t-il d'entendre de fausses loüanges, si l'on n'est de l'humeur des femmes, qui veulent qu'on les peigne plus belles qu'elles ne sont, comme si cela corrigeoit leurs défauts, ou qu'elles en fussent plus saines, pour auoir le teint meilleur dans leur tableau. Cependant, la plufpart des Historiens modernes font cette faute, sans se soucier de la posterité à qui ils rendent leur Histoire suspecte par ce défaut. Si l'on doit donc y mesler de l'agrément, il faut, comme i'ay dit, que ce soit de celuy que la verité eſt capable de receuoir, & non pas de faux ornemens, comme i'en ay remarqué depuis peu dans ces nouueaux Hiſtoriens ; & ie te prie de ne point eſtimer ce que ie diray incroyable, pour eſtre ridicule ; car ie t'en ferois ſerment à vn beſoin, s'il eſtoit honneſte de iurer dans vn liure. L'vn commence ſon Hiſtoire par l'inuocation des Muſes, & les prie de fauoriſer ſon deſſein; & pour acheuer comme il a commencé, il compare l'Empereur à Achille, & le Roy de Perſe à Therſite, ſans conſiderer qu'il luy feroit beaucoup plus d'honneur de cõparer ſon ennemy à Hector, pour rendre ſa défaite plus illuſtre. Il ajoûte à cela vne loüange de ſoy-meſme & de ſa patrie, pour montrer qu'il eſt digne d'écrire l'Hiſtoire, & marque en paſſant que ſi Homere l'euſt fait, il euſt ſauué vn grand procés aux Grammairiens, qui s'entrebatent maintenant ſur ce ſujet. Il finit ſon exorde par vne proteſtation de raualer les auantages des ennemis, & de releuer les noſtres, & entre ainſi en matiere. *Car ce malheureux Vologéſes fit la guerre à l'Empereur pour la raiſon qui s'enſuit.* Vn autre grand imitateur de Thucydide commence ainſi ſon Hiſtoire, à ſon exemple, *Crepereius Calpurnianus citoyen de la ville de Pompée, a écrit la guerre des Parthes & des Romains, commençant dés ſon origine.* Aprés vn ſi beau commencement, il eſt facile de iuger du reſte. Car il fait dire mille extrauagances à vn certain Orateur de Corfou, & enuoye la peſte à ceux de Niſibe, pour n'auoir pas voulu embraſſer noſtre party ; empruntant tout de l'hiſtoire de Thucydide, hormis les longs murs d'Athénes. Il paſſe d'Ethiopie en Egypte & aux Eſtats du Roy de Perſe, où ie le laiſſay tout à propos qui enterroit les Athéniẽs à Nisibe, iugeant assez ce qu'il pourroit dire aprés vn si beau commencement. N'est-ce pas là vne belle façon d'imiter Thucydide, de dérober ce qu'il a dit, pour l'apliquer à vn sujet tout diferent? Non content de cela, il mesle dans son Histoire les termes Latins des armes & des machines, & dit *le pont* & *le fossé*, comme on fait en cette Langue, qui est vne chose bien agreable aux oreilles Grecques. Vn autre a fait la sienne comme vn Iournal de quelque Soldat ou de quelque Viuandier d'Armée, en quoy il est plus excusable que les autres; car si cela ne tient lieu d'histoire, cela peut toûjours seruir de memoire à vn Historien. Mais son inscription est trop superbe pour vn si maigre Escriuain. *L'Histoire Parthique de Callimorphe, Medecin des Hastaires de la sixiéme legion.* Sa Preface n'est pas moins extrauagante. Car il soustient que c'est au Medecin d'écrire l'Histoire, parce qu'Esculape est fils d'Apollon qui est le pere des Sciences, & le protecteur des Muses, & entremesle parmy les mignardises de la langue Ionique des termes bas & populaires. Mais pour dire quelque chose des Philosophes, vn d'entr'eux dont ie tais le nom par respect, passe tous les autres en extrauagance. Car il soûtient d'abord qu'il n'apartient qu'au Sage d'écrire l'histoire, & pour le prouuer, il entasse argument sur argument, en toutes les figures, entremeslant parmy des propositions ridicules, des flateries grossieres & pedantesques. Mais ce qui est de plus insuportable, c'est qu'il dit au commencement, que l'Empereur aura cét auantage par dessus les autres Princes, que les Philosophes seront ses Historiens; ce qu'il eust esté plus honneste de laisser penser aux autres que de le dire. Il ne faut pas oublier aussi celuy qui com-

ESCRIRE L'HISTOIRE. 327

mence de la forte, pour faire l'Herodote, comme l'autre a fait le Thucydide. *Ie viens à parler des Perses & des Romains.* Et en suite. *Car il faloit que quelque malheur arrivast à ceux-là.* Et aussi-tost, *Osroés que les Grecs appellent Oxyroés*, & autres sotises semblables. Vn autre, illustre par son éloquence, & grand imitateur de Thucydide, s'il ne le surpasse mesme, se plaist à décrire toutes les villes, les champs, les fleuues & les montagnes, pour donner plus de clarté, comme il pense, à son Histoire; mais ses descriptions sont si froides, qu'elles surpassent les neiges Caspiennes, & toute la glace du Septentrion. A peine vn liure luy sufit à décrire le bouclier de l'Empereur, où brille au milieu la Gorgone coëfée de serpens, auec ses regards de trauers. Il compare son baudrier à l'arc-en-ciel. Combien employe-t-il de paroles à dépeindre la Veste de Vologéses, auec la bride de son cheual, & la cheuelure ondoyante d'Osroés au passage du Tygre, d'où il le fait sauuer dans vn antre ombragé de myrtes, de lauriers & de lierre, qui font vn couuert à l'épreuue des rayons du Soleil ? Ne sont-ce pas là des particularitez bien necessaire? mais cela vient de ce qu'ils ne sauent pas ce qu'il faut taire, & ce qu'il faut exprimer, & de ce qu'ils ne sont pas capables de reconnoistre les beaux endroits, ni de les décrire; Semblables à ces valets enrichis depuis la mort de leur maître, qui ne sauent pas encore comme il faut porter vn manteau, & qui se creuent de souppe pendant le repas, sans toucher aux viandes délicates. Celuy-cy se plaist aussi à décrire des blessures incroyables, ou des morts étranges ; Car il dit qu'vn homme blessé au gros orteil mourut subitement, & qu'au seul cry du General sept ou huit hommes tomberent par terre. Pour le nombre des morts, il surpasse mesme ce qui en est porté dans les lettres de l'Empereur. Car il dit qu'il y mourut soixante & dix mille deux cens trente-six des ennemis, & qu'il n'y en eut que deux de morts du costé des Romains, & neuf de blessez; ce qui est tout ensemble incroyable & ridicule. Mais pour paroistre plus élegant, & ne point corrompre comme l'autre la pureté de la langue Grecque par des termes barbares & étrangers ; il dit *Cronus* pour *Saturninus*, *Frontin* pour *Fronton*, *Titanius* pour *Titianus*, & autres semblables impertinences. Touchant la mort de Seuerien il dit que tout le monde s'est trompé, & qu'il mourut de faim & non d'vn coup d'épée, comme on a crû; sans considerer que plusieurs demeurent iusqu'au septiéme iour sans manger, & qu'il n'en fut que trois ; si ce n'est qu'Osroés fust demeuré exprés sept iours sur le champ de bataille en atendant que son ennemy fust mort de faim. Mais que dirons-nous de ceux qui se seruent de termes poëtiques dans leur Histoire, comme s'ils chaussoient d'vn pied vn escarpin, & vn cothurne de l'autre, pour iouer ensemble la Comedie & la Tragedie. D'autres s'enflent à l'entrée de leur ouurage, comme s'ils aloient dire quelque chose de grand & de merueilleux, & ne disent que des choses ordinaires, auec vn stile bas & rampant; ce qui me fait souuenir de ces tableaux où l'on peint Cupidon auec vn masque d'Hercule, ou de quelqu'vn des Titans, & du Prouerbe qui dit, *Qu'vn iour les montagnes furent enceintes, & qu'elles n'accouchèrent que d'vne souris.* Car il faut garder par tout l'vnité du caractere, & ne pas mesler des haillons parmy la pourpre, ni mettre sur vn nain vne teste de géant. Quelques-vns font vn corps

ESCRIRE L'HISTOIRE.

sans teste, & pensent se sauuer par l'exemple de Xénophon, qui commence ainsi sa Retraite des dix mille, *Darius & Parisatis auoient deux fils*; mais ils ne sauent pas qu'il y a des Narrations qui tiennent lieu d'Exorde, comme ie le montreray tantost. Encore peut-on excuser les défauts de l'élocution & de la disposition ; mais de s'abuser en ses descriptions, non pas de quelques lieuës, mais mesme de iournées entieres ; cela n'est pas pardonnable, comme celuy qui dit qu'Europus est vne Colonie des Edesséens dans la Mesopotamie, à deux iournées de l'Eufrate : Et comme si ce n'estoit pas assez, il y transporta ma patrie auec ses tours & ses ramparts, & dit que Samosate est baignée de l'Eufrate & du Tigre, comme s'ils couloient sous ses murailles ; quoy qu'il ne faille pas grand discours pour te persuader que ie ne suis ny Parthe ny Caldéen. Enfin, il trauaille si negligemment, qu'on diroit qu'il a composé son Histoire sur les bruits de Ville, & qu'il n'a iamais veu personne qui ait esté en Syrie. Il ajoûte vne plaisante particularité de Seuerien, quoy qu'il die l'auoir aprise de ceux qui s'estoient sauuez de la bataille, qu'il cassa des crystaux qu'on luy auoit donnez, & *Ou, verres.* d'vn morceau s'en coupa la gorge, pour mourir d'vne fin tragique, sans auoir recours ni au fer ni au poison, comme à des morts trop ordinaires. En suite, il fait son oraison funebre, à l'exemple de Thucydide, qui a fait l'éloge de ceux qui moururent les premiers à la guerre du Peloponnése. Car ie ne sçay comment ils en veulent tous à cét Auteur, quoy qu'il n'ait iamais pensé à eux ni à la défaite d'Armenie. Aprés auoir donc enseuely son Heros magnifiquement, il fait monter sur son sepulcre vn riual de Periclés en éloquence, c'est à dire vn Centurion nommé Afranius Silo, qui dit tant de choses, & si lugubres, qu'il m'a fait pleurer à force de rire, sur tout, lors qu'il se lamente amérement à la fin de sa harangue, au souuenir des bons morceaux qu'il auoit mangez à sa table, & des grans coups qu'il y auoit bûs. Et pour finir comme Ajax, il tire son épée après toutes ses lamentations, & s'en donne à trauers le corps ; à grand tort veritablement, car il deuoit mourir par la main du boureau, aprés vne si méchante harangue. Cependant, l'Auteur dit, que toute l'assistance étonnée d'vne si belle action, commença à batre des mains & à éleuer iusqu'au ciel cét Afranius par ses loüanges. Et veritablement, il est loüable de s'estre souuenu de la bonne chere qu'on luy auoit faite, & de n'en auoir pas esté ingrat à la mort. Mais ie voudrois qu'auparauant pour nous épargner la peine de lire tant de sotises, il eust étranglé son Historien. Quelques-vns, sans s'arester aux choses essentielles, s'amusent à nous conter des particularitez ridicules ou inutiles. Comme si quelqu'vn ayant entrepris de décrire la statuë de Iupiter Olympien, commençoit par ces brodequins, ou s'amusoit à nous dépeindre sa base, sans toucher au reste. Car l'vn d'eux ne dit que trois mots de la bataille, & s'étend sur le recit d'vn caualier Maure, qui s'écarta par des rochers pour trouuer de l'eau, & ayant rencontré des païsans qui dînoient, se mit à table auec eux, aprés auoir esté reconnu par vn de ces vilageois qui auoit esté en Mauritanie, où il auoit vn frere qui portoit les armes. Il ajoûte à cela des contes à dormir debout, Que ce païsan fut à la chasse en ce païs-là, où il vit des troupeaux d'Elephans, & faillit à estre déchiré par vn lion; Qu'il acheta de grands poiſſons à Ceſarée ; de ſorte que ce bel Hiſtorien laiſſant à part le recit d'vne ſi fameuſe bataille, & tout ce qui ſe fit de memorable de part & d'autre, s'amuſe à contempler vn vilageois qui achette du poiſſon dans vn marché, & ſi la nuit ne fuſt ſuruenuë, ie penſe qu'il euſt ſoupé auec luy, car le ſouper eſtoit preſt. Regardez vn peu quelle perte nous euſſions faite, ſi l'on euſt perdu ces beaux memoires, & que ce caualier Maure n'euſt pas eu ſoif à la bataille, où qu'il s'en fuſt retourné ſans boire. Ie paſſe pluſieurs belles circonſtances ; Qu'vne bateleuſe les vint trouuer, d'vn vilage voiſin ; Qu'ils ſe firent des preſens les vns aux autres, & que le caualier donna au païſan ſa lance, & le païſan au caualier l'agraphe de ſon ſaye, & autres particularitez tres-neceſſaires. On peut donc dire de cét Hiſtorien & des autres qui luy reſſemblent, non pas qu'ils ont cueilly la roſe ſans ſe piquer aux eſpines, mais qu'ils ſe ſont piquez aux eſpines ſans cueillir la roſe. Celuy-là n'eſt pas moins ridicule, qui ſans iamais auoir eſté en Syrie ni en Armenie, dit que les yeux ſont plus fidelles que les oreilles, & partant qu'il ne raporte pas ce qu'il a oüi, mais ce qu'il a veu. Mais il a ſi bien tout veu, qu'il dit que les dragons des Parthes, qui eſt parmy eux vn ſigne de la multitude, parce qu'vn ſeul dragon en produit mille, Que ces dragons, dis-je, ſont fort grands, & naiſſent en Perſe vn peu au deſſus de l'Iberie, & qu'on les atache au bout d'vne pique, d'où l'on ſéme par tout l'eſpouuante ; puis quand on vient aux mains on les délie, & on les iette à la teſte des ennemis, dequoy pluſieurs des noſtres furent deuorez ou étoufez. Il ajoûte, qu'il voyoit tout cela du haut d'vn arbre où il s'eſtoit ſauué de

Mot d'Herodote.

bonne heure, dont bien nous en prit ; Car sans cela nous aurions perdu vn bel Historien, qui est témoin oculaire de tant de merueilles, & qui a executé de sa main plusieurs beaux faits d'armes ; & a esté mesme blessé ; mais ie pense que ç'a esté sur le chemin de Lerne à Corinte d'où il estoit. Cependant, il lisoit toutes ces choses en presence des Corintiens qui sauoient qu'il n'auoit pas seulement veu la bataille en peinture ; Car il ne connoist ni les armes, ni les machines, ni les termes de la guerre, & s'y abuse à tous propos. Vn autre décrit en moins de cinq cens vers tout ce qui s'est passé en tant de Prouinces, & a l'insolence de prendre le nom d'Historien, auec vn titre presque aussi grand que son liure, *Les victoires remportées nouuellement sur les Partes par les Romains, en Armenie, en Mesopotamie & en Medie. Par Antiochianus qui a gagné le prix aux ieux consacrez à Apollon*; car ie croy qu'il vainquit à la course en sa ieunesse. Vn autre a fait l'Histoire par forme de Prophetie, où il décrit la prise de Volegeses, & la mort d'Osroés qu'il fait exposer aux lions, & narre en suite nostre triomphe. Non content de cela, il bâtit vne ville dans la Mesopotamie, d'vne beauté & d'vne grandeur extraordinaire ; mais il est en peine s'il la nommera Iréne ou Nicée, en signe de la paix ou de la victoire. Il promet d'écrire en suite l'histoire des Indes, & la nauigation de l'Océan, & ce n'est pas vne simple promesse ; car il a desia fait passer le fleuue Indus à la troisiéme legion, auec vne troupe de Gaulois & de Maures, sous la conduite de Cassius. Mais de sauoir ce qu'ils feront, & comment ils soustiendront le choc des Elephans, cela est encore incertain, & il faut atendre qu'il nous le mande du Royaume

Ou, mots.

de Muſican, ou de la Republique des Oxydraques. *Ou, Mu-*
Ils ſont, comme i'ay dit, pluſieurs autres ſembla- *ziris.*
bles ſotiſes, ne voyant pas ce qui eſt digne de remarque, & quand ils le verroient, ne le pouuant
exprimer dignement; mais mettant tout ce qui
leur vient à la fantaiſie. Ils prennent tous des titres ſuperbes: *Des victoires Parthiques, tant de liures.*
Vn autre plus plaiſamment, *Les Plathoniciques de
Demetrius de Sagalaſſe.* Ce que ie n'alegue pas tant
par raillerie que pour ſeruir d'inſtruction. Car celuy qui éuitera ces eſcueils & autres ſemblables,
ſera en état de faire quelque choſe de bon, & de
prendre le droit chemin, parce que de deux contraires qui oſte l'vn poſe l'autre. Mais, dira quelqu'vn, maintenant que le champ eſt défriché, &
les ordures emportées, il eſt temps d'y ietter la
bonne ſemence, & de faire voir que tu és capable d'inſtruire, auſſi bien que de railler. Ie dis
donc pour entrer en matiere, que celuy qui veut
écrire l'Hiſtoire, doit auoir premierement vne
adreſſe naturelle à s'expliquer, & à diſcerner le
menſonge d'auec la verité, qualitez qui ne s'a-
quierent point par l'art, mais qui ſont comme des
preſens du Ciel, quoy que l'adreſſe à s'exprimer ſe
puiſſe perfectionner par l'étude & par la lecture
des anciens. Cecy n'a pas beſoin de précepte, car
on ne ſauroit donner de l'eſprit à celui qui n'en a
point. Ce ſeroit vn ſecret plus grand que la pierre
Philoſophale, de pouuoir transformer les eſprits,
& faire d'vn lourdaut vn habile-homme. La
Science ne donne donc pas ce qu'on n'a point, mais
elle agence ſeulement ce qu'on a; & mon deſſein
n'eſt pas de rendre tout le monde capable d'écrire
l'Hiſtoire, mais d'empeſcher ceux qui le ſont
de s'égarer. Car pour auoir de l'eſprit, on ne laiſſe

pas d'auoir besoin d'art & de preceptes, comme pour estre bon Musicien, ce n'est pas assez d'auoir bonne voix, si l'on ne la sait conduire. Il faut, outre ce que i'ay dit, auoir quelque connoissance des afaires du monde, & des choses de la guerre. On ne sauroit rien faire d'vn homme qui n'a rien veu, & qui est obligé d'en croire les autres ; Mais sur tout, il ne faut estre ataché à aucun parti. Car il ne faut pas faire comme ce Peintre qui peignoit vn Monarque, de porfil, parce qu'il n'auoit qu'vn œil, mais il le faut representer tout entier. Que le respect de sa patrie n'empesche point de dire les pertes qu'elle a receuës, ni les fautes qu'elle a faites ; car l'Historien, non plus que le Comédien, n'est pas coupable des malheurs qu'il represente. Si pour les déguiser ou les passer sous silence, on pouuoit reparer les desordres, Thucydide n'auroit pas manqué d'vn trait de plume de raser les fortifications des ennemis, & de rétablir les afaires de sa ville ; mais les Dieux mesme n'ont pas le pouuoir de changer les choses passées. Le deuoir donc de l'Historien est de les conter comme elles sont auenuës, ce qu'il ne peut faire lors qu'il est dépendant d'vn Prince ou d'vne Republique, de qui il a quelque chose à esperer ou à craindre. Que s'il faut necessairement qu'il en parle, il doit faire plus d'état de la verité, que de son interest, ou de sa passion. Car c'est le seul Dieu à qui il doit sacrifier, sans se soucier du reste. Enfin, il doit auoir tousiours pour but le iugement de la posterité, s'il ne veut remporter le titre de flateur, plûtost que d'Historien. On dit, à ce propos, qu'Alexandre dit vn iour à Onésicrite, qu'il voudroit bien apres sa mort retourner en vie pour quelque temps, afin de voir le sentiment qu'on auroit de luy, & comment on prendroit les choses qu'il auoit faites. Car ie ne m'étonne pas, dit-il, qu'on me louë, maintenant que les vns m'aprehendent, & que les autres tâchent de gagner mes bonnes graces. C'est pour cela que quelques-vns tiennent qu'on doit ajoûter foy à ce qu'Homere dit d'Achille, parce qu'il a écrit apres sa mort; mais les fictions des Poëtes ne sont point sujettes à ces maximes, & ne releuent que de leur fantaisie. Ie veux donc que mon Historien aime à dire la verité, & qu'il n'ait point sujet de la taire : Qu'il ne donne rien à la crainte, ni à l'esperance, à l'amitié ni à la haine ; ne soit d'aucun païs, ni d'aucun parti ; & qu'il apelle les choses par leur nom, sans se soucier ni d'ofenser, ni de plaire. C'est ce qu'a fait Thucydide, quoy qu'il vist Herodote en si grande estime, qu'on donnoit le nom des Muses à ses Liures ; Car i'aime mieux, dit-il, déplaire en disant la verité, que de plaire en contant des fables, parce qu'en déplaisant ie profiteray, & ie nuiray en voulant plaire. Voila quel doit estre le sentiment d'vn bon Historien. Pour son stile, il faut qu'il soit clair & naturel sans estre bas : Car comme nous lui proposons la liberté & la verité pour regle de ce qu'il doit dire ; aussi faisons-nous la clarté & l'intelligence pour regle de la façon dont il le doit dire. Il faut que ses figures, qui sont comme l'assaisonnement du discours, ne soient ni trop hautes, ni trop recherchées ; si ce n'est lors qu'il veut décrire vne bataille ou faire quelque harangue ; car alors il peut enfler son stile, & déplier, s'il faut ainsi dire, les voiles de l'Eloquence. Il ne faut pas pourtant qu'il s'éleue qu'à la mesure des choses dont il parle, & son stile doit estre exemt d'entousiasme, & de toute fureur

Que le peuple entende, & les doctes loüent.

poëtique. Car y a danger, en s'éleuant trop, que la teste ne luy tourne, & qu'il ne s'égare en des fictions ; C'est pourquoy il doit marcher bride en main, & considerer que l'excés & le mensonge sont les deux plus grands vices de l'Histoire. S'il veut donc s'éleuer, que ce soit par les choses plûtost que par les paroles ; car il vaut mieux que son stile soit ordinaire, & que sa pensée ne le soit pas, que de rendre sa pensée foible, & son stile trop éleué, ou de se laisser emporter à l'essor de son imagination. Que ses periodes ne soient ni trop longues, ni trop étudiées ; son stile ni trop nombreux, ni trop negligé ; parce que l'vn sent la barbarie, & l'autre l'afectation. Il faut aussi que ses pensées qu'elles ayent plus de solidité que d'éclat, & aprochent plus du raisonnement d'vn sage politique, que de la pointe d'vn Déclamateur ; Que ses sentences ne soient ni trop fréquentes, ni trop détachées ; mais qu'elles se trouuent comme enchassées dans le corps de son ouurage. Quant à ce qui concerne les choses qu'il doit écrire, il ne les faut pas mettre à l'auenture, mais les ranger auec soin, & consulter souuent ceux qui ont eu part aux afaires ; sinon, suiure les relations les plus veritables, & qui paroissent le moins passionnées, ou qui ont moins de sujet de l'estre. En quoy il faut beaucoup d'adresse à l'Historien, pour dicerner les endrois & les personnes d'où elles viennent, & n'ajoûter pas foy légérement à tout ce qu'on dit, mais examiner les raisons qu'on a de dire la verité ou de la taire. Lors qu'il aura ses memoires prests, ou la plus grande partie, il bâtira le corps de son Histoire, & l'agencera en suite plus poliment, tant pour les paroles que pour les choses. Du reste, il fera, comme le Iupiter d'Homere, qui iette tantoſt la veuë ſur le camp des Grecs, & tâtoſt ſur celuy des Troyens, & décrira ſeparément les actions des deux partis, ſi ce n'eſt dans le recit des batailles, où l'on eſt contraint ſouuent de les confondre. Mais qu'il ne s'amuſe pas à décrire les actions des particuliers, ſi elles ne ſont fort iluſtres, & qu'il s'atache au gros, ſans ſe ſoucier du reſte. Qu'il conſidere d'abord les Generaux, les ordres qu'ils donnent, & la diſpoſition de leurs troupes, & qu'il rende, s'il ſe peut, raiſon de tout. Quand on vient aux mains, qu'il remarque ce qui ſe fait de part & d'autre, & qu'il n'oublie pas le vaincu pour parler touſiours du vainqueur. Qu'en toutes choſes il garde la mediocrité & la bien-ſeance, & qu'il ne s'emporte en ieune homme, ni ne laſſe ſon lecteur, ou obſcurciſſe ſa narration, pour vouloir tout dire. Il peut quelquefois laiſſer vne choſe, quand il aura haſte, pour ne point interrompre le fil de l'Hiſtoire; mais qu'il y reuienne apres, & qu'il garde le plus qu'il pourra l'ordre des temps. Qu'il ſuiue le vainqueur par tout, ſans perdre aucune action ou particularité remarquable. Que ſon diſcours reſſemble à vn miroir fidele, qui rend les objets tels qu'il les reçoit, & n'en altere rien ni en la forme, ni en la matiere, ni en la couleur. Car il faut qu'il cherche, non pas comme l'Orateur, ce qu'il doit dire, mais comment il le doit dire, & qu'il ſuiue ſimplement ſes memoires; ſemblable au Sculpteur qui ne fait pas l'or & l'iuoire de ſa ſtatuë, mais luy donne ſeulement la forme qu'elle n'auoit point. Enfin, tout le ſecret de ſon Art conſiſte à bien mettre en œuure ſa matiere; & il a remply parfaitement ſon caractere, & ſatisfait à ſon deuoir, quand le lecteur penſe voir ce qu'il lit, tant il est bien representé. Il commencera quelquefois sans exorde, lors que la chose n'aura point besoin de préparation, & se contentera de raporter le sommaire des choses qu'il doit dire. Mais lors qu'il se voudra seruir d'exorde, il n'aura égard qu'à deux choses, à rendre son auditeur atentif, & docile, sans se soucier de gagner ses bonnes graces. Il viendra à bout de ce que i'ay dit, en montrant qu'il doit traiter de choses grandes & necessaires, & qui regardent particulierement l'interest de ceux à qui il parle; comme fait Hérodote, quand il dit, Que c'est pour conseruer le souuenir des victoires remportées par les Grecs sur les Barbares; & Thucydide, Que la guerre qu'il entreprend de décrire est la plus considerable de toutes celles dont il nous reste quelque mémoire, & contient de plus grands & de plus mémorables éuenemens. Il seruira beaucoup à l'éclaircissement du sujet, d'en proposer les causes d'abord, & l'on iugera que son exorde est petit ou grand, selon que les choses qu'il aura à décrire seront petites ou grandes. Il passera à sa narration doucement & insensiblement, & gardera toutes les perfections qu'enseigne la Rhetorique, la clarté, la netteté, la briéueté, la facilité, l'égalité, se souuenant tousiours que l'Histoire n'est qu'vn long recit. Il faut prendre garde, pourtant, qu'elle ne soit pas composée de plusieurs narrations confuës ensemble, mais qu'elles soient fonduës en vn mesme corps; car il ne faut pas seulement qu'elles se touchent, mais qu'elles se tiennent Que l'agencement des choses & des paroles en releue l'éclat, sans afectation. Pour la briéueté, elle est vtile par tout, principalement, lors qu'on a beaucoup de choses à dire,

&

& ne doit pas eſtre ſeulement dans les paroles, mais dãs les choſes. Car il faut paſſer en trois mots les moins importantes, & n'eſtre étendu qu'en celles qui le meritent. Il y en a meſme dont il ne faut point parler du tout ; car chacun eſt curieux de ſauoir toutes les particularitez des grandes entrepriſes, c'eſt pourquoy on n'y ſauroit eſtre trop long ; au lieu que dans les autres, quelque court qu'on ſoit, on ennuye. Enfin, il faut faire comme dans vn feſtin bien apreſté, où l'on ne ſert pas indiferemment toutes ſortes de viandes, mais ſeulement les plus delicates. Car l'Hiſtoire n'eſt faite que pour conſeruer la memoire des choſes memorables, & non pas des autres. Il faut auſſi que l'Hiſtorien ſoit fort retenu dans ſes deſcriptions, & qu'il paroiſſe que ce n'eſt pas par vn vain deſir de faire paroiſtre ſon eſprit, mais pour éclaircir ou embellir ſon ſujet. Car elles ne ſont pas proprement du corps de l'Hiſtoire, quoy qu'elles y aportent beaucoup de clarté ; de ſorte qu'elles ne doiuent pas eſtre étenduës au delà de ce qu'on traite. En cela Homere, bien que Poëte, peut ſeruir de regle ; car en la décente d'Vliſſe aux Enfers, il ne s'amuſe point à découurir tous les tourmens des malheureux ; au lieu qu'vn mauuais Hiſtorien en euſt remply ſon ouurage, aprochant l'eau iuſqu'aux lévres de Tantale, & faiſant faire pluſieurs tours à Ixion ſur ſa rouë. Thucydide y eſt auſſi fort retenu. Car ſoit qu'il décriue la forme d'vn ſiege, ou d'vn camp, ou la figure de quelque machine, il va viſte, & eſt encore moins étendu dans la deſcription des villes, & du port de Syracuſe. Que s'il paroiſt long dans celle de la peſte, on remarquera en y prenant garde de prés, que c'eſt la multitude des choſes qui l'areſte, &

choses qui l'areste, & qu'il se haste tant qu'il peut. Quand on fait parler quelqu'vn, il luy faut faire dire ce qui est conuenable tant à sa personne qu'à la chose dont il s'agit : Et quoy qu'il soit permis en cét endroit d'étaler son éloquence, il faut tousjours que ce soit auec iugement, & sans affectation, & sur tout, dire clairement ce qu'on veut dire. Pour ce qui est du blâme & de la loüange, il faut prendre garde que vostre Histoire ne puisse passer pour vn Panegyrique, ni aussi pour vne Satyre, comme celle de Theopompe. Il ne faut donc blâmer ni loüer qu'en passant, & se souuenir qu'il n'y a point de plus beau Panegyrique des Grands hommes que leurs actions, parce qu'il leur est particulier, & qu'il ne sauroit conuenir aux autres. Lors qu'il se presentera quelque chose d'incroyable, ie suis d'auis qu'on le die, mais sans l'assurer, & laissant à chacun d'en croire ce qu'il luy plaira. En vn mot, il se faut tousiours representer ce que i'ay dit, qu'on écrit pour la posterité, & faire comme cét Architecte qui bâtit la tour du Phare. Car apres auoir acheué son ouurage, qui est vne des merueilles du monde, il graua son nom sur vne pierre, qu'il enduisit de mortier, & écriuit dessus celuy du Prince qui regnoit, sachant bien qu'il seroit détruit par le temps, & qu'on verroit alors paroistre le sien qui dureroit autant que les Siécles. Voila la regle qu'on doit suiure pour bien écrire l'Histoire, si on le fait ie n'auray pas perdu mon temps ; sinon, i'auray roulé en vain mon tonneau.

Sostrate Onidien.

Il fait allusion à ce qu'il a dit de Diogene.

L'HISTOIRE VERITABLE,

LIVRE PREMIER.

I. Deſſein de l'Auteur. II. Son embarquement ſui-
uy de ſon arriuée dans vne Iſle de l'Ocean. III. Son
voyage au globe de la Lune. IV. Sa venuë en
l'Iſle des Lampes. V. Son engloutiſſement & ſon
ſéjour dans la baleine. VI. Combat des Iſles flot-
tantes.

COmme les Athlétes n'ont pas ſeulement ſoin du trauail mais du repos ; ceux qui s'adonnent aux exercices de l'eſprit luy doiuent quelquefois donner du relâche, pour reuenir apres plus frais à l'eſtude. Cela ne ſe peut mieux faire, à mon auis, qu'en le délaſſant ſur quelque ſujet agréable, & où l'inſtruction ſoit meſlée auec le plaiſir. C'eſt ce que i'ay tâché de pratiquer en cet ouurage, ou parmy pluſieurs menſonges aſſez plaiſans, i'ay meſlé quelques doctes railleries des anciens Poëtes & Hiſtoriens, ſans épargner meſme les Philoſophes, qui n'ont pû s'empeſcher de nous debiter pour bons, pluſieurs contes fabuleux & ridicules. Car Cteſias, par exemple, dãs ſon Hiſtoire des Indes, a dit des choſes qu'il n'auoit iamais ni veuës ni oüies; & Iambule a cõpoſé vne Hiſtoire aſſez ingenieuſe des merueilles de l'Ocean, ſans auoir guére plus d'égard à la verité. Pluſieurs en ont fait de meſme, & conté diuerſes auentures qu'ils diſoient leur eſtre ariuées dãs leurs voyages, parmy leſquelles ils ont entremeſlé la deſcription de diuers ani-

I.
Deſſein de l'Auteur.

P ij

maux monstrueux, de cruautez inoüies, de mœurs tout à fait barbares & sauuages; à l'exemple d'Homere, qui fait décrire à Vlysse chez Alcinoüs, la captiuité des vens, la figure énorme des Cyclopes, la cruauté des Antropophages, auec des bestes à plusieurs testes, & la metamorphose de ses compagnons par les charmes d'vne sorciere, & autres semblables réueries qu'il debitoit au peuple grossier des Pheaques. Mais ie ne le trouue pas étrange à vn Poëte acoûtumé à dire des fables, puis que nous voyons tous les iours la mesme chose ariuer aux Philosophes; ie m'étonne seulement que les Historiens ayent pretendu par là nous en faire acroire. Cependant, il m'a pris enuie, pour n'estre pas le seul au monde qui n'ait pas la liberté de mentir, de composer quelque Roman à leur exemple, mais ie veux en l'auoüant me montrer plus iuste qu'eux, & cét aueu me seruira de iustification. Ie vais donc dire des choses que ie n'ay iamais ni veuës ni oüies, & qui plus est, qui ne sont point, & ne peuuent estre, c'est pourquoy qu'on se garde bien de les croire.

II. Embarquement de l'Auteur, & son arriuée dans vne Isle de l'Ocean.

Vn iour, touchez d'vn noble desir de voir & d'aprendre des choses nouuelles, nous nous embarquâmes cinquante que nous estions, dans vn vaisseau bien équipé, & fourni d'vn bon Pilote; & cinglasmes des Colonnes d'Hercule dans la mer Atlantique, pour découurir la grandeur de l'Ocean, & voir s'il y auoit quelques peuples au delà. Aprés auoir vogué vn iour & vne nuit sans perdre la terre de veuë, tout à coup au leuer du Soleil il s'éleua vne si furieuse tempeste, qu'on ne pouuoit pas seulement baisser les voiles; si bien qu'il falust se laisser aler au gré du vent, qui aprés nous auoir bien agitez par l'espace de soixante & dix-neuf iours, nous ietta à la fin dans vne Isle fort haute, & couuerte de bois, dont les bords estoient assez calmes. Nous y décendismes pour nous remettre du trauail de la mer, & nous estant reposez quelque temps sur le riuage, nous entrâmes plus auant dans le païs pour le reconnoistre, aprés auoir laissé trente de nos compagnons pour la garde du nauire. Nous n'eûmes pas fait quatre cens pas à trauers vne forest, que nous trouuâmes vne colonne d'airain, sur laquelle estoit écrit en caracteres Grecs, que le temps auoit à demy éfacez, *Hercules & Bacchus ont esté iusques icy.* On voyoit encore leurs pas imprimez sur le roc, dont vn qui estoit le plus grand, auoit prés d'vn arpent de longueur, ce qui nous fit iuger que c'estoit celuy d'Hercule. Aprés auoir reueré des lieux si fameux par la venuë de ces Heros, nous continuâmes nostre route, & n'eûmes pas fait beaucoup de chemin, que nous arriuâmes à vn ruisseau, dont la liqueur estoit comme d'vn excellent vin Grec, & qui estoit si large en quelques endroits qu'il pouuoit porter bateau. Ce nous fut vn nouueau gage de la venuë de Bacchus, & de la verité de la colonne. Mais comme nous remontions vers sa source, pour découurir la cause d'vne si grande merueille, nous trouuâmes de vignes chargées des raisins, du pied desquelles couloit ce large ruisseau, lequel fourmilloit de poissons qui auoient tous la couleur & le goust de vin, & en les ouurant, on les trouuoit pleins de vendange. Ils enyuroient mesme ceux qui en goustoient, & nous fûmes contrains de les temperer auec des poissons d'eau douce pris dans vne riuiere voisine. Lors que nous eûmes trauersé la premiere, nous découurîmes d'autres vignes d'vne nature bien plus étrange. C'estoient de belles femmes depuis la teste iusqu'à la ceinture, qui finissoient en vn gros tronc verdoyant, telles que les Peintres peignēt Daphné sur le point qu'Apollon la voulut rauir. Leurs doigts s'épandoient en rameaux chargez de raisins, & leurs coifures estoient faites de pampres & de grapes entrelassées. Elles nous firent mille caresses, nous parlant l'vne Grec, l'autre Indien ou Persan; mais elles ne vouloient pas soufrir que l'on cueillist de leurs fruits, & lors qu'on les vouloit prendre elles iettoient des cris, comme si cela leur eust fait mal. Elles ne laissoient pas de nous baiser, & de nous toucher à la main; mais leurs baisers enyuroient, & deux de nos compagnons s'estant laissez surprendre à leurs charmes, demeurerent pris par les parties criminelles; & comme s'ils eussent esté entez ensemble commencerent à prendre racine, & à pousser des rejetons. Efrayez d'vn si grand prodige, nous courûmes à nostre vaisseau conter à nos compagnons étonnez, vne si pitoyable auenture.

III. *Voyage au globe de la Lune.*

Aprés nous estre donc pourueus d'eau & de vin dans les deux fleuues, nous passâmes la nuit sur leurs bords; & le lendemain dés la pointe du iour, nous fismes voile par vn doux vent, qui se changea sur le midy en vne bourasque si violente, que nostre vaisseau fut enleué par vn tourbillon iusqu'à la hauteur de trois mille stades, & commença à voguer par le Ciel l'espace de sept iours & de sept nuits, tant que nous abordâmes au huitiesme en vne grande Isle ronde & luisante qui estoit suspenduë en l'air, & ne laissoit pas d'estre habitée. Du iour on ne voyoit rien; mais la nuit paroissoient autour quantité d'autres Isles brillantes,

Plus de 100. lieuës

LIVRE PREMIER. 345

de diuerse grandeur & lumiere, & vne terre au dessous couuerte de fleuues, de mers, de forests, & de montagnes; ce qui nous fit iuger que c'estoit la nostre, outre qu'on y voyoit des villes, qui ressembloient à de grandes fourmilleres. Lors que nous fûmes plus auant dans le païs, nous fûmes pris par les Hipogryphes. C'estoient des hommes, montez sur des Grifons aislez qui auoient trois testes. Ie ne saurois mieux dépeindre leur grandeur, qu'en disant que leurs aîles estoient plus longues & plus grosses que le mast d'vn grand nauire. Ils auoient ordre de batre l'estrade, pour voir ceux qui entroient & qui sortoient, & lors qu'ils trouuoient des estrangers, ils les amenoient au Roy. Comme nous fûmes en sa presence, il iugea que nous estions Grecs, à nostre habit, & demanda comme nous auions fait pour venir en son païs, & trauerser vne si vaste estenduë. Nous luy fismes le recit de nostre auenture, & il nous dit de son costé qu'il estoit Endymion, & qu'il auoit esté enleué la nuit en dormant, & fait Roy du globe de la Lune, qui estoit le païs où nous estions. Il ajoûta, que nous n'auions rien à craindre, & qu'il nous feroit bonne chere, & ne nous laisseroit manquer de rien; Que s'il pouuoit retourner victorieux de la guerre qu'il auoit contre les habitans du Soleil, nous pourrions demeurer en paix auec luy & iouïr de sa felicité. Nous luy demandasmes qui estoient ces peuples, & le sujet de leur different? Il nous dit que c'estoit vn païs habité comme la Lune, & que Phaëton en estoit Roy, & le vouloit empescher par enuie, d'enuoyer vne colonie dans l'étoile du iour, qui estoit vne Isle deserte & inhabitée. Mais ie veux, dit-il, l'aler planter sur

A cheual sur des Grifons.

P iiij

famouſtache, & ſi vous voulez eſtre de la partie, & venir auec moy, ie vous donneray à chacun vn des Griſons de mon écurie, & vous équiperay de toutes choſes neceſſaires, pour demain qui eſt le iour du départ. Comme nous eûmes accepté le party, il nous retint à ſouper, & le lendemain de grand matin que toutes ſes troupes furent aſſemblées, il les rangea en bataille, parce que les Coureurs raportoient que l'ennemy paroiſſoit. Il auoit bien cent mille homme de cheual, dont il auoit quatre-vingts milles Hippogryphes, & vingt mille Lacanopteres, ſans l'Infanterie & les alliez. Ces Lacanopteres ſont de grands oiſeaux tout couuerts d'herbes au lieu de plumes, ſur leſquels eſtoient montez les Scorodomaques & les Cenchroboles. Pour les alliez, il y auoit trente mille Pſyllotoxotes de l'étoile de l'ourſe, & cinquante mille Anémodromes : Les premiers montez ſur de grandes puces groſſes comme douze Elephans, & les autres portez ſur les aiſles du vent. Car retrouſſant leurs robes qui leur pendent iuſqu'aux talons, ils en vſent comme de voiles, & ſeruent ordinairement d'infanterie legere dans le combat. On atendoit ſoixante & dix mille Strutobalanes, & cinquante mille Hippogeranes, des Aſtres qui ſont au deſſus de la Capadoce, & l'on en contoit des choſes étranges & incroyables, mais comme ils ne vinrent point, il n'eſt pas beſoin de les raporter. Voilà qu'elle eſtoit l'armée d'Endymion. Pour les armes, chacun auoit vn habillement de teſte fait de la coquille d'vn limaçon, & vne cuiraſſe à écaille d'écoſſe de féve, qui ſont dures & fortes en ce païs-là comme de la corne. Leurs boucliers & leurs épées eſtoient ſemblables aux noſtres.

Qui ont les aiſles d'herbes. Qui combatent auec des aulx. Qui iettent des grains de mil. Que le vent fait courir. Paſſereaux gians. Montez ſur des gruës.

Quand les armées furent en presence, Endymion se plaça à l'aisle droite auec ses Hippogryphes, & nous mit autour de luy auec les plus vaillans, pour la garde de sa personne. Les Lacanoptéres eurent l'aisle gauche, les Aliez furent au milieu. L'infanterie montoit à soixante millions, & fut rangée en cette sorte. Il commanda aux araignées qui sont grandes en ce païs-là comme les Isles Cyclades, de faire vn tissu depuis le globe de la Lune iusqu'à l'étoile du iour, ce qui fut fait en vn instant, car elles sont en grand nombre; & il rangea dessus l'infanterie, commandée par Nycterion fils d'Eudianacté, auec deux Lieutenans. Pour l'armée du Soleil, Phaëton prit l'aile gauche, auec les Hippomyrméques, qui sont des hommes montez sur des fourmis ailées *A cheual sur des fourmis.* qui courent deux arpens de leur ombre, & combatent de leurs cornes. Il y en auoit bien cinquante mille. A l'aile droite estoient les Aéroconopes presque en mesme nombre. Ceux-cy sont *Moucherons Aériens.* montez sur de grands moucherons, & sont tous Archers. Derriere estoient les Aérocordaques, *Sautant en l'air.* qui ne combatent qu'à coups de trait, & sont fort vaillans & de grand seruice, quoy qu'ils ne lancent que des raues, mais elles sont grandes & fortes, & trempées dans du jus de mauue, qui est parmy eux vn poison mortel, & qui engendre aussi-tost de la puanteur dans la blessure. Prés d'eux estoient dix mille Caulomycétes, gens de *Tige champignons.* main, & pesamment armez, qui portent pour boucliers de grands champignons, & pour lances de grosses asperges. A costé estoient cinq mille Cynobalanes qu'auoient enuoyez les habi- *Chiens glands.* tans de la Canicule, tous auec vn museau de chien, & à cheual sur des glans ailez. On atendoit des frondeurs de la voye de laict, mais il n'y *Cent au-* vint que des Néphélocentaures, & pluſt à Dieu *tres nuës.* qu'ils ne fuſſent pas venus, car ils furent cauſe de la perte de la bataille. Pour les autres, Phaëton, depuis indigné, mit leur pays à feu & à ſang. Comme on vint aux mains, aprés auoir leué les enſeignes & fait braire les aſnes, qui ſont les trompettes de là haut, les deux armées s'afronterent terriblement, & s'entrechoquerent auec grand bruit. L'aile gauche des ennemis plia d'abord, & ne put ſouſtenir le choc de nos Hippogryphes, qui les pourſuiuirent viuement, & en firent vn grand carnage ; mais leur aîle droite eût l'auantage, & les Aëroconopes pouſſerent nos gens iuſqu'à noſtre Infanterie, qui rétablit le combat, & les mit en fuite, aprés qu'ils eurent apris la défaite de leur aîle gauche. Il y eût donc grande boucherie, & le ſang ruiſſeloit de tous coſtez dans les nuës, qui en furent teintes, & deuinrent rouges, comme on les voit quelquefois au coucher du Soleil. Il en tomba meſme à terre, & ce fut peut-eſtre par vne ſemblable auanture, qu'Homere dit qu'il plût du ſang à la mort de Sarpédon, quoy qu'il l'atribuë à la douleur de Iupiter. Nos gens de retour de la pourſuite, erigerent deux trophées, l'vn dans les nuës, pour la victoire de l'air, & l'autre ſur la toile d'araignée, pour la défaite de l'Infanterie. Cependant, les Coureurs raportent qu'on voyoit paroiſtre les Néphélocentaures, qui eſtoient des monſtres aiſlez moitié cheuaux & moitié hommes, d'vne grandeur ſi prodigieuſe, que la partie humaine eſtoit auſſi grande que le Coloſſe de Rhodes, & l'autre groſſe comme vn gros nauire. Ils eſtoient conduits par le Sagittaire du Zodiaque, & le nombre en eſtoit ſi grand, qu'il ſurpaſſe la créance. Lors qu'ils eurent apris la défaite de leurs gens, ils enuoyerent vers Phaëton pour recommencer le combat, & ſe rangerent en bataille. Aprés ils vinrent fondre ſur les noſtres qui eſtoient en deſordre, & épars çà & là dans la pourſuite, ou parmy le bagage, & les ayant déconfits pourſuiuirent Endymion iuſqu'au globe de la Lune, ſans auoir pû ſauuer qu'vne partie de ſes Hippogryphes. Ils renuerſerent en ſuite nos trophées, & coururent tout ce grand eſpace qui s'étend depuis le globe de la Lune iuſqu'à l'étoile du iour. C'eſt là que ie fus fait priſonnier, auec deux de mes compagnons. Sur ces entre-faites arriua Phaëton, qui fit dreſſer de nouueaux trophées, & nous fit conduire dans le globe du Soleil, ayant les mains atachées derriere le dos, auec vne iambe d'araignée. Il ne voulut pas aſſieger la Lune, mais il fit tirer autour, par forme de circonualation, vn double mur fait de nuées épaiſſies; de ſorte qu'elle ne receuoit plus la lumiere du Soleil, & eſtoit dans vne éclipſe perpetuelle. Endymion touché de cette infortune, luy enuoya ofrir tribut & des oſtages, qu'il ne voulut point receuoir d'abord, mais apres auoir mis l'affaire en déliberation, il ſe relâcha, & la paix fut concluë aux conditions, Que le mur ſeroit démoli, & les captifs rendus de part & d'autre pour de l'argent: Qu'Endymion laiſſeroit libre les autres Aſtres, & n'auroit pour amis & pour ennemis que ceux du Soleil. Que luy & ſes ſucceſſeurs payeroient tous les ans à Phaëton & aux ſiens, dix mille muids de roſée, & donneroient autant de leurs ſujets pour ôtages. Que l'étoile du iour ſeroit peuplée en commun, & que ceux qui voudroient eſtre compris

Ou, vn morceau de iambe.

dans la paix, le feroient. Ces articles furent grauez fur vne colonne d'ambre, qui fut plantée fur les confins des deux Empires. Du cofté du Soleil fignerent Pyronide, Thérite, & Phlogie; & de l'autre, Nyctor, Ménie, & Polylampe. Ainfi la paix fut faite, le mur démoli, & nous remis en liberté. Lors que nous fûmes de retour, nos compagnons nous coururent embraffer auec larmes, & Endymion, pour nous obliger à demeurer auec luy nous ofrit droit de bourgeoifie; mais ie ne m'y pûs refoudre; qu'il me vouluft donner fon fils en mariage, pour la raifon que ie diray tantoft; & comme il nous vit opiniâtrez au retour, il nous traita fplendidement l'efpace de fept iours, & nous congédia. Mais auant que paffer outre, il ne fera pas hors de propos de raconter icy les merueilles du païs. Premierement, il n'y a point de femmes, & l'on n'en fait pas mefme le nom. On fe fert au lieu d'elles de ieunes garçons iufqu'à l'âge de vingt-cinq ans, & ils portent les enfans dans le gras de la iambe, qui s'enfle quand ils ont conceu, & lors qu'ils veulent acoucher on y fait vne incifion. Ie croy que c'eft de là que vient le mot Grec de Gaftrocnimie, parce que la iambe fert de ventre. L'enfant eft mort en venant au monde, mais en l'expofant à l'air il commence à refpirer. Il y en a vne autre efpece qui naiffent comme des plantes, ce qui fe fait en cette forte. On coupe le tefticule droit d'vn homme, & on le met en terre; Au bout de quelque temps, il naift vn grand arbre charnu, qui porte des glands d'vne coudée de hauteur, lefquels on ouure lorsqu'ils font meurs, & l'on en tire vn enfant. Mais ceux-là n'ont point de parties naturelles, & s'en attachent lors qu'ils en ont besoin. Les pauures en mettent de bois, & les plus riches d'yuoire. Lors qu'vn homme deuint vieux il ne meurt pas, mais il s'en va en fumée. Ils vsent tous de mesme viande, qui sont des grenoüilles rôties sur les charbons; car l'air en est tout rempli; mais ils ne les mangent pas, & se contentent d'en aualer la vapeur, & pour cela ils s'aprochent des tisons, lors qu'elles rotissent, comme s'ils se mettoient à table. Leur bruuage est de l'air pressé dans vn verre, dont il sort de la liqueur comme de la rosée. Ils ne font point d'eau ni d'ordure, car ils n'ont point d'ouuerture en ces lieux-là; mais ils ont vn trou sous le jaret par où ils caressent les garçons. Les plus beaux parmy eux sont chauues, au contraire du pays des Comedes où ils ayment les cheueux longs. La barbe ne leur croist pas au menton, mais vn peu au dessus des genoux. Ils n'ont point d'ongles aux pieds, & n'y ont qu'vn doigt; mais il naist à tous sur le croupion, comme vne espece de choux cabus, tousiours vert, qui est de chair, & ne se rompt pas quand ils se couchent. Ils ont vne étrange proprieté, c'est qu'ils mouchent du miel, mais fort acre; & lors qu'ils s'huilent, c'est auec du laict qui se prend apres comme du fromage, en y meslant vn peu de miel. Ils font de l'huile d'ail, dont l'odeur est tres-excellente. Au lieu de fontaines, ils ont des vignes qui portent de l'eau, dont les grains sont comme de la gresle; si bien que lors qu'il gresle parmy nous, c'est que le vent secoüe les vignes en ce païs-là. Le ventre leur sert de poche; & ils y mettent tout ce qu'ils veulent, car il s'ouure & se referme comme vne gibeciere; & parce qu'il est velu par dedans, les enfans s'y nichent quand il fait froid. Les riches

c'est qu'il est sans boyaux.

portent des habits de verre, & les pauures de cuiure; car l'vn & l'autre se file, & le dernier quand il
est moüillé se carde comme de la laine. I'ay peur
qu'on ne me croye pas si ie parle de leurs yeux,
car cela surpasse la créance. Ils s'ostent & s'apli-
quent comme des lunettes, & plusieurs ayant perdu les leurs, empruntent ceux de leurs voisins;
car l'on en fait des tresors, & celuy qui en a le
plus, est estimé le plus riche. Leurs oreilles sont
de feüilles de platane, horsmis à ceux qui naissent
de gland, qui les ont de bois Ie vis deux merueilles dans le palais du Roy; vn puits qui n'estoit
pas fort profond, où en descendant on entendoit
tout ce qui se disoit dans le monde; & vn miroir
au dessus, où en regardant on voyoit tout ce qui
s'y passoit. I'y ay veu souuent mes amis & ceux de
ma connoissance; mais ie ne say s'ils me voyoient.
Si quelqu'vn ne me veut pas croire, quand il y aura esté il me croira.

IV. Arriuée en l'Isle des Lampes.   Aprés auoir pris congé du Roy & de toute sa Cour, nous fismes voile à trauers les vastes plaines de l'air; mais auant que de partir, il me fit pre-sent de deux robes de crystal, & de cinq de let-ton, auec vne armeure toute complette de cosse de féues; mais ie perdis tout cela dans le ventre de la baleine. Nous fusmes escortez par vn regi-ment d'Hippogryphes, l'espace d'enuiron cinq cens stades, & courûmes beaucoup de païs, mais nous n'abordâmes nulle part, qu'à l'estoile du iour, pour faire aiguade. On commençoit à l'ha-biter. Nous entrâmes apres dans le Zodiaque, & laissant le Soleil à main gauche, commençâmes à raser la terre, sans y décendre, parce que le vent estoit contraire; quoy que nous l'eussions bien desiré, à cause que le pays que nous voyions estoit fort beau & arousé de plusieurs fleuues. Les

Néphélocentaures qui estoient à la solde de Phaëton, vinrent fondre sur nous en cét endroit, pensant que nous fussions encore ennemis; mais ils se retirerent lors qu'ils sçurent que la paix estoit faite. Nous ne laissasmes pas d'auoir grand peur, parce que nous auions renuoyé desia nostre escorte. Apres auoir vogué toute la nuit, & le iour suiuant, nous arriuâmes sur le soir en l'Isle des Lampes, commençant peu à peu à gagner terre. Elle est située entre les Hyades & les Pleïades, vn peu plus bas que le Zodiaque. Lors que nous fusmes décendus, nous ne trouuâmes que des Lampes, qui aloient & venoient comme les habitans d'vne ville, tantost à la place, tantost sur le port, les vnes petites & chetiues comme le menu peuple, les autres grandes & resplendissantes, mais en petit nombre, comme les riches. Elles auoient toutes leur nom & leur logis comme les Citoyens d'vne Republique, parloient & s'entretenoient ensemble, & nous demandoient des nouuelles. Quelques-vnes nous prierent mesme d'entrer chez elles & de nous rafraîchir; mais nous ni voulûmes ni boire ni manger, de peur de surprise. Le Palais du Roy est au milieu de la ville où il rend iustice toute la nuit, & chacun est obligé de s'y trouuer, pour rendre compte de ses actions. Celles qui ont sally ne souffrent point d'autre peine, sinon qu'on les éteint, qui est vne espece de mort, d'où vient qu'on dit tuer la chandelle. Nous nous aprochasmes pour entendre leurs raisons & leurs excuses, & y vîmes iusqu'à la lampe de nostre logis, qui nous dit des nouuelles de la famille.

Comme nous eûmes demeuré là toute la nuit nous en partîmes le lendemain, & voguant prés

V.
Englou-
tissement

des nuës, vîmes la ville de Nephélococcygie, qui nous donna de l'admiration, mais nous n'y décendîmes point, parce que le vent estoit contraire. Coronus fils de Cottyphion en estoit Roy, ce qui nous fit souuenir du Poëte Aristophane qui en parle, homme docte, & qui pour rien du monde n'eust voulu mentir. Trois iours apres, nous découurimes clairement l'Ocean; mais nous ne voyïons plus de terres, que celles que nous auions laissées dans le Ciel, qui nous paroissoient claires & luisantes comme des astres. Le quatriéme, sur le midy, le vent s'estant apaisé, nous décendismes tout doucement dans la mer, où nous ne fûmes pas plûtost, que nous commençâmes à faire bonne chere de ce que nous auions, & parce qu'il faisoit vn grand calme, nous nous baignâmes mesme dans l'Ocean. Mais comme souuent vn petit rayon de bonne fortune est le présage d'vn grand mal-heur, nous n'eûmes pas vogué deux iours, qu'au troisiéme, au leuer du Soleil, nous vîmes nager force poissons & quantité de baleines; dont il y en auoit vne d'enuiron quinze cens stades, qui faisoit blanchir la Mer d'écume tout à l'entour. Elle auoit les dents longues & pointuës comme des clochers, & blanches comme de l'yuoire. Lors que nous la vîmes venir à nous la gueule ouuerte, nous nous recommandâmes aux Dieux, & nous embrassâmes l'vn l'autre, pour n'estre pas séparez mesme dans la mort. Elle nous engloutit tous ensemble, auec nostre nauire: mais de bonne fortune, auant qu'elle pust nous écraser, nostre vaisseau coula heureusement dans l'interualle de ses dents. Comme nous fusmes dans ce goufre, nous ne voyïons rien d'abord; mais lors qu'elle vint à ouurir la gueule, nous

de l'Auteur, & son seiour dans la Baleine. Voyez les Remarques.

Ce mot n'est pas au Grec, mais ie m'en sers pour la commodité de l'expression.

vîmes vn grand & large monftre, capable de loger dix mille habitans. Il y auoit dedans quantité d'autres poiſſons qu'elle auoit aualez, des carcaſſes d'hommes & d'animaux, des balles de marchandiſe, des anchres & des maſts de nauire; & vers le milieu vne terre & des montagnes, qui eſtoient faites, à mon auis, de la quantité de limon qu'elle aualoit. Il y auoit meſme vne foreſt, & toutes ſortes d'arbres & de plantes comme en vn pays cultiué, qui pouuoit auoir trente milles de tour. On y voyoit quantité de Hérons & d'Alcyons & autres oiſeaux de riuiere, qui auoient fait leurs nids dans le bois. Aprés auoir répandu beaucoup de larmes inutiles, i'encourageay mes Compagnons, & fis ſouſtenir le vaiſſeau qui panchoit; puis ayant alumé du feu, nous nous mîmes à table; car nous auions quantité de poiſſon de toute ſorte, & de l'eau que nous auions aportée de l'étoile du iour. Le lendemain eſtant éueillez, comme la baleine ouuroit la gueule, nous voyïons tantoſt le Ciel, tantoſt des Montagnes, tantoſt des Iſles; car nous la ſentions remuër de tous coſtez en vn inſtant. Lors que nous fûmes acoûtumez à vn ſi triſte ſejour, ie pris ſept de mes compagnons auec moy, & entray dans la foreſt pour découurir le païs. Nous n'eûmes pas fait ſept cens pas, que nous trouuâmes vn petit Temple dedié à Neptune, comme le témoignoit l'inſcription, & enſuite, pluſieurs ſepulchres, & vne fontaine tres-claire aſſez proche. Nous ouïſmes meſme l'aboy d'vn chien, & vîmes de loin de la fumée, ce qui nous fit iuger que le païs eſtoit habité. Nous doublons le pas, tant que nous trouuons vn vieillard & vn ieune homme, qui dreſſoient vn petit iardin, & y faiſoient venir de l'eau de la fontaine pour l'arouſer. Ioyeux & étonnez tout enſemble, nous nous arreſtâmes aſſez long-temps à les regarder, & vîmes qu'ils n'eſtoient pas moins ſurpris que nous. Apres quelque ſilence de part & d'autre, le vieillard nous demanda ſi nous eſtions des Dieux marins ou des hommes? Pour nous, dit-il, nous auons eſté autrefois au monde, mais nous flotons maintenant dans la baleine, ſans ſauoir au vray ce que nous ſommes; car il ſemble que nous ſoyons morts, & toutefois nous viuons. Et nous, luy dis-ie, mon pere, nous ſommes de pauures étrangers qui fuſmes hier engloutis auec noſtre nauire, & il y a aparence que quelque Dieu nous a amenez icy pour nous conſoler l'vn l'autre, & pour nous aprendre que nous n'eſtions pas ſeuls dans cette miſere. Faites-nous donc, s'il vous plaiſt, le recit de voſtre auenture, & puis vous ſaurez la noſtre. Ce ne ſera pas, dit-il, ſans auoir mangé auparauant, & en diſant cela, il nous prit par la main & nous amena dans ſa cabane, où il nous fit bonne chere de ce qu'il auoit. Lors que nous fuſmes raſſaſiez, il nous preſſa de luy dire qui nous eſtions, & comment nous auions eſté engloutis. Nous luy contaſmes donc tout ce qui nous eſtoit arriué depuis noſtre embarquement, dequoy il parût fort étonné, & nous dit qu'il eſtoit de l'Iſle de Cypre, & qu'eſtant allé auec ſon fils pour trafiquer en Italie, ils auoient nauigé heureuſement iuſqu'en Sicile, d'où ils auoient eſté emportez par la tempeſte dans l'Ocean, & engloutis auec leur vaiſſeau, dont nous auions pû voir le debris dans le ventre de la baleine. Que tous les autres eſtoient morts, à la reſerue de ſon fils & de luy, & qu'apres leur auoir rendu les derniers deuoirs, ils auoient baſty la chapelle que nous auions veuë, & cultiuoient enſemble ce petit jardin qui leur fourniſſoit des légumes, dont ils viuoient auec des fruits ſauuages & du poiſſon. Qu'il y auoit des vignes au païs dont le vin eſtoit tres-excellent, & que nous auions pû voir vne fontaine dont l'eau eſtoit tres-fraîche & tres-bonne. Qu'ils s'eſtoient acommodez chacun vn lict de branches d'arbres, auec quelques autres petits meubles neceſſaires; auoient allumé du feu, & s'ocupoient à la chaſſe, & quelquefois à la peſche, à trauers les ouïes de la baleine. Qu'il n'y auoit pas fort loin de là à vn eſtang ſalé qui auoit bien deux mille cinq cens pas de tour, où ils ſe baignoient quelquefois, & où y peſchoient auſſi, parce qu'il y auoit force poiſſon. Qu'il y auoit vingt-ſept ans qu'ils viuoient dans cette miſere, & que la vie leur ſeroit encore ſuportable, ſans les habitans du païs qui eſtoient ſauuages, & leur faiſoient beaucoup de mal. Comment, luy dis-ie, y a-t-il icy encore d'autres gens que nous. Oüy, dit-il, & qui ſont faits d'vne façon éfroyable; Car à l'extremité de l'Iſle vers l'Occident habitent les Taricanes, qui ont le viſage d'écreuiſſe & le reſte d'anguille; mais barbares & belliqueux. De l'autre coſté, à main droite, ſont les Tritonomendettes, ſemblables à nous de la ceinture en haut, mais ayant le reſte de chats. Ceux-là ne ſont pas ſi meſchans que les autres. A la gauche, ſont les Carcinoquires & les Cynocephales qui ſont alliez enſemble. Au milieu, les Pagourades & les Pſittopodes, nations vaillantes, & excellentes à la courſe. Vers l'Orient, à l'embouchure du monſtre, le pays eſt preſque deſert, à cauſe qu'il eſt ſouuent inondé. Neantmoins, i'y ay étably ma demeure, & y vis en quelque aſſeurance,

Comme qui diroit ſalez ou confits.

Il fait alluſiō aux Tritons.

Mains de Cancres.
Teſtes de Chien.
Pié-legeres.

moyennant cinq cens huîtres que ie paye de tribut aux Pſittopodes. Voilà l'eſtat du pays. Il faut conſiderer maintenant comment nous ferons pour y viure, & pour nous défendre de tant de monſtres. Combien ſont-ils, luy dis-ie? Plus de mil, répondit-il, mais ils n'ont pour armes que des arreſtes de poiſſon. Puis-qu'il ſont deſarmez, repartis-ie, nous en viendrons bien à bout, & apres les auoir défaits nous habiterons le païs ſans crainte. Nous reſolûmes donc de les combatre, & retournâmes à noſtre nauire, pour faire les apreſts neceſſaires. Nous commençâmes la guerre par le refus du tribut; car comme ils le vinrent demander, nous leur répondîmes arrogamment que nous eſtions nez libres, & mal-traittâmes leurs Députez. Les Pſittopodes donc & les Pagourades vinrent contre nous auec grand bruit; mais nous nous eſtions preparez à les receuoir, & auions mis vingt-cinq hommes en embuſcade, auec ordre de ne ſe point leuer que les ennemis ne fuſſent paſſez, afin de les charger en queuë; car nous les atendions de pied ferme auec le reſte. Le combat fut grand & opiniaſtre, mais enfin la victoire nous demeura, & nous tuâmes cent ſoixante & dix des ennemis, ſans perdre qu'vn de nos camarades, auec le Pilote, qui eut le dos percé d'outre en outre d'vne arreſte de poiſſon. Nous pourſuiuîmes les autres iuſqu'à leurs cauernes, & tout le reſte du iour & la nuit ſuiuante, demeurâmes ſur le champ de bataille, où nous dreſſâmes vn trophée de l'épine du dos d'vn Dauphin. Su le bruit de cette défaite, le reſte des habitans prirent les armes, & marcherent contre nous dés le lendemain auec grand apareil. Les Taricanes auoient l'aiſle droite, les Cyno-

Sous la conduite de Pélame.

céphales la gauche, les Carcinoquires estoient au milieu; il n'y eut que les Tritonomendettes qui demeurerent chez eux, sans vouloir estre de la partie. Nous les vinmes rencontrer prés du Temple de Neptune, & entrâmes au combat auec de grands cris, qui résonnoient dans le ventre de la baleine comme dans vn antre. Ils furent défaits aisément, parce qu'ils estoient nuds, & sans armes; de sorte que nous les poursuiuîmes iusqu'à la forest. Aussi-tost ils enuoyerent rechercher nostre aliance, & sur nostre refus retournerent au combat, où ils furent tous taillez en pieces. Les Tritonomendettes ayant apris cette nouuelle, se sauuerent dans la mer à trauers les ouïes de la baleine. Apres cette victoire, nous demeurâmes maîtres du païs, nous occupant à la chasse, & aux exercices du corps, cultiuant les vignes, & recueillant en paix les fruits de la terre. Semblables à des captifs renfermez dans vne prison large & spacieuse, qui ne songeroient qu'à passer le temps, & à se réjouïr. Comme nous eûmes vescu de la sorte plus d'vn an & demy, enfin le cinquiéme iour du neuuiéme mois, enuiron le second baillement du monstre, qui ne bâilloit qu'vne fois par heure, ce qui seruoit à les conter, nous entendîmes vn grand bruit comme de rames & de forçats, & coûrumes à son embouchure, où nous tenant à couuert dans l'interualle de ses dents, nous vîmes des Géans, grands comme des Colosses, qui conduisoient ces Isles, comme l'on fait des nauires. Ie say bien qu'on aura de la peine à le croire, mais ie ne laisseray pas de le dire, parce qu'il est veritable. C'estoient des Isles longues & étroites, qui n'estoient pas fort hautes, & qui pouuoient auoir cent stades de tour. Il y auoit enuiron trente hommes sur chacune, sans compter ceux qui estoient employez pour la défence ; & ces trente hommes estoient rangez de part & d'autre comme les forçasts d'vne galere & ramoient auec des grands pins feüillus. Derriere, sur vne eminence, estoit le Pilote, qui tenoit vn gouuernail d'airain de plus de cent pas de long. De l'autre costé, à la prouë, il y auoit enuiron quarante hommes tous armez, semblables à nous, horsmis que leur cheuelure estoit de feu, ce qui les défendoit comme vn casque. Les arbres de l'Isle seruoient de voile ; car le vent venant à souffler dedans, la faisoit voguer, si bien qu'on la conduisoit où l'on vouloit, & l'on entendoit le sifflet du Comite qui faisoit mouuoir les rames tout d'vn temps, comme dans vne galere. On ne voyoit que deux ou trois de ces Isles d'abord, mais sur la fin il en parût enuiron six cens, qui tournerent toutes les prouës l'vne contre l'autre, pour le combat. Du premier choc il y en eut de brisées, & d'autres coulées à fons, mais plusieurs se maintinrent brauement iusqu'à la fin, & ceux qui combatoient à la prouë faisoient merueilles de bien ataquer & de bien défendre. Les vainqueurs sautoient dans celles des vaincus, pour les empescher de se détacher & de prendre la fuite, & l'on faisoit main basse, sans faire des prisonniers. Au lieu de harpons & de mains de fer, ils iettoient de grands polypes atachez les vns aux autres, qui s'acrochoient aux arbres de la forest ; de sorte que l'on combatoit de pied ferme, comme si ce n'eust pas esté vn combat naual. On se lançoit aussi à la teste, au lieu de pierres, des huistres & des tortuës, grosses comme des pieces de rocher. L'vn des Generaux s'apelloit Eolocentaure, & l'autre

Cent autre vent, beuueur de mer.

LIVRE PREMIER. 361

Thalaſſopotés; car on les entendoit ſouuent nommer dans le combat. Le premier reprochoit à l'autre qu'il luy auoit enleué pluſieurs troupeaux de dauphins, qui eſtoit le ſujet de leur diferent. Auſſi demeura-t-il victorieux, & coula à fons cent cinquante Iſles des ennemis, en prit trois auec tous ceux qui eſtoient dedans, & pourſuiuit le reſte qui ſe retiroit auec la poupe fracaſſée. Sur le ſoir, comme il fut de retour de la pourſuite, il recueillit tout le butin qui flotoit, tant du ſien que des ennemis, car il auoit bien eu quatre-vingts Iſles ſubmergées. Apres, il dreſſa vn trophée ſur la teſte de la Baleine, qui eſtoit elle-meſme comme vne grande Iſle, où plûtoſt comme le continent, & apendit à Neptune vne des Iſles des ennemis. Sa flote demeura toute la nuit à l'ancre autour du monſtre, auquel ils auoient ataché leurs cordages. Le lendemain, ils firent des ſacrifices d'action de graces, & ayant enſeueli leurs morts, partirent auec des cris de ioye & des chants de triomphe. Voila ce qui ſe paſſa au combat des Iſles.

L'HISTOIRE VERITABLE,
LIVRE SECOND.

I. Continuation du voyage de l'Auteur. II. Sa venuë aux Isles Fortunées. III. Description des Enfers. IV. l'Isle des Songes. V. Diuerses auentures assez extrauagantes. VI. D'autres qui le sont encore plus, iusqu'à son arriuée aux Antipodes.

I. Continuation du voyage de l'Auteur.

APRES ces choses, ne pouuant endurer vn plus long sejour dans la Baleine, il nous prit enuie de faire vn trou au costé droit pour nous éuader; mais comme nous eûmes creusé cinq ou six cens pas sans trouuer le fons, nous abandonnâmes l'entreprise, & iugeâmes plus à propos de mettre le feu dans le bois pour la faire mourir. Elle brûla sept iours entiers sans en sentir rien, mais sur la fin du septiéme, elle bâilloit plus lentement, & refermoit la gueule aussi-tost, ce qui nous fit iuger qu'elle commençoit à se porter mal. Vers l'onziéme iour, nous aperçûmes qu'elle se mouroit, car elle sentoit fort mauuais; si bien que le lendemain nous luy trauersâmes la gueule auec de grosses poudres, pour l'empescher de la refermer, sans quoy nous estions tous perdus. Cependant, nous donnâmes ordre à nostre départ, & fisines nos prouisions, prenant l'étranger pour nostre Pilote. Le troisiéme iour nous tirâmes nostre vaisseau par l'interuale de ses dents, & le décendîmes tout doucement dans la mer: Aprés, montant sur

le

LIVRE SECOND.

le dos du monstre, nous sacrifiâmes à Neptune, prés du trophée des Isles flotantes, & ayant demeuré là trois iours, à cause du calme, nous fismes voile le quatriéme. Nous rencontrâmes d'abord quantité de corps morts de la derniere défaite, contre lesquels nostre vaisseau aloit heurter comme contre des écueils, & nous demeurâmes étonnez de leur prodigieuse grandeur. Il faisoit fort beau du commencement ; mais la bise venant à soufler, il fit vn froid si insuportable, que la mer se glaça à la hauteur de quatre cens brasses. Nous fusmes donc contrains de décendre, & commençâmes à glisser dessus ; mais le vent venant à se renforcer, nous fismes vn trou dans la glace par l'auis de nostre Pilote, où nous demeurâmes renfermez trente iours, y faisant du feu, & mangeant le poisson que nous trouuions en creusant. À la fin, comme les viures commençoient à nous manquer, nous détachâmes du mieux que nous pûmes nostre vaisseau, & mettant la voile au vent, coulâmes sur la glace comme sur du verre. Le cinquiéme iour elle se fondit, & nous voguâmes sur l'eau comme auparauant, tant que nous abordâmes en vne petite Isle deserte, où nous descendîmes pour faire aiguade, parce que l'eau nous manquoit. Nous y tuâmes deux Taureaux sauuages, qui auoient les cornes sous les yeux, comme vouloit Momus, afin de mieux voir où ils frapent. Plus loin nous trouuâmes vne mer de laict, qui auoit au milieu vne petite Isle de fromage, où nous sejournâmes quelque temps, mangeant de la terre de l'Isle, & buuant du laict des raisins ; car ils ne portent point de vin. La Princesse Tyro fille de Salmonée, en estoit Reine, & auoit receu cette faueur de Neptu-

Tyro, signifie fromage, en Grec.

Q

ne pour recompense de sa chasteté. Il y auoit aussi vn Temple dedié à Galatée, comme il paroissoit par l'inscription.

Galatée, veut dire laict.

Comme nous eûmes demeuré là cinq iours, nous en partîmes le sixiéme par vn bon vent, & deux iours aprés passâmes de cette mer blanche dans vne autre, sur laquelle nous vîmes marcher des hommes semblables à nous, horsmis qu'ils auoient des piés de liége, ce qui les soustenoit sur l'eau. Ils s'aprocherent de nostre nauire, & nous saluäant en nostre langue, nous dirent qu'ils aloient au Liége qui estoit leur patrie. Aprés auoir couru quelque temps autour de nostre vaisseau, ils s'en alerent en nous souhaitant vne heureuse nauigation. Ils ne nous eurent pas plûtost quitez, que nous découurîmes plusieurs Isles, parmy lesquelles estoit la leur sur vn grand liége tout rond. Plus loin, sur la droite il y en auoit cinq autres fort hautes & fort grandes, où l'on voyoit paroistre beaucoup de feux, & deuant nous vne petite, large & basse, d'où s'exhaloit vn doux parfum, comme Hérodote dit qu'il en sort de l'Arabie heureuse. Nous cinglons de ce costé-là, & trouuons en arriuant de grands ports, larges & tranquilles, & des fleuues d'vne eau claire & argentine qui couloit doucement dans la mer. Les bords estoient couuerts de bois odoriferans, où l'on oyoit retentir la musique des oiseaux, qui faisoient vn concert auec les Zephirs. Car les feüilles agitées par vn doux vent, rendoient vn son comme de flûtes douces. On entendoit parmy cela, des voix, ou plustost des cris de réjoüissance, comme dans vn festin, où les vns chantent & les autres dansent au son du flajolet ou de la lyre. Estonnez de tant de merueilles,

II. Venuë de l'Autheur aux Isles Fortunées

De roses, violettes, &c.

LIVRE SECOND. 365

nous entrons à pleines voiles dans le port, où nous ne fusmes pas plustost, que les gardes nous liérent auec des chaisnes de roses & nous menérent vers le Prince, aprés nous auoir dit qu'on ne nous feroit point de mal, & que nous estions dans l'Isle des bien-heureux qui estoit gouuernée par Rhadamante. Nous trouuâmes en arriuant qu'il y auoit trois causes à plaider auant la nostre. La premiere estoit celle d'Ajax fils de Télamon, pour sauoir s'il seroit receu en la compagnie des Heros, aprés s'estre tué luy-mesme en fureur. La seconde estoit vn diferent amoureux de Thesée & de Menelaüs à qui demeureroit Heleine. Et la troisiéme, vne dispute de présceance entre Alexandre & Annibal. Aprés beaucoup de contestation, Ajax fut receu, moyennant quelques prises d'élébore, pour lesquelles on le renuoya à Hipocrate. Heleine fut ajugée à Menelaüs, à cause des longs trauaux qu'il auoit souferts pour elle, outre que Thesée auoit d'autres femmes, comme l'Amazone & Ariadne. Alexandre fut preferé à Annibal, & on luy donna vn siege à costé du vieux Cyrus. Apres cela, nous fusmes ouïs, & l'on nous demanda d'abord, pourquoy nous auions osé profaner ces lieux sacrez de nostre presence mortelle ? Sur nostre réponse, l'on nous fit retirer ; & Rhadamante, de l'auis de Caton & d'Aristide, remit à nous punir de nostre curiosité, apres nostre mort, & cependant nous permit de voir les raretez du païs, & de nous entretenir auec les bien-heureux ; Aussi-tost, nos chaînes tomberent d'elles-mesmes, & l'on nous conduisit à la ville, pour assister à leur festin. Nous fusmes tous rauis en entrant de voir que la ville estoit d'or, & les murailles d'émeraudes, auec le paué marqueté d'ébeine, &

Parce qu'elle auoit resté femme de l'vn & de l'autre.

Q ij

d'yuoire; les Temples des Dieux de rubis & de diamans, auec de grands Autels d'vne seule pierre précieuse, sur lesquels on voyoit fumer des Hecatombes. Il y auoit sept portes, toute de Cinamome, & vn fossé d'eau de senteur large de cent coudées, qui n'estoit profond qu'autant qu'il faloit pour se baigner à son aise. Il ne laissoit pas d'y auoir des bains publics d'vn artifice admirable, où l'on ne brûloit que des fagots de canelle. L'édifice estoit de crystal, & les bassins où l'on se lauoit de grands vases de porcelaine pleins de rosée. Du reste, les bien-heureux n'ont point de corps & sont impalpables; Ils ne laissent pas de boire & de manger, & de faire les autres fonctions naturelles. On diroit que c'est leur ame toute seule, reuestuë de la ressemblance du corps; car si on ne les touche, on ne sauroit découurir qu'ils n'en ont point; Semblables à des ombres droites qui ne seroient pas noires. Ils ne vieillissent point, mais ils demeurent tousiours à l'âge où ils meurent, horsmis que les vieillards y reprennent leur beauté & leur vigueur. Leurs habits sont d'vn crespe fin de couleur de pourpre, filé par des araignées qui sont sans venin, & qui ne font point horreur. Il ne fait iamais nuit dans toute l'Isle, mais le iour n'y est pas fort éclatant, c'est comme vne aurore perpetuelle. De toutes les saisons ils ne connoissent que le Printemps, & de tous les vens que les Zéphirs; mais la terre est couuerte de fleurs & de fruits toute l'année, dont la récolte se fait tous les mois, encore dit-on qu'au mois qui porte le nom de Minos, il y a double moisson. Les épis au lieu de bled sont chargez de petits pains semblables à des champignons, si bien qu'on n'est iamais en peine ni de cuire, ni de moudre. Il y a trois cens soixante-cinq fontaines d'eau douce, & autant de miel; & cinq cens d'huile de senteur, mais plus petites; auec plusieurs ruisseaux de laict & de vin. On mange hors la ville dans la plaine d'Elise, à la fraîcheur d'vn bois qui l'enuironne, où l'on est couché sur des fleurs, & les vens portent des viandes. Sur les testes pendent de grands arbres de crystal, qui portent des verres de toutes sortes, & l'on ne les a pas plustost pris qu'ils sont pleins de vin. On n'est point en peine de se faire des guirlandes, car les petits oiseaux qui voltigent autour en chantant, répandent sur vous des fleurs qu'ils ont pillées dans les prairies voisines. D'ailleurs, il s'éleue des nuées de parfum tant des sources de senteur, que du fleuue dont la ville est ceinte, lesquelles s'épreignent à l'aide des vens, & versent sur l'assistance vne liqueur tres-précieuse. On ne cesse de chanter pendant le repas, & de reciter de beaux Vers, & particulierement ceux d'Homere, qui est assis parmy les Heros au dessus d'Vlysse. Les danses sont composées de filles & de garçons, & les maistres de musique sont Eunome, Arion, Anacréon & Stesicore, dont le dernier est réconcilié auec Heleine. Aprés qu'ils ont finy leurs chansons, paroist vn second chœur de Musiciens, composé de serins & de rossignols, qui auec les Zéphirs, font vn concert tres-agreable. Mais ce qui fait principalement la felicité des bien-heureux, c'est qu'ils y a deux sources, l'vne du ris, l'autre de la ioye, dont chacun boit vn grand trait auant que de se mettre à table, ce qui le tient gay le reste du iour. Disons maintenant ceux qui sont les plus estimez dans cette Isle, & qui tiennent le premier rang parmy les ombres. Premierement, les demy-Dieux, & ceux qui se sont signalez au siége de Troye, horsmis Ajax le Locrien qui est tourmenté, à ce qu'on dit dans les Enfers. D'entre les Barbares, les deux Cyrus, Anacarsis, Zamolxis, & Numa. Des Grecs, Lycurgue, Phocion, & Tellus; les sept Sages, horsmis Periandre; Socrate, qui s'entretient ordinairement auec Palaméde & Nestor, ou auec de beaux garçons comme Narcisse, Hylas, & Hyacinthe; & l'on dit qu'il est amoureux du dernier, car il luy fait forces caresses. Rhadamante l'a souuent menacé de le mal-traiter, s'il ne quitoit son ironie; mais il a de la peine à s'en défaire, tant il est dangereux de faire de mauuaises habitudes. Ie n'y vis point Platon, & comme i'en demandois la cause, on me dit qu'il habitoit sa Republique, & qu'il viuoit selon les Loix qu'il y auoit établies. Aristipe & Epicure y sont des premiers, & chacun les veut auoir, parce qu'ils sont de bonne compagnie. Il n'est pas iusqu'à ce pauure malotru d'Esope qu'il n'y soit, & ils s'en seruent comme de boufon. Pour Diogéne, on ne le reconnoistroit pas, tant il est changé; car il est deuenu voluptueux, & a épousé la Courtisane Laïs. Il ne fait donc rien tout le iour que chanter & danser, & faire mille extrauagances, sur tout quand il a bû. Les Stoïciens en sont bannis, & l'on dit qu'ils grimpent encore sur le costeau, & sont ocupez à défricher le chemin de la Vertu. Ie n'y vis point d'Academiciens, parce qu'ils déliberent tousiours, & qu'ils ne se peuuent résoudre; On doute mesme s'ils croyent des Enfers & des Champs Elisées. Mais, à mon auis, c'est qu'ils craignent le iugement de Rhadamante, parce qu'ils ont voulu oster toute sorte

LIVRE SECOND.

de jugement, & mettre l'Vniuers en confusion. Voilà les plus illustres de l'autre monde; mais on y reuere principalement Thesée & Achille. Les femmes y sont communes, & en cela, ils sont tous Platoniciens. On ne s'abstient pas mesme des garçons; Il n'y auoit que Socrate qui iuroit qu'il ne les toucheroit point, encore croit-on qu'il se parjuroit. Aprés auoir esté deux ou trois iours en ce païs-là, i'aborday Homere, & le priay de me dire d'où il estoit, parce que c'estoit vne des plus grandes questions qui fust parmy les Grammairiens. Il me dit qu'ils l'auoient tellement embroüillé sur ce sujet, que luy-mesme n'en sauoit plus rien, mais qu'il croyoit estre de Babylone, & qu'on l'y nommoit Tigrane, comme Homere parmy les Grecs, à cause qu'il y auoit esté donné en ostage. Ie luy demanday en suite, s'il auoit fait les Vers qu'on rebute? Il me dit que oüy; ce qui me fit rire de l'impertinence de ceux qui les veulent retrancher. Ie m'enquis aussi pourquoy il auoit commencé son Poëme par la Fureur, & il me dit que cela s'estoit fait sans dessein, & qu'il n'auoit pas fait non plus l'Odyssée auant l'Iliade, comme plusieurs croyent. Pour son prétendu aueuglement, ie ne luy en parlay point, parce que ie vis bien le contraire. Ie luy faisois plusieurs autres demandes, lors qu'il estoit de loisir, & il me répondoit à tout sur le champ, principalement depuis qu'il eût gagné son procez contre Thersite, qui l'acusoit de calomnie; mais il fut renuoyé absous à l'ayde d'Vlysse qui plaida sa cause. Sur ces entrefaites arriua Pythagore, aprés auoir acheué toutes ces reuolutions, & passé par diuerses metempsycoses; car il auoit

Zenodote & Aristarque.

esté metamorphosé par sept fois, & doutoit encore s'il se feroit appeller Pythagore ou Euphorbe. Il fut fort bien reçeu; parce qu'il auoit tout vn costé d'or. Empedocle vint aussi tout grillé; mais on ne le voulut point receuoir, quelque instance qu'il en fist, de peur qu'il ne fust trauaillé de mélancolie. Aprés quelque temps on celebra les jeux qu'on nomme *des Trépassez*, où Achille & Thesée presidérent, celuy-cy pour la septiéme fois, & l'autre pour la cinquéme. Il seroit long de raporter icy tout ce qui s'y fit; mais Carus de la race des Heraclides, vainquit Vlysse à la lute, & Epée combatit à coups de poin contre Arie, dont le sepulcre est à Corinthe, sans que pas vn eust l'auantage. Il n'y a point parmy eux de jeu de Pancrace; Ie ne say plus qui vainquit à la course; Homere remporta de bien loin le prix de la Poësie; mais Hésiode aussi fut couronné. La couronne estoit faite de plumes de Pân, & c'estoit le prix de tous les jeux. Comme on en sortoit, la nouuelle vint que les Enfers s'estoient reuoltez sous la conduite de Phalaris & de Buside, acompagnez de Dioméde, de Sciron & de Pityocampte, & qu'ils venoient pour forcer l'Isle des bien-heureux, apres auoir rompu leurs fers, & tué leurs gardes. Aussi-tost Rhadamante mit les Heros en bataille sur le bord de la mer, sous le commandement de Thesée, d'Ajax & d'Achille; car le second estoit desia retourné en son bon sens. Apres vn grand combat, où Achille fit des merueilles, les Heros furent victorieux. Socrate fit bien aussi à l'aîle droite, & incomparablement mieux qu'à la bataille de Délie. Aussi eust-il pour récompense vn beau iardin au faux-bourg où il tenoit Academie, qu'on apeloit l'*Academie des Morts*.

A pis faire.

Anciens brigands.

LIVRE SECOND.

Les vaincus furent renuoyez aux Enfers, pour y estre tourmentez au double. Homere a décrit cette guerre comme il a fait celle de Troye, & me donna son liure en partant; mais ie le perdis auec le reste de mon équipage. Il commençoit ainsi son Poëme, *Ie chante des Enfers les combats redoutables*. Apres la victoire on fit vn grand festin selon la coûtume, où l'on ne seruit que des féues, c'est pourquoy Pythagore ne s'y trouua point. En suite, il arriua de nouuelles auentures; Cinyre fils de Sintare, nostre Pilote qui estoit vn grand garçon de belle taille, & fort bien fait, deuint amoureux d'Heleine, & elle de luy. Leur amour ne put estre long-temps caché; car ils se faisoient mille caresses à table, & quelquefois aprés le repas s'égaroient tout seuls dans la forest. A la fin, ils se résolurent de se retirer en quelqu'vne des Isles voisines, & gagnerent pour cela trois de nos compagnons sans nous en rien dire, parce qu'ils sauoient bien que nous le trouuerions pas bon. Ils prirent la nuit pour l'execution de leur dessein, & cinglérent en haute mer, sans que personne s'en aperçût. Mais Menelaüs s'estant éueillé en sursaut, & ne trouuant plus prés de luy sa femme, se mit à crier, & sautant en bas du lict alla éueiller son frere Agamemnon, & vint auec luy faire ses plaintes à Rhadamante. Le iour venu, ceux qu'on auoit enuoyez à la découuerte, raporterent qu'on voyoit vn nauire fort éloigné; & Rhadamante fit embarquer cinquante Heros sur vn vaisseau d'Asphodelle fait tout d'vne piece, & les enuoya aprés. Ils firent si grande diligence qu'ils les ateignirent sur le midy, auant qu'ils pûssent prendre terre nulle part, & les ramenerent au port, remarquant leur vaisseau auec des chaînes de roses; car il n'y en a point de plus fortes dans toute l'Isle. Heleine pleuroit & se desesperoit, s'arachant les cheueux, & baissant la veuë de honte. Rhadamante, apres auoir interrogé les coupables, les renuoya aux Enfers pour y estre chastiez de leurs crimes, parce que l'Isle des bien-heureux est exemte de supplices. Il nous fit commandement de partir le lendemain, pour éuiter de pareils inconueniens à l'auenir. Ie regrettois fort de quiter vn si agréable sejour, pour rentrer dans de nouueaux malheurs; mais les Heros me consolerent en me montrant la place qu'ils me donneroient auprés d'eux apres ma mort. I'alay donc prendre congé de Rhadamante, & le priay de m'enseigner la route que ie deuois tenir, & de me dire ce qui m'arriueroit par le chemin. Alors me montrant les Isles voisines, Ces cinq là, dit-il, que tu vois toutes en feu, sont celles des Enfers; plus loin est celle des Songes; & en suite, Ogygie où demeure Calypso; mais tu ne la saurois encore voir. Quand vous les aurez passées, vous rencontrerez les Antipodes, où vous demeurerez quelque temps parmy les Sauuages; puis vous retournerez en vostre païs; apres de longues & perilleuses erreurs. Comme il eut dit cela, il aracha vne racine de Mauue, & me la presentant m'ordonna d'y auoir recours dans mon afliction. Il me commanda aussi quand ie serois arriué aux Antipodes, de ne point creuser de feu auec vne épée, ni manger de lupins, ou m'aprocher d'vn garçon qui eût plus de dix-huit ans; & me dit qu'en obseruant bien ces choses, ie serois reçu dans l'Isle des bien-heureux apres ma mort. Alors ie fis mes prépara-

Rallerie contre Pythagore.

LIVRE SECOND.

tifs pour mon départ, & allant dire Adieu à Homére, ie le priay de me faire vn quadrain, que ie grauay sur vne colonne prés du port; Il contenoit ces mots.

Lucien fauory des Dieux
A veu ces hautes destinées,
Et hors des Isles fortunées
Retourne en son pays, ioyeux.

Aprés auoir demeuré là le reste du iour, & pris congé des Heros, ie partis le lendemain ; & ils me vinrent conduire iusqu'à mon vaisseau, où Vlysse me tirant à part, me donna vne lettre pour Calypso, sans que sa femme en vist rien. Rhadamante enuoya auec nous le pilote Nauplion, pour empescher qu'on ne nous arestast en quelqu'vne des Isles voisines, & témoigner que nostre dessein estoit de tirer plus loin.

Au sortir de cet air doux & odorant, nous entrâmes en vn puant & épais, qui distiloit de la poix au lieu de rosée. On sentoit de loin vne odeur de soufre & de bitûme, auec vne exhalaison comme de corps morts qu'on rostit. Parmy cela retentissoiët les coups de foüet, & le bruit des chaînes, auec les cris des damnez. Nous n'abordâmes qu'à vne de ces Isles qui estoit toute bordée d'écueils & de précipices, & par dedans ce n'estoit qu'vne roche seiche & aride, sans eau & sans aucune verdure. Aprés auoir grimpé comme nous pûmes par vn sentier rude & épineux, nous ariuâmes au lieu des suplices, qui estoit tout semé de pointes d'épées & de halebardes, & ceint de trois fleuues, l'vn de sang, l'autre de bouë, & le troisiéme de feu, mais d'vn feu rapide comme vn torrent, & sujet aux tempestes comme la mer. On y voyoit des poissons comme des tisons ardens, & d'autres plus petis

III.
L'Isle
des En-
fers.

comme des charbons, qu'on nommoit de petites lampes. On n'y pouuoit aborder que par vne porte fort étroite qui estoit gardée par Timon le Misanthrope. Nous y entrâmes pourtant sous la conduite de nostre guide, & vîmes tourmenter plusieurs Roys & particuliers, dont il y en auoit quelques-vns de nostre connoissance. Cinyre y estoit pendu par les parties naturelles, & tout noircy de fumée. Il y auoit des gens qui nous montroient tout pour de l'argent, & qui discouroient sur la vie de chacun, & sur la nature du supplice. On tourmentoit principalement les menteurs, & ceux qui auoient imposé à la posterité par leurs écrits fabuleux, comme Ctesias & Hérodote, ce qui me donna quelque consolation, parce qu'il n'y a guere de vice dont ie me sente moins coupable. Aprés cela nous sortîmes, ne pouuant plus souffrir la puanteur, ni l'horreur du lieu, & prenant congé de nostre guide, nous retournâmes à nostre vaisseau.

IV.
L'Isle des Songes.

Nous n'eûmes pas naugié beaucoup, que l'Isle des Songes nous aparut, mais obscurément comme les songes ont accoûtumé. Car elle sembloit s'éloigner à mesure que nous en approchions; mais enfin l'ayant atrapé, nous y entrâmes par le havre du Sommeil, & y décendîmes sur la brune. Elle estoit ceinte tout autour d'vne forest de pauos & de mandragore, qui estoit pleine de hibous & de chauues-souris; car il n'y a point d'autres oiseaux dans toute l'Isle. Il y auoit vn fleuue qui ne couloit que de nuit, & deux fontaines d'vne eau dormante. Le mur de la ville estoit fort haut & de couleurs changeantes comme l'arc-en-ciel. Elle auoit quatre portes, quoy qu'Homere n'en mette que deux; Les deux

LIVRE SECOND.

premieres regardoient la plaine de la nonchalance, l'vne de fer & l'autre de terre, par où sortent les songes afreux & mélancoliques; les deux autres sont tournées vers le port, l'vne de corne & l'autre d'yuoire, qui est celle par où nous entrâmes. Le Sommeil est le Roy de l'Isle, & son Palais est à main gauche en entrant. A main droite est le Temple de la Nuit, qui est la Déesse qu'on y adore; & en suite, celuy du Coq. Le Sommeil a sous luy deux Lieutenans, Taraxion & Plutoclés, engendrez de la fantaisie & du neant. Au milieu de la place est la fontaine des Sens, qui a deux Temples à ses costez, l'vn du Mensonge & l'autre de la Verité. C'est là qu'est l'Oracle & le Sanctuaire du Dieu, dont Antiphon l'Interprete des songes est le Prophete, & a obtenu cette grace du Sommeil. Tous les habitans de l'Isle sont differens, les vns beaux & de belle taille; les autres petis & contrefaits; Ceux-cy riches à ce qui paroist, & vestus d'or & de pourpre comme des Rois de Comédie. Ceux-là gueux & mendians, & tout couuerts de haillons. Nous en vîmes plusieurs de nostre connoissance, qui nous conduisirent chez eux & nous traiterent splendidement, & apres la bonne chere nous firent tous Rois & Princes à nostre départ. Quelques-vns nous menérent en nostre païs, & nous ramenérent le mesme iour. Nous demeurâmes là trente nuits; car on ne comte point autrement; & tout ce temps-là nous ne fismes que manger & dormir; mais à la fin, éueillez par vn coup de tonnerre, nous gagnons le nauire & quitons le port.

Trois iours apres nous arriuâmes en l'Isle d'Ogygie, où auant que d'aborder ie détache-

V.
Auan-

tay la lettre d'Ulysse, de peur que ce fourbe ne nous eust fait quelque supercherie, & n'y trouuay que ces mots, LETTRE D'ULYSSE A CALYPSO. *Ie ne vous eus pas plustost quitée que ie fis naufrage, & ne me sauuay qu'à peine, à l'aide de Leucothée, en la contrée des Phéaques. Comme ie fus de retour chez moy, ie trouuay ma femme galantisée par des gens qui mangeoient mon bien; & apres les auoir tuez, ie fus assassiné par Telegone que i'auois eu de Circé. Maintenant, ie suis en l'Isle des Bien-heureux, où ie regrette les plaisirs que nous auons eus ensemble, & voudrois estre tousiours demeuré auec vous, & auoir accepté l'ofre que vous me faisiez de l'immortalité. Si ie puis donc m'échaper, soyez assurée de me reuoir. Adieu.* Il ajoûtoit à cela quelque chose en nostre faueur. Nous n'eûmes pas esté fort loin que ie trouuay la grote de Calypso, telle qu'Homere l'a décrit, où elle trauailloit en tapisserie. Elle n'eut pas plustost lû la lettre qu'elle se prit à pleurer, & nous pria d'entrer chez elle, où elle nous traita magnifiquement, & nous fit diuerses questions pendant le repas, s'enquerant fort si Penelope estoit aussi belle & aussi chaste que la Renommée la publioit. Nous luy répondîmes ce que nous vîmes qu'elle auroit de plus agreable, & apres auoir pris congé d'elle, nous retournasmes à nostre vaisseau, & passâmes la nuit sur le riuage. Le lendemain dés le matin nous fismes voile par vn grand vent, & apres auoir esté batus de la tempeste deux iours entiers, au troisiéme nous fûmes ataquez par des Barbares qui nauigeoient sur de grandes citrouilles longues de six coudées. Car lors qu'elles sont seiches ils les creusent, & se seruent des grains au lieu de pierres dans le combat & des

Fures extrauagantes.

Ou, en laine.

fueilles au lieu de voile, auec vn maft de rofeau. Apres vn rude combat, nous vîmes paroiftre fur le midy d'autres Pirates, que ceux-cy n'eurent pas pluftoft aperceus qu'ils nous quiterent, pour les aler rencontrer, parce que c'eftoient leurs ennemis. Auffi-toft nous mîmes la voile au vent, & cinglâmes en haute mer, fans fauoir qui remporta l'auantage; mais il y auoit aparence que les derniers feroient les maiftres. Car outre qu'ils eftoient en plus grand nombre, leurs vaiffeaux eftoient plus forts, eftant faits de la moitié d'vne coque de noix, qui font groffes & dures en ce pays-là, & longues à proportion. Comme nous les eûmes perdu de veuë, nous penfâmes nos bleffez, & nous tinmes fur nos gardes de peur de furprife. Ce ne fut pas en vain; car auant le coucher du Soleil nous fûmes ataquez par quelque vingt hommes, qui eftoient à cheual fur des Dauphins, lefquels fautoient & henniffoient comme des cheuaux. Lors qu'ils furent prés de nous ils fe feparérent en deux bandes, & nous enfermant au milieu, nous lancerent des yeux de cancres, qui eftoient gros comme des œufs d'Autruche, dont ils faillirent à nous affommer. Nous les repouffâmes à coups de trait iufques dans leur Ifle, qui eftoit deferte & fterile, ce qui les contraignoit à faire le métier de corfaires. Sur le minuit qu'il faifoit grand calme, nous rencontrâmes vn nid d'alcyons d'vne fi prodigieufe grandeur, que la mere faillit à nous fubmerger, du feul vent de fon aîle, & nous le prenions d'abord pour vn écueil. Apres l'auoir reconnu nous y defcendîmes, & trouuâmes qu'il eftoit fait de grands pins tous entiers, & contenoit bien cinq cens œufs, dont le moindre estoit plus gros qu'vne pipe de maluoisie. Les petis estoient prests à éclore, & on les entendoit desia crier dans la coque. Comme nous fûmes vn peu éloignez, il nous arriua diuers prodiges. Car l'oiseau qui estoit peint sur la poupe de nostre nauire, commença à chanter, & à déployer les aisles ; nostre Pilote qui estoit chauue, deuint tout à coup cheuelu, & l'arbre de nostre vaisseau ietta des fruits & des branches. Etonnez de tant de merueilles, & priant les Dieux de détourner ces prodiges, nous n'eûmes pas fait beaucoup de chemin, qu'il nous en arriua encore de plus grands. Nous vismes vne forest de Peins & de Cyprés, qui flotoient sur l'eau sans racine. Nous pensions d'abord que ce fût la terre ferme, mais en abordant nous trouuâmes ce que i'ay dit. Cependant, comme nous n'y pouuions descendre, ny passer à trauers, à cause de l'épaisseur, ou reculer parce que le vent estoit contraire ; nous tirâmes nostre nauire en haut, à force de cables, qui haussant les voiles, coulâmes sur le faiste qui estoit touffu, comme sur de la glace. Cela me fit souuenir du Poëte Antimaque, qui appelle la mer *Bocagere*. Lors que nous eûmes passé la forest qui n'estoit pas fort profonde, nous décendîmes nostre nauire comme nous l'auions monté, & nauigeâmes sur vne mer claire & vnie iusqu'à ce que nous arriuâmes à vn precipice. Car les eaux se separant en deux, laissoient au milieu vn abysme, où nous faillîmes à tomber ; Mais nous pliâmes en haste les voiles, & aprés auoir ietté la veuë de tous côtez, nous aperçûmes comme vn pont d'eau qui ioignoit la superficie des deux mers, & passâmes dessus dans vn autre Ocean.

Ou, en relief.

Ou, la nauigation.

Cela a quelque raport au détroit de Magellã.

LIVRE SECOND.

C'estoit vne mer douce & paisible, où nous découurismes d'abord vne petite Isle qui estoit facile à aborder, & y décendismes pour faire aiguade, & prendre des viures. Nous trouuâmes de l'eau aisément; mais comme nous cherchions des viures, nous oüîmes des mugissemens assez proches, & y acourûmes pensant que ce fut vn troupeau de vaches; mais en arriuant, nous vîmes que c'estoient des Sauuages, qui auoient la teste de Taureau, comme on peint parmy nous le Minotaure. Nous voulûmes prendre la fuite, mais ils nous poursuiuirent de si prés, qu'ils prirent trois de nos compagnons, le reste se sauua à la course. Lors que nous fûmes arriuez à nostre vaisseau, chacun s'arma en diligence pour tirer vengeance de cette iniure, & r'auoir nos camarades; mais en ariuant nous trouuâmes qu'ils les mettoient en pieces, & qu'ils se les distribuoient comme des morceaux de viande. Nous donnons dessus de furie, en tuons cinquante, & en faisons deux prisonniers. Comme nous n'auions rien à manger, plusieurs estoient d'auis de les traiter comme ils auoient fait nos gens, mais nous trouuâmes plus à propos de les garder, pour en auoir ce qui nous faisoit besoin. Nous les changeâmes donc contre du fromage, des poissons secs, & des legumes, outre quelques cerfs que ces Sauuages nous donnerent, qui n'auoient que trois pieds, parce que ceux de deuant s'vnissoient en vn. Apres auoir demeuré là vn iour, pour nous remettre du trauail de la mer, nous en partîmes par vn bon vent, & n'eûmes pas fait beaucoup de chemin que nous vîmes nager force poissons, & voler quantité d'oiseaux, comme quand on approche de terre, ce que nous reconnûmes

VI. Autres auentures extrauagantes.

à plusieurs autres signes. Nous vîmes là de plaisans nageurs ; C'estoient des gens couchez sur le dos auec vn baston entre les iambes, qui seruoit comme de mast, où estoit atachée vne petite voile qu'ils conduisoient auec la main, & voguoient ainsi sur l'Ocean. D'autres estoient assis sur des liéges, & traînez par des dauphins qui les promenoient comme en carosse sur l'eau. Ils ne nous firent point de mal, mais s'aprochant de nous admiroient nostre façon de nauiger autant que nous faisions la leur. Sur le soir nous abordâmes en vne petite Isle habitée par des femmes qui auoient le pied d'asnon ; mais du reste estoient tres-belles & vestuës en Courtisanes, auec de longues robes traînantes pour cacher leur defaut, ce qui nous empescha de le découurir d'abord. Elles nous reçurent fort bien & nous menérent chez elles ; mais ie n'y alois qu'en tremblant, & me défiois de leurs caresses. Et de fait, j'aperçus chez l'vne en entrant des carcasses & des ossemens de morts, ce qui m'obligea à me tenir sur mes gardes ; & à prendre ma racine de Mauue selon l'ordre de Rhadamante, pour la prier de m'assister en cette ocasion. Apres mettant l'épée à la main, ie me saisis de mon hostesse, & la contraignis de me dire qui elles estoient. Elle m'auoüa qu'elles estoient des femmes marines qui égorgeoient les étrangers apres auoir eu leur compagnie, & les mangeoient. Aussi l'ayant liée ie montay sur le haut de la maison & apellay mes camarades, qui ne furent pas plutost venus que ie leur contay ce qu'elle m'auoit dit. Comme elle les aperçut elle se changea en eau, mais trempant mon épée dedans, ie la retiray toute sanglante. Aprés, nous nous en courûmes à nostre

Voyez les Remarques.

nauire, & leuant les voiles, cinglâmes en haute mer, tant que nous découurîmes à l'aube du iour les Antipodes. Nous commençâmes alors à faire des actions de graces aux Dieux, & à déliberer de ce que nous auions à faire. Les vns eſtoient d'auis de prendre terre, & de nous rembarquer auſſi-toſt pour tâcher de regagner noſtre patrie, puiſque nous auions rencontré ce que nous cherchions: Les autres de laiſſer noſtre vaiſſeau ſur le riuage, & d'entrer plus auant en terre-ferme pour découurir le païs & les mœurs des habitans. Dans cette conteſtation il s'éleua tout à coup vne tempeſte qui briſa noſtre nauire, & chacun ſe ſauua comme il pût auec ſes armes, & ce qu'il auoit de meilleur. Voilà ce qui m'arriua dans mon voyage du nouueau Monde; Ie décriray aux Liures ſuiuans les merueilles que i'y ay veuës.

Le ſuplément de cette Hiſtoire eſt à la fin du ſecond Volume.

LE MEVRTRIER DV TYRAN.

DECLAMATION.

Vn homme monte au Palais pour tuër le Tyran, & ne le trouuant point tuë son fils, & luy laisse son épée au trauers du corps. Le Tyran de retour arache l'épée & s'en tuë de desespoir. Le Meurtrier demande le prix proposé à celuy qui tuëroit le Tyran. On luy conteste. Voicy ce qu'il dit.

MESSIEVRS. Ie ne demande qu'vne récompense du meurtre de deux Tyrans, quoy que ie sois le seul de tous ceux qui ont fait de semblables actions, qui en ay tué deux d'vn seul coup, l'vn de ma main & l'autre de celle du desespoir. C'est moy qui ay mis fin à la tyrannie; C'est mon épée qui a tué les Tyrans; Ie n'ay fait que changer la façon du meurtre, & tuër moi-mesme celui qui se pouuoit défendre, & l'autre par l'afection qu'il portoit à son fils. Ie deurois donc remporter double recompense, & voici qu'on m'en conteste vne; & ie suis sur le point de perdre le fruit de mes trauaux, par la malice ou la ialousie d'vn particulier, & d'estre le seul mécontent parmi l'alegresse publique. On viole pour moy les loix que i'ay conseruées, & ce n'est pas tant par l'amour du bien public comme on le veut faire croire, que par celuy qu'on porte aux Tyrans, puis-qu'on veut venger leur mort sur celuy qui en est l'auteur. Mais pour mieux comprendre la grandeur de mon bienfait, & de vostre déliurance, repaſſez vn peu dans voſtre eſprit les maux que vous auez ſouferts de la tyrannie. Vous n'eſtiez pas comme les autres qui n'ont qu'vn Tyran, vous en auiez deux; l'vn deſia veil & caſſé, que l'âge auoit rendu inhabile aux voluptez; l'autre ieune & vigoureux, & en eſtat de faire des crimes. En vn mot, la domination du pere eſtoit beaucoup plus ſuportable que celle du fils; puis qu'il n'eſtoit, ni ſi violent dans ſes paſſions, ni ſi rude dans ſes châtimens, ni ſi ardent dans ſes conuoitiſes. On diſoit meſme qu'il n'eſtoit pas enclin de ſon naturel à la cruauté; mais qu'il y eſtoit porté par ſon fils, qu'il aymoit vniquement, comme il l'a montré à la mort. Auſſi luy obeïſſoit-il en tout & par tout, & n'eſtoit que l'exécuteur de ſes volontez. Car encore qu'il portaſt le nom & le titre de Souuerain, c'eſtoit ſon fils qui regnoit, & il eſtoit en quelque ſorte le Tyran de ſon Pere, comme ſon Pere eſtoit le noſtre. C'eſtoit luy qui rauiſſoit nos enfans & qui violoit nos femmes; C'eſtoit luy qui pilloit & qui ſacageoit nos maiſons; les exils & les tourmens eſtoient le fruit de ſon ambition & de ſes vengeances. Car lors que les paſſions des hommes ſont autoriſées du nom du Prince, elles n'ont aucunes bornes. Mais ce qui nous fâchoit le plus, c'eſt de voir qu'il eſtoit l'arc-boutant de la Tyrannie, & que par ſon moyen elle deuenoit eternelle. Apres la mort du Tyran, il reſte encore quelque eſperance de ſortir de ſeruitude; mais les plus ſages deſeſperoient à iamais de la liberté, voyant vn ſucceſſeur, qui empeſchoit les plus genéreux de rien entreprendre. Toutes ces dificultez pourtant, n'ont point eſtonné mon courage, & ſans conſiderer le peril, ie l'ay afronté tout seul, non pas tout seul neantmoins, puisque i'auois auec moy ma fidele épée. Ie n'ay point craint d'acheter au prix de ma vie vostre liberté ; car il n'y a point d'aparence de dire la mienne, veu qu'il ne me restoit aucune esperance d'en eschaper. Apres auoir donc tué vne partie des Gardes, & repoussé l'autre ; apres auoir franchy tous les obstacles qui s'oposoient à mon passage, ie marchay droit au fort de la Tyrannie, & tuay de plusieurs coups celuy qui se pouuoit défendre ; & lors que ie vis par sa mort vostre déliurance acheuée, ie crûs qu'il n'estoit pas digne de mon courage d'ataquer vn vieillard foible & sans défense, & luy laissay faire à luy-mesme vne action qui m'eust deshonoré en la faisant. Ie viens donc tout ensemble, vous annoncer & vous apporter la liberté. Goustez en paix le fruit de mes dangers & de ma gloire. Le Palais est abandonné, il n'y a plus de Tyran. Viuez desormais selon vos loix, & administrez la iustice comme auparauant. Vous deuez tout ce que vous auez à mon courage & à mon épée, ne leur déniez pas vne iuste récompense. Ce n'est pas que ie ne sache bien que la Vertu n'a point d'autre recompense qu'elle-mesme ; mais vous ne deuez pas deshonorer vne si belle action par ingratitude, de peur qu'elle ne paroisse moindre si elle n'est couronnée. Mais que dit encore celuy qui s'opose à vn si iuste dessein ? Que ie n'ay pas tué le Tyran ? Ie luy demanderois volontiers, s'il reste encore quelque chose à faire ; si ce n'est pas moy qui ay monté au Palais, repoussé les Gardes, tué le fils de ma main, & le pere, de mon épée. Y a-t-il quelqu'vn encore qui commande, qui menace, qui tyrannise ? Quelqu'vn des Tyrans est-il eschapé ?

Rien de tout cela. La ville est en paix, la liberté recouurée, les loix rétablies, la Tyrannie abatuë. Maintenant la pudicité triomphe, les meres & les marys sont sans crainte, la ville celebre sa déliurance. Qui est cause de tout cela? Que quelqu'vn se montre; Ie luy cede cét honneur? Que si personne ne paroist, pourquoy refuset-on à ma valeur le prix qu'elle a merité, tandis que l'on en iouït? Mais quoy? les loix ne promettent la recompense qu'à celuy qui a tué le Tyran, & ce n'est pas moy qui l'ay tué; Et qu'importe que ie l'aye tué de ma main ou de la sienne? Cela ne reuient-il pas à vn, & n'ay-ie pas acomply le dessein du Legislateur, qui estoit d'abolir la Tyrannie, si i'ay tué celuy sans qui le Tyran ne pouuoit viure? Ne regardez pas, Messieurs, comme il est mort, mais qui est cause de sa mort; car c'est ce qui a merité la recompense. Et qui en est cause que moy: Si ie l'auois tué par la faim ou par le poison, me pouroit-on disputer le prix, sous ombre que ie ne l'aurois pas tué de ma main? Faut-il s'atacher aux formes, quand on a l'éfet qu'on desire? & dans vne cause si fauorable déniera-t-on la reconnoissance à son bien-faiteur, par vne interprétation trop scrupuleuse? Il me souuient que nos loix, si ie ne les ay oubliées depuis qu'elles ne sont plus en vsage, condamnent à la mort l'auteur, aussi bien que l'exécuteur du crime. Il s'ensuit donc par la regle des contraires, que celuy qui fait vne bonne action, soit par soy-mesme ou par l'entremise d'autruy, merite vne égale recompense. Car on ne peut pas atribuer ce que i'ay fait au hazard, ni dire que l'éuenement n'a pas répondu à mon dessein. Eussé-je laissé là le plus foible pour m'ataquer au plus fort, pouuois-ie redouter ce qui n'estoit point à craindre, apres auoir executé ce qu'il y auoit de plus perilleux? Dira-t-on que celuy qui est mort n'estoit pas le Tyran, parce qu'il n'en portoit pas le nom? Ne sait-on pas bien qu'il estoit plustost le seul Tyran, puis-qu'il estoit la seule cause de la Tyrannie. D'ailleurs, le Tyran luy-mesme est mort, dequoy vous plaignez-vous, & pourquoy demandez-vous encore quelque chose après le recouurement de vostre liberté? Vous voyez que la Loy se contente de la fin, sans éplucher trop curieusement les moyens? Pourquoy voulez-vous estre plus habiles que le Legislateur? Si quelqu'vn auoit chassé le Tyran, vous luy acorderiez la récompense comme à vostre Liberateur, quoy qu'estant chassé il pût encore reuenir? Maintenant non-seulement le Tyran est mort; mais la Tyrannie est éteinte. Considerez ie vous prie cette action, depuis le commencement iusqu'à la fin, pour voir si i'ay obmis quelque chose de mon deuoir. Vous m'auoüerez qu'il faloit bien de la résolution & de l'amour de la patrie, pour se présenter à vne mort toute certaine, & entreprendre seul de tuër vn Tyran au milieu de son Palais & de ses Gardes? Si ie ne l'auois qu'entrepris sans le mettre en execution, ie mériterois quelque récompense? Mais ie ne dis pas, Ie l'ay entrepris; Ie dis ie l'ay executé; I'ay afranchy mon païs, I'ay rétably le gouuernement populaire. Tout ce qu'il y auoit de dificile à l'entreprise, ie l'ay fait & acomply de ma main : Car la dificulté n'estoit pas à tuer vn vieillard, qui ne se pouuoit défendre ; mais à démolir les remparts de la Tyrannie, à forcer son Palais, à tuer ses Gardes, à défaire sa force, son tout, son soustien. Desire-t-on quelque

que chose de moy, apres cela? Ne suis-je pas tout sanglant? N'ay-je pas fait le coup fatal du recouurement de nostre liberté. Si dans ce glorieux dessein i'auois seulement tué vn des Ministres du Tyran, ie meriterois quelque salaire ? Mais ce n'est pas son seruiteur que i'ay tué, c'est son fils; le plus cruel & le plus insuportable de tous les Tyrans, la seule cause de tous nos maux, & celuy qui ne nous rauissoit pas seulement la liberté, mais l'esperance. Quand il n'y auroit que celuylà de mort, & que l'autre seroit encore en vie, si ie vous demandois la récompense, vous auriez de la peine à me répondre, & vostre conscience me l'acorderoit, si vostre iustice me la vouloit denier. Car si ie vous disois, voulez-vous que le pere soit mort, & que le fils soit viuant, vous répondriez que vous aymez mieux que ce soit le fils qui soit mort, parce que c'estoit le plus redoutable. C'est donc vne marque que i'ay plus fait, que si i'auois tué le Tyran, & cependant vous m'en refusez la récompense. Mais ie soûtiens que i'ay fait ce que la loy desire, & que i'ay tué le Tyran, non pas de ma main, mais de la sienne; non d'vn seul coup, comme il eût bien voulu apres tant de crimes, mais de mille morts; en voyant deuant ses yeux tout percé de coups, son fils, son espoir, son amour, celuy qu'il destinoit pour son successeur, & qu'il souhaittoit seul de laisser en vie. Voila les coups qui l'ont tué; voila les coups que peut receuoir vn pere; voila vne mort digne de sa vie. Car vn Tyran n'est pas digne de mourir tout d'vn coup, il faut qu'il sente la mort pour punition de ses crimes ; autrement ce luy seroit vne faueur plutost qu'vn suplice. Mais celui-cy outre l'afection des peres, aymoit

R

encore son fils par interest, comme celuy sans lequel il ne pouuoit subsister, estant exposé de tous costez aux embûches & aux injures. Quand l'afection donc qu'il portoit à son fils ne l'eût pas obligé à se tuër, le desespoir l'eût fait mourir, n'estant plus en asseurance apres sa mort. Voila les forces que i'ay armées contre luy, & le fer auec lequel ie l'ay tué. Il est mort par moy, sans enfans, sans apuy, sans esperance. Il a mené vn dueil qui véritablement n'a pas esté long, mais qui a esté grand. Enfin, ce qui est le plus cruel & le plus iuste pour vn Tyran, il s'est donné la mort à luy-mesme. Qu'on me montre l'épée qui a fait vn si beau coup? Quelqu'vn dit-il que c'est la sienne? O compagne de ma gloire, on te méprise apres vne si belle action! on te croit indigne de récompense! Quand ie ne la demanderois que pour toy, apres auoir seruy au meurtre de deux Tyrans, on ne te la pourroit dénier sans injustice? mais combien est-elle plus deuë à celuy qui t'a employée contre l'vn, & qui t'a prestée à l'autre pour se défaire? Vous la deuez donc conseruer dans vos Archiues comme le gage & l'instrument de vostre liberté. Elle vous doit estre en vénération comme vne chose diuine & sacrée. Representez-vous maintenant ce qu'a pû faire & dire le Tyran auant sa mort. Comme ie perçois le fils de plusieurs coups, & que ie le blessois à dessein aux endroits qui pouuoient plus toucher le pere, il commença à l'apeller, non pas à son aide, car il ne le pouuoit plus secourir, mais à sa vengeance. Ie me retiray alors pour luy laisser acheuer le reste. Lors qu'il fut arriué & qu'il eut veu son fils vnique aux abois, Ha! mon fils, s'écria-t-il, ie suis perdu, ta mort met fin à ma vie. Où est ton meurtrier?

Qu'il m'acheue. A qui me garde-t-il ? méprise-t-il ma vieillesse, ou s'il me veut faire mourir d'vne longue mort ? Non, c'est qu'il sait qu'il m'a desia tué en ta personne. En disant cela il demande vne épée, parce qu'il n'en portoit point, n'ayant rien à craindre tandis que son fils seroit en vie, & trouuant la mienne il l'arrache du cœur de son fils où ie l'auois laissée à dessein, & s'écrie, O épée, il est temps que tu me consoles apres m'auoir afligé. Vien tarir la source de mes larmes ; Vien m'enleuer à ma douleur ; Vien ayder ma main tremblante à me déliurer des maux que i'endure. Plût à Dieu que tu m'eusses trouué le premier ; ie fusse mort laissant vn heritier de mon sceptre & de ma douleur, qui eust asseuré ma vengeance & la sienne. Mais maintenant ie meurs sans consolation. Apres auoir dit cela il se donna de mon épée à trauers le corps, outré de regret & de dépit, & fut contraint de redoubler plusieurs fois. Combien de coups grands Dieux ! combien de tourmens ! combien de morts ! combien de suplices ! combien de récompenses duës & méritées ! Enfin, vous auez veu le fils étendu, tout robuste & vigoureux ; le pere veautré dans son sang ; victimes que mon bras a immolées à vostre salut. Mon épée est encore auprés pour seruir de témoin de sa gloire & de la mienne. La vengeance eût esté moindre, si la chose se fût passée autrement. Le danger a esté pour moy seul, la gloire & le profit pour vous tous. I'ay voüé le premier personnage de la Tragédie, le fils le second, le pere le troisiéme ; mais mon épée a tout fait.

LE FILS DESHERITÉ.

DECLAMATION.

Vn fils desherité par son pere aprend la Medecine & le guérit comme il estoit deuenu furieux. Le pere le rapelle à sa succession; mais voyant qu'il ne vouloit pas guerir sa belle-mere qui estoit tombée malade de la mesme maladie, il le desherite tout de nouueau. Voicy ce que le fils dit pour sa défense.

CE n'est pas vne chose nouuelle, Messieurs, de voir mon pere en fureur renoncer aux sentimens de la Nature. Ce qui est de nouueau, c'est qu'il veut étendre son pouuoir sur la Medecine, ou leur rendre esclaue de ses passions, & la punir en quelque sorte en ma personne, à cause qu'elle ne peut exécuter tout ce qu'il desire. Car qui a-t-il de plus étrange, que de me vouloir obliger à suiure les regles de son caprice, plustost que celle de mon Art, dans la cure des maladies? Plût à Dieu, Messieurs, que la Medecine pût guerir, non seulement la fureur, mais la colere, mon pere ne retomberoit pas si souuent, & ie ne serois pas maintenant en peine de me défendre. Mais depuis sa guerison sa colere s'est augmentée du débris de sa fureur, & ce qui est de plus cruel, c'est qu'il n'est malade que pour moy seul, & qu'il se porte bien pour tous les autres. Il me desherite pour la seconde fois, & l'on diroit qu'il ne m'a rapellé que pour me chasser plus honteusement. N'est-ce pas là vne belle récompense, pour l'auoir guery d'vne maladie incurable? Car, Messieurs, ie n'ay point atendu son commandement, ie me suis presenté de moy-mesme pour le guérir, lors que i'ay crû le pouuoir faire, quoy que i'eusse receu de luy la plus grande injure qu'vn fils puisse receuoir. Quelle aparence donc maintenant qu'il m'a rapellé à sa succession que ie luy voulusse desobeïr, si ce qu'il desire de moy estoit en mon pouuoir? Mais pourquoy veut-il que ie hazarde ma reputation pour vn mal qui est sans remede? Pourquoy veut-il que s'il arriue quelque accident, comme il en suruient de grands dans les maladies, on me puisse imputer vn crime, & me rendre responsable des éuenemens qui sont au pouuoir de la fortune? Que ne fera-t-il point si ie ne réüssis pas, qu'il me desherite auant que d'auoir rien fait; Veritablement i'ay regret de voir malade vne personne qui luy est chere, & suis fâché que la foiblesse de mon art ne puisse rien sur la grandeur de sa maladie: Mais ie ne me veux pas perdre pour trauailler vainement à la sauuer, & il me semble que ie n'ay pas merité qu'on me desherite pour ne vouloir pas tenter vne chose inutile, au preiudice de ma reputation, ni entreprendre ce dont ie ne puis venir à bout. Cependant, il est aisé de voir par là le peu de raison qu'il a eu de me deshériter la premiere fois, puis-qu'il me desherite la seconde pour vn si foible sujet. La liberté auec laquelle ie suis acouru à son secours apres mon exhérédation, fait assez voir que i'ay gardé le sentiment de fils, lors qu'il auoit perdu celuy de pere. Mais il est temps de répondre à ses objections. Car ie ne veux pas qu'il me puisse apeller auec quelque couleur enfant perdu & desobeïssant? Lors qu'il me chaſſa de chez luy ie crûs que ie ne me pouuois mieux défendre de ſes reproches & iuſtifier mon innocence, qu'en viuant de ſorte, qu'il ne pût trouuer à redire à ma conduite; ſi bien que ie ne hantay que d'honneſtes gens, & ne m'adonnay qu'à choſes honneſtes. Car ie me doutois bien qu'eſtant irrité contre moy, il ne manqueroit pas de m'imputer quelque crime pour ſe iuſtifier, & deſia pluſieurs iugeoient par la violence de ſa colere qu'il n'eſtoit pas éloigné de la fureur. Pour le pouuoir donc ſeruir quelque iour vtilement, s'il auoit beſoin de mon ſecours, i'apris la Medecine, & entrepris de grands voyages pour m'inſtruire en cette profeſſion. A mon retour, ie trouuay ce que i'auois aprehendé, mon pere furieux, & abandonné des Medecins, qui ne connoiſſoient pas la cauſe de ſon mal. En cette extremité, ſans me ſouuenir de l'injure qu'il m'auoit faite, ni atendre qu'il me rapelaſt en l'eſtat où il eſtoit, ie fis ce qu'vn bon fils deuoit faire, & rejettay la cauſe de ſon mauuais traitement, plûtoſt ſur les principes de fureur, qui eſtoient alors inconnus, que ſur le defaut d'affection. Ie ne luy donnay d'abord aucun remede, pour ne point choquer les maximes de noſtre Art, & les preceptes des Anciens, qui veulent qu'on découure la cauſe du mal auant que de trauailler à le guerir, & qu'on prenne garde s'il n'eſt point de ceux qu'on nomme incurables, pour ne point perdre ſon temps & ſa peine, ni hazarder ſa reputation. Comme i'eus donc remarqué qu'il reſtoit encore quelque eſperance, & que le mal n'eſtoit pas ſans remede, i'entrepris ſa guériſon, contre l'aduis de pluſieurs qui craignoient que s'il en meſarriuoit on ne m'imputast sa mort. Ma belle mere estoit presente toute craintiue, non qu'elle se défiast de moy, mais du succés, à cause de la grandeur de la maladie, dont elle sauoit toutes les causes & les symptômes. Enfin les Dieux benirent les remedes, mon pere retourna en conualescence, & reconnoissant l'obligation qu'il m'auoit, me rapella à sa succession, sans prendre l'aduis de personne, & me nommoit par tout son sauueur. Aussi chacun me combloit de benedictions & de loüanges, & ma belle-mere ne pouuoit dissimuler la ioye qu'elle auoit, de voir son mary guéry contre son attente, & contre l'opinion de tout le monde. Mais comme l'action de mon pere fut aprouuée de tous les honnestes gens, ie remarquay quelque secret mécontentement dans le visage de quelques-vns, à qui mon exhérédation estoit plus auantageuse que mon rapel.

Sur ces entrefaites ma belle-mere tombe malade auec toutes les marques d'vne maladie incurable. Car ce n'estoit pas vne simple fureur, mais vn mal qui paroissoit couué de long-temps, qui ne la tourmentoit iamais plus qu'à la veuë du Medecin, & qui luy redoubloit quand elle en entendoit seulement parler, qui est la marque d'vne grande malignité. Ie fus donc bien fâché de voir que ie ne la pouuois secourir, & que tous mes remedes estoient inutiles. Mais mon pere, sans s'enquerir de la grandeur du mal ni de son origine, veut contre les principes de mon Art que i'en entreprenne la guerison, & sur mon refus il s'emporte contre moy, & impute mes excuses à malice; Lors que ie me veux iustifier il s'irrite dauantage, comme on fait dans les transports de la passion. Mais ie luy veux répondre icy, tant pour ma

R iiij

défence que pour celle de la Medecine, & ie commenceray d'abord par les loix qui ne luy donnent plus le mesme pouuoir qu'auparauant. Car comme le Législateur sauoit que plusieurs se laissoient transporter à la colere pour de tres-foibles sujets, & sur le raport d'vne femme ou d'vn valet, faisoient des choses dont ils se repentoient apres tout à loisir, il n'a pas voulu donner aux peres vne puissance absoluë, & sans limites, mais a étably des Iuges pour examiner les causes de l'exherédation, & empescher qu'ils ne pûssent oprimer leurs enfans iniustement. Il ne veut donc pas qu'on les condamne sans les oüyr, ny entendre leurs défenses. Mais auant que de venir là, Considerez, Messieurs, s'il a encore droit de me desheriter, & si cette facilité n'est point consommée par la premiere exherédation. Car comme il ne m'a engendré qu'vne fois, il semble qu'il n'a pouuoir de me desheriter qu'vne fois, encore faut-il que ce soit pour des causes legitimes, parce que son authorité n'est point infinie, & qu'il ne faut pas rendre les Loix esclaues de la passion des hommes. Il estoit à propos de donner vne fois au pere cette liberté ; mais depuis que par vn acte authentique il auouë vn enfant pour sien & qu'il aproue sa conduite, il est obligé de persister en son iugement, sans pouuoir changer à toute heure, ny abuser du pouuoir que les Loix luy donnent. Car le Legislateur pourroit dire s'il estoit méchant & digne d'estre desherité, pourquoy le rapelliez-vous ? faut-il se moquer des Loix, & vouloir qu'elles condamnent ou absoluent vostre fils selon que bon vous semblera. Ne permettez donc pas, Messieurs, que celuy qui a condamné son premier iugement par mon rapel, me desherite vne seconde fois, & reprenne la puissance paternelle dont il a desia vne fois vsé auec tant d'iniustice. Il est permis d'apeller des iugemens, où l'on tire au sort des Iuges; mais quand on est tombé d'acord soy-mesme d'vn Iuge, il faut aquiescer à sa sentence, parce qu'on ne s'en doit prendre qu'à soy-mesme si l'on a mal choisi. Il est donc loisible au pere par les Loix de la Grece de prendre ou de laisser le fils que la Nature luy a donné; mais apres l'auoir iugé digne de son alliance & de sa succession, ie soûtiens qu'il ne luy est plus permis de le faire, & qu'il faut qu'il demeure dans sa premiere resolution, sans s'en pouuoir départir à sa fantaisie. Car ce n'est pas icy vne simple exherédation, mais vne abdication comme on l'apelle, par laquelle on ne se contente pas de deshériter vn fils, mais on le desauouë, & l'on ne le reconnoist plus pour sien. Il est iuste que vous soyez mon pere, puis-que vous l'auez ainsi ordonné, ainsi resolu, ainsi confirmé. Quand ie ne serois pas vostre fils par Nature, mais par adoption, vous n'auriez pas le pouuoir que vous pretendez; car ce qui vous estoit libre d'abord, ne l'est plus lors que vous vous estes vne fois déterminé. Combien plus quand celuy qui estoit vostre fils, l'est deuenu vne seconde fois par vostre iugement. Si i'étois né vostre esclaue & que vous m'eussiez mis en liberté, il ne vous seroit pas libre de me rapeller à la seruitude. Car les Loix veulent que les choses vne fois ordonnées demeurent en leur vigueur.

Mais Messieurs, pour venir à vne autre raison, considerez ie vous prie, quel est le fils qu'il rebutte. Ie ne diray pas que lors qu'il me desauoüa i'estois sans sauoir, & que depuis ie me suis rendu considerable en ma profession. Que i'eſtois alors ieune, & que ie ſuis à cette heure en vn âge exemt des fautes de la ieuneſſe. Mais lors qu'il me chaſſa la premiere fois il n'auoit receu de moy aucune faueur; Maintenant il chaſſe ſon bien-faiteur, à qui il ne peut nier qu'il ne ſoit redeuable de ſon ſalut. Quelle ingratitude de desheriter celuy qui l'a guéry, lors qu'il ne luy eſtoit plus rien, & qui l'a traité de pere lors qu'il n'eſtoit plus ſon fils? D'ailleurs, le ſeruice que ie luy ay rendu n'eſt pas vn ſeruice vulgaire; car encore qu'il ne ſache pas en quel eſtat il eſtoit alors, Vous ſauez tous, ce qu'il diſoit, ce qu'il faiſoit, ce qu'il ſoufroit, lors que ie le ſuis venu guérir; & comme eſtant abandonné, s'il faut ainſi dire, des Dieux & des hommes, ie l'ay mis en eſtant de ſe pouuoir preſenter en Iuſtice. Mais il eſt aiſé de luy faire voir ce qu'il eſtoit alors par l'eſtat où eſt maintenant ſa femme. Car s'il me hait pour ne la vouloir pas guérir de la fureur, quelle obligation m'a-t-il de l'en auoir déliuré? & pourquoy ne témoigne-t-il autant de reconnoiſſance qu'il fait paroiſtre d'ingratitude? Si-toſt qu'il eſt reuenu à ſoy il me fait apeler en Iuſtice, & l'on diroit que ie ne l'ay ſauué que pour me perdre; & pour reprendre la haine qu'il auoit conceuë contre moy. C'eſt vne belle reconnoiſſance, pour vn melade qui a recouuré ſa ſanté, d'éprouuer ſes forces contre ſon Medecin. Vous rendez-vous, Meſſieurs, complices d'vn ſi grand crime? Luy permettez-vous d'oprimer ſon bien-faiteur, & de faire perir celuy qui l'a fait reuiure? Si i'auois fait depuis quelque choſe contre luy, la grandeur du bien-fait qu'il a receu de moy deuroit le faire oublier, & les fautes paſſées contrebalancer les fautes presentes. Sur tout le seruice que ie luy ay fait, estant d'vne nature qui surpasse toutes les injures que ie luy puis faire. Car ie croy auoir vn droit particulier sur celuy que i'ay sauué, & qui me doit quelque chose de plus que la vie, puisque la santé de l'ame est beaucoup plus précieuse que celle du corps, & que sans cela la vie n'est qu'vn continuel suplice. Cecy sert encore à ma défense, de voir que lors que ie n'estois plus son fils, & que rien ne m'obligeoit à entreprendre sa guérison, mais plusieurs choses plustost à ne le pas faire, ie m'y suis ofert volontairement, & i'ay si bien fait que i'en suis venu à bout. Par là i'ay êfacé hautement toute la mauuaise opinion qu'il pouuoit auoir de moy, esteint sa colere par ma soûmission, vaincu son inimitié par mes seruices, rompu son exhérédation par ma pieté, & témoigné ma fidelité en vn danger si pressant & dans vne conjoncture si delicate. Combien pensez-vous que i'ay soufert de peines à estre toûjours auprés de luy, à prendre le temps & les occasions fauorables à sa guérison, lors que le mal luy donnoit quelque relâche. Car la cure des furieux est la plus dangereuse de toutes celles de la Medecine, & il ariue souuent que la violence du mal & le dégoust des remedes leur fait tourner leur rage contre leur Medecin. Mais i'ay passé par dessus toutes ces considerations en sa faueur, sans l'abandonner vn moment. Car le plus grand mal n'est pas à donner le remede, il faut preparer auparauant le malade à le receuoir, le nourir de viandes conuenables, le fortifier par le sommeil, le purger de ses mauuaises humeurs; ce qui est facile dans les autres maladies; mais les furieux ne se peuuent traiter. Souuent qu'on croit estre à la fin, il ne faut qu'vn leger accident pour tout gaster, & pour obliger le Medecin à recommencer tout de nouueau. Celuy donc qui a pû prendre tant de peines, soufrir tant de caprices, courre tant de dangers, combatre vn si grand mal & le vaincre, vous permettrez qu'vn pere le desherite contre l'ordre de la Raison & de la Nature? Pour moy, Messieurs, i'ay obeï à leurs iustes loix apres auoir receu la plus grande iniure qu'vn fils puisse receuoir ; Tandis qu'il violoit les droits du sang, ie les gardois. O pere qui haïs injustement! O fils qui aime auec plus d'injustice! car ie me blâme moy-mesme de ce que i'aime celuy qui me hait, au lieu que les peres ont acoustumé d'aimer leurs enfans auec plus de tendresse, comme l'Ouurier fait son ouurage. Il méprise donc les loix ciuiles, qui ne veulent pas qu'on puisse desheriter vn fils sans sujet, & celles de la Nature qui luy donne vn amour aueugle pour ceux qu'il a mis au monde. Mais non seulement il n'aime pas comme vn pere doit aimer son fils, il n'aime pas comme on doit aimer son bien-faiteur. Prodige étrange, de haïr celuy qui nous aime, chasser celuy qui nous suit, faire du mal à celuy qui nous fait du bien. Il veut armer contre moy les Loix qu'il a violées, faire la guerre à la Nature par la Loy ; mais elles s'accordent trop bien ensemble, il n'en viendra pas à bout. La Loy ne combat pas la Nature, elle la suit, c'est qu'il est mauuais interprette de leurs maximes.

Ie pense auoir assez bien montré que celuy qui a vne fois auoüé vn fils pour sien, ne le peut plus rejetter ; & quand il le pouroit faire, qu'il ne feroit pas iuste de traiter de la sorte son bien-faiteur. Venons maintenant à la cause de l'abdication, & considerons si elle est iuste : Car quand mesme il seroit permis de traiter vn fils de la sorte, & vn fils à qui l'on auroit de grandes obligations, on ne le pourroit pas toûjours faire sans sujet ; autrement les Loix n'auroient pas étably des Iuges pour examiner les causes qu'on peut auoir. Voyons donc quelles elles sont. La premiere chose que mon pere a faite depuis qu'il est retourné en santé, c'est de casser ce qu'il auoit fait contre moy. I'estois alors son fils, son tout, son sauueur ; Depuis cela qu'ay-ie fait qui me puisse faire perdre cette qualité ? Luy ay-je manqué de respect ? Ay-je fait quelque folie, quelque débauche, ou quelque insolence, qui sont les causes ordinaires des exherédations ? Rien de tout cela. Ma belle-mere tombe malade sans qu'il y ait de ma faute ; Vous voulez que ie la guerisse, Suis-ie le Dieu de la Medecine ? Mais si vous ne le faites, ie vous desheriteray. Il faut voir premierement quelle est la nature de la chose que vous me commandez. Car les Loix comme i'ay dit, ne vous donnent pas pouuoir de faire tout ce qu'il vous plaira, ny ne m'obligent à vous obeïr en tout & par tout. Il y a des choses où ie vous puis desobeir sans crime. Si ie vous abandonnois estant malade, si ie négligeois vos ordres dans la conduite de ma vie, si ie dissipois mon bien, & autres choses semblables, vous auriez iuste sujet de vous plaindre ? Mais vous n'auez aucun pouuoir sur les choses qui sont de ma profession. Le pere d'vn Peintre ou d'vn Musicien, ne peut contraindre son fils de peindre ou de chanter à sa fantaisie, sur tout lors qu'il ne luy a pas fait aprendre son métier. I'ay apris la Medecine sans vous, ie l'ay exercée sans vous,

& vous n'en sauriez encore rien, si ie ne vous auois guéry. Chacun est libre dans l'exercice de sa profession, & ie le dois estre d'autant plus dans la Medecine, que cét Art est plus vtile à la vie. Il ne faut pas qu'vne science si salutaire & si diuine dépende du caprice & de la tyrannie des hommes. Ne soûmettons point à la seruitude des loix vne doctrine que les Dieux nous ont laissée, & qui a pour but la conseruation du genre humain. Quand ie vous aurois donc répondu tout court, ie n'en feray rien; ie pourrois peut-estre bien guérir ma belle-mere, mais ie ne le veux pas; vous n'auriez pas droit de m'y forcer. Ie n'ay pas étudié en Medecine pour les autres, mais pour moy. Ce n'est pas vous qui me l'auez fait aprendre. On doit persuader, & non pas commander au Medecin. Ses seruices ne s'obtiennent pas par menaces, mais par priéres. C'est vn Art à qui les peuples ont acordé de grands priuileges. Voilà ce que ie vous pourrois répondre quand ie tiendrois de vous mon sauoir; mais vous n'y auez rien contribué, & c'est vne injustice de vouloir tirer tribut d'vne chose que i'ay aprise, lors que ie n'estois plus vostre fils, & par consequent que vous n'estiez plus mon pere. N'est-ce pas assez que ie l'aye employée pour vostre salut? Où est l'argent que vous auez dépensé pour me l'aprendre? Où sont les Maistres que vous m'auez donnez? Où sont les drogues que vous m'auez achetez? Rien de tout cela. Estant chassé & abandonné de vous, i'ay trouué des gens qui ont eu pitié de moy, & vous voulez iouïr tyranniquement de ce que i'ay aquis par mon trauail, & où vous n'auez rien contribué que de la haine & de l'auersion, & de l'injustice. Soyez content des graces que vous en auez reçuës, lors qu'vn iuste ressentiment me solicitoit au contraire; Est-il raisonnable que mon bien-fait m'assujettisse à vos caprices, & que pour vous auoir guery ie deuienne vostre esclaue?

Voilà ce que ie vous pourois dire legitimement, quand ce que vous me commandez seroit en mon pouuoir; Mais quel est vostre commandement? Guérissez ma femme de la fureur. Pourquoy? parce que vous m'en auez guéry. Pour faire voir la foiblesse de ce raisonnement, ie vous diray, Messieurs, que tous les malades ne se ressemblent pas, & ne doiuent pas estre traitez de mesme; & que ce qui a guéry l'vn, fait quelquefois mourir l'autre. Car encore que tous les hommes soient composez de mesme matiere, ils ne sont pas de mesme tempérament, c'est pourquoy ils sont sujets à diuerses maladies, & dans vne mesme maladie à diuers symptômes. Les vns sont tres-faciles à guérir, les autres sont tout à fait incurables. Vn mesme grain de froment semé en diuerses terres raportera diuersement; Il en est de mesme des maladies. Mais mon pere sans prendre garde à ce qu'il n'entend pas, croit qu'vn Medecin qui a guéry vn malade peut guérir tous les autres. Il ne sais pas que les corps des femmes ne sont pas semblables à ceux des hommes, & qu'il y a grande diuersité, tant à cause du tempérament que de la nourriture & des exercices. Les femmes comme plus délicates & plus foibles ne soufrent pas si bien les remedes, & sont plus sujettes aux maladies, & particulierement à la fureur; car comme elles ont plus de legereté, de foiblesse & d'inconstance, elles sortent pluftost des bornes de la raison. Quand vous dites donc,

Guerissez de la fureur, ajoustez, ma femme; sans confondre toutes sortes de fureurs; & gardez la distinction que vous voyez dans la Nature. Car aprés auoir consideré l'état de la maladie, il faut considerer celuy du malade. S'il est froid ou chaud, vieux ou ieune, fort ou foible, & autres particularitez semblables, & ne donner les remedes qu'aprés auoir examiné toutes ces choses, si l'on a enuie de reüssir. Il y a plusieurs especes de fureur, plusieurs choses la produisent, & particulierement dans les femmes; la haine, l'ennui, la jalousie, la colere, le chagrin, le dépit: car pour peu que ces passions ayent trop de violence ou de durée, elles se tournent en fureur. Peut-estre que c'est quelque chose de semblable qui est ariué à ma belle-mere. Tous les Medecins trouuent le mal incurable, pourquoy me voulez-vous obliger à le guerir? D'ailleurs quand il seroit moindre ie n'en entreprendrois pas la cure si facilement, de peur que quelque accident inopiné ne donnast lieu à la calomnie. Mais elle est en vn estat que tous les Medecins du monde ne la sauroient rétablir. Vous ne deuez donc pas desirer que i'en entreprenne la guerison, si vous auez tant soit peu de soin de mon interest & de mon honneur. Que si pour cela vous me desheritez, ie ne vous souhaite aucun mal; mais si le vostre vous reprend, comme la rechûte est frequente & dangereuse dans ces maladies, que voulez-vous que ie fasse? Ie n'atens point vostre réponse; car quoy que vous fassiez, ie vous feray tousiours bon fils. Mais sans mentir, ie crains que vostre colere ne rameine vostre fureur. Il n'y a que trois iours que vous estes guery, & vous vous abandonnez aux passions qui ont causé vostre mal.

PHALARIS.

Harangue des Ambassadeurs de Phalaris aux Prestres de Delphes, pour les obliger à recevoir le Taureau d'airain que ce Prince envoyoit en ofrande à Apollon. C'est une espece de declamation comme les precedentes.

MEssievrs, Phalaris nous a envoyez icy pour consacrer cette ofrande à Apollon, & vous prier de ne point iuger de luy sur le raport de la Renommée. Car il desire particulierement de conserver sa reputation auprés de vous, qui estes comme les Conseillers & les Assesseurs du Dieu, & il croit que vostre sentiment sera de grand poids par toute la Grece. Nous prenons à témoin les Dieux, qu'on ne peut ny tromper ny corrompre, que nous ne vous dirons que la verité. Et pour commencer à vous dire quelque chose de nostre Prince, auant que de vous parler de son ofrande, Phalaris est né de la ville d'Agrigente en Sicile, de famille tres-illustre, & aprés auoir esté éleué dans tous les honnestes exercices de ceux de son âge & de sa condition, a esté admis au Gouuernement comme les autres, où il s'est conduit si bien, qu'il n'y a iamais eu aucune plainte de son administration. Mais comme il eut apris que ses ennemis & ses enuieux luy dressoient de secrettes embusches, & qu'ils cherchoient toutes sortes de moyens de le perdre, il fut contraint pour sa sûreté, de se rendre maistre de l'Estat, tant pour s'afranchir de leur tyrannie, que pour faire cesser les diuisions, qui regnoient au grand preiudice de la Republique. Son deffein, quoy que hardy, fut aprouué de plufieurs perfonnes d'honneur & de condition qui y contribuerent de tout leur pouuoir, & il ne fut fuiuy d'aucun meurtre ni banniffement, ou autres femblables violences qui ont coûtume de fe pratiquer à l'établiffement d'vn nouuel Empire. Il ne fe vengea pas mefme de ceux qui auoient confpiré contre luy; mais croyant les gagner par la douceur, apres les auoir vaincus par la force, il leur pardonna le paffé, & en admit plufieurs à fes confeils & à fa table, apres auoir pris & donné la foy reciproquement En fuite, pour reformer les defordres qui s'eftoient gliffez dans l'eftat, il regla les reuenus publics, qui eftoient mal difpenfez par la malice ou la negligence de ceux qui en auoient l'adminiftration, & fit fi bien qu'il y eut de l'argent de refte pour les chofes qui ne feruent qu'à la magnificence ou à l'ornement. Il eut foin apres, de l'inftruction de la ieuneffe, & donna ordre à ce que les vieillards goûtaffent en paix le repos & la tranquilité de la vie; retint le peuple en fon deuoir, par des largeffes & des fpectacles, & ne fit aucune concuffion ni violence. Enfin, il deliberoit de quiter l'Empire & de rendre la liberté à fes Citoyés, lors qu'il aprift que fes ennemis & à fes enuieux confpiroient contre luy, qu'ils faifoient amas d'hommes & d'argent, qu'ils fe fortifioient de l'alliance de leurs voifins, & qu'ils auoient enuoyé des Deputez iufques à Lacedemone & à Athénes. Comme la chofe eftoit fur le point de l'exécution, il en fut auerty en fonge, par l'affiftance des Dieux, & découurit en fuite la confpiration par plufieurs indices. Mettez-vous en fa place, Meffieurs, & confiderez ce qu'il deuoit faire dans vne fi fatale conionéture. De-

PHALARIS. 405

uoit-il pardonner vne feconde fois à des ingrats & à des traîtres, & leur tendre, s'il faut ainfi dire, la gorge, ou bien affurer fa vie & fon Empire, comme il fit, par la punition des coupables. Il les enuoye donc querir, & apres les auoir conuaincus par leur propre confeffion, il les châtie comme meritoient leurs crimes. Depuis ce temps-là il a efté obligé de prendre des Gardes & d'affurer fa vie par le fuplice de ceux qui luy eftoient fufpects, & qui braffoient quelque trahifon contre luy. Cependant, le peuple qui ne regarde que les éfets, fans s'enquêtir de la caufe, apelle fa Iuftice, cruauté, conme fi la punition des coupables n'eftoit pas pluftoft vn action de clemence, puis qu'elle conferue les innocens & affure la vie des gens de bien. Mais la haine qu'on porte aux mauuais Princes, fait que l'on hait mefme les bons, tels que la Grece en a veu plufieurs qui ont gouuerné les Peuples auec toute forte d'équité & de iuftice. Ce n'eft donc pas par la feuerité qu'il faut iuger d'vn bon ou d'vn mauuais gouuernement, mais par la raifon qu'on a d'eftre feuere, autrement vous feriez iniuftes de punir les impies & les facrileges. Vous voyez combien les Legiflateurs employent de temps à parler des peines & des fuplices, comme le refte n'eftant rien fans cela. Que s'ils font neceffaires à quelques-vns, c'eft fans doute à ceux qui n'ont autour d'eux que de faux amis ou des ennemis couuerts, & qui commandent à des gens qui n'obeïffent que par force. Car la rebellion eft comme vn hydre dont on n'a pas plûtoft coupé vne tefte qu'il en renaift plufieurs autres, fi l'on n'y met le feu à l'exemple d'Iolas pour remporter la victoire. En vn mot, depuis qu'on a commencé vne fois à exercer la seuerité, il la faut continuer, si l'on ne se veut resoudre à perir. Mais on n'en vient que par force à cette extremité, & ie ne croy pas qu'il y ait de Prince si barbare que de se plaire à entendre des cris & des iniures, plustost que des benedictions & des loüanges. Combien de fois auons-nous veu le nostre pleurer & gémir dans le suplice des criminels, & déplorer sa condition de ce qu'il estoit contraint de soufrir tous les iours ce qui leur faisoit soufrir vne fois, & d'estre toute sa vie en de continuelles aprehensions de la mort. Car du reste, il est si éloigné de vouloir perdre les innocens, qu'il aymeroit mieux perir luy-mesme en laissant viure les coupables. D'ailleurs, il n'y a gueres moins de déplaisir à vn homme bien né de faire le mal que de le soufrir; & ie ne say s'il ne vaut point mieux mourir vne fois, que d'estre tous les iours en peine de se défendre. Mais il n'y a personne qui n'aime mieux conseruer sa vie que celle de ses ennemis, sur tout quand il ne les peut conseruer qu'à sa ruine & contre soy-mesme. Cependant, Phalaris en a conserué plusieurs, apres les auoir conuaincus manifestement. I'en apelle à témoin Acanthe, Timocrate, & Leogoras qu'il a sauuez les pouuant perdre. Mais si vous voulez connoistre nostre Prince, il ne faut pas s'enquerir de luy à ceux qu'il est contraint de maltraitter, mais aux autres qu'il traite auec toute sorte d'humanité. Car il y a des gens le long de la coste, qui l'auertissent des Etrangers qui ariuent, afin qu'il les puisse receuoir selon leur merite, & les Sages de la Grece n'ont pas dédaigné de le venir voir & de rechercher son amitié. Témoin Pytagore qui s'est retiré d'auprés de luy auec autant d'eſtime de ſa vertu, qu'il auoit oüi de blâme de ſa cruauté, & qui a eu pitié de le voir contraint d'exercer la iuſtice ſi ſeuérement. Penſez-vous qu'vn homme qui traite ſi bien les étrãgers, ſe plût à mal-traiter ſes Citoyens ſans ſujet. Voila ce que nous auions à repreſenter pour ſa iuſtification. Quant à ce qui concerne ſon ofrande, vous deuez ſauoir que Perilaüs qui ne le connoiſſoit comme vous que par le raport de la renommée, s'imagina qu'il ne luy pouuoit faire de plus grand plaiſir que d'inuenter quelque nouueau ſuplice; & comme il eſtoit excellent Sculpteur il fit vn Taureau d'airain d'vn artifice admirable; ſi bien que le Prince s'écria ſi-toſt qu'il le vit, que c'eſtoit vne ofrande digne d'Apollon. Mais Perilaüs prenant la parole, Si tu ſauois, dit-il, pourquoy ie l'ay fait, tu ne parlerois pas de la ſorte. Enferme dedans vn coupable, & mettant le feu deſſous, tu entendras mugir le Taureau, qui eſt la ſeule choſe qui luy manque pour imiter parfaitement la Nature. A ces mots, le Prince qui auoit en horreur vne ſi déteſtable inuention, le fit enfermer luy-meſme dans ſon Taureau pour en faire l'épreuue; & l'ayant fait retirer encore en vie, pour ne point ſoüiller par ſa mort vne ofrande qu'il vouloit conſacrer aux Dieux, il la deſtina pour Apollon, & fit grauer deſſus cette hiſtoire. Receuez donc ce preſent, Meſſieurs, & le mettez au lieu le plus aparent du Temple, pour monument de la pieté & de la iuſtice de noſtre Prince. Il fera encore d'autres preſens, ſi Apollon le conſerue long-temps en vie, & le déliure comme il fait des embuſches de ſes ennemis; mais le plus grand plaiſir qu'il luy puiſſe faire, eſt de l'exempter à l'auenir de voir tant de peines & de

On mettoit dedãs quelque inſtrument pour cela.

suplices. Voila, Messieurs, ce que nous auions à vous dire de sa part & de la nostre, & que nous atestons pour veritables. Que s'il est permis à des Subjets d'interceder pour leur Prince, nous vous coniurons, Messieurs, en vertu de nostre alliance, car nous sommes comme vous originaires des Doriens, de ne pas mécontenter vn Souuerain qui recherche vostre amitié, apres vous en auoir donné diuers témoignages tant en public qu'en particulier. Receuez donc son ofrande ; & la consacrant à Apollon, faites des vœux pour luy & pour nous, puisque vous ne le pouuez refuser sans faire tort à Phalaris & à vostre Dieu.

SVITE DV DISCOVRS PRECEDENT.

C'est la harangue d'vn Prestre de Delphe, pour obliger les autres à receuoir le present de Phalaris.

MESSIEVRS, Quoy que ie n'aye ni amitié ni alliance auec Phalaris & auec les Agrigentins, ni aucun sujet particulier d'embrasser leurs interests, ie ne croy pas qu'on puisse refuser leur ofrande, qui est vn chef-d'œuure de l'Art, & le témoignage de la pieté & de la iustice d'vn Prince, tant en sa consecration qu'en la punition du coupable. Ie croy donc qu'en cette rencontre vne plus longue déliberation seroit criminelle, puis-que ce n'est pas vn moindre crime de refuser les ofrandes qu'on fait aux Dieux, que de dérober celles qu'on leur a faites. Pour moi, qui en qualité de Prestre & de Citoyen de Delphes, prens part à la gloire d'Apollon & de son Temple, ie ne tiens pas qu'on doiue ny qu'on puisse empescher les marques du zele & de la reconnoissance d'vn particulier, sans s'exposer à la calomnie, & faire dire par tout que l'on se veut rendre arbitre de la conscience des hommes. En vn mot, si l'on refuse cette ofrande, personne n'en voudra plus faire. Car qui voudra s'exposer à vn refus, & courre fortune de passer pour impie, en donnant des marques de sa pieté. C'est condamner Phalaris des crimes dont on l'accuse, que de renuoyer son present; cependant, vous sauez qu'ils nous sont encore inconnus, & qu'il ne faut pas iuger des Grans sur le raport de la Renommée. Ie say bien que celuy qui a parlé deuant moy s'est fort emporté contre les cruautez & contre les autres vices de ce Prince; mais il ne les peut sauoir luy-mesme que par des bruits, qui sont faux ou incertains, puis-qu'il n'a iamais veu celuy dont il parle, ni n'a esté en son païs. Et quand ils seroient veritables, ce n'est pas à nous à quiter la qualité de Prestres pour prendre celle de Iuges, ni à nous enquerir si l'Italie & la Sicile sont bien ou mal gouuernées, mais à receuoir les ofrandes qu'on nous fait. Laissons aux Dieux la conduite du genre humain, pour auoir soin de ce qui nous touche. Il n'est pas besoin d'aleguer Homere, pour prouuer que nous demeurons parmy des rochers & des précipices, & que tout ce païs seroit vn triste desert sans la pieté des hommes qui y viennēt faire des vœux & des sacrifices. Ce sont-là nos vendanges & nos moissons, & ce qui nous fait ioüir sans peine de toutes les richesses de la terre, comme si nous habitiōs vn païs fertile, ou que nous fussions dans le siecle d'or des Poëtes. Conseruons à nos enfans vn thresor si precieux, comme nous l'auons receu de nos Peres, & ne diminuons point par trop de scrupule la gloire & les reuenus d'vn Temple, où il n'est point fait mention de memoire d'homme, qu'on ait iamais refusé de presens ni de victimes. Il n'apartient qu'aux Dieux de iuger de la conscience des hommes, puis qu'il n'y a qu'eux qui en connoissent tous les ressorts, & toutes les cachettes. Il n'est pas question icy de Phalaris ni de son Taureau, mais de tous les vœux & de toutes les ofrandes qu'on fera iamais dans tous les siecles. Vous voyez les immenses richesses que ce Temple a amassées depuis le temps qu'il est libre d'y venir; I'ay peur qu'en voulant faire les Censeurs, vous n'ayez plus dequoy censurer. Ie suis donc d'auis qu'on reçoiue cette ofrande suiuant la coustume de nos Ancestres, qui est conforme à nostre interest & à celuy du Dieu.

ALEXANDRE, OV LE FAVX PROPHETE.

C'est l'histoire d'vn imposteur qui viuoit du temps de Lucien.

C'est ainsi qu'ils s'apelloit.

TV ne m'imposes pas vne petite charge, mon cher Celsus, de vouloir que ie t'écriue la vie d'Alexandre fils de Podalyre, qui n'est guere moins illustre que celle du grand Alexandre, puis que l'vn ne s'est pas plus signalé par ses belles actions, que l'autre par ses impostures. Ie ne laisseray pas toutesfois de l'entreprendre pour te complaire, & tâcheray de m'en acquiter au moins mal qu'il me sera possible, pourueu que tu aye assez

assez de bonté pour supléer à mes défauts, & pardonner à ma foiblesse. A l'exemple donc d'Hercule ie trauailleray à nettoyer l'étable d'Augie, & je t'en feray voir quelques ordures, par où tu puisse comprendre, combien estoit grand le fumier que trois mille bœufs auoient amassé en l'espace de plusieurs années. Mais i'ay peur qu'on ne nous condamne tous deux, moy de mettre au iour tant de vilenies, & toy de m'y conuier. Car celuy dont nous parlons meriteroit mieux d'estre déchiré en plein theatre, par des Renards ou par des Singes, que d'estre celebré dans l'histoire. Mais si l'on m'ataque ie me défendray par l'exemple d'Arrian le disciple d'Epictete, qui n'a point estimé indigne de son sauoir & de sa condition, de laisser à la posterité l'histoire d'vn fameux voleur. Voicy donc à son imitation celle d'vn insigne brigand, & d'vn brigand, non pas de forests ny de montagnes, mais de villes ; qui n'a pas couru quelques deserts, mais qui a rauagé tout l'Empire. Pour commencer par sa description, il estoit de belle taille & de bonne mine, auoit l'œil vif, le teint blanc, la voix claire, le ton doux & afable, peu de barbe au menton, & quelques faux cheueux parmy les siens, mélez si adroitement qu'on ne les pouuoit reconnoistre. En vn mot, son corps estoit sans défaut ; mais pour son esprit, grands Dieux ! il eust mieux valu tomber dans les mains d'vn ennemy que dans les siennes. Du reste plein de viuacité, de docilité, de memoire, & de plusieurs autres belles qualitez, qu'il employoit toutes au mal, & par lesquelles il s'est signalé par dessus les plus méchans & les plus scelerats qui ayent iamais esté au monde. Cependant, écriuant vn iour à son gendre Rutilianus, il se comparoit

S

auec beaucoup de modeſtie à Pythagore. Mais que Pythagore me pardonne, s'il luy plaiſt, s'il euſt eſté de ſon temps, il n'euſt eſté qu'vn enfant auprés de luy. Non pas que ie le vueille comparer à vn ſi méchant homme, mais ie veux dire que tout ce qu'on a dit fauſſement de Pythagore, n'eſt rien en comparaiſon de ce qu'on peut dire veritablement de celuy-cy, Enfin, figure-toy vn abregé de toute ſorte de fourbes, de menſonges, & d'impoſtures, acompagnées d'vn eſprit vif, audacieux, entreprenant, & qui eſtoit adroit à faire & à perſuader tout ce qu'il vouloit. Mais du reſte ſi couuert, qu'on ne ſortoit iamais d'auec luy que dans l'opinion que c'eſtoit le plus homme de bien du monde. Comme il eſtoit fort beau & fort pauure en ſa ieuneſſe, il ſe proſtituoit à tout le monde, & particulierement à vn Charlatan qui contrefaiſoit le Magicien, & débitoit pluſieurs ſecrets tant pour faire aymer ou hayr, que pour découurir des threſors, atraper des ſucceſſions, perdre ſes ennemis, & autres choſes ſemblables. Et veritablement il eſtoit expert dans la Medecine, & comme la femme de cét Egyptien, dont parle le Poëte, ſauoit pluſieurs ſecrets tant pernicieux que ſalutaires, eſtant du païs d'Apollonius Tyanéus, & de ceux qui l'auoient frequenté, & qui ſauoient toute ſon hiſtoire. Tu vois de quelle école étoit ſorty ce charlatan, & que ce n'eſtoit pas vn homme de peu. Comme il eut donc veu ce ieune garçon d'vn eſprit vif & adroit, & capable de luy rendre ſeruice, il prit plaiſir à l'inſtruire, eſtant auſſi amoureux de ſa beauté que l'autre l'eſtoit de ſon ſauoir, & fit aprés ſon compagnon de ſon diſciple. Lors qu'Alexandre fut deuenu grand, &

Thon.

OV LE FAVX PROPHETE. 413

que son docteur fut mort & sa beauté passée, la necessité le porta à entreprendre quelque chose d'extraordinaire pour tâcher de subsister. S'étant donc allié d'vn Croniqueur Bisantin nommé Cocconas, le plus méchant de tous les hommes, ils coururent par tout pour surprendre les esprits foibles, tant qu'ils rencontrerent vne vieille qui faisoit encore la belle, & qui estoit bien aise d'estre cajolée. Elle estoit de Pella, autrefois capitale de la Macedoine, qui est maintenant comme deserte, & ils la suiuirent iusques-là, de la Bithynie, viuant à ses dépens, parce qu'elle estoit fort riche. Comme ils furent arriuez & qu'ils eurent remarqué qu'on y nourrissoit de grands serpens, qui sont si priuez qu'ils tettent les femmes, & se ioüent auec les enfans sans leur faire mal, *Qui couchoit auec vn serpent.* d'où vient sans doute la fable d'Olympias; Ils en acheterent vn des plus grands & des plus beaux qui est la source & l'origine de toutes les auantures que ie vais d'écrire. Car ces deux méchans esprits pourueus des qualitez que i'ay dites, s'étant vnis ensemble pour mal-faire, & ayant reconnu que la crainte & l'esperance sont les deux pôles sur lesquels tourne le genre humain, & tout le fondement de la curiosité & de la superstition, ils resolurent de les faire seruir à leurs ambitieux desseins, & dresserent vn Oracle, dont le succés surpassa mesme leur esperance. Ils furent quelque temps à déliberer du lieu où ils commenceroient la Piéce. Cocconas croyoit la ville de Calcedoine la plus propre à leur dessein, à cause du concours de diuerses Nations qui l'enuironnent; Mais Alexandre prefera son païs, où les esprits estoient plus grossiers & plus superstitieux, tels qu'il faut à l'établissement

S ij

d'vne nouuelle religion. Car la pluſpart des Paphlagoniens, & particulierement ceux qui demeurent par de là le Mur-d'Abonus d'où il eſtoit, courent après le premier Charlatan qu'ils rencontrent auec la flûte, le tambour ou les cymbales, & le prennent pour vn homme deſcendu du Ciel. Cét auis ayant eſté ſuiuy ils cacherent des lames de cuiure dans vn vieux Temple d'Apollon qui eſt à Calcedoine, & écriuirent deſſus qu'Eſculape viendroit bien-toſt auec ſon pere, établir ſa demeure en la ville dont ie viens de parler. Puis ayant fait en ſorte que ces lames fuſſent trouuées, la nouuelle s'en répandit auſſi-toſt par tout le Pont & toute la Bithynie, & particulierement au lieu deſigné; de ſorte que les habitans decernerent vn Temple à ces Dieux, & commencerent à en creuſer les fondemens. Cependant Cocconas dreſſoit des Oracles trompeurs & ambigus à Calcedoine, où il fut emporté de la morſure comme ie croy, d'vne vipere, & incontinent après Alexandre prit ſa place, auec vne longue cheuelure bien peignée, vne ſaye de pourpre rayé de blanc, couuert d'vn ſurplis par deſſus, & tenant en ſa main vne faux comme Perſée, de qui il ſe diſoit deſcendu du coſté de ſa mere. Car ces miſerables Paphlagoniens, quoy qu'ils euſſent connu ſon pere & ſa mere qui eſtoient de pauures gens, eſtoient ſi ſots que de croire vn Oracle trompeur qu'il publioit, par lequel il ſe diſoit fils de Podalire, qui deuoit eſtre bien ardent pour venir de Trique en Paphlagonie coucher auec la mere de noſtre impoſteur. Il debitoit vn autre Oracle de la Sibyle qui portoit, *Que ſur les bords du Pont Euxin, près de Sinope, il viendroit vn Liberateur d'Auſonie*, & entreméloit cela de termes myſtiques & en-

Ville de la Paphlagonie.
Equipage des anciens Prophetes.
Apollon.

Ou, d'vn manteau blanc.

broüillez. Alexandre donc venant en sa patrie, aprés toutes ces predictions, estoit suiuy & reueré comme vn Dieu. Car il feignoit quelquefois d'estre épris de fureur diuine, & par le moyen de la racine d'vne herbe qu'il mâchoit, qu'on nomme l'herbe au foulon, il écumoit extraordinairement; ce que les sots attribuoient à la force du Dieu qui le possedoit. Il auoit preparé long-temps auparauant vne teste de Dragon faite de linge, qui ouuroit & fermoit la bouche par le moyen d'vn crin de cheual, pour s'en seruir auec le serpent dont i'ay parlé, qui deuoit faire le principal personnage de la Comedie. Lors qu'il voulut commencer il se transporta la nuit à l'endroit où l'on creusoit les fondemens du Temple, & y ayant trouué de l'eau, soit de source ou bien de pluye, il y cacha vn œuf d'oye, où il auoit enfermé vn petit serpent qui ne faisoit que de naistre. Le lendemain il vint tout nud de grand matin dans la place publique, ceint d'vne escharpe dorée, pour couurir sa nudité, tenant en sa main sa faux & branlant sa longue cheuelure comme font les Prestres de Cybelle; Puis montant sur vn Autel éleué, il commença à dire que ce lieu estoit heureux, d'estre honoré de la naissance d'vn Dieu. A ces mots toute la ville qui étoit acouruë à ce spectacle dressa l'oreille, & commença à faire des vœux & des prieres, tandis qu'il prononçoit des termes barbares en langue Iuïue ou Phenicienne, ce qui les étonnoit encore plus. En suite il court vers le lieu où il auoit caché son œuf d'oye, & entrant dans l'eau commence à chanter les loüanges d'Apollon & d'Esculape, & à inuiter celuy-cy à décendre & à se montrer aux hommes. A ces mots, il enfonce vne coupe dans l'eau, & en retire cét œuf myſterieux, qui tenoit vn Dieu enfermé, & lorsqu'il l'eut en ſa main, il commença à dire qu'il tenoit Eſculape. Chacun eſtoit atentif à contempler ce beau myſtere, lors qu'ayant caſsé cét œuf, il en ſortit ce petit ſerpent que i'ay dit, qui s'entortilloit autour de ſes doigts. On pouſſe en l'air des cris de ioye, entremeſlez de benédiction & de loüanges; L'vn demande au Dieu la ſanté, l'autre des honneurs ou des richeſſes. Cependant, noſtre impoſteur retourne au logis, tout courant, tenant en ſa main Eſculape né d'vne Oye, & non pas d'vne Corneille comme autrefois, & ſuiuy d'vne foule de peuple, tranſporté d'vne vaine eſperance. Il ſe renferme chez luy iuſques à ce que le Dieu fût devenu grand, & vn iour que toute la Paphlagonie y eſtoit acouru, & que ſon logis eſtoit plein de monde depuis le haut iuſqu'en bas, il s'aſſit ſur vn lict en ſon habit prophétique, & tenant dans ſon ſein ce ſerpent qu'il auoit aporté de la Macedoine, il commença à le montrer entortillé autour de ſon cou, & traînant vne longue queuë tant il eſtoit grand; Mais il cachoit à deſſein la teſte ſous ſon aiſſelle, ſans faire paroiſtre que celle de linge qui auoit la figure humaine; ce qui rempliſſoit tout le monde d'admiration. D'ailleurs, il faut remarquer que la chambre n'eſtoit pas trop bien percée, & que l'aſſiſtance n'eſtoit compoſée que de paures idiots, à qui il auoit déja oſté la ceruelle & le cœur par ſes preſtiges; outre que la Renommée & l'Eſperance eſtoient capables ſeules de les aueugler. Ajoûtez à cela qu'on n'y demeuroit pas long-temps, & qu'à meſure qu'on entroit on en ſortoit par vne autre porte, comme les ſoldats d'Alexandre, à ſa mort. Ce ſpectacle

C'eſt qu'il eſtoit fils de Coronis, qui ſignifie Corneille.

dura quelques iours, & se renouuelloit toutes les fois qu'il arriuoit quelque personne de condition. D'ailleurs, il ne faut pas s'étonner si des barbares grossiers & ignorans y estoient surpris, veu que les plus fins ne sauoient que dire en voyant & touchans vn dragon qu'ils auoient veu naistre, & qui estoit crû en vn instant à vne si prodigieuse grosseur, & portoit la figure humaine. Il eust falu vn Epicure ou vn Democrite pour reconnoistre la tromperie, ou quelqu'autre de ces anciens Philosophes qui estoient sauans dans la Nature, & qui auroient bien veu qu'il y auoit de la fourbe, quand mesme ils ne l'auroient pû découurir. Toute la Bithynie donc, la Galatie, & la Thrace, y acouroient en foule sur le raport de la Renommée. Ajoûtez à cela, les portraits & les tableaux qui en couroient par tout, auec des statuës d'argent & de cuiure faites aprés le naturel. On publioit mesme vn Oracle qui prédisoit son nom, & l'apelloit *Glycon le troisiéme sang de Iupiter, qui aportoit la lumiere aux hommes*: Car nostre imposteur voyant l'occasion fauorable, rendoit des Oracles pour de l'argent, à l'exemple d'Amphiloque, qui aprés la mort de son pere Amphiaraüs, estant chassé de Thébes, se retira en Asie, où il prédisoit l'auenir aux Barbares pour deux carolus. Il auertit donc que le Dieu rendroit les réponses luy-mesme dans vn certain temps, & qu'on écriuit ce qu'on luy voudroit demander en vn billet cacheté. Alors s'enfermant dans le sanctuaire du Temple, qui estoit déja construit, il faisoit apeller d'ordre par vn Heraut tous ceux qui auoient donné leurs billets, & les leur rendoit cachetez auec la réponse du Dieu. La fourbe n'estoit pas dificile à reconnoistre à vn homme d'entendement;

mais des fots ne s'aperceuoient pas qu'il décachetoit en particulier les billets, & aprés auoir répondu tout ce qu'il luy plaifoit, il les rendoit cachetez comme auparauant. Car il y a plufieurs moyés de leuer vn cachet fans rompre la cire, & i'en veux mettre icy quelques-vns, afin qu'on ne prenne pas vne fubtilité pour vn miracle. Premierement auec vne éguille chaude, on détache la cire qui ioint le filet à la lettre, fans rien défaire du cachet: & apres qu'on a leu ce qu'on veut, on le rejoint de la mefme forte. Il y a vne autre inuention, qui se fait auec de la chaux & de la colle ; ou auec vn maftic compofé de poix, de cire, & de bitume, mélez auec de la poudre d'vne pierre fort tranfparente, dont on fait vne boule, fur laquelle quand elle eft encore tendre on imprime la figure du cachet, aprés l'auoir froté de graiffe de pourceau. Car à l'inftant elle durcit & fert à recacheter comme fi c'eftoit le cachet mefme. Il y a plufieurs autres fecrets femblables, qu'il n'eft pas neceffaire de t'écrire, puis que tu en as fait mention dans ton Traité des artifices des Magiciens, qui eft vn tres-bel ouurage, & tres-vtile pour détromper les ignorans, & empefcher qu'on n'abufe de leur credulité. Il contrefaifoit donc le Prophete auec le plus d'adreffe qu'il pouuoit, de peur qu'on ne remarquaft la tromperie, fe fauuant toûjours par quelque réponfe obfcure ou ambiguë, fuiuant la couftume des Oracles. Tantoft il encourageoit les vns, tantoft il détournoit les autres de leur entreprife, felon qu'il luy fembloit plus à propos ; tantoft il préfcriuoit aux malades des regimes ou des remedes, car il fauoit plufieurs beaux fecrets de la Medecine. Pour ce qui concerne l'efperance des auancemens & des fucces-

Poix Berytrienne.

OV LE FAVX PROPHETE.

sions, il diferoit toûjours d'y répondre, & les remettoit à vne autre fois, ou quand son Prophete l'en prieroit ? car il parloit au nom du Dieu. Cependant, il prenoit enuiron dix sols pour chaque Oracle, ce qui montoit à vne somme tres-considerable, parce qu'il en debitoit bien soixante ou quatre-vingts mille par an. Car le peuple estoit si friand de ces sotises, comme on est curieux de nouueauté, & de sauoir l'auenir, qu'vne mesme personne faisoit quelquefois douze ou quinze demandes à dix sols piece, n'estant pas permis d'en mettre deux en vn billet. Mais tout ce qu'il prenoit ne tournoit pas à son profit ; Car il auoit sous luy plusieurs Oficiers, dont les vns mettoient les Oracles en vers, les autres les souscriuoient, les cachetoient, les interpretoient, ou les gardoient, & chacun tiroit pension à proportion de son seruice. D'ailleurs, il auoit des espions & des emissaires dans les Prouinces plus éloignées, qui répandoient par tout la reputation de l'Oracle, asseurant qu'il prédisoit à l'auenir, faisoit retrouuer ce qui estoit perdu, découuroit les tresors, guerissoit les malades, & plusieurs autres choses semblables. On y acouroit donc de toutes parts auec des victimes & des presens, tant pour le Dieu que pour le Prophete. Car il commandoit par vn Oracle de faire du bien à son Ministre, parce qu'il n'en auoit pas besoin pour luy. Lors que plusieurs gens d'esprit eurent reconnu la fourbe, & particulierement les Philosophes de la secte d'Epicure, il tâcha de les intimider, en criant que tout le païs se remplissoit de Chrestiens & d'Impies, qui semoient des calomnies contre luy, & commanda de les lapider, si l'on vouloit estre aux bonnes graces du

C'est qu'ils passoient pour Impies, à cause qu'ils ne

croyoient pas aux Dieux.

Dieu. Comme quelqu'vn luy eut demandé ce que faisoit Epicure en l'autre monde, il répondit qu'il estoit plongé dans vn bourbier, & chargé de chaînes. Car il luy en vouloit sur tout pour auoir mieux découuert qu'aucun autre, toutes les fourbes & les impostures, qui se glissent dans le monde, sous pretexte de religion. Mais Platon, Chrysipe & Pythagore estoient ses bons amis. Il haïssoit particulierement la ville d'Amastris à cause des amis de Lepidus, & de plusieurs Philosophes Epicuriens qui y demeuroient, & ne voulut iamais rendre aucun Oracle à pas vn des habitans. Mais vn iour qu'il en voulut rendre vn au frere de ce Proconsul, il se fit moquer de luy, en luy ordonnant de prendre vn pied de pourceau auec de la mauue pour vne douleur d'estomac, & encore en termes si ridicules, qu'on ne sauoit ce qu'il vouloit dire; Soit qu'il n'eust personne alors pour luy composer son Oracle, ou qu'il ne sceust que répondre. Cependant, il montroit souuent le serpent à ceux qui le vouloient voir; mais il tenoit la teste cachée dans son sein, & ne laissoit toucher que le corps, & particulierement la queuë. Vn iour voulant rafiner sur son imposture, il dit qu'Esculape répondroit visiblement, & cela s'apelloit *des réponses de la propre bouche du Dieu*; Ce qui se faisoit par le moyen de quelques arteres de gruë qui aboutissoient à la teste du Dragon fait de linge, & qui seruoient d'organes pour porter la voix d'vn homme qui estoit hors de la chambre; mais cela ne se faisoit pas tous les iours, & estoit seulement pour les personnes de condition. Celuy qu'il rendit à Seuerien, touchant l'entreprise d'Armenie, estoit de ce nombre, où il luy prédisoit la victoire; mais apres sa défaite il en substitua vn autre, qui le détournoit de cette entreprise. Car il estoit assez insolent pour corriger les Oracles qui auoient mal reüssi; & s'il ariuoit qu'il eût promis la santé à vn malade, & qu'il vint à mourir, il en publioit vn tout contraire. Mais pour gagner les bonnes graces de Male, de Claros, & de Didyme, où l'on rendoit des Oracles aussi trompeurs que les siens, il commandoit de les consulter; sur tout lors qu'il estoit pressé, & qu'il vouloit esquiuer quelque demande. Voila ce qui se passa dans les lieux proches de sa demeure. Mais lors que la Renommée en fut répanduë en Italie & à Rome, chacun y acourut ou y enuoya, & particulierement les Grans & ceux qui auoient le plus de credit auprés du Prince, dont le principal étoit Rutilianus qui s'estoit signalé en plusieurs occasions, & estoit fort homme de bien, mais extrordinairement superstitieux, iusques à se mettre à genoux deuant toutes les pierres qu'il rencontroit en son chemin, sur lesquelles on auoit fait quelque éfusion, ou jetté quelque guirlande. Il faillit donc à quiter l'Armée qu'il commandoit, pour y acourir, & y dépeschoit Couriers sur Couriers. Mais comme ceux qu'il enuoyoit n'estoient que des valets, ils se laissoient tromper aisément, & ajoustoient de nouueaux mensonges aux anciens, pour rendre leur raport plus récommandable, ce qui ne faisoit qu'acroistre sa passion & redoubler sa fureur. Cependant, comme il estoit ami des plus grands de Rome, il leur contoit ce qu'on luy auoit raporté, & y méloit encore du sien, comme on a de coûtume, pour faire la piece plus belle; desorte qu'il remplit toute la ville de ces prestiges, & en engagea plusieurs à consulter l'Oracle sur leur fortune.

Ils furent fort bien reçus du Prophete, qui leur fit diuers présens, afin qu'à leur retour ils dissent du bien de luy, & qu'ils publiassent ses loüanges. Il se seruoit d'vne autre fourbe; c'est qu'aprés auoir leu leurs demandes, s'il en trouuoit quelqu'vne trop hardie, il retenoit le billet, sans y faire réponse, pour auoir comme vn gage de la fidelité de celuy qui l'auoit donné, qui par ce moyen estoit contraint de le caresser au lieu de s'en plaindre. Ie veux mettre icy tout d'vn temps quelques-vnes des responses qu'il fit à Rutilianus. Comme ce Seigneur l'eut interrogé quel precepteur il donneroit à son fils, il répondit par ambages à la façon des Oracles, *Pythagore & Homere*; Mais l'enfant estant mort quelque temps apres comme il estoit en peine de défendre son Oracle, Rutilianus aydoit luy-mesme à se tromper, & asseuroit qu'il auoit predit la mort de son fils, en luy donnant pour Precepteurs des gens qui n'estoient plus au monde. Vne autre fois comme le mesme luy eut demandé, suiuant la doctrine de Pythagore, ce qu'il auoit esté auant que d'estre ce qu'il estoit, & ce qu'il seroit vn iour, il luy répondit qu'il auoit esté Achille, puis Ménandre, & qu'il deuiendroit vn rayon du Soleil, apres auoir vescu cent quatre-vingts ans; mais il mourut de mélancolie à soixante & dix contre la promesse de l'Oracle, quoy que s'en fût vn des plus authentiques. Comme il songeoit à se remarier, il luy offrit sa fille, qu'il disoit auoir euë de la Lune, deuenuë amoureuse de luy aussi bien que d'Endymion, & luy commanda de l'épouser. Alors Rutilianus sans déliberer dauantage la fit venir & l'épousa, apres auoir immolé des Hécatombes à sa belle-mere, comme s'il eust desia esté de la troupe des immortels. Apres

OV LE FAVX PROPHETE.

vn si grand succés, nostre imposteur médita de plus hauts desseins, & depeschoit par tout des Couriers auec des Oracles; prédisant aux villes de se garder de la peste, des embrasemens, ou des tremblemens de terre, auec promesse de leur enuoyer des remedes contre tous ces accidens. Il publia aussi vn Oracle de la propre bouche du Dieu, pour seruir de préseruatif contre la contagion qui estoit alors tres-violente, & on le voyoit écrit sur les portes des maisons, comme vn remede souuerain contre ce mal; mais par mal-heur ces maisons-là furent les premieres ataquées, pour s'estre negligées peut-estre sur vne vaine confiance. Il auoit plusieurs personnes dans Rome qui luy mandoient le sentiment des principaux, & qui l'informoient de ce qu'ils deuoient demander en ariuant, afin qu'il eût le loisir de preparer sa réponse. Il auoit étably aussi vne espece de societé ou de confrérie, où l'on portoit des torches, auec diuerses ceromonies, qui duroient l'espace de trois iours. Le premier, on proclamoit comme on fait à Athénes, *S'il y a icy quelque Epicurien, quelque Chrestien, ou quelque impie, qui soit venu pour se moquer des mysteres, qu'il se retire, mais que les vrais fideles soient initiez à la bonne heure.* Alors il marchoit le premier, en criant, *Hors d'icy Chrestiens*, & toute la troupe répondoit, *Hors d'icy Epicuriens*, puis on celebroit les couches de Latone auec la naissance d'Apollon & le mariage de Coronis, suiuy de la venuë d'Esculape. Le second iour on solennisoit la natiuité de Glycon, & le troisiéme, le mariage de Podalire & de la mere de nostre Prophete, où l'on alumoit des torches, dont toute la ceremonie empruntoit le nom. On y representoit aussi les

On le nomme Dadu, comme qui diroit les torches.

amours du Prophete & de la Lune, d'où naiſſoit la femme de Rutilianus, & il s'endormoit au milieu de la cerémonie comme vn autre Endymion. Alors décendoit du plancher vne belle Dame qui repreſentoit la Lune. C'eſtoit la femme d'vn des Maiſtres d'Hoſtel du Prince, qui auoit l'inſolence en la préſence de ſon mary de venir baiſer & embraſſer noſtre impoſteur, & peut-eſtre qu'ils euſſent paſſé outre s'il n'y euſt point eu tant de lumiere, car ils ne ſe haïſſoient pas l'vn l'autre. Il r'entroit vne autrefois auec ſes habits Pontificaux, dans vn grand ſilence, puis crioit tout à coup *Io Glycon* : A quoy répondoit vn excellent chœur de Muſiciens, *Io Alexandre*, ſuiuis de Herauts Paphlagoniens, qui eſtoient de gros coquins qui ſentoient l'ail, & qui portoient des chauſſures de peaux. Cependant, comme la proceſſion paſſoit auec des torches & des gambades myſtérieuſes, il découuroit de temps en temps vne cuiſſe d'or, pour contrefaire Pythagore, par le moyen, comme ie croy, d'vn calleçon doré qui reluiſoit à la clarté des flambeaux. Cela émut vne grande queſtion entre deux Philoſophes, s'il n'auoit point l'ame de Pythagore comme il en auoit la cuiſſe ; Mais elle fut remiſe à la deciſion de l'Oracle, qui répondit que l'ame de Pythagore naiſſoit & mouroit de temps en temps, mais que celle du Prophete eſtoit immortelle, & de celeſte origine. Quoy qu'il défendit l'amour des garçons comme vn crime déteſtable, il commanda aux villes du Pont & de la Paphlagonie, de luy en enuoyer, pour conſulter l'Oracle, & chanter les loüanges du Dieu. On luy enuoyoit donc tous les trois ans des enfans de bonne maiſon & des mieux faits de la ieuneſſe, dont il ſeruoit à ſes plaiſirs,

Ou, Intendant.

OV LE FAVX PROPHETE. 425

& auoit étably vne plaisante coustume, qu'on ne l'osoit baiser en le saluänt lors qu'on auoit plus de dix-huit ans ; de sorte qu'il ne besoit que de ieunes garçons qu'on apelloit pour cela les enfans du baiser, & donnoit sa main à baiser aux autres. Voila comme il abusoit le sot populaire, qui tenoit à faueur de voir caresser sa femme & ses enfans, & quelques-vnes se vantoient tout haut d'auoir eu des enfans de luy, & prenoient leurs maris à témoin. Ie veux raporter icy vn Dialogue du Dieu & d'vn Prestre de Tio, dont on reconnoistra l'esprit par celuy de ses demandes ; car ie les ay luës moy-mesme chez luy. *Demande.* Dymoy, Glycon, qui és-tu ? *Réponse.* Ie suis le nouuel Esculape. *D.* Es-tu Esculape luy-mesme, ou quelqu'autre qui luy ressemble ? *R.* Il n'est pas permis de réuéler ces mystéres. *D.* Combien seras-tu d'années à rendre des Oracles ? *R.* Plus de mille ans. *D.* Où iras-tu en suite ? *R.* Dans la Bactriane & les païs voisins, pour honorer aussi les Barbares de ma présence. *D.* Les Oracles de Claros de Delphes & de Didyme, sont-ils de vrais Oracles ? *R.* Ne desire point de sauoir les choses défenduës. *D.* Que seray-je apres cette vie ? *R.* Chameau, puis cheual, & enfin Philosophe, & Prophete aussi grand qu'Alexandre. Voila ce que contenoit ce beau Dialogue. Du reste, nostre Charlatan sachant que ce Prestre estoit ami de Lepidus, il le voulut persuader par vn Oracle de le quiter, comme Lepidus estant menacé de mort cruelle. Car il craignoit Epicure & ses Sectateurs, comme mortels ennemis de ses impostures, & faillit vn iour à perdre vn Epicurien qui eut la hardiesse de luy reprocher qu'il auoit fait mourir plusieurs innocens par vn faux Oracle; ce qui arriua de la sorte. Il auoit conseillé à vn homme du païs d'acuser ses esclaues deuant le Gouuerneur de la Prouince, comme coupables de la mort de son fils, qui nauigeant sur le Nil, en remontant vers sa source, se laissa persuader d'aller iusques aux Indes, sans en rien mander à ses gens qu'il auoit laissez à Alexandrie. Comme ils virent donc qu'ils n'entendoient point de ses nouuelles, ils crûrent qu'il estoit mort, & retournerent vers le pere, qui les acusa comme i'ay dit, deuant le Proconsul de la Galatie, à la persuasion de l'Oracle, & les fit condamner à mort. Sur ces entrefaites le fils reuint qui iustifia leur innocence, mais il n'y auoit plus de remede. Nostre Prophete donc ne pouuant soufrir ces iustes reproches, commanda à ceux qui estoient presens de lapider l'acusateur s'ils ne vouloient estre ses complices; & ils l'eussent fait, sans vn certain Demostrate qui estoit alors en ces quartiers, qui l'embrassant le sauua. Pour moy, ie ne l'eusse pas trop plaint; car pourquoy hazarder sa vie, pour détromper des sots qui ne meritent pas de l'estre? Voilà comme se passa cette afaire. Du reste la veille que cét imposteur vouloit rendre ses réponses, il apelloit par ordre tous ceux qui auoient presenté leurs demandes, & vn Heraut luy crioit à haute voix, s'il vouloit rendre les Oracles; Alors s'il répondoit du sanctuaire à quelqu'vn qu'il allast à la mal-heure, personne ne vouloit plus receuoir cét homme-là, ny communiquer auec luy; on luy refusoit toute assistance, & il faloit qu'il vuidast le païs. Il fit vne autre chose, c'est qu'ayant trouué le liure qui contient les principaux dogmes d'Epicure, qui est vne des plus belles piéces de l'antiquité, & qui

Iusqu'à la ville de Clysma ou Arsinoé, où il y a vn canal qui va dans la mer Rouge.

purge mieux vne ame de ses ordures, que toutes les ceremonies de la purification. Car non seulement elle nous guerit de nos passions, mais elle nous déliure de toute superstition, & des vains fantômes qui nous épouuantent. Ayant donc trouué ce liure, comme i'ay dit, il le brûla publiquement, apres auoir débité vn Oracle qui le commandoit, & ietta les cendres dans la mer. Ecoute maintenant le plus impudent de tous les mensonges. Comme il eut entrée à la Cour par le moyen de son gendre Rutilianus, il enuoya vn Oracle à l'Empereur Marc-Aurele qui faisoit la guerre en Alemagne, par lequel il luy commandoit de ietter deux lions dans le Danube auec plusieurs cérémonies, sur l'assurance d'vne paix prochaine qui seroit procedée par vne insigne victoire. Ces lions trauersant le fleuue furent tuez par les ennemis, & incontinent apres les Romains furent défaits par les Barbares, & faillirent à perdre Aquilée aprés auoir perdu plus de vingt mille hommes. Mais le galant pour se sauuer se seruit de l'artifice d'Apollon contre Crésus, & dit qu'il auoit bien predit la victoire; mais qu'il n'auoit pas ajousté le nom du vainqueur. Cependant, comme on acouroit à luy de tous costez, & que la petitesse de la ville où il estoit, ne pouuoit pas contenir vne si grande multitude, & encore moins la nourir, il inuenta des Oracles de nuit, car c'est ainsi qu'on les nommoit ; ce qui se faisoit en cette sorte. Apres auoir reçu les demandes il se couchoit dessus, & estoit auerty la nuit en songe à ce qu'il disoit, de la réponse qu'il deuoit faire, qui estoit tousiours, ou ambiguë, ou obscure, particulierement quand la demande estoit bien cachetée. Car sans courre fortune de découurir

Aux Quades & aux Marcomans.

sa fourbe en voulant leuer le cachet, il répondoit tout ce qui luy venoit en la fantaisie, croyant que sa réponse estoit plus Oracle de la sorte, outre que cela estoit de grand reuenu. Car il auoit auprés de luy des interpretes], qui pour le grand profit qu'ils faisoient, luy donnoient chacun tous les ans vn talent de récompense, au lieu de receuoir de luy quelque apointement. Quelquefois lors qu'il n'y auoit personne pour le consulter, il forgeoit des Oracles pour étonner les sots, comme celuy qui dit, *Cherche l'esclaue en qui tu te confies le plus, car pour vengeance de ce que tu as cueilly sa fleur, il soüille ta couche; & de peur que tu ne le découres, sa femme & luy te preparent du poison, & l'ont caché sous ton cheuet, dequoy ta seruante Calypso est complice.* Qui est le Democrite qui n'y eut esté trompé, apres tant de circonstances ? mais il s'en fût moqué aussi-tost, lors qu'il eût découuert la fourbe. Si on l'interrogeoit en langue étrangere, il diféroit sa réponse pour la pouuoir faire en la langue mesme; & quand il n'auoit personne en main pour cela, il répondoit en la sienne, comme il fit, vne fois lors qu'il dit, *Retourne en ton pays; car celuy qui t'a ennoyé a esté tué aujourd'huy par son voisin Dioclés; & les assassins sont pris.* Ecoute maintenant quelques Oracles qu'il m'a rendus à moy-mesme. Vn iour que ie m'estois enquis du Dieu pour vne demande bien cachetée, si son Prophete estoit chauue, il me répondit par vn Oracle de nuit, *Malach fils de Sabardalach estoit vn autre Atis.* Vne autre fois ayant écrit vne mesme demande en diuers billets, qu'on luy porta de diuers lieux, afin qu'il ne se défiast de rien, il m'ordonna à l'vn de me froter de Cytmide & de la rosée de Latone ; ayant esté trompé par celuy qui luy

OV LE FAVX PROPHETE. 429

porta le billet, qui luy dit que ie cherchois vn remede pour le mal de costé. Cependant ie luy demandois quelle estoit la patrie d'Homere. En vn autre, sans auoir plus d'égard à Homere ni à sa patrie, il me défendit d'aler par mer, pour auoir esté trompé de mesme, par le valet qui présenta le billet, qui luy dit que ie m'enquerois du chemin que ie deuois tenir pour retourner en Italie. Ie fis plusieurs autres inuentions pour découurir son imposture, comme entr'autres de ne mettre dans le billet qu'vne demande, & de le payer comme s'il y en eust eu plusieurs; car il rendoit autant d'Oracles qu'on en auoit payé, qui n'auoient aucun raport entr'eux ny auec la demande. Cependant comme il eut apris la fourbe, & que i'auois essayé de détourner Rutilianus de son aliance, il conceut vne haine mortelle contre moy, & luy répondit par vn Oracle, comme il le consultoit touchant ma personne, *Que i'aymois les beaux garçons & les plaisirs défendus.* Mais l'estant allé voir depuis en la compagnie de deux soldats que le Gouuerneur de la Prouince qui estoit de mes amis m'auoit donnez, de peur qu'on ne me fist quelque outrage; si-tost qu'il eust apris ma venuë il m'enuoya prier de l'aller trouuer, & me reçut tres-ciuilement; Toutefois comme ie le haïssois à cause de ses impostures, ie luy mordis la main de dépit lors qu'il me la donna à baiser, ce qui faillit à me faire étrangler par ceux qui estoient présens, d'autant plus que ie le saluay par son nom, sans le traiter de Prophete. Mais pour luy, il suporta doucement cette injure, & dit qu'il vouloit montrer que son Dieu sauoit apriuoiser les esprits les plus farouches; puis ayant fait retirer tout le monde, il se plaignit à moy de l'auis que

Ou, pour m'accompagner iusqu'à la mer.

j'auois donné à Rutilianus, & dit que i'auois tort de choquer vn homme qui pouuoit faire ma fortune. Ie fis semblant de prester l'oreille à ce discours, pour me sauuer du danger qui me menaçoit, & sortis assez bien d'auec luy, ce qui étonna encore plus toute l'assistance. Ensuite voulant m'embarquer, il m'enuoya diuers presens, & me fournit vne barque & des rameurs, ce que ie crus qu'il faisoit pour acheuer de me gagner par cette faueur ; mais lors que ie fus en pleine mer & que ie vis le Pilote qui pleuroit & qui contestoit auec les matelots, i'entray en quelque défiance, d'autant que ie n'auois qu'vn de mes gens auec moy, ayant renuoyé les autres à Amastris auec mon pere. Ie m'enquis donc du sujet de leur diferent, & il me dit qu'estant desia vieil, & ayant tousiours vescu en homme de bien, il ne vouloit pas sur la fin de ses iours se souiller d'vne méchante action, & exposer sa femme & ses enfans apres sa mort à la vengeance diuine. Et comme ie le pressois dauantage, il auoüa qu'il auoit odre de me ietter dans la mer. Sur cét auis ie mis pied à terre à Egiale dont Homere fait mention dans son Poëme, & y trouuay des Ambassadeurs du Bosphore qui aloient en Bithynie de la part du Roy Eupator, porter le tribut qu'il paye tous les ans à l'Empereur ; si bien que leur ayant conté mon auanture, ils me donnerent place dans leur vaisseau, & me rendirent sans danger à Amastris. Depuis cela ie luy declaray vne guerre ouuerte, & i'estois sur le point de me porter pour dénonciateur contre luy, auec plusieurs autres, du nombre desquels estoient les disciples du Philosophe Timocrate d'Heraclée ; mais le Gouuerneur de la Prouince me pria instamment de n'en rien faire, & me dit que quand j'aurois découuert toutes ses impostures, il estoit trop ami de Rutilianus pour en faire la punition. Mais pour acheuer toute son histoire, quelle insolence fut-ce à luy de demander à l'Empereur qu'il changeast de nom à sa ville, & la nommast Ionopolis, & qu'on fit des médailles où la figure du serpent fust empreinte d'vn costé, & la sienne de l'autre, auec les armes d'Esculape, & la faux de Persée, dont il se disoit décendu du costé de sa mere. *Ou, la hache.* Enfin, apres auoir predit qu'il mourroit d'vn coup de foudre comme Esculape à l'âge de cent cinquante ans, il perit miserablement auant qu'il en eût soixante & dix, d'vn vlcere puant, à la iambe, qui luy gagna le petit ventre, digne fin du fils de Podalire. Ce fut alors qu'on reconnut qu'il estoit chauue, en luy apliquant quelques remedes sur la teste pour en apaiser la douleur. C'est la catastrophe de Charlatan, qui fut vn iuste suplice de ses crimes. Il ne restoit plus qu'à luy faire vn Epitaphe & luy donner vn successeur digne de luy ; mais ceux de sa Secte s'en estant remis à Rutilianus, il se reserua le don de predire quand il seroit mort, sans vouloir rien ordonner du reste. Il y auoit parmy eux vn vieux Medecin nommé Pétus qui faisoit en cela vne chose indigne de son âge & de sa profession. Voila l'abregé de la vie de cét imposteur, que i'ay entreprise pour contenter ta curiosité & venger l'honneur d'Epicure ; outre que cela pourra seruir à en détromper plusieurs à qui il auoit imposé durant sa vie. Ie n'ay pû refuser cela à ton amitié, ni l'estime que ie fais de ta vertu, sans parler de ta haute suffisance, & de l'amour que tu as pour la verité.

DE LA DANCE.
DIALOGVE
DE CRATON ET DE LYCINVS.

C'est vne Apologie de la Dance, & particulierement des Balets.

LYCINVS. COMME tu-as condanné la Dance par vn long & graue discours, & que tu as dit qu'elle estoit plus digne de la mollesse des femmes, que du courage masle des hommes, nous acusant d'employer beaucoup de temps & de peine en des choses de neant ; I'en veux entreprendre la défence, pour te faire voir combien tu és éloigné de la raison, de blâmer ainsi vne des plus douces choses de la vie. Mais il te faut pardonner, si faisant profession d'vne vertu morne & austére, tu ne sais ce que c'est des diuertissemens qui relâchent l'esprit.

CRATON. Ie m'étonne, Lycinus, de ce qu'estant né homme, & ayant quelque teinture des bonnes Lettres, tu quites l'entretien des Sauans, & les ocupations des Sages, pour voir dancer vn Baladin, au son de la flûte ou de la lyre, auec des postures lasciues, & des contenances deshonnestes, & représenter les amours & les auantures de quelque éfeminé comme luy, ou de quelque débauchée, qui sont des choses indignes d'vn honneste homme. Cela me fit pitié lors que i'apris que tu te donnois tout entier à ces spectacles, & que tu quitois l'étude des Anciens & des Philosophes, pour demeurer aſſis tout le iour à contempler des choſes vaines & ridicules, comme ſi tu te faiſois chatoüiller l'oreille auec vne plume. Car ſi tu aymes les diuertiſſemens, ne vaudroit-il pas mieux entendre la Muſique ou plutoſt la Tragédie & la Comédie, qui relâchent l'eſprit auec quelque ſorte d'inſtruction. Tu aurois bien de la peine à te défendre deuant les Iuges graues & ſeueres, & ie te conſeillerois plutoſt de le nier tout à plat que de t'embaraſſer dans vne honteuſe Apologie. Il y va certes de ton honneur & du mien, de te déliurer de l'enchantement de ces Sirénes, qui dreſſent des embûches aux yeux & non pas aux oreilles comme les autres, & de t'enleuer comme Vlyſſe fit ſes compagnons, qu'vn doux poiſon areſtoit chez les Lotophages.

LYCINVS. Que tu-és deuenu ſéuére, Craton? mais tes comparaiſons ne ſont pas bien iuſtes. Car la mort ou quelque choſe de pire eſtoit la peine de ceux dont tu parles; mais outre le plaiſir que ie reçois de la douceur des ſpectacles, qui eſt comme vn feſtin qu'on fait à mes yeux, i'en reuiens toûjours au logis plus ſage & plus ſauant.

CRATON. Tu-és d'vne étrange humeur de faire gloire d'vne choſe dont tu deurois rougir de honte. Ie te compare à ces malades deſeſperez, qui ne croyent pas ſeulement eſtre malades.

LYCINVS. Dy-moy, Craton; condanne-tu ces choſes-là ſur le raport de la Renommée, ou ſi tu les as veuës toy-meſme; car il n'eſt pas iuſte de blâmer ce qu'on ignore?

CRATON. C'eſt iuſtement ce qu'il me faudroit auec ma mine graue & mes cheueux blancs, de demeurer assis tout le iour parmy de ieunes gens & des femmes, à voir dancer vn boufon, & à loüer vn baladin.

LYCINVS. Ie te pardonne de n'aymer pas vn plaisir dont tu n'as iamais gousté ; mais ie ne te pardonne pas de le condanner si absolument sur le raport d'autruy. Que si tu veux te prester à moy pour quelques heures, & relâcher vn peu de grauité, ie m'assure de te rendre ce plaisir si familier, qu'il ne se dansera point de balets que tu n'ailles long-temps auparauant retenir place pour les voir plus à ton aise.

CRATON. Il faudroit pour en venir là que i'eusse bien fait banqueroute à l'honneur & à la vertu. I'ay pitié certes de te voir dans vn si grand abandonnement, que de mettre ta felité en des choses infames & deshonnestes.

LYCINVS. Veux-tu que laissant à part toutes ces injures, ie t'entretienne du profit & du plaisir qu'il y a à cét exercice, où l'esprit & les yeux trouuent dequoy se diuertir si agréablement, sans parler des oreilles qui demeurent charmées par la douceur de la musique ?

CRATON. Ie n'ay pas le loisir d'entendre discourir vn furieux qui fait vanité de sa fureur; si tu veux toutefois ie demeureray là par complaisance, tandis que tu parleras, pourueu que tu vueilles parler comme si personne ne t'écoutoit.

LYCINVS. Ie ne demande que cela ; ie te feray bien-tost voir que la Dance n'est pas vne chose si extrauagante que tu t'imagines. Premierement, il semble que tu ignores qu'elle est aussi ancienne que le monde, & qu'elle a pris naissance auec l'Amour. Témoin le bal mesuré des Astres, & les diuerses conionctions des Etoiles fixes

Le plus ancien des Dieux.

fixes & errantes. Car c'est du branle des Cieux & de leur harmonie qu'a pris son origine cét Art diuin, qui s'est augmenté auec le temps, & a aquis maintenant sa perfection. On dit que Rhéa fut la premiere qui se plût à cét exercice, & qu'elle l'enseigna à ses Prestres tant en Crete qu'en Phrygie. Et cette inuention ne luy fut pas inutile; car en sautant & dansant ils sauuerent la vie à Iupiter que son pere vouloit déuorer ; si bien que le Monarque des Cieux doit son salut à la Dance ; mais c'estoit alors vn exercice militaire qui se faisoit en frapant des épées & des jauelots contre les boucliers. En suite les plus honnestes gens la cultiuerent en Crete, de sorte qu'elle deuint le passe-temps, non seulement du peuple, mais des personnes de condition. Aussi est-ce par forme de loüange qu'Homere apelle Merion bon danseur. Car il y fut si sauant qu'il en estoit estimé non-seulement des Grecs, mais des Troyens, parce que ie croy qu'il en auoit meilleure grace sous les armes, & que cela redoubloit son adresse & son agilité. Ie pourrois aleguer plusieurs autres excellens danseurs de ce temps-là ; mais ie me contenteray de Pyrrhus qui inuenta la Pyrrique, qui est vne Dance qui se fait auec les armes, & qui l'a rendu plus celebre que sa beauté ni sa valeur. Les Lacedemoniens qui ont esté les plus illustres de toute la Grece, aprés auoir apris cét Art de Castor & de Pollux, le cultiuerent auec tant de soin, qu'ils n'aloient à la guerre qu'en dansant au son de la flûte ; de sorte qu'on peut dire qu'ils doiuent vne partie de leur gloire à la Dance & à la Musique. Aussi leur ieunesse ne s'y exerçoit elle pas moins qu'aux armes, & la Dance finissoit tous les exercices. Car alors vn ioüeur de

Curétes Corybantes.

flûte se mettant au milieu d'eux, commençoit le branle en iouant & dançant, & ils le suiuoient en bel ordre, auec mille postures guerrieres & amoureuses. La chanson mesme qu'ils chantoient empruntoit son nom de Venus & de l'Amour, comme s'ils eussent esté de la partie. Il y en auoit vne autre qui disoit, *Auancez le pied, mes enfans, & trepignez à qui mieux mieux*, comme si elle eust voulu donner des préceptes de ce bel Art. La mesme chose se pratiquoit à la Dance qu'ils appelloient *Hormus*, qui estoit vn branle composé de filles & de garçons, où le garçon menoit la Dance auec des postures mâles & belliqueuses, & la fille le suiuoit auec des pas plus doux & plus modestes, comme pour faire vne harmonie de deux Vertus, la Force & la Temperance. Ils auoient encore vne autre Dance qui se faisoit nud-pieds; sans parler de celle qu'Homere represente dans le Bouclier d'Achille, à quoy Dedale exerce la belle Ariadne, ni des deux sauteurs ou baladins qui marchent à la teste, & qui font des sauts perilleux. Vne autre troupe de jeunes gens dance encore au mesme endroit à vne noce, comme si l'on n'eust pû rien dépeindre de plus excellent dans ce Bouclier, que ce diuin exercice. Pour les Phéaques, ie ne m'étonne pas qu'il les represente si adonnez à la Dance, puis qu'il represente en leur personne vne vie delicieuse; Aussi est-ce ce qu'Vlysse admire principalement, que leur adresse en ce point. Les Thessaliens en faisoiët tant d'estat, que leurs principaux Magistrats en empruntoient le nom; & s'apeloient *Proorquesteres*, comme qui diroit, *qui menent la Dance*. Car cette Inscription se lit encore sous leurs Statuës, aussi bien que celle-cy, *A l'honneur d'vn tel, pour auoir bien dancé au*

Ou, le combat.

combat c'est à dire, pour auoir bien fait à la bataille. Ie passe sous silence les festes & autres telles solennitez qui ne sont iamais sans Dance, pour auoir esté instituées par d'excellens Danceurs & Musiciens, comme Orphée, Musée, & quelques-autres de ce temps-là, qui ne croyoiët pas qu'on pût estre initié dans les mysteres, sans la Dance & la Musique. Ie ne parle point aussi des Orgyes, pour ne point diuulguer les mysteres de Bachus; mais tout le monde sait qu'on appelle *dessauter*, quand on les reuéle. En Délos on ne fait point de sacrifices sans la Dance & la Musique, & l'on voit des Chœurs de jeunes garçons, où les principaux ménent la Dance au son de la flûte ou de la lyre; ce qui a fait donner ce nom-là à leurs Chansons. Mais pourquoy parler des Grecs, puisque les Indiens mesmes adorent le Soleil, non pas en baisant la main comme nous adorons les Dieux, mais en dançant, comme s'ils vouloient imiter par là le branle de ce bel Astre. Et ils n'ont point d'autre culte de la Diuinité; car cela se fait au coucher & au leuer du Soleil. Les Ethiopiens vont au combat en dançant, & auant que de tirer leurs fléches, qui sont rangées autour de leurs testes en forme de rayons, ils sautent & dancent pour estonner l'ennemy. Passons maintenant en Egypte, où la fable de Protée represente vn excellent Danceur qui faisoit mille postures diferentes, & dont le corps souple & l'esprit ingenieux sauoient tout contrefaire & tout imiter, si adroitement, qu'il sembloit deuenir ce qu'il imitoit. Il y a aparence aussi qu'Empouse qui se changeoit en tant de formes, *Fantosme ancien.* estoit vne excellente Danceuse. Mais il ne faut pas oublier la Dance sacrée des Prestres de Mars, qu'on apelle pour cela *Saliens*, qui est vn Sacerdoce de Rome tres-augufte, & tenu par les principaux de l'Empire. La fable mefme de Priape n'eft pas éloignée de cette verité. Car les Bithyniens difent que c'eft vn Dieu belliqueux, & comme ie croy l'vn des Titans, ou des Dactyles Idéens, qui ayant receu des mains de Iunon le Dieu Mars encore enfant, mais ruftique & groffier, quoy que robufte & vigoureux; luy aprit la Dance auant l'exercice des Armes, comme fi c'euft efté vn prélude de la guerre: Et pour récompenfe, on luy confacre la dixme des dépouïlles qui font voüées à ce Dieu. Toutes les feftes de Bachus, comme tu fais, ne confiftent qu'en fauts & en Dances; & c'eft par là qu'il a domté les Lydiens, les Myrrheniens, & les Indiens, nations tres-puiffantes & tres-belliqueufes. Auffi les trois fortes de Dances les plus nobles, le Cordace, le Sycinnis, & l'Emmelie, ont pris leur nom des Satyres qui font les Miniftres de ce Dieu. Pren donc garde qu'il n'y ait de l'impieté à vouloir condamner vne chofe fi diuine & fi myfterieufe, qui fe pratique en l'honneur des Dieux, & par les Dieux, qui a pour Auteurs les Dieux mefmes, fans parler du plaifir & du profit qui nous en reuient. Mais ie m'étonne qu'vn homme comme toy qui reuere Homere & Hefiode, ait la hardieffe de la condamner; car tu fais l'eftime qu'ils en font, & que celuy-cy la conte parmy les chofes les plus agreables, comme l'Amour, la Mufique, & le Sommeil, & luy donne le titre d'irreprehenfible, attribüant la douceur à la Mufique, qui eft fa compagne inféparable. En vn autre endroit il la met en paralele de la guerre, difant que les Dieux donnent aux vns la valeur, & aux autres l'adreffe à chanter & à danfer, comme fi ces diuines qua-

litez eſtoient vn preſent du Ciel ; auſſi faut-il
beaucoup de naturel pour y reüſſir. D'ailleurs, il
ſemble auoit voulu diſtinguer par là toutes choſes
en deux, en la paix & en la guerre, & faire la
Dance & la Muſique le ſymbole de la Paix. Heſiode, comme tu ſais, dit qu'il a veu luy-meſme
danſer les Muſes, au leuer de l'Aurore, autour
d'vne claire fontaine & de l'Autel de Iupiter leur
pere, ſi bien que blâmer la Dance, c'eſt preſque
s'ataquer aux Dieux. Socrate le plus ſage de tous
les hommes, au iugement des Dieux meſmes,
n'a pas ſeulement loüé la Dance comme vne choſe qui ſert beaucoup à donner de la grace, mais il
l'a voulu aprendre en ſa vieilleſſe, tant il admiroit cét exercice. Et veritablement il eût eu tort de
le condamner, luy qui ne dédaignoit point de ſe
trouuer dans les aſſemblées des Muſiciennes, & *Ou Bateleuſes.*
qui frequentoit la Courtiſane Aſpaſie S'il voyoit
donc maintenant la Dance au point où elle eſt,
car il ne l'a veuë qu'en ſon enfance, ie m'aſſeure
qu'il quiteroit tout pour cela, & que ce ſeroit la
premiere choſe qu'il feroit aprendre aux enfans.
Mais il ſemble qu'en loüant la Comedie & la
Tragedie, tu ayes oublié qu'elles ont chacune
leur Dance particuliere, l'vne le Cordace & quelquefois le Sicynnis, & l'autre l'Emmélie. Toutefois, puiſque tu les as préferées d'abord à la Dance, examinons-les enſemble. Quel ſpectacle eſtce de voir dans la Tragédie vn faquin monté ſur *Il a déja parlé de*
des échaſſes, & chargé de quantité d'habits pour *la Muſique.*
en paroiſtre plus gros auſſi bien que plus grand,
repreſenter vn Heros ou vn Dieu, & bâiller
auec vn grand maſque comme s'il vouloit deuorer les ſpectateurs ? Ce n'eſt pas tout, car il *Cothurne.*
ſe contourne & ſe deméne comme vn furieux,

& chante des complaintes qui seroient suportables en la personne d'Hecube ou d'Andromaque; mais quelle aparence de voir Hercule auec sa peau de lyon & sa massuë, fredonner ses trauaux sur vn Theatre? Ce que tu reprens donc en la Dance, en disant que c'est plustost le métier des femmes que des hommes, se peut mieux dire de la Tragedie & de la Comedie, où il y a tousiours plus de femmes que d'hommes. Ajoustez à cela les personnages ridicules que celle-cy affecte pour faire rire, & l'extrauagance de ses masques, au lieu que celuy du danseur, aussi bien que son habit, est plus séant & plus modeste, & il ne bâille pas aussi comme l'autre qui represente des Tragedies. Car autrefois vn mesme baladin chantoit & dansoit ; mais comme on vit que le mouuement empeschoit la respiration, on trouua plus à propos de faire chanter les vns & dancer les autres. Pour le sujet de la Piéce, il est commun au Balet & à la Tragedie, mais il y a plus de diuersité & de changemement dans les Balets, & s'il faut ainsi plus d'érudition. Que s'il n'y a point en Grece de prix étably pour cét exercice comme pour les autres, ie croy que c'est qu'on l'a trouué au dessus de la recompense, ou qu'on a crû qu'il y auoit quelque chose de diuin à cause de la Religion ; quoy que la plus ilustre ville d'Italie, de celles qui ont tité leur origine de la Grece, l'ait ajousté à ses jeux comme pour leur accomplissement. Ie veux maintenant rendre raison pourquoy i'ay laissé à part plusieurs choses, afin qu'on ne croye point que ie l'aye fait par ignorance. Car ie say que d'autres deuant moy ont composé des liures sur ce sujet, où ils ont recherché curieusement toutes les sortes de Dances, auec

Cela est prouué par la suite.

Calcide.

leurs noms & leurs Auteurs, pour faire paroiftre leur lecture. Mais mon deffein n'ayant efté que de montrer le plaifir & l'vtilité qu'on peut tirer de cét exercice, particulierement depuis le fiecle d'Augufte, ie me fuis contenté de parler des Dances les plus communes, fans rechercher pédantefquement celles qui ne font plus en vfage, comme *le faut de la Gruë*, & autres femblables. Ce n'eft donc pas par ignorance que ie n'ay rien dit de cette Dance Phrygienne qui fe fait dans la débauche, où l'on voit fauter & gambader des païfans au fon de la flûte, qui eft vne Dance pénible & laborieufe, qui fe pratique encore à la campagne, mais qui n'a rien de commun auec celle dont ie veux parler. Auffi Platon, dans fes Loix aprouue les vnes & condanne les autres, les diuifant en vtiles, & agreables, & en banniffant les des-honneftes.

Voila ce que i'auois à dire touchant la Dance en general, fans m'étendre dauantage dans le particulier. Ie reprefenteray maintenant les qualitez que doit auoir vn bon danceur, pour faire voir, que cét Art n'eft pas des plus faciles. Car il faut que le Pantomime ou danceur de Balet, qui eft celuy dont i'entens parler, fache plufieurs chofes, comme la Poëfie, la Geométrie, la Mufique, & la Philofophie mefme; quoy qu'il n'ait pas befoin des Ergo de la Dialectique. Il faut qu'il ait auffi le fecret d'exprimer les paffions & les mouuemens de l'Ame que la Rhétorique enfeigne, & qu'il emprunte de la Peinture & de la Sculpture les diuerfes poftures & contenances, en forte qu'il ne le cede point à Phidias ni à Apellés pour ce regard. Mais fur tout il a befoin de memoire; car il faut que comme Calcas il fache le prefent, le paffé, & l'auenir, & qu'il les ait toufiours prests en son esprit, pour les pouuoir representer dans l'occasion. Mais il doit sauoir particulierement expliquer les conceptions de l'Ame, & découurir ses sentimens par les gestes & le mouuement du corps. Enfin il doit auoir ce que Thucydide atribuë à Periclés, le secret de voir par tout ce qui conuient, qu'on apelle *le Decorum*, afin de s'en bien acquiter; & auec cela estre subtil, inuentif, iudicieux, & auoir l'oreille tres-délicate. Pour sa matiere, l'histoire ancienne ou plustost la fable luy en fournit sufisamment. Il faut donc qu'il sache tout ce qui s'est passé d'ilustre depuis le Cahos & la naissance du monde, iusqu'à la Reine Cleopatre; car cette science embrasse toute

Le Ciel. cette étenduë; mais il doit representer principalement les Fables les plus celebres, Comme Saturne châtra son pere, la bataille des Titans, la naissance de Venus, celle de Iupiter, le larcin de sa mére, la suposition d'vne pierre, la prison de Saturne, le partage des trois Fréres, la reuolte des Géans, le larcin de Promethée & son suplice, la formation de l'homme, la force de l'vn & de l'autre amour. En suite le mouuement de l'Isle de Délos, l'acouchement de Latone, le meurtre du Serpent, les embûches de Ticye, le milieu de la terre trouué par le vol des Aigles, le déluge de Deucalion, l'Arche où furent conseruées les reliques du genre humain, les pierres qui repeuplérent le monde, le démembrement d'Iacchus, la fourbe de Iunon, l'embrasément de Sémélé, les deux naissances de Bachus, Tout ce qui se dit de Minerue, de Vulcain, & d'Ericton, auec le diferent touchant le païs d'Athênes, & le premier iugement de l'Aréopage. Puis toutes les Fables de ce païs-là, & particulierement les auantures de Cérés

DE LA DANCE. 443

qui cherche sa fille, l'hospitalité de Célée, l'invention de l'Agriculture de Triptoléme; comme Icare planta le premier la vigne, la calamité d'Erigone; tout ce que l'on conte de Borée & d'Orithye, de Thésée & de son pere; l'enlevement de Médée & sa retraite en Perse; les filles d'Erectée & de Pandion, & tout ce qu'elles ont fait & souffert en Thrace. Il ne faut pas qu'il ignore aussi ni Phyllis ni Acamas, ni le premier ravissement d'Heléne, ni l'entreprise de Castor & de Pollux contre la ville d'Athénes, ni la mort d'Hipolyte, ni le retour des Héraclides; Car tout cela est de l'histoire d'Athénes, que j'ay détaché de son corps pour servir d'exemple. Apres, vient celle de Mégare, Nisus, Sylla, le cheveu de pourpre, le passage de Minos, son ingratitude envers sa bienfactrice. Puis Cithéron, les calamitez des Thebains & des Labdacides, le voyage de Cadmus, le Bœuf qui se couche, les dents du Serpent, les hommes qui en nâquirent, le changement de Cadmus en Dragon, la structure des murs de Thébes au son de la lyre, la fureur de l'Architecte, la vanité de sa femme, sa punition, son dueil, son silence; En suite les tristes avantures d'Actéon, de Panthée, & d'Edipe; Hercule & tous ses travaux, avec le meurtre de ses enfans. Corinthe ne manque pas aussi de sujets. Glauque, Créon, & devant eux Bellérophon & Sténobée; le combat du Soleil & de Neptune, la fureur d'Athamas, la fuite des enfans de Nephélé par l'air sur vn belier, la reception que font les Dieux marins à Inon & à Melicerte. Aprés, l'histoire des Pélopides, Mycénes & tout ce qui s'y passe, & auparavant Inacus, Io, Argus, Astrée, Thyeste, Erope, la Toison d'or, les nopces de Pélops, le meurtre d'Agamémnon,

Proserpine.

Egée.

Ou le floquet.

Niobé.

T v

le suplice de Clytemnestre. Et plus haut encore l'entreprise des sept Princes contre Thébes, le recueil qu'on fait aux gendres fugitifs d'Adraste, l'Oracle qui fut rendu sur leur sujet, la sépulture des morts interdite, & pour cela la mort d'Antigone & de Ménécée. Ce qui s'est passé à Nemée; Hypsipile & Arquémore, & auant tout cela la prison de Danaé, la naissance de Persée, le combat qu'il eut contre la Gorgone, à quoy est atachée l'histoire d'Ethiopie; Cassiopée, Androméde, Céphée, que la credulité des hommes a placez dans le Ciel aprés leur mort. Il n'ignorera pas aussi l'histoire des deux freres Danaüs & Egyptus, & le mariage frauduleux de leurs enfans. Lacédémone a les amours d'Hyacinthe, où Zéphire est riual d'Apollon; le meurtre de ce beau fils d'vn coup de pâlet, la fleur issuë de son sang, & les caracteres de douleur qu'elle porte emprains, la resurrection de Tyndare, suiuie de la colere de Iupiter contre Esculape, le voyage de Pâris depuis le iugement des trois Déesses, l'accueil qu'on luy fit chez Ménélaüs, le rauissement d'Heleine. Car l'histoire de Troye est iointe à celle de Sparte, & fournit de soy vne ample matiere, puis-que tous ceux qui s'y sont trouuez, peuuent faire chacun vn sujet à part, que le Pantomime doit auoir present, comme i'ay dit, à sa memoire, & particulierement ce qui est arriué depuis le rauissement d'Heleine, iusqu'au retour des Grecs, comme l'amour de Didon & les erreurs d'Enée. La fable d'Oreste n'est pas éloignée de ce sujet, & son auanture chez les Sythes, ni ce qui est arriué auparauant, ie veux dire la demeure d'Achile parmy des filles en l'Isle de Scyre, la folie suposée d'Vlysse, auec l'abandonnement de Philoctéte.

DE LA DANCE. 445

Toutes les erreurs de ce Heros, Circé, Calypso, Télégone, Eole & ses vents, auec le reste iusqu'à la mort des galans de Pénélope; Et deuant cela les embûches dressées à Palaméde, la colere de Nauplion, la fureur d'Ajax, & le naufrage de l'autre du mesme nom. L'Elide aussi n'en fournit pas moins, Enomaüs, Myrtile, Saturne, Iupiter, les premiers Athlétes des jeux Olympiques ; Mais il y a vne grande moisson de fables en Arcadie, la fuite de Daphné, la vie sauuage de Calisto depuis sa grossesse, l'yurognerie des Centaures, la naissance de Pan, les amours d'Alphée, & son voyage sous mer en Sicile. Passant en l'Isle de Créte nous y trouuerons Europe. Pasiphaé, les deux Taureaux, le Labyrinthe, Ariadne, Phédre, Androgée Dédale, Icare, Glaucus, la Prophécie de Polyide, Tale de ce gardien d'airain de l'Isle. En Etolie on trouue Althée, Méléagre, Atalante, Dale, le combat d'Hercule contre le fleuue Achelois, la naissance des Sirènes, l'origine des Isles Equinades & leur habitation, lors que la fureur d'Alcméon fut passée Nesse, la ialousie de Déjanire, suiuie de l'embrasément d'Hercule sur le mont Oëta. La Thrace vient aprés, auec Orphée & sa mort, sa teste qui parle, & qui nage sur la lyre, Hémus, Rhodope, le suplice de Lycurgue. Puis la Thessalie qui a encore plus de sujets, Pélias, Iason, Alceste, la flote des Argonautes, Argos & sa Carene parlante, les auantures de Lemnos, Eté, le songe de Médée, le démembrement de son frere, & le reste de ses trauerses, puis Laodamie & Protésilas. Si vous repassez en Asie, vous rencontrerez Samos & l'infortune de Polycrate, les erreurs de sa fille vagabonde, iusqu'en Perse. Sans parler des Fables plus anciennes, comme le babil indiscret

C'est qu'il portoit des tables d'airain.

T vj

de Tantale, l'épaule de Pélops seruie aux Dieux en vn festin, au lieu de laquelle ils en remirent vne d'yuoire. En Italie, l'Eridan, Phaéton & ses sœurs changées en arbres, qui distilent l'Ambre. De là en Afrique, les Hespérides & le Dragon qui garde les pommes d'or, la fable d'Atlas; puis en Espagne, Géryon, & l'enleuement des bœufs d'Erythie. En Phénicie, Myrrha & la mort d'Adonis. Il faut que le Pantomime sache aussi toutes les métamorphoses & les changemens en fleurs, en arbres & en bestes, & ceux de femmes en hommes, comme de Cénée, Tirésias & autres. Il aprendra mesme les histoires plus recentes, tout ce qu'Antipater & Séleucus entreprirent pour l'amour de Stratonice. Quant aux mysteres cachez des Egyptiens, il tâchera aussi de les faire comprendre par gestes; Epaphus, Osiris, & le passage des Dieux dans le corps des animaux; mais particulierement leurs amours & leurs métamorphoses. En suite toute la tragedie des Enfers, le suplice des méchans & la cause de leurs peines, l'amitié de Thésee & de Pirithoüs conseruée iusques-là. Enfin tout ce qu'ont inuenté Homére, Hésiode, & les autres Poëtes, & principalement les Tragiques. Voilà vn petit abregé d'vne moisson infinie, pour ne rien dire des sujets nouueaux qu'on peut inuenter. Il faut auoir, comme i'ay dit, tout cela prest pour s'en seruir au besoin, & le sauoir exprimer parfaitement, sans qu'il soit besoin de Protocole ny d'Interprete. Enfin, comme disoit l'Oracle de la Pythie, il faut que le spectateur entende sans parler, tout de mesme que si l'on parloit. C'est ce qu'auoüa le Philosophe Cynique qui condamnoit comme toy ce bel Art, & disoit que ce

Démétrius.

n'eſtoit qu'vne ſuite de la Muſique, à laquelle on auoit ajouſté des geſtes & des poſtures, pour faire mieux entendre ce qu'on ioüoit; mais qu'elles eſtoient le plus ſouuent vaines & ridicules, & qu'on ſe laiſſoit piper à la mine & à l'habit, aydez du geſte & de l'harmonie. Alors vn illuſtre Pantomime du temps de Neron, qui auoit le corps excellent & ſauoit fort bien ſon métier, le pria de ne le point condamner ſans l'auoir veu; & faiſant ceſſer les voix & les inſtrumens, il repreſenta deuant luy l'adultere de Mars & de Venus, où eſtoit exprimé le Soleil qui les découuroit, Vulcain qui leur dreſſoit des embûches, les Dieux qui acouroient au ſpectacle, Venus toute confuſe, Mars étonné & ſupliant, & le reſte de la Fable, auec tant d'artifice, que le Philoſophe s'écria qu'il luy reſſembloit voir la choſe meſme, & non pas ſa repreſentation, & que cét homme auoit le corps & les mains parlantes. Mais puis-que nous ſommes ſur ce ſujet, ie te veux raporter tout d'vne ſuite le témoignage d'vn barbare de ce temps-là. Car comme vn Prince de Pont fut venu à la Cour de Neron pour quelques afaires, & qu'il eut veu ce fameux baladin danſer auec tant d'adreſſe, qu'encore qu'il n'entendiſt rien de ce qu'on chantoit, il ne laiſſoit pas de comprendre tout, il pria l'Empereur en prenant congé de luy, de luy vouloir faire preſent de ce Pantomime: Et comme Neron s'étonnoit de cette demande, C'eſt, dit-il, que i'ay pour voiſins des Barbares, dont perſonne n'entend la langue, & celuy-cy ſeruira de truchement, & leur fera entendre par geſtes tout ce qu'il voudra. La perfection donc de cét Art eſt de contrefaire ſi bien ce qu'on ioüe, qu'on ne faſſe ni geſte ni poſture qui n'ait du raport à la chose qu'on représente, & sur tout qu'on garde le caractere de la personne, soit Prince ou autre. Ie te diray à ce propos le sentiment d'vn autre Barbare, qui voyant cinq masques & cinq habits preparez pour vn balet, & ne voyant qu'vn danceur, demanda qui feroit les autres personnages; Et comme il eut apris qu'il les ioüeroit tous luy seul. Il faut donc, dit-il, que dans vn seul corps il ait plusieurs ames. C'est pour cela que les Romains les ont apellez Pantomimes, & on leur peut apliquer ce que dit le Poëte, *O mon fils, sois comme vn Polype pour prendre toute sorte de couleurs, & changer de face selon la diuersité des affaires.* En vn mot, cét Art fait profession d'exprimer les mœurs & les passions des hommes, & de contrefaire tantost le ioyeux, tantost le triste, tantost le doux, tantost le colere, & les deux contraires presque en vn mesme moment. Les autres choses qu'on voit & qu'on entend sont vnes, c'est à dire ne representent qu'vne seule idée; mais le Pantomime est tout seul plusieurs choses, il y a du plaisir à voir la multitude & la diuersité de son apareil, & comme on a ioint au bruit des piez & des cymbales, les perfections de la Comédie & de la Musique. Dans les autres choses les fonctions du corps & de l'esprit sont diferentes; mais icy elles sont vnes, & l'on n'y fait aucun geste qui n'ait sa raison. C'est pourquoy vn Ancien disoit que les Pantomimes auoient les mains sauantes, & il les aloit voir pour s'instruire, & vn autre Philosophe voyant dancer vn Balet, Grands Dieux! dit-il, de quel plaisir m'estois-je priué iusqu'alors par trop de scrupule. Que s'il est vray ce que dit Platon qu'il y a trois parties dans l'homme, l'irascible, le concupiscible, & le raisonnable, le Pantomi-

Qui imitent tout.

La flûte, le chalumeau. Ou la bonne voix de l'Acteur, & le concert des Musiciens. Les bonax Mytilenien. Timocrate son recepteur.

me les represente tous trois, irascible quand il contrefait le furieux, le concupiscible quand il fait l'Amant passionné, & le raisonnable quand il ioüe vne passion moderée, ou plustost cette derniere qualité est répanduë par tout, comme le sens de l'atouchement par tout le corps. D'autre costé, quand il a tousiours pour objet ce qui est beau pour ne rien faire au contraire, ne confirme-t-il pas l'opinion d'Aristote, qui met la beauté entre les biens ? On peut dire mesme que son silence a quelque chose de la Philosophie de Pythagore. Ajoustez à cela que cét Art rassemble en vn l'vtile & le delectable, qui est le dernier point de la perfection au iugement des plus grands hommes, & l'vtile y est d'autant plus vtile, qu'il est ioint au délectable. Car combien ce spectacle est-il plus agreable que les autres, où l'on voit de ieunes gens s'entrebatre & se veautrer dans la boüe ou dans la poussiere ; ce que l'on contrefait quelquefois dans les Balets, mais auec moins de danger, & plus d'agrément. Car tous ces tours de souplesse, ces sauts, ces piroüettes ; ces culebutes, & ces diuers mouuemens du corps, réjoüyssent ceux qui les voyent, & exercent ceux qui les font, rendant les membres plus souples & le corps plus vigoureux, qui est tout l'auantage qu'on peut tirer de la lute & d'autres semblables exercices. Comment donc, cét Art ne seroit-il pas tres-loüable, qu'il exerce en mesme temps le corps & l'esprit, contente les yeux & les oreilles, à l'ayde de la Poësie & de la Musique, & instruit les spectateurs. Car qu'y a-t-il de plus doux, de plus aymable, & de plus mélodieux tout-ensemble que la voix iointe au chalumeau & à la flûte ? Qu'y a-t-il de plus plein d'instruction que les Fables anciennes, au récit desquelles vous voyez tout le theatre agité d'amour ou de haine, de dépit ou de colere, d'horreur ou de compassion. Ie ne parle point de la force & de l'adresse du Pantomime, qui est vn chef-d'œuure, & vne chose aussi rare que de trouuer en vne mesme personne la douceur & la maiesté. Quant aux perfections du corps, ie desire, que selon la maniere de Polycléte, le Pantomime ne soit ni trop grand ni trop petit, ni trop gras ni trop maigre, comme le témoignerent vn iour ceux d'Antioche, qui se connoissent fort bien en ces choses. Car comme vn petit homme leur representoit Hector, ils demanderent tout haut quand Hector viendroit, & que ce n'estoit là qu'Astianax. Vne autre fois qu'vn grand homme representoit Capanée sous les murs de Thébes, ils dirent qu'il n'auoit que faire d'eschelle pour prendre la ville, parce qu'il estoit plus haut que les murailles: A vn gros homme qui s'efforçoit de sauter, ils crierent qu'il prist garde de ne pas rompre l'échafaut; Et à vn maigre & défait, qu'il songeast à se guerir, & non pas à danser. Railleries pleines d'instruction, & qui font voir que des peuples entiers ont aymé cét exercice, & en ont reconnu les défauts & les perfections. Il faut encore que le Pantomime ait le corps ferme & souple tout-ensemble, pour se pouuoir arrester tout court & tourner en vn instant, ce qu'il a de commun auec le luteur, comme il prend de l'Orateur le geste, & participe ainsi des vertus d'Hercule, de Pollux & de Mercure. Herodote dit que les yeux sont plus fidelles que les oreilles, parce qu'on croit plustost ce qu'on voit que ce qu'on oit; mais icy, il faut le iugement de l'vn & de l'autre. Du reste, ce spectacle touche tellement, qu'vn

Ou souplesse.

DE LA DANCE. 451

Amant s'y peut guérir de sa passion, & vn mélancolique de sa tristesse ; & il est si naturel qu'on y pleure & qu'on y rit selon les diuers sujets qu'on represente. Ceux de Pont & d'Ionie sont tellement touchez de la fable de Bachus, quoy qu'elle soit ridicule, que toutes les fois qu'on la iouë, ce qui ariue souuent, ils passent les iours entiers à voir sauter des Titans, des Satyres, & des Corybantes, & les principaux se piquent plus d'estre les Acteurs de ces fadaises, que de leur noblesse ou de leur dignité. Apres auoir veu les vertus du Pantomime, considerons maintenant ses défauts; i'ay desia dit ceux du corps, voicy les autres. Plusieurs font des contre-temps, & ne prennent pas bien la cadence. Quelques-vns se troublent en dançant, & déçeus par la ressemblance, representent vne chose pour l'autre, comme celuy qui cófondoit les calamitez de Thyeste auec l'histoire de Saturne, à cause qu'elles ont du raport, & que l'vn & l'autre mange ses enfans ; & celle de Glaucé & de Séméle à cause du feu dont l'vne & l'autre est consumée. Mais l'Art n'est pas responsable des fautes de l'artisan, & il faut blâmer ceux qui pechent contre les regles, & loüer ceux qui les gardent. Le Pantomime donc doit auoir toutes les parties que i'ay dites ; mais il faut pour bien faire, que chacun se reconnoisse dans la diuersité des personnages qu'il represente, & qu'il se pense voir en luy comme en vn miroir. Car alors on ne se peut contenir d'aise, & l'on rencontre ce qui est si dificile à trouuer, de se connoistre soy-mesme ; si bien qu'on reuient du spectacle tout instruit de ce qu'on doit faire & de ce qu'on doit éuiter. Il doit prendre garde sur tout à garder la bien-seance, sans s'emporter trop auant.

Car il y a vn vice de trop d'afectation comme dans l'éloquence, lors qu'on paſſe la meſure des choſes qu'on veut repreſenter, & qu'on fait trop grand ou trop petit, ce qui doit eſtre petit ou grand. C'eſt ainſi qu'vn illuſtre Pantomime de mon temps, ioüant Ajax le furieux, s'emporta de ſorte, qu'on euſt dit qu'il ne contrefaiſoit pas le furieux, mais qu'il l'eſtoit. Car il déchira les habits d'vn qui frappoit du pied deuant luy auec des ſouliers de fer, ſelon la couſtume, pour faire plus de bruit, & arachant l'inſtrument d'vn Muſicien il en donna vn tel coup ſur la teſte à celuy qui repreſentoit Vlyſſe, qu'il l'euſt aſſommé ſans le chapeau qui rompit le coup. Cependant, le peuple qui ne ſait point garder de bornes eſtoit ſi rauy de cette extrauagance, qu'il faiſoit cent poſtures ridicules comme s'il euſt eſté fou luy-meſme, tant l'autre luy auoit bien imprimé la paſſion qu'il repreſentoit. Mais les honneſtes gens rougiſſoient de ces folies, quoy qu'ils tâchaſſent de les excuſer. Il fit plus; car il s'en ala du lieu où il eſtoit, iuſqu'au ſiege des Senateurs, & s'aſſit entre deux Conſulaires, à qui il fit aprehender auec raiſon, qu'il ne les prît pour les moutons d'Ajax, & qu'il ne deuint fou tout de bon en le contrefaiſant. Et certes dés qu'il fut reuenu de ſon tranſport il en eut tant de regret qu'il en tomba malade, & comme on le vouloit obliger à redancer ce Balet, il dit que les plus courtes folies eſtoient les meilleures, & qu'il ſe contentoit d'auoir eſté fou vne fois en ſa vie. Ce qui le faſcha le plus, c'eſt qu'vn de ſes riuaux repreſenta en ſuite le meſme ſujet ſans tomber dans la meſme faute, ni ſortir des bornes de la repreſentation, ce qui fut aprouué de tout le monde. Voila ce que i'auois à dire pour iuſtifier ma paſſion. Que ſi tu veux vn iour prendre part à ce diuertiſſement, tu n'en ſera pas peut eſtre moins touché que moy, & tu ne te plaindras pas comme Circé fit à Vlyſſe que ſes charmes ſont impuiſſans ; Au contraire, ton eſprit en ſera tout tranſporté, & tu ſeras ſi amoureux de ce doux poiſon, que tu n'en voudras pas faire part aux autres. Mais au lieu de te métamorphoſer en animal, il te rendra plus excellent ; car comme la verge de Mercure, il éueille ceux qui dorment.

CRATON. Cela m'eſt deſia ariué ; car il me ſemble que tu m'as deſſillé les yeux, & que ie commence à voir & à entendre ce que i'auois ignoré iuſqu'à preſent. Souuien-toy donc de me prendre toutes les fois que tu iras au theatre, afin que i'aye part auſſi bien que toy, au plaiſir & à l'vtilité qu'on peut tirer d'vn ſi agreable diuertiſſement.

Il y a icy vn Dialogue intitulé Léxiphanés, *contre ceux qui parlent vn langage qu'on n'entend point, ou comme nous diſons,* Phébus & Galimatias. *Mais outre que le Phébus de noſtre langue ne ſe rapporte point à celuy de ce temps-là, ce Dialogue eſt ſi obſcur que les plus Doctes meſmes n'y voyent goute; c'eſt pourquoy ie ne l'ay point traduit.*

L'EVNVQVE, OV PAMPHILE.

DIALOGVE

DE PAMPHILE ET DE LYCINVS.

C'est le récit d'vne dispute de deux Philosophes Peripatéticiens pour vne chaire de Professeur, dont l'vn vouloit exclûre l'autre à cause qu'il estoit Eunuque.

PAMPHILE. QV'AS-TV à rire Lycinus? Quoy que tu sois bien gay de ton naturel, il faut qu'il y ait quelque chose d'extraordinaire.

LYCINVS. Tu riras plus que moy, lors que tu sauras le plaisant procés qui est entre deux Philosophes.

PAMPHILE. Cela est desia ridicule, que des Philosophes ayent procés ensemble; en tout cas, cela ne deuroit point troubler la tranquilité de leur esprit, ni émouuoir leurs passions.

LYCINVS. Ils sont bien éloignez de cela; car ils se sont dit l'vn à l'autre mille injures.

PAMPHILE. Est-ce pour quelqu'vne des choses qui sont controuersées entr'eux, ou si c'est quelque nouueau different?

LYCINVS. Ce sont deux Philosophes de mesme Secte qui disputent publiquement auec aigreur, en la présence des principaux de Rome, deuant lesquels ils deuroient rougir de la moindre faute.

PAMPHILE. Dy-moy quelle est leur dispute, afin que i'en rie à mon tour, sans me tenir plus long-temps en haleine.

LYCINVS. Tu sais que l'Empereur a fondé quatre chaires de Philosophie pour l'instruction de la ieunesse, & il s'agissoit de receuoir vn Professeur dans celle des Peripatéticiens qui est vacante. *Des Stoïciens, des Platoniciens, des Epicuriens, &c.*

PAMPHILE. Ie le say; car celuy qui l'estoit est mort depuis quelques iours.

LYCINVS. Voila l'Heleine pour laquelle ils combatoient; & il n'y auroit pas dequoy le trouuer étrange, n'estoit qu'il ne sied pas bien à des Philosophes qui preschent le mépris des richesses, de se batre pour du reuenu, comme s'il s'agissoit de défendre la Religion ou le sepulcre de leurs Ancestres. Car ce qu'ils consideroient icy n'estoit pas l'instruction de la ieunesse, mais trois mille liures de rente.

PAMPHILE. Mais les Peripatéticiens ne tiennent pas les richesses indiferentes, & les mettent hardiment entre les biens.

LYCINVS. Il est vray; Si bien qu'on peut dire qu'ils combatoient pour la défense de leurs loix & des coustumes de leurs Ancestres: mais il y a du particulier dans la dispute, qui la rend bien agréable. Plusieurs Champions se sont présentez en ces ieux funébres; mais les deux principaux qui paroissoient deuoir remporter le prix, comme égaux en force & en valeur, estoient le vieux Dioclés & l'Eunuque Bagoas. Le combat a commencé par des escarmouches assez legéres, où chacun a soustenu la doctrine de son Maistre, sans que pas vn ait eu l'auantage. Mais à la fin Dioclés laissant là son Aristote, a tourné toutes ses forces contre son ennemi, & s'est mis à le décrier, & à réueiller ses defauts; & l'autre pour se reuancher, en a fait autant.

PAMPHILE. Ie ne le trouue pas étrange; car il faut auoir égard aux mœurs, aussi bien qu'à la doctrine, dans l'institution de la ieunesse; & si i'en estois crû, on prefereroit le plus homme de bien au plus habile.

LYCINVS. Ie suis de mesme sentiment. Mais ce qui a fait rire la compagnie, c'est qu'aprés s'estre bien dit des injures l'vn à l'autre, Dioclés a reproché à son compagnon qu'il n'estoit pas digne de philosopher, parce qu'il estoit Eunuque, & à plus forte raison de remporter le prix proposé aux Philosophes; & que si l'on faisoit bien, les Eunuques seroient exclus non seulement de toutes les charges publiques, mais des mysteres des Dieux & des Assemblées, comme des monstres dont la rencontre seule est funeste. Il s'est donc fort étendu là-dessus, & a reproché à l'autre qu'il n'estoit ni masle ni femelle, qui est vn prodige dans la Nature.

PAMPHILE. Voila vn crime tout nouueau, qu'vn autre apeleroit vn mal-heur; mais qu'a répondu Bagoas à vne si grande objection? car la chose commence desia à me faire rire.

LYCINVS. Il est demeuré long-temps sans parler, soit que ce fût de honte, ou de crainte; car on dit que les Eunuques sont plus sujets à ces passions que les autres, & sa confusion paroissoit visiblement sur son visage; Mais à la fin il a répondu d'vne voix gresle, Que Dioclés auoit tort de vouloir exclûre des hommes d'vne profession qui admettoit mesme les femmes, & a alegué les exemples d'Aspasie, de Thargelie, & de Diotime, &

celuy d'vn Eunuque Gaulois qui a esté fort illustre du temps de nos peres, dans la Philosophie Academique. Mais Dioclés estoit si animé qu'il ne vouloit point receuoir ces raisons; & ie croy qu'il eût exclus ce Gaulois mesme, s'il eût esté present malgré sa réputation & sa gloire. Car il a allegué force railleries des autres Philosophes tant Stoïques que Cyniques qui ont ioüé sur ce defaut. Voilà la question qui se presentoit à iuger. *Si vn Eunuque peut estre reçeu à Philosopher, & particulierement à enseigner la Philosophie.* Dioclés soustenoit que non, & qu'il faloit du moins pour cela vne grande barbe; l'autre répondoit, qu'il ne s'agissoit pas icy des perfections du corps, mais de celles de l'esprit; & qu'on deuoit simplement auoir égard à la Vertu & à la doctrine. Il raportoit à ce propos l'autorité d'Aristote, qui deuoit estre de grand poids en cette matiere; lequel auoit fait vne estime particuliere de l'Eunuque Hermias Tyran des Atarniens, iusqu'à luy sacrifier comme à vn Dieu. Il ajoustoit que les Eunuques bien loin de deuoir estre exclus de l'institution de la ieunesse y estoiēt plus propres que les autres, pour estre exempts du du soupçon dont Socrate mesme ne s'estoit pû garentir. Il tournoit aussi contre l'autre ses railleries & disoit que si la barbe estoit si considerable en cét endroit, vn bouc deuoit estre preferé à vn Philosophe. Là dessus vn de la troupe se leuant, Messieurs, dit-il, quoy que Bagoas n'ait point de barbe, il n'est point Eunuque; mais il a esté contraint de le contrefaire pour se sauuer d'vn adultere où il a esté pris sur le fait; si bien qu'à present que le dāger est passé, ie croy qu'il auoüera ce qu'il est. A ces mots il s'est fait vn éclat de rire, dōt le docteur tout confus, n'a sçu s'il deuoit confesser ou nier le crime.

PAMPHILE. Véritablement la Comedie est assez belle, mais qu'en est-il arriué?

LYCINVS. Que les Iuges ne se pouuant acorder ont remis la chose à la décision du Senat & de l'Empereur. Car les vns vouloient qu'on dépoüillast Bagoas, comme on fait les esclaues qu'on veut vendre, pour voir s'il estoit capable de philosopher. Les autres plus ridiculement, qu'on luy acordast le congrés auec quelque Courtisane en la présence de l'vn des Iuges. Cependant, l'vn instruit son accusation, & veut faire reuiure le crime de l'adultere, quoy qu'il fasse contre luy ; l'autre tâche à se monstrer homme, & met en œuure toutes ses facultez naturelles, pour remporter la victoire. Car il croit en venir à bout, s'il peut faire voir qu'il est bon étalon, comme la marque d'vn bon Philosophe, & vn argument au genre demonstratif ; Cela me fait souhaiter que mon fils que ie destine à la Philosophie, ait cette partie-là excellente plutost que le iugement ou la memoire, afin de pouuoir estre vn iour grand Philosophe.

Ou, vne demonstration.

DE L'ASTROLOGIE IVDICIAIRE.

Le titre sert d'Argument. Du reste ce Traité est en langue Ionique, qui pouroit faire croire qu'il n'est pas de Lucien, outre qu'il y a des choses bien chimeriques, & qui ne sont pas de son caractere.

MON dessein n'est pas de traiter icy de la nature du Ciel & des Astres, mais des prédictions qu'on en peut tirer pour l'vtilité de cette vie ; sans donner pourtant ni précipice ni doctrine, mais seulement quelques remarques & quelques obseruations sur ce sujet. Ie m'étonne d'abord que les Doctes qui cultiuent auec tant de soin les autres parties de la Philosophie, ne font plus d'état de celle-cy. Car elle est tres-ancienne, & tire son origine de ces premiers Rois qui ont esté cheris des Dieux ; Mais on neglige maintenant d'y trauailler, non tant par paresse que par ignorance, pour n'en pas auoir assez de lumiere, & lors qu'on rencontre quelque imposteur qui en fait profession, on condamne l'art au lieu de condamner l'artisan, quoy que l'Astrologie, non plus que les autres Sciences, ne soit pas responsable des fautes que font ceux qui l'exercent. Les Ethiopiens, à ce qu'on dit, sont les premiers qui l'ont découuerte, à cause que leur Ciel est sans nuages, & qu'ils n'éprouuent pas, comme nous, le changement des saisons ; outre que c'est vne nation fort subtile ; & qui surpasse toutes les autres en

V

esprit & en sauoir. Apres auoir donc remarqué les faces diferentes de la Lune, ils en voulurent rechercher la cause, & trouuerent à la fin que cela venoit des diuers aspects du Soleil dont elle empruntoit sa lumiere. Ils étudierent en suite le cours & la nature des autres Planettes, & leur donnerent des noms, non seulement pour les discerner, mais pour marquer leurs diuerses influences. Enfin, les Egyptiens ont cultiué cette Science, mesuré le cours de chaque Astre, & distingué l'année en mois & en saisons; la reglant sur le cours du Soleil, & les mois sur celuy de la Lune. Ils ont fait plus; car ayant partagé le Ciel en douze parties, ils ont representé chaque constellation par la figure de quelque animal, d'où vient la diuersité de leur Religion. Car tous les Egyptiens ne se seruoient pas de toutes les parties du Ciel pour deuiner; mais ceux-cy de l'vne, & ceux-là de l'autre. Ceux qui obseruerent les proprietez du Belier, adorent le Belier, & ainsi du reste. On dit mesme qu'ils reuérent le bœuf Apis en memoire du Taureau celeste; & dans l'Oracle qui luy est consacré, on tire les predictions de la nature de ce Signe, comme les Afriquains font de celle du Belier, en memoire de Iupiter Hammon qu'ils adorent sous cette figure. Mais les Caldéens se sont adonnez plus que tous les autres à cette discipline, si bien qu'ils veulent qu'on les croye les Auteurs, quoy que ce ne soit pas mon sentiment. Pour les Grecs, ils l'ont aprise d'Orphée qui leur en a donné les premieres lumieres, bien qu'obscurément, & sous le voile de plusieurs mysteres & céremonies. Car la lyre sur laquelle il celebroit les Orgyes & chantoit des hymnes & des cantiques, est composée de sept cordes qui re-

IVDICIAIRE. 461

presentent les sept Planettes; c'est pourquoy les Grecs l'ont placée dans le Ciel apres sa mort, & apelé vne constellation de son nom. Aussi le peint-on assis auec vne lyre, enuironné d'vne infinité d'animaux qui sont l'image des feux celestes. On dit aussi que Tirésias estoit grand Astrologue, & qu'on l'a figuré masle & femelle, parce qu'il atribuoit l'vn & l'autre sexe aux Planettes. Du temps d'Atrée & de Thyeste, les Grecs auoient desia grande connoissance de l'Astrologie; Et ceux d'Argos ayant décerné l'Empire à celuy qui y seroit le plus sauant, Thyeste leur découurit les proprietez du Belier, d'où l'on a pris ocasion de dire qu'il auoit vn Belier d'or; Atrée remarqua le cours du Soleil, contraire à celuy du premier mobile; ce qui le fit préférer à son riual. I'ay le mesme sentiment de Bellérophon, & ie ne croy pas qu'il ait iamais eu de cheual aîlé; mais bien que son esprit guindé dans le Ciel, y a remarqué plusieurs belles choses touchant les Astres. Il en est de mesme, à mon auis, de Phryxus fils d'Athamas, qu'on fait aler par l'air sur vn Belier d'or, & ie croy que Dédale & son fils ont esté sauans dans l'Astrologie, & que l'vn pour s'estre perdu dans cette Science a donné lieu à la Fable. Peut-estre aussi que Pasiphaé pour auoir ouï l'autre discourir du Taureau celeste, & des autres Astres, deuint amoureuse de sa doctrine; ce qui a fait dire qu'elle estoit deuenuë amoureuse d'vn Taureau, dont elle auoit ioüy par son moyen. Il y en a qui ont partagé cette Science, & qui se sont exercez chacun sur diuerses parties, les vns ayant obserué le cours de la Lune, les autres celuy du Soleil ou de quelque autre Planette, auec leurs diuerses influences, côme Phaëton & Endy-

De ceux du Ciel.

V ij

mió dont le premier laiſſa cét art imparfait par ſa mort, & l'autre s'en acquita ſi bien, qu'on dit qu'il ioüit de ſes amours, & qu'il coucha auec la Lune. C'eſt ainſi qu'on fait naiſtre Enée de Venus, Minos, de Iupiter, Aſtalaphe, de Mars, Autolyque, de Mercure, parce qu'ils ſont nez ſous ces Planettes: Et comme on retient touſiours quelque choſe de ſon aſcendant, Minos a eſté Roy, Enée, beau, Aſtalaphe, vaillant, & Autolyque, voleur. Iupiter auſſi n'a pas enchaîné Saturne, ni ne l'a precipité dans les Enfers, comme le croit le peuple ignorant; mais on a feint le premier, à cauſe de ſon mouuement lent & tardif; & la profondeur de l'air a eſté priſe pour l'abyſme des Enfers. Il eſt aiſé de voir par les vers d'Heſiode & d'Homére que les Fables anciennes s'acordent auec l'Aſtrologie, comme quand celuy-cy parle de la chaîne d'or de Iupiter, & des dars du Soleil que ie crois eſtre l'an & les iours, pour ne rien dire des villes que Vulcain graua dans le bouclier d'Achille, ni de la Dance, & du cercle luiſant de ſon Eſcu. Car tout ce qu'il dit de l'Adultere de Mars & de Venus, & de la façon dont il fut découuert, eſt pris de l'Aſtrologie; à quoy a donné lieu le frequent concours de ces deux Planettes. En vn autre endroit il décrit les effets de ces deux Aſtres, atribuant à Venus les plaiſirs de l'amour, & à Mars ceux de la guerre. Les anciens ſachant bien ces choſes, ſe ſont fort adonnez aux prédictions qui ſe tirent des eſtoiles. Car ils n'entreprenoient rien de conſiderable ſans conſulter quelque Deuin, ſoit qu'il fuſt queſtion de prendre femme, ou de faire quelqu'autre choſe d'importance. Les Oracles meſme ont du raport à l'Aſtrologie. La Vierge qui rend les réponſes à Delphes, ſignifie la Vierge celeste; le Dragon qui sisle sous le trepié, le Dragon du Ciel; le Temple de Didyme, les deux Iumeaux. En vn mot, la diuination est vne chose si sainte & si ancienne, qu'Vlysse dans ses longues & perilleuses erreurs voulut décendre aux Enfers, non par vne simple curiosité, mais pour y consulter Tirésias qui estoit grand Astrologue, sur l'estat de ses afaires. Comme il fut ariué au lieu que Circé luy auoit dit, il creusa vne fosse, & y égorgea des victimes; & lors qu'il se vit enuironné d'ombres murmurantes, parmy lesquelles estoit celle de sa mere, il ne leur voulut pas permettre de boire le sang dont elles paroissoient fort alterées, que celle de Tirésias n'eust bû la premiere, afin d'aprendre d'elle l'auenir. Lycurgue ce grand Législateur des Lacédémoniens, forma sa République sur le modelle des Astres, & défendit à ses Citoyens de marcher au combat auant la pleine-Lune, parce qu'on en a le corps plus vigoureux. Il n'y a que les Arcades qui n'ont pas voulu receuoir l'Astrologie, estans si sots que de croire qu'ils sont nez auant la Lune. Voila comme nos Ancestres ont esté curieux de cette Science; mais maintenant, les vns disent, Qu'il est impossible de connoistre l'auenir, parce que toutes choses sont incertaines, & peuuent ariuer diuersement; Que ce n'est pas pour nous que les Astres roulent dans le Ciel, & qu'ils n'ont aucun commerce auec les hommes, ni ne se mélent de leurs afaires, mais se remuënt par necessité. Les autres soûtiennent que l'Astrologie n'est pas tant menteuse qu'inutile, parce que les choses ne se peuuent éuiter, quand elles se pourroient préuoir. Mais ie répondray aux vns & aux autres que les Etoiles veritablement ont leur cours necessaire dans le Ciel, mais que les éfets en viennent iusqu'à nous. Car si la course des cheuaux & le mouuement des hommes, sont capables de remuër des pierres par l'ébranlement de l'air agité, pourquoy le cours de si grands globes sera-t-il sans éfet ? Le moindre feu produit de la chaleur que nous ressentons, quoy qu'il brûle necessairement, & sans auoir égard à nous, & pourquoy ne sentirionsnous point les influences des Astres ? Il est vray que l'Astrologie ne change pas la nature des choses, & n'empesche pas qu'elles n'ariuent ; mais les prédictions agreables donnent de la ioye, & l'on peut plus aisément remedier aux maux qu'on préuoit, outre qu'ils ne surprennent pas tant, & qu'ils sont plus faciles à suporter. Voilà quel est mon sentiment touchant cette partie de l'Astrologie.

DEMONAX.

C'est la vie d'vn Philosophe qui estoit du temps de Lucien.

NOSTRE Siecle n'a pas esté dépourueu de personnes extraordinaires, tant pour les auantages du corps que pour ceux de l'esprit. Sostrate le Béocien que les Grecs apeloient Hercule, peut seruir d'exemple de l'vn, & le Philosophe Démonax de l'autre. Car ie les ay connus tous deux, & i'ay vescu long-temps auec le dernier. Mais i'ay parlé du premier en vn autre liure, où i'ay décrit sa taille, sa force, & sa façon de viure toute sauuage. En éfet il demeuroit à découuert sur le Parnasse, & se nourrissoit de viures champeftres, fans prendre aucun repos que dans le trauail' Il a netoyé les grands chemins de voleurs, comme ont fait Hercule & Théfée, ouuert le paffage à trauers des lieux inaceffibles, & rendu des riuieres nauigables Pour l'autre, i'ay entrepris de mettre icy comme vne idée de fa vie, afin d'en conferuer la memoire, & de porter la pofterité à l'imitation de fes vertus; car il ne l'a cedé à pas vn des Philofophes de ma connoiffance. Il eftoit de l'Ifle de Cypre, d'vne maifon affez iluftre & opulente, mais comme il auoit l'efprit encore plus grand que fa fortune, il méprifa tout, pour s'adonner à la Philofophie. Il n'y fut porté de perfonne, quoy qu'il ait vécu familierement auec Agatobule, Démétrius, Epictete, & Timocrate d'Heraclée, qui eftoit vn autre grand Philofophe, fans parler de fon efprit & de fon éloquence. Quittant donc toutes les grandeurs & les richeffes pour fuiure le chemin de la Vertu, il conferua toute fa vie vne grande liberté, tant en fes paroles qu'en fes actions, & mena vie exemplaire & irreprehenfible. Il paffa par les Lettres humaines, auant que de fe ietter dans la Philofophie, & ne fe contenta pas d'vne legere teinture des Sciences, mais il en voulut fçauoir le fond. Il auoit acoûtumé fon corps au trauail, tant pour eftre plus vigoureux que pour fe pouuoir paffer des autres, & comme il vit qu'il ne pouuoit plus fufire à foymefme, il fortit volontairement de la vie, laiffant beaucoup à parler de foy aux plus grands perfonnages de la Grece. Il n'embraffa point de Secte particuliere; mais prenant ce qu'il y auoit de bon en chacune, il laiffa indécis laquelle il eftimoit le plus. On voyoit bien pourtant qu'il faifoit plus d'eftat de Socrate que des

Ou bafty des ponts.

autres Philosophes, quoy qu'en son habit & en sa façon de viure, il imitast dauantage Diogéne; Mais c'estoit sans vanité, & sans enuie de se faire admirer ; car il viuoit du reste comme les autres, & s'acommodoit aux loix & aux coustumes de son païs. Il n'afectoit pas l'ironie de Socrate, bien qu'il fût fort agréable en son entretien, & délicat en ses railleries; de sorte que ses disciples n'aprehendoient pas la seuerité de ses reprehensions, encore qu'ils ne méprisassent pas ses auis, & qu'ils en fissent bien leur profit. On ne le voyoit iamais criailler ni tempester dans la dispute, ni se mettre en colere, lors qu'il faloit reprendre quelqu'vn. Il haïssoit le vice, sans en vouloir aux vicieux, & taschoit de le guerir comme les Medecins font les maladies, sans se mettre en colere contre les malades. Il croyoit que c'estoit le propre de l'homme de faillir, & celuy du sage de pardonner & de redresser ceux qui faillent. Dans cette sorte de vie il n'auoit besoin de personne, & chacun auoit besoin de luy. Il auertissoit ses amis qui estoient dans vne haute condition, de ne se point fier à vne chose si fresle que la fortune, ni s'en orgueillir d'vn bien qui estoit souuent le partage des sots; & encourageoit les autres à soufrir patiemment les calamitez de la vie, parce qu'eux ou elles ne pouuoient long-temps durer, & que la coûtume adoucissoit les choses les plus rudes, & apriuoisoit iusques aux maux. Il se plaisoit à reconcilier ceux qui estoient mal ensemble, & à entretenir la paix dans les familles, au lieu de nourrir des haines immortelles ; & il ne pouuoit soufrir que ceux qui sont si sujets à faillir, ne voulussent point pardonner. Il fit vn iour vne belle harangue au peuple dans vne sedition, & en ramena plusieurs

DEMONAX.

à leur deuoir. Car il auoit vne grace particuliere à tout ce qu'il difoit & à tout ce qu'il faifoit ; & l'on euft dit que la perfuafion habitoit fur fes léures, comme dit le Comique. Sa façon de viure eftoit douce, gaye & paifible, & fi quelque chofe troubloit fa tranquilité, c'eftoit la mort ou la maladie de fes amis. Car il croyoit qu'il n'y auoit point de plus grand trefor que l'amitié. Auffi n'auoit-il point d'ennemis, & fe pouuoit dire pluftoft ami de tout le monde ; car il ne refufoit fon fecours à perfonne, & croyoit que dés-là qu'on eftoit homme, on auoit droit de luy demander fon affiftance. Mais il y en auoit dont il aymoit plus l'entretien & la compagnie, fuyant fur tout ceux qui nous font la cour, fur l'efperance d'en tirer quelque profit. Tous les Athéniens tant grands que petits l'auoient en finguliere veneration, & ils n'en faifoient pas moins d'eftat que des principaux de la Republique. Il ne laiffa pas d'en choquer plufieurs d'abord par fa façon libre de parler & de viure, & eut des accufateurs qui luy reprocherent, comme à Socrate, qu'on ne le voyoit point aux Temples ni aux facrifices, & qu'il ne s'eftoit point fait initier aux myfteres d'Eleufine. Mais il fe prefenta hardimēt en public pour fe défendre, en l'eftat d'vn homme qui ne craint rien, & répondit tantoft fort doucement & tantoft plus rudement que fa couftume ne portoit. Car il dit d'abord, qu'il fe prefentoit auec vn chapeau de fleurs fur la tefte, comme on met aux victimes, afin qu'on le pût facrifier fi l'on en auoit enuie. Et fur ce qu'on luy reprochoit qu'il ne facrifioit point à Minerue, il dit que c'eft qu'il ne croyoit pas qu'elle eût befoin de fes facrifices. Quant aux myfteres d'Eleufine,

Veftu de blanc & couronné.

V v

qu'il n'auoit pas desiré de les sauoir, parce qu'il n'eut iamais pû empescher de les publier, soit qu'ils fussent bons ou mauuais, pour y encourager ou en détourner les autres. Cela apaisa le peuple, & luy fit ieter les pierres qu'il auoit amassées pour le lapider. Ie veux mettre icy tout d'vn temps les bons mots qu'il nous a laissez, & ses réponses promptes & aiguës. Fauorinus ayant apris qu'il se moquoit de ses discours trop polis & trop recherchez pour vn Philosophe, le vint trouuer & luy demanda, qui c'estoit qui se moquoit de luy ? Vn homme, répondit-il, qui a l'oreille assez delicate, & qui n'est pas facile à surprendre. Vn autre luy ayant demandé en vertu dequoy il s'estoit porté à la Philosophie: En vertu, dit-il, de ce que ie suis né homme. Vn autre fois interrogé quelle Secte il embrassoit de toute la Philosophie ? Qui t'a dit, répondit-il, que ie suis Philosophe; & se retira en soûriant. Et comme l'autre luy eut demandé dequoy il rioit. Ie ris, dit-il, de ce que tu iuges les Philosophes à la barbe, toy qui n'en as point; car c'estoit vn ieune homme à qui il parloit.

Sydonius. Vn Rhéteur assez illustre ayant dit vn iour en vne harangue, qu'il auoit passé par toutes les Sectes; mais il vaut mieux raporter ses paroles, *Si Aristote m'apelle au Lycée, i'iray; si Platon à l'Academie, ie le suiuray, si Zenon au Pécile, i'y démeureray. si Pythagore me veut, ie me tairay.* Il s'écria, Pythagore t'apelle. Vn ieune Seigneur Macédonien, assez beau garçon, luy ayant proposé vn argument sophistique pour se moquer de luy, il luy répondis par vn équiuoque qui taxoit sa reputation ? dequoy l'autre s'estant mis en colere, & luy ayant dit qu'il luy montreroit bien qu'il estoit homme ; Tu l'és donc, dit-il ? Comme il se moquoit d'vn Athléte qui portoit l'habit de vainqueur, pour auoir remporté le prix aux jeux Olympiques, il receut de luy vn coup de pierre à la teste; & comme on luy crioit qu'il alloit trouuer le Proconsul: Non, dit-il, mais le Medecin. Vn iour en se promenant il trouua vn anneau d'or où il y auoit vn cachet, & fit publier *Ou, afficher.* qu'il le rendroit à celuy qui l'auoit perdu, en luy disant qu'elle estoit la pierre & l'empreinte. Mais là dessus vn beau garçon l'estant venu voir, & disant que c'étoit luy, sans en donner les marques: Garde bien, luy dit-il, ton anneau: car tu ne l'as pas perdu. Comme vn Senateur Romain luy montroit son fils qui estoit fort beau, mais effeminé; Il est fort beau, dit-il, & digne de toy, mais il ressemble à sa mere. Il apeloit vn Cynique qui aloit vestu d'vne peau d'Ours, Arcésias au lieu de l'apeler *C'est qu' Arctos signifie vn Ours.* par son nom. Quelqu'vn luy demandant en quoy consistoit la felicité, A estre libre, répondit-il, Et comme on luy eut reparty qu'il y en auoit plusieurs qui l'estoient; J'apelle libre, repliqua-t-il, celuy qui n'est touché ni d'esperance ni de crainte. Comment cela se peut-il faire, dit-on? Il est bien aisé, ajousta-t-il; car si l'on considere de prés les choses du monde, on trouuera qu'elles ne sont dignes ni de l'vn ni de l'autre. Le Philosophe Peregrinus qu'on nommoit Protée, le blâmant de ce qu'il rioit trop, & luy reprochant qu'il ne faisoit pas le Cynique, Ni toy l'homme dit-il. Comme vn Philosophe se mettoit en peine de prouuer les Antipodes, il le prit par la main & le mena à vn puits, où luy montrant son ombre renuersée? N'est-ce pas comme cela, luy dit-il, que tu crois les Antipodes? Vn imposteur se vantant de sauoir vn secret pour auoir tout ce qu'il vouloit, il le mena chez vn boulanger; & tirant vne piece d'argent, prit vn pain & dit, Voila tout mon secret. Herodote ce celebre Rheteur pleurant son fils, qui estoit mort auant l'âge, & ne voulant point receuoir de consolation, il luy vint dire qu'il luy en aportoit des nouuelles de l'autre monde; & comme il luy eut demandé ce que c'estoit. Que tu l'ailles trouuer, dit-il. Vn autre se tenant renfermé pour le mesme sujet, il luy dit qu'il estoit Magicien, & qu'il luy rendroit son fils, pourueu qu'il luy peust nommer trois hommes de son âge, qui n'eussent iamais pleuré personne. Et comme il n'en pouuoit trouuer. Ne te plains donc pas, dit-il, de ce qui t'est commun auec tout le reste du monde. Il se moquoit de ceux qui affectent des mots anciens, & dit à quelqu'vn qui luy parloit de la sorte : N'as-tu point de honte de me parler le langage d'Agamemnon, tandis que ie te parle celuy d'à present ? Comme vn de ses amis luy disoit, Alons au Temple d'Esculape prier pour la santé de mon fils : Penses-tu qu'il soit sourd, dit-il, & qu'il ne nous entende pas bien d'icy ? Voyant vn iour disputer deux Philosophes, qui ne disoient rien à propos: Ne diriez-vous pas, dit-il, qu'ils sont tous deux sourds, ou que l'on parle vne langue que l'autre n'entend point ? Agathoclés le Peripateticien, se vantant d'estre le premier & le seul Dialecticien de son temps ? Si tu és le premier, dit-il, tu n'és pas le seul ? & si tu és le seul, tu n'és pas le premier. Quelqu'vn voyant faire & dire beaucoup d'extrauagances au Consulaire Céthégus, qui alloit estre Lieutenant de son pere en Asie, s'écria que c'estoit vn grand monstre : Oui bien vn monstre, dit-il, mais non pas grand. Comme il vit partir

C'est qu'en pleurant il hastoit sa mort.

le Philosophe Apollonius auec ses disciples, pour aler estre precepteur du Prince, il dit, que c'estoit Iason auec ses Argonautes. Quelqu'vn luy demandant si l'ame n'estoit pas immortelle? Ouï, dit-il, comme tout le reste. Il auoit coûtume de dire, parlant d'Herode le Rhéteur, qui disoit les plus belles choses du monde, & faisoit cent extrauagances pour la mort de son fils, que Platon auoit raison de donner à l'homme plusieurs ames, parce qu'il estoit impossible, s'il n'en eust eu qu'vne, de pouuoir faire & dire tant de choses si contraires. Il eut la hardiesse de demander publiquement aux Athéniens, pourquoy ils vouloient exclure les Barbares de leurs mysteres, veu qu'Eumolpe qui les auoit instituez, étoit Barbare luy-mesme. Comme il vouloit s'embarquer durant l'Hyuer, vn de ses amis luy dit qu'il seruiroit de pasture aux poissons: Aussi m'en ont-ils seruy, dit-il. Vn iour vn mauuais déclamateur à qui il disoit qu'il se deuoit exercer, luy ayant répondu qu'il déclamoit tous les iours en son particulier; C'est que tu déclames deuant vn sot, ajousta-t-il. Voyant vn Deuin qui prenoit de l'argent pour dire la bonne auanture? Si tu peux changer, dit-il, l'ordre des Destins, on ne te sauroit trop donner; sinon, l'on ne te sauroit donner trop peu. Quelqu'vn s'escrimant contre vn pieu fiché en terre, selon la coûtume des Romains, luy demanda s'il ne faisoit pas bien? Fort bien, dit-il, parce que tu n'as qu'vn pieux pour ennemy. Il n'estoit pas moins prompt à se démêler sur le champ, des questions obscures & douteuses. Car, comme quelqu'vn luy eut demandé si l'on brûloit mille liures de bois, combien il y auroit de liures de fumée; Il ne faut, dit-il, que peser les cendres, la fumée pe-

Ou ses fils.

sera le reste. Vn Grec qui parloit fort mal sa langue, luy ayant dit que l'Empereur l'auoit fait citoyen Romain; J'aymerois mieux, dit-il, qu'il t'ûst fait citoyen d'Athénes. Il dit à vn Senateur qui se glorifioit de sa pourpre, qu'vne beste auoit porté son habit deuant luy. Estant dans le bain, comme il aprehendoit de mettre le pié dans vne cuuette d'eau chaude, & que quelqu'vn s'en rioit, Il ne s'agit pas icy, dit-il, de mourir pour sa Patrie. Comme quelqu'vn luy demandoit ce qu'il croyoit de l'autre monde; Aten que i'y aye esté, dit-il, pour t'en dire des nouuelles. Vn Poëte impertinent s'estant fait à soy-mesme son Epitaphe, qui portoit que la terre auoit le corps, mais que l'esprit s'estoit enuolé dans le Ciel; Ie voudrois qu'il y fût desia, dit-il. Comme il s'apuyoit sur vn baston, pour la debilité de son âge, quelqu'vn luy demanda ce qu'il auoit, C'est, dit-il, que Cerbére m'a mordu. Voyant vn Lacédémonien en colere qui batoit son valet? Cesse, dit-il, de te rendre semblable à luy. Vne laideron nommé Danaé, ayant vn procés, & solicitant les Iuges pour tascher de les corrompre; Acommode-toy, luy dit-il, auec ta partie: car tu n'és pas Danaé fille d'Acrise. Il en vouloit particulierement à ceux qui philosophoient par vanité, & comme vn Cynique crioit qu'il estoit disciple d'Antisthéne, de Cratés & de Diogéne; Non pas, dit-il, mais d'Hyperide. Voyant des luteurs qui s'entremordoient, au lieu de se battre legitimement; Ce n'est pas sans cause, dit-il, que les Poëtes vous apellent des lions. Vn Proconsul voulant châtier vn Cynique qui le blâmoit de trop de delicatesse, parce qu'il se faisoit arracher le poil de tout le corps, luy pardonna à la fin à sa priere. Mais que

DEMONAX.

veux-tu, dit-il, que ie luy fasse s'il y retourne? Que tu luy araches, dit-il, le poil comme à toy ; par où il reprenoit plus aigrement le Proconsul que le Cynique n'auoit fait. Il répondit à vn Gouuerneur de Prouince, qui parloit beaucoup sans l'écouter, & luy demandoit ce qu'il faloit faire pour se bien acquiter de sa Charge ; Parler peu, dit-il, & écouter tout. A quelqu'vn qui trouuoit mauuais qu'il mangeast du miel, comme vn mets trop délicieux pour vn Philosophe ; Penses-tu, dit-il, que la Nature l'ait fait pour des sots; Ayant veu au Pécile vne statuë de cuiure, qui n'auoit qu'vne main ; La fortune, dit-il, a rendu à Cynégire l'honneur que luy auoient dénié les Atheniens. Comme vn Philosophe boiteux se promenoit dans la Lycée ; Il n'y a rien de plus ridicule, dit-il, qu'vn boiteux Péripatéticien. Epictéte luy conseillant de se marier, & disant que cela n'estoit pas contraire à la profession d'vn Philosophe ; Donne-moy, luy dit-il, vne de tes filles en mariage. Il dit à vn méchant homme qui contrefaisoit le Philosophe & parloit tousiours des categories, Qu'il en estoit digne. Comme les Atheniens délibéroient de dresser vn Amphitheatre pour les combats de Gladiateurs, ainsi qu'on auoit fait à Corinthe ; Il faut auparauant, dit-il, abatre l'Autel de la misericorde. Ceux d'Elide luy voulant dresser vne statuë ; Ne le faites pas, dit-il, de peur de condamner vos Ancestres, qui n'en ont point dressé à Socrate ni à Diogene. Ie luy ay ouï dire vne fois à vn Iurisconsulte, que les Loix estoiēt inutiles, parce que les gens de bien n'en auoient que faire, & que les méchans n'en deuenoient pas plus gens de bien. Il auoit tousiours à la bouche ce mot d'Homere,

Voyez les Remarques.

C'est à dire se promenant.

C'est qu'il n'estoit pas marié.

Categorie signifie en Grec accusation & reprehension.

Ou, de donner des combats de Gladiateurs, à l'exemple des Corinthiens.

Qu'vn sot & vn habile-homme meurent tous deux d'vne mesme mort; & disoit que Thersite dans ses harangues sembloit vn Philosophe Cynique. Comme on luy demandoit ceux qu'il estimoit le plus de tous les Philosophes; Il dit qu'il les estimoit tous; mais qu'il reueroit Socrate, admiroit Diogéne, & aimoit Aristipe. Il vescut prés de cent ans, n'estans iamais triste ni malade, & seruant ses amis quand ils auoient besoin de luy, sans leur estre à charge, ny faire tort à personne. Les Athéniens & toute la Grece l'auoient en si grande estime, que les Magistrats se leuoient lors qu'il passoit, & chacun se taisoit quand il venoit à parler. Comme il fut deuenu fort vieil, il logeoit où il se trouuoit, & on l'estimoit à bon-heur, comme si l'on eust receu vn Dieu. Les Boulangeres mesme s'entrebatoient à qui luy donneroit du pain; & les enfans luy présentoient de leurs fruits, & l'appelloient leur pere. Vn iour qu'il s'estoit fait vne émute dans l'assemblée du peuple, tout le monde s'arresta quand il parut; ce que voyant, il se retira sans rien dire, parce qu'il auoit fait ce qu'il desiroit. Comme il vit qu'il ne pouuoit plus suffire à soy-mesme, il dit à ceux qui estoient présens, ce que le Heraut crie aprés les ieux : *On se peut retirer, le spectacle est acheué*, & mourut faute de manger, sans rien perdre de sa gayeté ordinaire. Quelqu'vn luy ayant demandé, s'il ne vouloit rien ordonner touchant sa sépulture ; Si personne ne m'enseuelit, dit-il, la pouriture m'enseuelira : Mais quoy répondit-on, te laisseras-tu manger aux chiens & aux oiseaux; Ie seray pour le moins, dit-il, vtile à quelque chose aprés ma mort. Les Atheniens luy firent des funerailles publiques auec grand aparéil : Tout le

Qu'vn lâche & vn vaillant meurent l'vn comme l'autre.

monde voulut y assister, & les Philosophes le porterent eux-mesmes sur leurs espaules. Il fut long-temps regretté, jusqu'à reuerer comme vne chose sacrée, la pierre sur laquelle il s'asséoit. Voilà ce que j'auois à dire de ce Grand homme, pour faire voir comme vn échantillon de sa gloire.

LES AMOVRS.
DIALOGVE
DE LYCINVS ET DE THEOMNESTE.

Ce Dialogue consiste principalement en deux Harangues ; En l'vne on soustient l'amour des femmes ; & en l'autre celuy des garçons : mais c'est l'amour honneste, selon la doctrine des Platoniciens. Toutesfois, l'Auteur tâche malicieusement, sous ce prétexte, d'introduire le sale amour ; mais l'autre opinion y est si bien deffenduë, que cela ne peut corrompre personne, & sert plustost à faire voir que ce vice n'a que la passion pour se defendre. Car toutes les raisons en sont chymériques, & confondent l'amitié auec l'amour, & le vice auec la vertu.

LYCINVS. TV m'as tout réjoüi, Theomneste, par tes discours amoureux. Car comme l'esprit ne peut estre tousiours tendu, ni ocupé à des choses serieuses, j'auois besoin de quelque relâche, & ie n'en voy point de plus agreable que celuy-là. S'il te souuient donc encore de quelques-vnes de tes auentures, ie te conjure par la Mer des Amours, de m'en faire part, puis-que nous chomons aujourd'huy la feste d'Hercule, qui est vn Dieu amoureux aussi bien que vaillant.

THEOMNESTE. Tu conterois plustost, Lycinus, les flots de la mer, & les petits flocons de neige, qui tombent en Hyuer sur les campagnes, que le nombre de mes amours ; Et l'on diroit que Cupidon a lancé sur moy tous ses dars ; car ie passe tousiours d'amour en amour, & i'en ay fait vn nouueau auant que d'estre défait du premier ; ou plustost, d'vn seul il en renaist plusieurs, comme des testes de l'Hyure, sans qu'Iolas mesme me pût soulager. Aussi le feu qu'on r'allume incessamment, ne s'éteignit iamais ; & il semble que l'amour est comme vne abeille dans mes yeux, qui cherche par-tout les beautez, sans en estre iamais rassasié. Ie doute quelquesfois si ce n'est point vn éfet du courroux des Dieux, & si ie n'ay point offensé Venus & Cupidon, comme ces ilustres coupables qui ont ressenty leur fureur.

LYCINVS. Quoy ! Theomneste se fascheroit d'estre né homme, & d'aymer ce qui est beau, & il chercheroit des remedes pour se guerir d'vne maladie si agréable ! Tu deurois plustost benir le Ciel, de ce qu'il ne t'a point destiné comme les autres à l'exercice penible des Armes ou de l'Agriculture, ni à vn sale & indigne trafic, & aux inquietudes du marchand & du pilote ; mais à vne vie delicieuse, dont les tourmens mesmes sont doux, & où l'on passe continuellement de l'amour à la iouïssance, & de la iouïssance à l'amour, sans aucune interruption de plaisir ni de delices ; puis qu'il y en a mesmes dans les desirs & les esperances. Tandis que tu me faifois ce long récit, ie voyois nager tes yeux dans la volupté, & le ton de ta voix fe changer ; ce qui me faifoit affez connoiftre que tu n'auois pas feulement aymé ces chofes, mais que tu en aymois encor le fouuenir. S'il te refte donc quelque particuliarité a conter, comme à Vlyffe, de tes longues & agréables erreurs, fais-en icy vn facrifice à Hercule, pour rendre fon feruice accompli, & celebrer pleinement fa fefte.

THEOMNESTE. C'eft vn Dieu carnaffier, Lycinus ; qui n'ayme pas les facrifices qui ne fument point ; mais puis que tu veux folennifer cette fefte par des difcours amoureux, mettons fin aux miens qui ont commencé de trop bonne-heure, & qui t'ont réueillé fur le point du iour ; & tirant fa mufe de fes exercices ordinaires, fay-luy acheuer gayement la iournée à l'honneur du Dieu, & prononce hardiment lequel te plaift le plus de l'amour des femmes ou de celuy des garçons : car comme tu n'és engagé, ni à l'vn ni à l'autre, tu en peux beaucoup mieux iuger que moy, qui fuis piqué fur le ieu, & qui aime éperdûment tout ce qui eft beau.

LYCINVS. Penfes-tu que ce difcours n'ait rien de ferieux ? Ce n'eft pas mon auis ; & il me fouuient encore d'vne difpute que i'ouïs il n'y a pas long-temps fur ce fujet, où ie vis combatre deux champions auec tant de force & d'adreffe, que ie doutay quelque temps qui remporteroit la victoire ; & fi tu veux, ie te feray le recit de leur combat. Ils n'eftoient pas comme toy engagez *Cela fera* dans l'vne & l'autre paffion, mais chacun auoit la *expliqué* fienne particuliere, & condamnoit celle de fon *plus bas.* voifin.

THEOMNESTE. Que ie serois heureux d'entendre vne si agreable dispute ! Ie vais m'asséoir vis-à-vis de toy, & ne me leueray point que tu n'ayes acheué.

LYCINVS. Comme i'auois dessein de nauiger en Italie, ie m'embarquay sur vn brigantin, où ie fus conduit par vne troupe de gens de Lettres, qui ne me quittoient qu'à regret, pour la longue habitude que nous auions euë ensemble. Lors que i'eus pris congé d'eux, & prié les Dieux de vouloir benir mon voyage, ie montay sur mer, & m'assis prés du Pilote. Mon dessein n'est pas de conter par le menu toutes les auentures de nostre nauigation ; mais apres auoir rasé la coste de Cilicie & de Pamphilie, d'vne vitesse incroyable, à l'aide des vens & des rames, & trauersé, auec difficulté, les Isles de Quélidoniennes, heureuses bornes de l'ancienne Gréce ; nous entrâmes dans la mer Lycie, & abordâmes à toutes ses villes, qui n'ont plus rien de leur ancienne felicité. Nous tâchions donc d'adoucir par diuers contes l'ennuy de nostre voyage ; & lors que nous fûmes arriuez à Rhodes, nous resolûmes d'y séjourner, pour nous remettre du trauail de la mer; si bien que les Matelots tirant à sec leur nauire, drésserent leurs petites cabanes sur le riuage. Pour moy, ie m'acheminay tout doucement au logis qui m'estoit préparé vis-à-vis du Temple de Bachus, & en passant ie contemplois auec plaisir les beautez d'vne ville qui à quelque chose de celles du Soleil, à qui elle est consacrée. Comme ie me promenois sous le portique de ce Temple, & considerois tout à loisir ses diuerses peintures, me remettant dans l'esprit auec ioye les Fables anciennes, que quelqu'vn de ceux qui ſtoient préſens m'interpretoit, lors qu'il y auoit quelque myſtere caché; Il m'ariua au ſortir de là vn des plus grands plaiſirs qui puiſſe ariuer en vn païs étranger, qui eſt de rencontrer quelque perſonne de connoiſſance. Car ie trouuay deux de mes anciens amis, que tu-as veus ſouuent icy auec moy, le beau Cariclés de Corinthe, qui eſt touſiours ſi bien peigné & ajuſté pour plaire aux Dames; & l'Athénien Callicraditas, beaucoup moins coquet, comme celuy qui a en teſte l'amour des garçons, iuſqu'à faire des imprécations contre Promethée, tant il abhorre les femmes. Du reſte, grand Aduocat & ſauant dans les affaires, mais qui aime la lute & les autres exercices, pour contenter, à mon aduis, ſa paſſion. D'auſſi loin qu'ils me virent, ils coururent m'embraſſer, & me prierent chacun, ſelon la couſtume, de prendre leur logis. Ie m'en deffendis le mieux que ie pus; & pour les mettre d'acord, ie leur dis qu'ils viendroient tous deux ce iour-là manger chez moy, & qu'en ſuitte i'irois chez-eux, parce que ie voulois eſtre à Rhodes trois ou quatre iours. Ie fus donc l'hoſte le premier iour, Callicratidas celuy d'aprés, & Cariclés le troiſiéme. Ie remarquay en la maiſon de chaçun des preuues de leur Paſſion. Car l'Athénien n'auoit chez luy que de beaux garçons; & ſi-toſt qu'ils deuenoient grands & barbus, il les enuoyoit en ſes terres pour adminiſtrer ſon bien; Mais Cariclés n'eſtoit ſeruy que par des femmes, & l'on voyoit à peine chez luy vn homme, ſi ce n'eſtoit quelque enfant ou quelque vieux Cuiſinier, qui ne pouuoit donner de ialouſie Cependant il y auoit touſiours entr'eux quelque diférent ſur ce ſujet, que i'auois aſſez de peine à apaiſer. Comme ie leur eus dit mon dessein, ils voulurent estre de la partie, ayant enuie de voir l'Italie aussi bien que moy ; & lors que nous fûmes ariuez à Cnide, nous résolûmes d'y décendre pour voir le Temple & la Venus de Praxitéle, auec les autres raretez du païs. Nous y abordâmes doucement & sans peine, comme si la Déesse mesme eust conduit nostre vaisseau. Les autres en ariuant, eurent soin de se pouruoir de ce qui leur estoit necessaire : mais pour nous, nous courûmes toute la ville, riant de la licence du peuple, qui estoit grande, comme dans vn lieu consacré à Venus. Aprés auoir veu le Portique de Sostrate, & les autres curiositez de la ville, nous vinmes au Temple de la Déesse, Cariclés & moy fort gayement ; mais Callicratidas à regret ; & l'on voyoit bien qu'il eust préferé le Cupidon de Tespie, à la Venus de Cnide. Dés que nous fûmes à l'entrée du Temple nous vîmes des marques de la presence de la Déesse. Car la partie du paruis qui est découuerte, au lieu d'estre pauée à l'ordinaire, estoit remplie d'arbres fruitiers, qu'on voyoit tout chargez de fruits, parmy lesquels estoient entremeslez quelques platanes & quelques cyprés pour auoir de l'ombre. Là fleurissoit le myrre, consacré à la Déesse, & le laurier mesme, quoy que son ennemi. Chaque arbre estoit entortillé de lierre, où de pampres chargez de raisins, qui faisoient vn bel ombrage ; outre que Bachus & Venus s'accordent fort bien ensemble, & font vn meslange tres-agréable. Sous ces arbres estoient dressées des tentes pour le peuple (car on y voyoit peu d'honnestes gens) sous lesquelles plusieurs se réiouissoient, & prenoient des plaisirs conformes au lieu. Aprés auoir admiré toutes ces merueilles, nous entrâmes dans le Temple, ou brilloit au milieu la statuë de la Déesse, qui ouuroit à demy les léures, comme vne personne qui soûrit. Elle estoit toute nuë depuis les piés iusqu'à la teste; mais comme si elle eust oublié ce qu'elle estoit, elle cachoit d'vne main ce qu'il semble que Vénus ne deuroit point cacher. Du reste, l'industrie de l'Artisan s'estoit éforcée de surmonter sa matiere; si bien que la dureté du marbre exprimoit les traits les plus délicats d'vn si beau corps. A ce spectacle, Cariclés s'écria comme hors de soy! O Mars, mille fois heureux, d'auoir esté surpris couché auec cette Déesse ; & qui plus est, lié auec elle par des chaînes qui ne se pouuoient rompre. Et là dessus s'aprochant, il étendit le cou le plus qu'il put pour la baiser. Cependât, Callicratidas demeuroit froid & pensif ; mais comme le Sacristain nous eut fait entrer par vne fausse-porte, qui estoit de l'autre costé, pour voir la statuë de toutes parts, il s'écria plus fort que Cariclés ; Dieux ! que ces épaules sont bien tournées ! ces flancs charnus ! ce derriere ni trop gros ni trop petit ! ces cuisses pleines & bien proportionnées auec la iambe ! Tel dans le Ciel, Ganymede, verse le Nectar à Iupiter. Car pour moy, ie ne voudrois pas prendre le verre de la main d'Hebé. A ces mots, qu'il prononça côme en fureur, Cariclés demeura tout immobile, & laissa couler des larmes, soit de compassion, ou de dépit. En suite, ayant aperceu quelque tache à la cuisse de la Déesse qui paroissoit d'autant plus, que le reste estoit d'vn marbre blanc trés poli ; ie crus que c'estoit vn défaut de la pierre, comme il arriue assez souuent, veu que les plus grandes beautez mesme ne sont pas sans quelque legere imperfection qui ne rehausse l'éclat, au lieu de se diminüer; & admiray l'adresse de l'ouurier, d'auoir seu cacher ce défaut en vn endroit où il n'estoit pas si incommode. Mais le Sacristain, ou plustost la Sacristine; car on tient que c'est vne femme, nous fit vn discours qui nous étonna. Elle nous dit qu'vn ieune homme d'illustre naissance, mais dont l'infamie a fait perdre le nom, poussé de quelque mauuais genie, vint à s'embraser de l'amour de cette statuë. Il passoit donc tout le iour dans le Temple à la contempler, ayant tousiours les yeux fichez sur elle, & murmuroit tout bas des plaintes amoureuses, comme pour exhaler son feu, & adoucir le tourment qu'il enduroit. En suite il iettoit des dez; & quand il auoit bien rencontré, il la salüoit profondément, comme pour la remercier de cette faueur; mais si la fortune luy estoit contraire, il faisoit des imprecations contre la ville & contre soy-mesme, comme si tous les mal-heurs du monde luy fussent ariuez, & tâchoit à corriger cette chance par vne meilleure. Sa passion continüant, toutes les parois du Temple, & tous les arbres qui l'enuironnent, ne parloient que de son amour. Il mettoit Praxitéle au dessus de Iupiter, & donnoit tout ce qu'il auoit en ofrande à la Déesse. On crût d'abord que c'estoit par deuotion, mais à la fin transporté de fureur, il se cacha la nuit dans le Temple, & l'on découurit le lendemain cette marque de violence de sa passion, sans qu'il parust plus depuis, soit qu'il se fust precipité en bas des rochers, ou dans la mer. Comme la Sacristine eut acheué son recit. la statuë donc d'vne femme, s'écrie Cariclés, est capable de donner de l'amour: Et que ne fera point l'original? Pour moy ie prefererois vne de ses nuits, au sceptre de

Iupiter

de Iupiter Nous ne sauons point encore, respondit Callicratidas en soûriant, si ariuant à Thespie, nous ne trouuerons point plusieurs histoires semblables de la statuë de Cupidon. Aprés quelque contestation de part & d'autre, ie les obligeay à vne conference reglée. Car il n'est pas encore temps, leur dis-je, de retourner au nauire, & nous ne pouuons employer plus agreablement nostre plaisir. Quitant donc ce Temple où plusieurs pelerins abordent, entrons sous quelqu'vn de ces cabinets pour décider vostre diferent, à la charge que le vaincu sera contraint d'acquiescer, sans importuner plus le vainqueur. Ils aprouuerent tous deux mon auis & nous sortîmes tous ensemble, moy fort content, & eux tristes & resueurs, comme s'il eût esté question de disputer le prix aux jeux Olympiques. Lors que nous fûmes ariuez à l'endroit le plus épais; Voicy le champ de bataille, leur dis-je, où se doit terminer vostre diferent. Nous y entendrons chanter les Cigales sur nos testes; & en disant cela, ie pris place au milieu d'eux, pour seruir comme de Iuge, & m'assis auec le sourcil d'vn Senateur de l'Aréopage. Cariclés qui deuoit parler le premier, passant la main sur son front, demeura quelque temps à rêuer, puis commença ainsi: Ie t'inuoque, grande Déesse, qui presides en ces lieux sacrez. Toy que les Graces acompagnent, & à qui tout ce qu'il y a de beau au monde doit sa naissance comme sa perfection. Les discours d'amour ont besoin particulierement de ton assistance, puis-que tu en és la mere. Vien verser sur ma langue ce doux Nectar qui charme nos cœurs, & ce ie ne say quoy qui rauit tout le monde en admiration. Vien défendre la cause

La perſuaſion.

de ton sexe & la tienne, contre des monstres qui veulent renuerser l'ordre de la nature, & qui ne peuuent souffrir que nous demeurions tels que nous sommes nez. I'ateste le Principe eternel, qui par l'assemblage & le mélange des Elémens, a produit tout ce que nous voyons, & sachant que nous estions mortels, & que rien ne pouuoit engendrer seul, a fait la diference des sexes pour conseruer chaque espéce, & remédier par là à la briéueté de nostre Estre. Pour cela, il a donné au masle & à la femelle vn amour réciproque l'vn enuers l'autre; & aprés auoir distingué leur nature, y a étably des bornes éternelles, qui ne peuuent estre violées sans la ruine de l'Vniuers, & l'anéantissement du genre humain. Cét ordre a continué depuis le commencement du monde, iusqu'à présent; l'homme n'engendre point l'homme, tout seul, mais cet honneur est partagé entre la femme & le mary. Tandis que le siécle d'Or a duré, & que les hommes ont conserué la pureté de leur Estre, ils ont suiuy les saintes loix de la Nature, sans auoir d'autres desirs que ceux qu'elle leur inspire. Mais peu à peu le monde venant à se corompre, se sont laissez aller à des plaisirs défendus, se sont regardez l'vn l'autre d'vn œil lascif, & ont semé dans vn champ sterile, sans en prétendre autre fruit qu'vne fausse & imparfaite volupté. Le mal ayant gagné plus auant, des garçons ils en voulurent faire des femmes; mais les miserables qui soufrent ce supplice, qu'on peut dire le plus grand de tous, puis-qu'il détruit nostre nature, passent en vn instant de l'enfance à la vieillesse; & se fannent en leur fleur, auant que d'auoir porté du fruit. Monstres d'vne nature ambiguë, qui quitent ce qu'ils sont, pour deuenir ce qu'ils ne sont point,

Eunuques.

& ce qu'ils ne peuuent estre ; & pour demeurer plus long-temps enfans, cessent d'estre hommes. Ainsi cette volupté criminelle & maistresse de tous maux, en inuentant tous les iours de nouueaux plaisirs, est tombée dans vne extrauagance qui fait horreur, pour vouloir pratiquer toute sorte de débauches. Mais si chacun se contenoit dans les bornes de la Nature, comme ont fait les animaux, nostre vie seroit exemte de crimes & de suplices. Les Lions ne brûlent point pour les Lions; les Taureaux & les Beliers ne caressent que leurs femelles ; tout ce qui nage & qui vole, respecte ces diuines loix ; l'homme seul, qui se pique d'vne fausse opinion de sagesse, est celuy qui les a violées, & qui a employé la lumiere de sa raison à se corompre. O insensé ! quelle nouuelle fureur s'est alumée dans tes veines ? Quelle aueugle manie te fait rechercher ce que tu deurois fuir ? Si chacun vouloit faire ainsi, que deuiendroit le genre humain ? Cependant, nos nouueaux Socrates, pour abuser les foibles esprits, déguisent leur sale amour sous vn faux masque de vertu ; & se pensent bien défendre, en disant, Qu'ils ne sont pas amoureux du corps, mais de l'esprit. Mais, ô vénérables Philosophes, pourquoy laissez-vous donc ceux que l'âge & l'experience rendent plus dignes de vostre amitié, pour aymer de ieunes garçons qui n'ont rien de recommandable que leur beauté & leur ieunesse ? Est-ce que vous croyez qu'il n'y a que ce qui est beau, qui soit digne d'estre aymé, & confondez, sans y penser, l'amitié auec l'amour ? Ou si vous croyez que les vertus du corps & celles de l'ame ne sont iamais separées ? Homere vous aprend le contraire, lors qu'il dit, parlant de quelqu'vn, *Que sous vn beau corps il logeoit vn vilain esprit* : En vn autre endroit il prefere de bien loin le sage Vlysse au beau Nirée ; & dit, *Que les Dieux ont partagé leurs faueurs, & donné aux vns vn auantage, & aux autres vn autre.* Pourquoy est-ce que la Sagesse, la Iustice, & tout le sacré chœur des Vertus ne vous touchent point, & que vous estes transportez d'amour pour de ieunes étourdis ?

Lysias. Faloit-il aymer Phédre, apres auoir trahy son amy, ou Alcibiade qui d'vne main sacrilége mutiloit les statuës des Dieux, & d'vne pareille audace diuulguoit les mysteres d'Eleusine dans vne débauche ? Mais tandis qu'il n'a point de barbe, il vous est aymable, & chacun le fuit, depuis qu'il est deuenu sage. Pourquoy couurant de beaux noms de vilaines choses, apelez-vous vertu de l'ame, ce qui n'est que beauté du corps, dont vous estes plus amoureux que de la sagesse ? Mais arestons-nous là, de peur qu'il ne semble que nous ayons pris à tâche de deshonorer de grands personnages ; Et passant à la volupté, dont vous estes si transportez ; faisons voir que l'amour des garçons n'est pas comparable mesme en ce point, à celuy des femmes. Vous m'auoüerez que plus l'objet de nostre amour est de durée, & plus il est agreable. Il seroit à souhaiter que les Destins nous eussent acordé vne vie plus longue, ou plus heureuse ; mais puis-que quelque démon enuieux a racourcy nostre felicité par le retranchement de nos iours, il faut tâcher de la faire durer le plus que nous pouuons. Or vne femme est capable d'estre aimée long-temps ; & quoy que la fleur de la beauté ne dure pas tousiours, elle a neanmoins dequoy contenter nos desirs, & entretenir nostre passion. Mais vn beau garçon, aprés ses premieres années, n'est plus propre à cet ofice, & deuient trop masle pour seruir de femme. Parleray-je du plaisir qu'elles ont commun auec nous, ce qui redouble le nostre? car nous sommes nez pour la societé,& non pas pour mener vne vie sauuage & solitaire, d'où vient que nous mangeons ensemble,& faisons seruir la table de lien à nostre amitié. En vn mot, nous sentons redoubler nostre ioye, & diminuër nos déplaisirs, par la part que les autres y prennent. Or le plaisir que l'on prend auec les femmes, a cela de particulier,qu'il en oblige deux au lieu d'vn ; & ainsi multiplie la volupté en la communiquant, puis-que mesme au dire de Tiresias, elles y prennent plus de plaisir que nous. Mais quelque grand qu'il soit, il acroist le nostre, au lieu de le diminuër & nous ne pouuons sans iniustice, leur enuier vne partie du contentement qu'elles nous donnent. Il faut estre bien tyran ou bien barbare, pour vouloir prendre des plaisirs où les autres n'ayent point de part, sur tout lors que celuy qui le donne ; en peut prendre sans en oster,& qu'il nous l'augmête plustost en le prenant. C'est ce qu'on ne peut pas dire de l'amour des garçons ; car bien loin d'y receuoir du contentement, ils y soufrent du déplaisir ; ce qu'ils témoignent assez par leurs larmes, mesme aprés que la douleur est passée, sans parler du regret eternel qui leur en demeure ; de sorte que c'est le plus grand afront qu'on leur puisse faire, que de leur reprocher ce crime. Que si l'on peut passer plus auant en des choses qu'il n'est honeste ni de dire ni de faire ; Si ie deuenois assez furieux pour m'écarter du cours ordinaire de la Nature ; l'aimerois mieux que ce fût auec vne femme qu'auec vn garçon, parce que c'est vn objet plus aimable,

& qui me peut donner l'vne & l'autre volupté ; au lieu qu'vn garçon ne me peut acorder que la moindre. Si donc les femmes nous peuuent plaire encore en ce point, retranchons pour le moins cet autre amour, si nous ne voulons aussi leur permettre de s'entr'aimer comme des Tribades, & de faire ensemble vn amour monstrueux & inimaginable. Car combien est-il plus iuste que les femmes deuiennent hommes, que de voir les hommes deuenir femmes, puis que chaque chose tend à sa perfection ? Comme Cariclés eut dit cela auec beaucoup d'ardeur, regardant son riual de trauers, comme s'il eust esté coupable d'vn crime énorme ; Ie iettay doucement les yeux sur Callicratidas, & luy dis, que ie pensois estre dans l'Aréopage à iuger de quelque meurtre ou de quelque empoisonnement, tant les discours de Cariclés m'auoient touché ; Qu'il estoit temps qu'il dépliast l'eloquence de son païs, pour re-

Athénes. sister à vn si puissant ennemy. Aprés auoir donc fait quelque silence, pendant lequel il paroissoit plein d'inquietude, & agité en son esprit de diuerses pensées, à la fin il parla ainsi : Si les femmes auoient quelque pouuoir dans l'Etat, elles t'éliroient sans doute pour leur protecteur, Cariclés, & te dresseroient des statuës, puisque tu témoignes tant de passion pour elles, & que tu défens mieux leur cause, qu'elles-mes-

Télésille. mes : Quand ce seroit cette ilustre Argienne qui prit les armes contre les Lacédémoniens, pour laquelle Mars est mis entre les Dieux des femmes à Argos ; ou cette petite sucrée de Sappho, dont Lesbos se vante ; ou Théane la Pythagoricienne, & peut-estre que Périclés mesme n'en auroit pas tant dit pour Aspasie. Mais s'il est permis à vn homme de défendre la cause des hommes, sans ofenser la Déesse qui préside en ces lieux, puis que ie ne condamne point son amour; Ie diray que ie pensois d'abord que toute cette dispute ne seroit qu'vn ieu; mais puis-que Cariclés d'vne galanterie en a fait vn crime, & qu'il a apelé à son secours la Philosophie, pour la défense des femmes, ie puis bien emprunter les mesmes armes pour le combatre, vû qu'il n'y a que le véritable amour, dont ie parle, qui puisse ioindre la vertu auec la volupté. Et plût aux Dieux que nous fussions sous l'ombrage frais de cét arbre où Socrate entretenoit Phédre, & tenoit ses diuins discours que Platon raporte. Peut-estre qu'il entr'ouuriroit son écorce, comme ceux de Dodone, pour m'oüir soûtenir vn amour dont il a esté souuent témoin. Mais puis que nous sommes séparez de ces lieux par des mers & par des montagnes, & que ie suis contraint de me défendre en vne terre étrangére; car le voisinage du Temple de Venus est auantageux à mon ennemy; il faut redoubler mes éforts, pour ne point trahir la Vérité, ni abandonner la iustice de ma cause. Assiste-moy seulement de ta présence, céleste Amour, pére des mystéres cachez, & protecteur de l'Amitié, qui n'es pas vn petit enragé comme ton riual, mais le premier-né du premier Principe, & tout parfait dés ton commencement. C'est toy qui as tiré l'Vniuers du Câos où il estoit enseuely; & le releguant au fond du Tartare, où il est enfermé de portes d'airain, qu'il ne sauroit iamais rompre, tu as couuert pour quelque temps la lumiére de ténébres, à la faueur desquelles tu as produit tout ce que nous voyons, tant ce qui a vie, que ce qui n'en a point, & versé dans nos ames les semences de l'Amitié, qui se perfectionnent auec le temps, aprés auoir esté infuses dans nos cœurs encore tendres. Car pour le mariage, il a esté introduit par nécessité, pour la conseruation de l'espéce; mais l'amour des garçons est vn ouurage de la raison. Or les choses qui sont inuentées pour le plaisir ou la bien-seance, sont bien plus belles & plus parfaites que celles qui se font par vne nécessité présente, comme l'honneste est préférable à l'vtile & au nécessaire. Pendant la rudesse du premier âge, que l'art & l'expérience n'auoient pas encore trouué les commoditez de la vie, on se contentoit des choses ordinaires, parce qu'on n'auoit pas le loisir ni l'industrie de chercher les autres. C'est ainsi qu'on viuoit du commencement, d'herbes, de fruits & de racines ; mais aprés auoir trouué l'inuention du bled, on laissa cette premiére nouriture aux Bestes ; & personne n'est assez amoureux de l'Antiquité, pour nous vouloir ramener au gland de nos péres. On n'eut d'abord, pour vestement, que les peaux des bestes nouuellement écorchées, & pour retraite, que le creux des arbres & des rochers; puis se façonnant peu à peu, on commença à filer la laine pour se vestir, & à bastir des maisons. En suite, ces Arts venans à se perfectionner, au lieu d'vn vilain drap, on se mit à faire de belles étofes, pour la commodité & pour l'ornement ; & au lieu de cabanes, de grands Palais enrichis par dedans de peintures & de tapisseries, pour cacher la diformité de la pierre. Que personne donc ne demande des exemples de l'amour des garçons dans les premiers Siécles ; car celuy des femmes estoit alors trop nécessaire pour

On peut défendre par là toute sorte d'extrauagance.

la propagation du genre humain ; mais il s'est introduit peu à peu dans le monde auec la Philosophie, comme l'Eloquence & la Politesse. Il ne faut donc pas condamner les derniéres inuentions, comme si c'estoient les pires, ni préférer vn amour à l'autre, parce qu'il est plus ancien ; mais gardant les vieilles coûtumes comme nécessaires, loüer les nouuelles comme les meilleures. Ie ne pouuois m'empescher de rire, lors que i'entendois Cariclés nous proposer l'exemple des bestes & des Sythes, comme s'il se repentoit d'estre né homme, ou Grec plûtost que Barbare. Car il n'est pas étrange que les bestes qui n'ont pas l'vsage de la raison, ne se seruent pas de ses inuentions ; & que les nations rudes & grossiéres n'ayent pas l'auantage de celles qui sont policées. Si les animaux estoient capables de raison, ils ne méneroient pas vne vie sauuage & vagabonde, comme ils font ; mais ils viuroient ensemble, & fonderoient des Villes & des Républiques. Les lions n'ayment pas les lions ; Pourquoy ? parce qu'ils ne Philosophent point. Les autres bestes de mesme, parce qu'elles ne sont pas capables d'amitié ; mais la raison & l'expérience ont fait connoistre aux hommes, & particuliérement à ceux qui sont les plus ciuilisez, que l'homme est plus digne d'estre aymé que la femme. Ne condamne donc point Cariclés, ce que tu ignores, ou dont tu n'és pas capable ; & ne préfére pas vn sot amour à vn amour céleste ; mais quite auec l'âge les passions de la ieunesse, pour prendre de plus nobles habitudes. Considére, si tu ne l'as encore fait, qu'il y a deux sortes d'Amour ; l'vn enfant, qui ne peut estre gouuerné par la raison, & n'est que l'ouurage de la Nature ;

l'autre céleste & diuin, qui n'inspire que de saints desirs, & ne se trouue que dans les grands personnages, qui estans pleins de ce Dieu, n'aprouuent que la volupté qui se trouue meslée auec la vertu. Car il est vray, selon le Tragique, que l'Amour inspire deux diuerses passions; ou plûtost, que ce sont deux choses diferentes, exprimées sous vn mesme nom, comme il y a deux sortes de pudeur, l'vne bonne, & l'autre mauuaise. Il ne faut donc pas trouuer étrange que la passion ait pris le nom de la vertu, & que l'amour de bien-veillance & celuy de concupiscence, s'apellent de mesme nom. Mais, me direz-vous; condamnez-vous le mariage; & voulez-vous bannir les femmes du genre humain ? Il seroit peut-estre à souhaiter, selon Euripide, qu'on s'en pût passer, & qu'on pût obtenir les enfans des Dieux, par des vœux & des ofrandes ; mais puis que cela ne se peut, il faut obeïr à la nécessité, & laisser le choix à la raison d'vn amour plus honeste & plus sortable. Qu'on fasse donc cas des femmes pour le besoin ; mais hors de là, point de commerce. Car qui est l'homme de bon sens qui puisse soufrir leurs defauts? Qui puisse endurer vne femme dont toute l'ocupation consiste à se parer ; qui seroit le plus souuent laide & insuportable, sans le fard & les autres ornemens ? Si quelqu'vn auoit vû les femmes au sortir du lict, auant que d'estre parées, il en auroit horreur ; c'est pourquoy elles ne se font voir alors à personne. Aussi n'employent-elles pas la matinée comme nous, à des choses sérieuses ; mais à se peigner & à s'ajuster ; enuironnées d'vn grand nombre de seruantes, dont les vnes leur tiennent vn miroir ou vn réchaut, les autres vn bassin ou vne aiguiére, &

toute leur toilette est pleine de boüêtes d'onguens, comme vne boutique d'Apotiquaire. Les vns sont propres pour netoyer les dents, ou pour les blanchir; les autres pour noircir les sourcils, ou pour rougir les ioües & les lévres. Mais la plus grande partie du temps est employée à la structure de leur coifure, qu'elles teignent en noir, ou en vne autre couleur, comme on fait la laine, & qu'elles bouclent auec des fers chauds; en ramenant vne partie sur le front pour le couurir, & laissant ioüer négligemment le reste sur les épaules; aprés l'auoir parfumé auec les plus précieuses odeurs de l'Arabie, pour lesquelles elles épuisent souuent la bourse de leurs maris. Leur pied est pressé dans vn patin, leur sein tousiours serré pour en paroistre plus ferme, leur corps plûtost nud que vestu, n'estant couuert que d'vn crespe ou de quelque étofe tres-delicate, à trauers laquelle on voit toute la forme de leurs membres. Leur visage donc couuert de fard est celuy que l'on voit le moins; mais leur ame est encore plus cachée; toutefois, comme elle est sans vertu & sans sauoir, elle se peut dire plus nuë que le corps. Parleray-ie des autres defauts qui coûtent dauantage à leurs maris, leurs chaînes, leurs coliers, leurs bracelets, leurs pendans-d'oreilles; car elles sont toutes couuertes d'or & de pierreries, depuis les pieds iusqu'à la teste. Voilà quel est leur équipage, voyons maintenant quelle est leur vie; Elles ne sortent point du logis qu'elles n'ayent acheué de se parer, pour assister à des mystéres, dont les noms mesmes nous sont inconnus, & qui sont légitimement suspects aux maris, quoy qu'on n'y admette point d'hommes, puis que le dedans n'est pas plus pur que le dehors. Si-tost qu'elles sont de retour, il leur faut estre long-temps dans le bain, pour passer de là à vne table couuerte de toutes sortes de mets, où elles se creuent de manger, & aprés cela elles ne laissent pas encore de toucher à tout. Ie laisse à part leurs salerez & leurs ordures, qui font qu'on a besoin d'vn bain au sortir d'auec elles ; Ie ne parle point de leur dissimulation, ni de leurs refus afectez, & autres vices, que celuy qui voudroit éplucher, comme a fait Ménandre, maudiroit aussi bien que luy Promethée ; & auec tout cela elles trouuent encore des adorateurs. Mais oposons vn peu à cette vie celle d'vn ieune garçon, pour en faire mieux voir la diference. Si-tost qu'il est leué & vestu, sans tant de façon, il sort du logis sous le conduite de son précepteur, suiuy de quelques valets qui luy portent, non pas des peignes ni des miroirs, & autre équipage du luxe ; mais des porte-feüilles & des liures qui contiennent les plus belles actions de l'Antiquité, qu'on luy propose à imiter. Quelquefois on luy portera sa lyre, s'il va chez le Musicien. Aprés auoir passé vne partie de la matinée dans les Sciences, il s'exerce aux armes, au maneige, oü à la lutte, & aux autres exercices du corps, méditant desia dans la paix le dur métier de la guerre. En suite, il se baigne légérement, & mange sobrement, pour estre capable aprés disné de vaquer à des choses sérieuses. Car il donne encore le reste du temps à l'étude : & aprés auoir passé ainsi tout le reste du iour dans les exercices de la Vertu, il dort la nuit sans inquiétude & sans trouble. Qui n'aymeroit vn tel garçon, s'il n'est tout à fait insensible : puis que dans vn corps mortel il exerce des vertus immortelles ? Puissé-ie le reste de mes iours viure en paix auec

Adultere, enuie, &c.

luy, sans l'abandonner vn moment ; puissé-ie ioüir toute ma vie de son aymable entretien. Que s'il tombe malade, comme la vie humaine est sujette à mille accidens, ie veux estre malade auec luy ; s'il monte sur mer, ie le veux suiure ; s'il est ataqué, ie le veux défendre ; s'il est pris, ie renonce à ma liberté ; s'il meurt, ie le veux acompagner au sépulchre, & qu'on nous enferme tous deux en mesme tombeau. Tels ont esté Oreste & Pilade ; car ie ne veux que des Héros pour exemple ; qui ont vescu tous deux ensemble dés leur plus tendre ieunesse, vengé tous deux la mort d'vn pere, couru tous deux mesme fortune. Si l'vn estoit malade, l'autre le consoloit & sentoit ses maux plus viuement que les siens ; s'il estoit aculé, il le défendoit. Leur amitié n'a pas esté renfermée dans les bornes de la Gréce, ils l'ont portée iusqu'en Sythie, & lors qu'ils furent ariuez dans la Chersonése Taurique, l'vn persecuté des furies vengeresses de sa mére, écumoit par terre ; & l'autre en ce triste état, luy rendoit les deuoirs, non seulement d'amy ; mais de pére. Et quand il fut ordonné que l'vn demeureroit pour estre immolé à Diane, & que l'autre en iroit porter les nouuelles à Mycénes, chacun voulut mourir pour son amy, comme s'il eût vescu en luy, & fût mort en soy. Quand cét amour donc qui s'est formé dés l'enfance, vient à se confirmer par l'âge & par la raison ; alors celuy que nous auons aymé, auant qu'il fût capable d'aymer, commence à nous rendre la pareille, & l'amitié se renforce tellement, qu'il est dificile de reconnoistre l'amant d'auec l'aymé ; la passion de l'vn estant passée dans l'ame de l'autre, comme vne image qui se refléchit dans vn miroir. Pourquoy donc condamnes-tu comme vne volupté étrangere, vne doctrine receuë du Ciel, qui a esté transmise de main en main iusqu'à nous, & que nous deuons cultiuer, comme estant conforme à nostre nature, & confirmée par l'exemple des Héros? Cette discipline Socratique est aprouuée par les Oracles, qui ont iugé ce personnage le plus sage de tous les hommes. Car entre les autres préceptes qu'il nous a laissez pour bien viure, il aprouue l'amour des garçons comme vne chose vtile à la République. Il les faut donc aymer, à son exemple, comme il faisoit Alcibiade, sans consumer son amour en des plaisirs de peu de durée, mais l'étendre iusqu'à la vieillesse, en réuérant ce sacré lien; Car de cette sorte la vie sera douce & tranquille, la conscience n'estant tourmentée d'aucun remors, ni souillée d'aucun crime; & la réputation des personnes qui auront vescu de la sorte, viura encore aprés leur mort. Le Ciel mesme, selon la doctrine des Philosophes, les receura au sortir de la terre. Aprés que Callicratidas eut dit cela auec beaucoup de chaleur, comme vn ieune homme plein de l'amour & de la gloire, l'arestay Cariclés qui vouloit répondre, parce qu'il estoit temps de retourner à nostre vaisseau. Et comme ils me priérent de prononcer sur leur diférent, ie leur dis, Que leurs discours ne me sembloient pas faits sur champ, mais que c'estoit le fruit d'vne plus longue méditation; parce qu'ils n'auoient rien oublié de tout ce qui se pouuoit dire sur ce sujet, & qu'ils s'étoient seruis de raisons solides, & de paroles choisies; Que ie souhaiterois donc de pouuoir remettre le iugement à vne autre fois, pour y déliberer à mon tour, & voudrois, s'il se pouuoit, ajuger à tous deux la victoire. Mais parce que cela estoit impossible, & qu'ils ne cessoient de me persécuter ; ie leur dis naïuement, Que ie tenois le mariage nécessaire, & tres-heureux, lors qu'on auoit bien rencontré ; mais que ie croyois l'amour des garçons, qui est vne introduction à l'amitié, digne des seuls Philosophes ; c'est pourquoy ie ne permettois qu'à eux seuls de les aymer, comme les femmes n'estans pas dignes de leur amour. Ne te fâche donc pas, dis-ie, Cariclés, si Corinthe le cede pour ce coup à Athénes. En disant cela, ie me leuay sans atendre leur réponse, honteux de voir Cariclés plus honteux que si on luy eust prononcé son Arrest de mort, & l'autre plus ioyeux que s'il eust gagné le prix aux jeux Olympiques ; aussi nous traita-t-il splendidement pour récompense : I'essayay cependant de consoler Cariclés, en le cajolant sur son éloquence, & sur ce qu'il auoit si bien défendu la plus mauuaise cause. Voilà ce qui se passa dans nostre sejour de Cnide ; Dy maintenant ce qui t'en semble, & si tu aprouues mon iugement.

C'est vne raillerie.

THEOMNESTE. Qui en doute ? Crois-tu que ie ne sois pas assez habile pour voir ce qui est raisonnable ? I'estois si transporté pendant ton récit que ie pensois estre à Cnide, & que ce logis fust le Temple de la Déesse. Mais pour te dire mon auis librement, & ne te rien céler en vn iour de Feste, & de la Feste d'Hercule qui a esté fort galant; ie trouue la harangue de Callicratidas vn peu trop graue & trop sérieuse, & crois que ce seroit vn suplice, aimant vn beau garçon, & couchant auec luy, de demeurer comme vn Tantale, à auoir l'eaux iusqu'au yeux, sans pouuoir se desalterer. Car ce n'est pas assez de voir ce qu'on aime, ni d'estre assis auprés de luy à l'entretenir, puis que la veuë & l'entretien ne sont qu'vn degré à la ioüissance. Mais pourquoy m'expliquer dauantage en ces matiéres, laissons l'amour chimérique aux Philosophes, & imitons Socrate qui ne se contentoit pas d'aimer simplement Alcibiade, mais dormoit auec luy; dequoy il ne faut pas s'étonner, puis qu'Achille en vsoit de mesme auec Patrocle : ce qu'on peut iuger par ses regrets, où il mesle quelque chose qui passe iusqu'à l'amour. Quelqu'vn dira peut-estre que cecy n'est pas honneste, mais pour le moins il est véritable.

Il y a icy vne page de saletez retranchée.

LYCINVS. Ie ne soufriray pas, Théomneste, que tu iettes les fondemens d'vne nouuelle dispute, ni que tu tiennes d'autres discours que ceux qu'on peut entendre en vn iour de Feste. Mais sans plus tarder, alons sur la place voir alumer le bûcher d'Hercule, & representer sa Catastrophe sur le Mont Oëta.

FIN.

QVELQVES LIEVX MAL TRADVITS DANS LA VERSION LATINE DE LVCIEN, reueuë par Monsieur Benoist, & imprimée à Saumur l'an 1619.

Ie n'ay point épluché par tout cette Traduction; mais quelquefois en iettant les yeux dessus, soit pour m'éclaircir, ou bien pour me soulager; i'y ay remarqué quelques fautes, sans examiner si elles estoient de luy, ou des Traducteurs; quoy qu'il luy faille rendre cét honneur qu'il leur en a corrigé beaucoup; mais il est vray aussi qu'il en a mis quelques-vnes de sa façon, comme Monsieur le Féure l'a remarqué dans son Peregrinus. Du reste, ie ne toucheray point celles dont celuy-cy a parlé.

Corpori æqualiter permixta, il faut également partagé, & non pas *meslé*, μεμιγμένοι, c'est tout le contraire. Tome premier, page 17 ligne 4.

Nam furti est aliquis Deus. Il faut oster *aliquis*, car cela se raporte à Promethée dont il s'agit, & corrompt tout le sens, aussi n'est-il pas au Grec. Page 20. l. 8.

Nunquam desinunt obusos & præsentes amasios aspernari. Il y a au Grec, ἐν τοῖς ἐν ποσὶν αὐτῷ ἔχειν, se fascher des choses qui sont à leurs pieds. Et quoy que le raisonnement n'en soit pas bien iuste, & qu'il falût plûtost dire, *ne prendre pas garde aux choses qui sont à leurs pieds*, ce qui peut faire croire qu'il y a faute au Grec; cela ne va nullement au sens de la Version. Page 26. ligne 8.

500

P. 28. sur le milieu.
Si prolixior fueris, il faut *si cuncteris*, ἢν διαμέλλης, *si tu tardes*, & non pas *si tu és trop long*; quoy qu'il se prenne en François pour cela.

P. 29. ligne derniere.
Omnibus quidem Atheniensibus in admiratione erat, & tanquam beatus suspiciebatur. C'est tout le contraire, il ne l'estoit pas, mais il le croyoit estre.

P. 32. l. penult.
Talem Ciuitatem mihi describebat. Cela fait vne obscurité qu'il faloit oster, car πόλις signifie icy *Rome*.

P. 41. l. 10.
Quinetiam multos qui pro grauibus haberi volunt, reprehendebat. Il y a au Grec καὶ πολλῶν ἤδη σπουδαίων εἶναι δοκούντων ἐπείληπται. Il parle de la fureur pour les spectacles du Cirque, qui en auoit desia gagné plusieurs de ceux qui sembloient vertueux: si bien que ἐπείληπται, se raporte à cette passion, & non pas au Philosophe dont il parle.

P. 111. l. 4.
In hac forma humana renouatione. Prométhée n'auoit pas refait les hommes, car ils n'estoient pas faits auparauant. Aussi le Grec ne le dit-il pas; mais simplement qu'il auoit changé quelque chose pour ce qui regarde les hommes, c'est à dire qu'il auoit fait les hommes lors qu'il n'y en auoit point, μετακοσμήσας καὶ νεωτερίσας τὰ περὶ τοὺς ἀνθρώπους, mais non pas τοὺς ἀνθρώπους.

P. 113. l. 5.
At quanta sit mulcta vides, eo quod ex luto animantia fabricaui. Cela fait de l'obscurité, il faloit traduire *damnum*. Quel dommage ay-ie fait? &c.

P. 120. sur la fin.
Auium omnium miserrimè perituram. Il y a au Grec τῶν κακίστα ὀρνέων ἀπολούμενον. Comme qui diroit en nostre langue, *ce miserable oyseau*, car l'Auteur ne veut pas dire qu'il perira miserablement, mais c'est vne phrase Grecque pour exprimer ce que i'ay dit.

Penem ense resecat, il y a au Grec, τέμνεται ξίφει P. 146. τῷ πήχει, *il se fait une incision au coude*, qui estoit l. 1. la coustume de ces Prestres, comme il se voit dans l'Asne de Lucien. Car s'il entendoit par là qu'ils se châtroient, il ne le diroit pas de quelques-vns, mais de tous; car tous l'estoient.

Ipsa autem lyra similis erat cerui cranio, cornua P. 188. *autem tamquam cubiti prominebant.* Il y a deux sur la fautes en cela, car la lyre n'estoit pas semblable à fin. la carcasse d'vne teste de Cerf, mais c'estoit vne teste de Cerf en effet, & au lieu de *coudées*, il faloit traduire *manche*, parce que le mot Grec signifie l'vn & l'autre, τὰ μὲν κέρατα πήχεις ὥσπερ ἦσαν, *les cornes estoient comme le manche, ou seruoient de manche*, c'est à dire que les cornes y estoient attachées.

Verborum contradictionem, il y a au Grec, P. 241. ἀπεραντολογίαν *des discours qui n'ont point de fin.* sur la

Interficientibus opem tulit. Il y a au Grec fin. συνελάμβανεν ἐπὶ ταῖς ἄταις, parlant d'Alexandre P. 248. qui a enuoyé quelques-vns de ses amis au su- vers le plice. milieu.

Pariter patria dominatus sum. Il faut *aquo iure;* La mes-ἴσοτης, c'est la loüange que se donne Annibal de me. n'auoir point entrepris sur sa patrie.

Stagno imminens, ἐπὶ τῇ λίμνῃ ἑστώς. Tantale, 265. l. 2. *non imminebat stagno; sed erat in stagno.*

A puero. Il faut *à filio*, pour oster la difficulté; 288. sur car c'estoit son fils, & non pas son valet. le mi-

Eosque pene omnes, qui voluptatem accusabant. lieu. Il faut *peneque omnes voluptatem accusare*, car il 303. l. 6. veut dire que les Philosophes crient presque tous contre la volupté, & qu'ils ne laissent pas de l'aymer.

Et foueam sanguine conspergimus. Il y a au Grec, 306. sur

le mi-lieu.	περὶ τ̄ βόθρον ἐπέσπαμῶν, *nous l'épanchasmes autour de la fosse.*
	Neptuno, il faut *Vulcano*, ἡφαιςου.
351. par delà le milieu.	*Montes dedicarunt.* Le Traducteur a oublié *les Oyseaux*, ὄρνεα καθίερωσαν.
355. sur le mi-lieu.	*Mento abraso.* Il n'est point parlé du menton au grec, & cela se raporte plûtost à la teste. προφήτω εξυρημῶων, *Prophetes tonsurez.*
La mes-me, sur la fin.	*Iamque mortua membra circumfusi laniant, eamque soli sepeliunt qui occiderunt.* Il y a au Grec πλὴν ὅτι πενθοῦσι τὸ ἱέρειον καὶ κόπτοντες περισάντες ἤδη πεφονευμῶον, οἱ δὲ καὶ τ̇ ἀπλοισι μόνον ἀποσφάξαντες. *Sinon qu'ils pleurent la victime, & l'enuironnent en se frappant l'estomac, après l'auoir égorgée. Mais il y en a qui ne font que l'égorger, & puis l'enterrent.*
402. l. pen.	*Plures volo vincere.* Il faut *pluribus*, supple, *calculis*; *l'emporter de plus de voix*, πλείοσι κρατῆσαι.
437. sur la fin.	*Quum-primum vidit me extinctum*, ἐπεὶ τάχισα με ἀποθάνοντα εἶδε, *comme il vit que i'allois mourir bien-tost.*
581. sur le mi-lieu.	*Diuinatione potius aut iudicio.* Il faut *quam iudicio.*
654. l. 4.	*Conscripta de illis historia*, συγγραψάμενος προσάτας, *les prenant pour patrons.*
689. l. 5.	*Altero eleuato, alterum contra deprimi* ἡ τ̇ ἁτέρου ἄρσις τ̇ ἑτέρου πάντως εἰσάγει, *qui oste l'vn, pose l'autre.*
702. sur le mi-lieu.	*Virtutibus orationis.* Il faut *narrationis.* Ce pouroit bien estre vne faute d'impression; car il n'est pas question là de celles de l'oraison en general, mais de celles de la narration, διηγήσεως.
	Sociosque meretricum veneficiis mutatos. Il y a au Grec, τὰς ὑπὸ φαρμάκων τῶν ἑταίρων μεταβολάς. *Les changemens de ses compagnons par des sortileges*: Ou ajouster *meretricis*, parlant de Circé.

Ibi. Il faut *inde*, αὐτόθεν. C'eſt que de là on ne voyoit rien de rude, à cauſe que la lumiére empeſchoit de voir les étoiles.
714. vers le milieu.

A Septentrione. Il faloit mettre *l'eſtoile de l'ourſe*; car il n'eſt pas queſtion là du Septentrion, quoy qu'elle en ſoit la marque.
719. au milieu.

Vtpote qui eſſent expediti. Il faloit traduire le mot Grec en cét endroit, *nuds ſans armes*; car c'eſtoit à cauſe de cela qu'ils eſtoient aiſez à défaire; au lieu que le mot d'*expediti*, y nuit plûtoſt.
740. l. 7.

Hoc enim vnoque anni tempore ſemel faciebat. Il faloit traduire *a chaque heure*. Car ὥρα ſignifie là *heure*, & non pas *ſaiſon*; & en ſuite encore *hora*, au lieu de *anni tempore*. Car il dit deux lignes plus haut *le cinquiéme iour, enuiron le ſecond bâillement du noſtre*, comme qui diroit, *la ſeconde heure du iour.* Et ſi-toſt qu'ils furent engloutis, il dit, *comme il commença à bâiller*, pour montrer qu'il bâilloit ſouuent, & plus bas: *Et le lendemain lors qu'il venoit à bâiller*, le voilà qui bâille deux iours de ſuite.
741. l. 1.

Horum aliqui. Tous ceux dont il fait mention là, eſtoient rameurs; il y en auoit d'autres pour la défenſe: l'expreſſion Grecque n'eſt pas bien iuſte, mais le ſens l'eſt.
Ibid. ſur la fin.

Inceſſendo & cadendo ἐπεισβαίνοντες ἢ ἀναιρέοῦντες, *en ſautant dedans, & tuant*, & plus bas *ferreis roſtris*, il faut *manibus*, car il n'eſt pas queſtion là des pointes d'airain de la prouë, mais d'inſtrumens à accrocher.
742. ſur la fin.

Nec pauciores quàm octoginta inſulas ſubmerſerunt, il faut *inſulæ ſubmerſæ ſunt*, car il n'eſt pas queſtion là de celles qu'ils coulerent à fons, mais de celles qu'ils perdirent.
743. par delà le milieu.

Mortuus eſt, ἀπετεθνήκοι, *il ſe mouroit*, comme
745. l. 6

504

Là mes- la suite le fait voir, car il ajouste plus bas, τῇ δὲ
me. ἐπιούσῃ ἤδη τέθνηκε.

Là mes- *Post tridui moram, quarto die quia placidum erat
me. mare, discessimus.* Il y a au grec, ἡμέρας τρεῖς ἐπαυλι-
σάμενοι νηνεμία γὸ ἰω̃, τῇ τετάρτῃ ἀπεπλεύσαμεν.
*Aprés auoir demeuré là trois iours à cause du cal-
me, nous fismes voile le quatriéme.*

754. *Omnium arborum fructus.* Il ne faut point d'*om-
vers le nium*, car tous les arbres de l'Isle ne portoient pas
milieu. des verres, ὁ καρπὸς δὲ τούτων τῶν δένδρων. *Or le
fruit de ces arbres.*

756. sur *Omissa simulatione*, il est question là de l'Ironie
la fin. qui est vne figure qui luy estoit si familiere, &
non pas de feinte en general.

760. *Instituit*, il faut *præfuit*, car il n'est pas question
vers le là de leur institution, mais de celuy qui donnoit
milieu. le prix, ou qui présidoit, ἠγωνοθέτει.

775. au *Prora cheniscus*, il y a au grec *puppis*, c'est vne
milieu. béueuë.

779. *Manibus pedem tenentes*, c'est le bas du voile
vers la qu'ils tenoient, & l'on diroit qu'ils tiennent leur
fin. pied auec les mains, ποδεῶνας au grec, ne signifie
Là mes- pas le pied de l'homme.
me plus *Alij præcedentes*, il faut *illi*, car cela se raporte
bas. aux dauphins.

815. *Vbi iudices sorte ferunt sententiam.* Il y a au
vers le grec, ἀπὸ μὲν τῶν κληρωλαχόντων δικαστῶν, *des Iuges
milieu. élus par le sort.* Il n'est pas question là de l'auis
que donnent les Iuges, mais de leur election,
cela deuoit estre au moins plus clairement expliqué.

840. sur *Cum in eodem metu cogitatione versati sitis.* Ce
la fin. n'est pas cela, il ne dit pas qu'ils ayent esté dans
la mesme crainte, mais il les prie de se mettre en
sa place, & de considerer ce qu'ils feroient s'ils

505

estoient en la mesme crainte : ὅτι τῷ αὐτῷ δέους νῦν τῷ λογισμῷ γινομένοις. Et en suite, *quid facto opus esset dixistis*, il faut *dicite*.

Similem esse materia oportet, ὅμοιον χρὴ τῇ ὑποθέσει εἶναι, estre semblable à son dessein, suiure sa façon d'agir. 844. l. 3

In eleganti delubro, Il y a au grec ἐν καλῷ τῷ ἱερῷ, au plus bel endroit du Temple. 848. au milieu.

Modestos reddere queant auditores. Il n'est pas question là de modestie, mais de prudence, comme signifie quelquefois le mot grec σωφρονίζειν. 876. sur la fin.

Perfectio ad inundationem vsque nauigio, il y a au grec ἄχρι τῆς κλύσματος, iusqu'aux cataractes du Nil, κλύζω, signifie quelquefois les eaux qui roulent auec bruit. 893. l. 11

Proprias Epicuri opiniones, il faut, *præcipuas*, κυρίας δόξας. 894. vers le milieu.

Quod si saltatio non sit ad certamen composita, εἰ μὴ ἐναγώνιος ἡ ὄρχησις, s'il n'y a point de ieux publics de la danse, c'est à dire, si la danse n'est point entre les spectacles publics de la Grece, comme la lute, le pugilat, &c. 902. l. 5

Qui etiamnum ruri redundat ἐπιπολάζοντα, qui est en vogue. 928. l. 2

Veneris partus, ἀφροδίτης γονὰς, la naissance de Venus, & non pas son fruit, comme plus bas διονύσου ἀμφοτέρας τὰς γονὰς, les deux naissances de Bacchus, qu'il a traduit *vtramque stirpem*, mal.

Decem millia nummûm, Il faloit mettre *drachmarum*, comme il a mis luy-mesme plus bas, qui est quatre fois dauantage. 930. l. 10

Peregrino Protei filio, il y a au Grec τῷ πρωτέως, qui signifie là, *dit Protee*, comme il se voit dans le traité qui porte ce nom. 1006. sur la fin.

Là mesme.	*Nonne Cynicum agis.* Il faut simplement, *non*, cela oste le sens, *Tu ne fais pas le Cynique*, dit l'vn, *ny toy l'homme*, répond l'autre.
1007.	*Exhiberet quascumque vellet*, il faut *sibi*, παρέχειν αὑτῷ.
1008. sur le milieu.	*Nunc te interrogaui*, νῦν ἠρώτησα, c'est à dire là, en langage d'aujourd'huy, Il est trop obscur de la sorte pour estre ainsi exprimé.
1009. l. 1.	*Quod solus Dialecticorum esset primus*, il faut, *& primus*; c'est peut-estre vne faute d'impression.
Là mesme.	*Regis esset praeceptor*, il faloit traduire *Imperatoris*. Car c'est ce que signifie là Βασιλεύς comme en plusieurs autres lieux, & l'Empereur Romain ne s'apelloit point *Rex* en latin. Voy la remarque sur la page 64. du Tome second.
1011. l. 10.	*Inepto*, il faloit *Barbaro* σολοίκου.
La mesme vers la fin.	*Num pro patria idipsum passurus eram?* cela est obscur, il veut dire qu'il ne s'agit pas icy de mourir pour sa patrie.
1042. vers le milieu.	*Et in sacris Eleusiniis inter potandum voces mysteria produnt*, cela est mis trop obscurément, pour dire qu'il découuroit les mystéres d'Eleusine dans la débauche.
1059. sur la fin.	*Et diuersorum corporum somnos*, l'endroit est obscur, mais il y a au Grec ἑτερόχρωτας ὕπνους, *de diuerse couleur*, ce qui pouroit se raporter au fard des femmes qui les rend en quelque sorte d'autre couleur de iour que de nuit.

TOME SECOND.

P. 18. l. 7.	*Praeterquam quod illa quamuis colossaâ esset magnitudine, parua in tabella depicta erat.* Il y a au Grec, πλὴν ὅσον ἐκείνη μὲν ἐν μικρῷ πινακίῳ ἐγέγραπτο αὐτὴ δὲ κολοσσιαία τὸ μέγεθος, il veut dire qu'Aspasie n'estoit qu'vn portrait en petit, parce qu'elle n'auoit iamais esté dans vne haute condition, & que

que celle dont il parle, estoit de figure de Colosse, comme estant femme d'Empereur.

Minus vitio verteretur, quod per impietatem hoc 31. l. 1. *fecisset*, ἧττον ἂν ὁ τοιοῦτος αἰτίαν ἔχοι ὑπὸ ἀσεβείας αὐτὸ δρᾶν. Il seroit moins acusé de l'auoir fait par impisté, ou, on luy imputeroit moins de, &c.

Non dixit Pollucem manus aduersarias cum ipso 37. sur *conseruisse*, il y au Grec οὐδὲ πολυδεύκεος βίαν φήσας la fin. ἀντείνασθαι αὐτῷ ἐναντίας τὰς χεῖρας. Il dit que Pollux tout fort qu'il estoit, n'eust pas eu la hardiesse de se prendre à luy, ny mesme Hercule auec ses bras de fer.

Hic vero ad Persarum Regem eum mittit. ὁ δὲ 64. sur βασιλεῖ τῷ μεγάλῳ ἀναπέμπει αὐτόν. Sous ombre le mique le Roy de Perse est appellé par les Grecs, *le* lieu. *grand Roy*, comme nous disons maintenant *le grand Seigneur*, le Traducteur a crû que c'estoit de luy qu'il parloit, sans considerer qu'il est dit que le Prisonnier fut enuoyé en Italie pour y estre iugé, & qu'il fut relegué dans l'Isle de Gyare, qui estoit vne petite Isle où les Empereurs Romains confinoient les criminels: *Breuibus Gyaris* Iuuenal *& carcere dignum.* C'est donc l'Empereur qu'il designe sous ce nom, & en beaucoup d'autres lieux sous le nom seul de βασιλεύς qui signifie en ces endroits Empereur, & non pas Roy, car le mot Grec ne se raporte pas au Latin, & il faut imiter Lucien qui a esté au sens plûtost qu'aux paroles.

Et filiam non ita pridem datis quinque talentis elo- 70. l. 6. *cauit*, καὶ τὴν θυγατέρα οὐ πρὸ πολλοῦ ἐκδέδωκεν ἀπὸ ταλάντων πέντε ὧν εἶχε δύο μὲν, &c. ἀπὸ ταλάντων est détaché du reste: il donna sa fille en mariage, de cinq talens qu'il auoit, il en donna deux.

Aliquando etiam Demetrius in Ægyptum est pro- 74. au

Y

milieu. *fectus*, il faloit dire *se promenoit ou voyageoit par l'Egypte*, car on voit dix lignes plus haut qu'il y estoit desia.

100.1. dernie-re. *Ad plenum instructos*, αὐτοτελᾶς, faits à ses dépens.

Non igitur, ubi res quasdam importatas in portu spectassemus; in eumque è naui subduxissemus, emi-

104.1.2. *mus* ἡμεῖς μὲν ἐν καταγωγίῳ τινὰ ἐπὶ τῷ λιμένι σκεψάμενοι, ᾗ τὰ πλοῖα εἰς αὐτὴν μετασκευασάμενοι, ἠγοράζομεν, Voyant vne Hostellerie sur le port, & y ayant fait transporter nos hardes, nous nous promenons sur la place. Car c'est ainsi qu'il faut traduire ἠγοράζομεν en cét endroit, parce qu'il ne regit rien, & qu'on voit sur l'heure, qu'ayant apris qu'on les auoit volez dans l'Hostellerie, l'vn se voulut tuer, parce qu'ils n'auoient pas dequoy viure ce iour-là, & l'autre fut contraint de porter du bois pour auoir du pain. Or s'ils eussent voulu acheter quelque chose sur le port ou au marché, ils eussent eu la marchandise ou l'argent, & partant ils n'eussent pas esté reduits à vne si grande extré-mité.

113.l.10 *Domum pulcherrimam*, κάλλιστον οἴκημά τοι, vn bel apartement, ou vne belle chambre, car il n'est pas question là de la maison.

Plus bas *Cœna splendida*. La Negatiue est au Grec, ce qui se raporte à ce qu'on a dit plus haut de son aua-rice, & de sa table qui estoit si mal couuerte. Il est vray qu'il dit en suite qu'il l'auoit fort bien traité, mais c'est vne raillerie, c'est pourquoy la person-ne à qui il parle, s'en prend à rire.

133.vers le mi-lieu. *Sic ut se habebant arma, surrexerunt*, οἱ δ᾽ οὕτως ὡς εἶχον ἀναστάντες ᾗ ὁπλισάμενοι. Ils se leuerent com-me ils estoient, & s'armerent.

145.l.1. *In ignem sponte insiluisse, & præter spem stupis subduxisse*, ἐκὼν ἑαυτὸν ἐνσείσαι τῇ ὁσίᾳ, ᾗ τότε ἀπὸ τῆ ϛυπηϊ μηδὲ ἐλπίζων ὑπέχαλθον. Ie me iettay volontairement dans le feu. Il faut là vn point, puis, voilà comme i'echapay alors des estoupes contre mon esperance.

Quo vitiato, muliebria pro more & consuetudine nefarij cinædi illi perpessi sunt, il ne faut point de *quo vitiato*, car ce sont des Eunuques qui ne luy pouuoient rien faire, aussi n'est-il pas au Grec. 150. par delà le milieu.

Lectum meum ingressam, εὐνή signifie là *giste*, & non pas *lict*, il faloit traduire *cubile*, qui se dit des bestes.

Vltra Oceanum & inculpatos Æthiopas, il faut *ad inculpatos*, c'est peut-estre vne faute d'impression, μετ᾽ ἀμύμονας αἰθιοπῆας. Là mesme sur la fin.

Verum auricome, moderate te gerebas, qui cum Panthi esses filius, aurum in pretio habebas, καὶ τὰ μὴ σὰ μέτεια, il n'y a point de faute de ta part, ou, on ne doit pas trouuer étrange si estant fils de Panthus tu aymois l'or. Pour s'atacher trop aux paroles, on perd le sens. 218. sur le milieu.

Et horis, il faut là *tempestatibus*, les *saisons*, le mot Grec signifie l'vn & l'autre. 247. l. 4.

Pro me, il faut *de me*, c'est à dire, *contra me*, en cét endroit. 297. Par delà le milieu.

Voluptas conuenit Epicuro, il faut *non conuenit*.

Itaque parum gratiæ arti tuæ conciliare videris contra viros hosce mentiendo, ὥςτε ὐδέν τί μοι δοκεῖς χειζόμενος τῇ σαυτῆ τέχνῃ καταψεύδεςθαι τῶν ἀνδρῶν, de sorte qu'il me semble que tu ne dis pas de mensonge de ces gens-là pour gratifier à ton art. 340. sur le milieu. 353. Au milieu.

Si quidem certis diebus, vt cæteri milites, non inuitabatur. ἀλλ᾽ ὐχ ὥσπερ τοῖς λοιποῖς ςρατιώταις πρὸς ἡμέρας τινὰς προσκαλουμένοις. Il n'estoit pas comme les autres soldats qu'on n'inuitoit qu'à de certains iours. 371. l. 10. 71 par delà le milieu.

Y ij

479. ſur la fin.   *Altero pede paulum inflexo*, il y a au Grec, ἠρέμα ὀχλάζοντα ᾧ ἑτέρῳ *ſe baiſſant doucement, ou courbant un peu le genouil vers l'autre.*

483. ſur la fin.
491. l. 2   *Cum eſſet fermè vindemiæ tempus*, ἀμφὶ τρυγητὸν τὸ ἔτος ὂν. c'eſt à dire là, *en temps de vendange*, comme la ſuite le fait voir.

506. l. 1.
515. ſur la fin.   *Aſſurgente ipſi Cleodemo* ὑπεκςάντος αὐτῷ τῷ κλεοδήμου. *Cleodeme luy faiſant place.*
Ex vtraque parte ἐξ θατέρα, *ex altera.*

588. ſur le milieu.   *Iuuenes*, il faut *pueri*, τὰ μειράκια, car cela eſt important icy.

536. l. 6.   *Ineptus ad actionem & geſtum corporis*, πάνυ ἀπίθανος ἐν τῇ ὑποκρίσει, *il ne pouuoit nullement perſuader cette feinte.*

Ipſe etiam orationis author ὁ τὸν λόγον τόν δι ουγράψας, *celuy qui a écrit ce diſcours*, c'eſt à dire *Lucien*, & non pas celuy qui faiſoit la harangue.

La meſme vers le milieu.   Voy la page 590. ſur la fin.
In valdè ſuauem cachinnum ſolutus dixit poëta iſte meus. Celuy qui me faiſoit parler, c'eſt à dire Lucien qu'il apelle Poëte, à cauſe qu'il le fait parler en qualité de Prologue, comme dans vne Comedie. Car c'eſt le Prologue qui parle alors, & non pas Lucien. *Celuy*, dis-ie, *qui me fait parler, ou qui m'a introduit icy ſe prit à rire*, &c.

636. l. 1.   *Dryſorum Rex*, il faut *Odriſorum*: ὁ δρυσῶν, n'eſt qu'vn mot, comme en ſuite ὁ μανῶν, dont il a fait vn Roy Mano, au lieu de dire, *des Omeniens*.

638. par delà le milieu.   *Annos nonaginta*, ὀγδοήκοντα, quatre-vingt.
Eſt interpretatus ἑρμηνεύειν, ſignifie là *décrire*; comme il ſe voit dix lignes plus bas, & non pas *interpreter*.

675. l. 12.
684. l. 19.   *Neque ſcrupuloſè cum diis rationem inibo*, οὐ μικρολογήσομαι πρὸς τοὺς θεοὺς, Ie ne leur demanderay pas des bagatelles.

Idem ego leæna inquit, nec eo admodum opus. 716.l.3.
Cela est tronqué, & il faut qu'il y ait faute à l'Impression, ἐκεῖνο μὲν ἔφη ὦ λέαινα οὐκ ἔχω δέομαι δὲ οὐδ' ἐπάνω αὐτοῦ. Ie n'ay pas cela, c'est à dire le membre viril comme ont les hommes, mais ie n'en ay pas besoin.

Sophocle & Æschylo maior, ὑπὲρ τὸν Σοφοκλέα ἢ 758. l. τ' Αἰσχύλον, plus que n'en ont fait Sophocle & Euri- 10. pide, c'est à dire de Tragedies.

Iussu Regis, il faloit *Imperatoris*. Car le Latin ne se raporte pas au Grec. Lucien apelle l'Empereur βασιλεὺς, & μέγα βασιλεὺς, mais on ne l'apelle point en Latin *Rex*. Voy cy-dessus la remarque sur la page 64. du tome second, c'est vne faute qu'il fait par tout. 766 par delà le milieu.

Illi enim non insiliunt in ignem, vt Onesicritus Alexandri gubernator, il faut *dixit*, comme il y a au Grec. Car ce n'est pas Onesicrite qui sauta dans le feu, mais c'est luy qui est l'historien qui le raconte de Calanus: Cependant au lieu de traduire *dixit*, il a esté traduire *vt aiunt*, comme si c'estoit vn bruit qui courut d'Onesicrite. 772. sur la fin.

Aristanei Zenonis filij, il faut *Zenonis Aristanetis filij*, comme il paroist par la suite, il y a au Grec, τοῦ ἀρισταινέτου ὑέος, τοῦ Ζήνωνος. il faut mettre la virgule apres ὑέος, car τοῦ Ζήνωνος, est mis là par explication. 847. sur le milieu.

Cum vna adesset Ion ille admirandus. Cela fait de l'obscurité, car c'est d'Ion dont il parle, & il semble qu'on parle d'vn autre auec qui il estoit. 848. sur le milieu.

Pone hunc Ion, εἶτα ὁ Ἴων. deinde *Ion*. 849. sur le milieu.

Alia vero à Sacerdotibus edoctus sum. Quæcumque antiquiora me sunt, ab iis narrationem incipio: τὰ δὲ παρὰ τῶν ἱερέων ἐδάην, ὁκόσα ἐστὶ ἐμοῦ πρεσβύτερα ἐγὼ ἱστορέω. Les autres choses dont il parle, qui 877. l. 1.

§12.

font plus anciennes que moy, ie les ay apriſes des Preſtres.

881. ſur la fin. — *Et quacumque in argentum aurumve ſunt converſa,* ϰ ἅμα ὁκόσα ἐς ἄργυρον ἢ ἐς χρυσὸν ἀποκέχειται, les autres choſes qui répondent à l'or & à l'argent en valeur.

933. l. 5.
1011. l. 10. — *Eſt autem noſtrarum partium commentarius* ἔςι δ᾽ ἐκ τῶν ὑπομνημάτων τὸ προῆκον ἡμῖν ὑμέτερος, c'eſt ce qui nous regarde de ces memoires.

Et verbis adulterinis illam affamini. λόγους κιβδήλους ἐπιφημίζειν, luy atribuer de faux diſcours, ou publier d'elle des fauſſetez.

REMARQVES SVR LA TRADVCTION DE LVCIEN.

Lvcien; I'ay mieux aymé prendre ce titre que celuy de *Dialogues*, parce qu'il y a icy plu-sieurs Traitez qui ne sont pas des Dialogues. D'autre costé celuy d'*Oeuures* eust esté trop vaste; car ie ne mets pas icy les Vers, ny quelques autres Ouurages qu'on atribuë à Lucien. Au reste ie dis *Lucien*, & non pas *Lucian*, pour suiure la prononciation commune, puis que dans les Langues aussi bien que dans la Iurisprudence *Communis error facit ius*. — Page 1.

De la Traduction, I'ay dit dans la Préface que c'estoit icy vne Traduction libre, parce que les galanteries & les gentillesses ne se pouuoient pas traduire autrement. C'est pourquoy ie m'y suis proposé l'agrément plutost que la fidelité, ou plutost i'ay crû que la fidelité en cét endroit consistoit en l'agrément, sans m'éloigner pourtant du but & du dessein de mon Auteur.

Le Songe de Lucien, ie ne mets pas, *ou sa Vie*, parce que ce n'en est icy qu'vne idée, comme ie le marque dans l'argument.

Beaucoup de temps & de dépence, le mot, *de temps*, emporte en quelque sorte de trauail, & celuy de *dépence*, dit qu'il faut estre riche pour cela. C'est pourquoy i'ay expliqué ce qui suit, de la Fortune, plutost que des Richesses ou de la Condition.

Ils consideroient que ie n'estois pas riche, ie passe — Page 2.

Y iiij

doucement sur chaque chose, sans m'atacher à toutes les paroles.

Sculpteur, on voit plus bas que c'estoit en pierre.

De petits Ouurages de cire, il est plus delicat de la sorte, que de dire, des hommes, des cheuaux, & des bœufs. En vn mot toutes les choses exprimées en general, sont plus belles qu'en particulier, si le particulier n'est tres-agreable, & dans les graces du pays, ce qui ne peut pas estre dans la traduction d'vn ancien.

Cela fut donc resolu auec quelque esperance de succés. Cecy est transposé, comme ie fais d'ordinaire, pour la clarté & la netteté du raisonnement.

Sur cette pierre, ie ne dis pas *vne table de pierre*, de peur que cela ne fasse quelque difficulté; mais i'exprime dans la suite ce que c'estoit.

Criant qu'il l'auoit fait par enuie, cela dit assez la chose sans la repeter.

Et me tournay de tous costez, i'ajouste cela comme vne marque d'inquietude.

Page 3. *D'vn songe que i'eus en suite*, ie n'alegue point des Vers d'Homére, parce qu'il ne dit rien de nouueau, & i'en vse ainsi presque par tout : Car souuent vne beauté de ce temps-là est vne pédanterie de ce temps-cy.

Il me sembla de voir deux Dames, ie marque plus bas qu'elles railloient, & tranche court pour estre plus net.

Qui auoient les mains crasseuses, &c. I'omets des particularitez & en change d'autres, parce que les choses n'ont pas mesme grace dans toutes les langues. Il y a au Grec, *les mains pleines de durillons, & la robe troussée*; mais *les mains crasseuses*,

& *les bras retrouſſez*, viennent auſſi bien au ſujet, & l'expreſſion en eſt plus belle; cela ſeruira d'exemple pour pluſieurs autres endroits, où ie prens la meſme liberté pour la meſme raiſon; i'exprimeray plus bas, qu'elle eſtoit robuſte & vigoureuſe.

L'autre d'vne façon honeſte, ſon habit ſera expliqué en ſuite.

Et tes deux Oncles, ou pluſtoſt, *tes Oncles des deux coſtez*, mais ie me donne la liberté de changer ou retrancher les particularitez inutiles ou indiferentes; outre qu'il n'eſt pas icy queſtion d'vn Contract, ny de la Genealogie d'vn Grand, c'eſt pourquoy ie n'ay pas exprimé plus haut, que l'Oncle dont il parloit, eſtoit Oncle maternel. En voulant tout mettre, on obſcurcit ou afoiblit des choſes qui ne ſont faites que pour plaire.

Robuſte & vigoureux. Voila les qualitez que i'auois manqué à mettre plus haut, i'en vſe ſouuent ainſi; Du reſte il vaut mieux dire, *robuſte & vigoureux*, que *les épaules fortes*, qui eſt vne qualité de Crocheteur, ce qui montre que les graces des langues n'ont point de raport.

Ni cauſe vn iour de ta perte, i'exprime en general ce que l'Auteur dit en détail, ce que ie fais preſque par tout, parce que le détail de ce temps-cy ne ſe raporte pas à celuy de ce temps-là, pour ce qui concerne l'agrément.

Phidias, & Polyclete, Ie ne mets que ces deux noms, parce que cela ſufit.

Ie ſuis l'Eloquence, ce mot y vient mieux que celuy *d'Erudition*, ou quelqu'autre ſemblable, outre que tout ce qu'il dit, ſe raporte preſque à l'Eloquence.

Qui ne t'eſt pas inconnuë, &c. Il l'a falu mettre

ainsi parlant de l'Eloquence.

Exposé au mépris, &c. Ie ne dis pas comme l'Auteur, *Menant vne vie de liévre,* parce que cela n'est pas à nostre air ; ce qui doit seruir d'exemple pour plusieurs autres endroits, où ie suis obligé de changer, ou de phrase, ou de prouerbe, & quelquefois mesme d'exemple, ou de comparaison, parce qu'ils ne sont pas à nostre vsage ; Du reste i'exprime plus bas, *Pauure, Inconnuë, & contrainte de trauailler de ses mains.*

Ce qu'il y a de beau & de rare, &c. Cela vient mieux au sujet que de dire ; *Toutes les choses diuines & humaines,* ce qui est trop vaste.

Vertu, & Sauoir, Ie comprens en deux mots à mon ordinaire, ce que l'Auteur dit plus au long.

Adoré & respecté de tout le monde, le Grec dit *montré au doigt* ; ce que ie n'alegue que pour faire voir combien on est obligé de changer de choses, quand on veut traduire auec agrément.

Page 5. *De songer plutost à polir vn marbre que soy-mesme,* i'omets des termes de l'Art dont on se peut passer.

Transformée en statue ; i'ay trouué cela plus à propos que de dire *en rocher comme Niobe.*

Répandre par tout ie ne say quoy de céleste & de diuin, ie ne dis pas *comme Triptoleme* parce que cela n'y reuient pas entierement, outre que, comme i'ay déja dit, ce qui faisoit vne beauté de ce temps là, seroit des-agreable en ce temps-cy, & feroit perdre la grace à son Auteur.

Page 6. *Contre vn qui l'auoit apelé Promethée,* il n'est pas necessaire de dire *vn Promethée en paroles,* parce qu'on verra par la lecture ce qu'il entend par là.

J'ay peur que ce ne soit vne raillerie, ie marque en suite que les Athéniens sont grands railleurs.

De ce feu celeste & diuin, ie n'exprime que cette particularité, parce qu'il n'y a que celle-là qui s'ajuste à l'histoire de Prométhée. *Page 7.*

Vous raporte grand profit, i'ay ajousté cela par forme d'éclaircissement.

Qu'il manquoit de préuoyance, &c. I'ay pris ce sens là, parce qu'autrement ce ne seroit que la mesme chose que ce qu'il a dit d'abord.

Et que ie n'ay point eu de modelle, &c. Il n'y a que cela de necessaire au suiet.

Vne douzaine de Vautours, il y a au Grec 16. mais ie suy les proprietez de ma langue.

Vn chameau tout noir, ie n'ajouste pas *de la* *Page 8.* *Bactriane*; car si c'est qu'ils viennent de la sorte en ce païs-là, cela en diminuë la rareté, & s'ils n'y viennent point, cela n'est pas necessaire.

Au lieu de l'admiration. Ie n'ajouste point, que ce Chameau estoit tout couuert d'or & de pourpre; car cela ne sert de rien au sujet pour lequel il s'alegue; & toutes les circonstances inutiles obscurcissent la raison plus qu'elles n'embellissent le discours.

Vn ioüeur de Flûte, ie retranche par tout les mots propres qui ne font qu'embarasser, & qui sont inutiles au conte; parce que cela charge inutilement la memoire & empesche de retenir les choses necessaires.

Les Centaures, ie ne parle point de leurs meurtres, & de leur yurognerie; car ce n'est pas de cela dont il s'agit.

Ce n'est pas que de deux choses excellentes, cela est assez clair, sans auoir besoin d'exemple; car de dire auec l'Auteur, *comme on fait vn breuuage ex-*

cellent auec du vin & du miel, cela fent trop l'A-
poticaire pour vne comparaifon qui n'eft mife que
par forme d'ornement. Voila comme les graces
d'à cette-heure ne font pas celles de ce temps-là.

Car le Dialogue ayme à s'entretenir, &c. Ie reünis
icy ce qui eft plus bas chez l'Auteur, & tranche
la chofe en deux lignes, n'en gardant que le fuc,
& ce qui eft neceffaire au raifonnement.

Page 9. *I'ay efté affez hardy pour vouloir reconcilier, &c.*
Il y a icy vne comparaifon tirée de la Mufique qui
n'eft pas à noftre vfage, parce qu'il faut que les
comparaifons foient des chofes connuës, & que
tout le monde fait, ie l'aurois bien renduë par équi-
ualent; mais il n'en eftoit pas de befoin; car i'ay
touché d'abord en deux lignes toute la force de
l'opofition.

Pour ce qui concerne le larcin, ie n'ajoufte pas
parce qu'il eft Dieu du larcin; car cela vient mieux
à Mercure qu'à luy, & n'eft pas neceffaire au fujet.

*Où aurois-je dérobé ces chiméres & ces hipogry-
phes*, i'ay rendu la chofe à noftre air; car les mots
qui font au Grec, ne feroient point d'effet maintenant, n'eftant pas connus comme de ce temps-là.

Ce feroit porter des Chouettes à Athenes, ce prouerbe eftoit trop connu pour auoir befoin d'explication; car il n'y a rien qui faffe tant languir vn
difcours que de vouloir tout dire; c'eft pourquoy les anciens Latins ne s'expliquoient d'ordinaire qu'à demy.

Pag. 10. *De pauure, ie fuis deuenu riche*, pour eftre plus
vif, i'ay mis d'abord ce que l'Auteur ne dit icy
qu'aprés quelque circonlocution.

Mal d'yeux, il y a au Grec *mal d'œil*, mais cela
n'eft pas important.

Ie le trouuay dans fon Cabinet, &c. I'omets

plusieurs petites circonstances qui ne sont plus à nostre vsage.

Charmé de la douceur de son éloquence, I'oublie Page 11. les Sirenes, les Rossignols, & le Lote d'Homere pour la mesme raison.

Semblable à ces Amoureux, ie change la compa- Page 12. raison tirée de l'Amour des Garçons en celle des femmes, ce que i'obserue par tout, tant pour ne point corrompre nos mœurs, que parce que cela feroit vn éfet contraire à son dessein, qui est de plaire.

Comme vn flambeau qui m'éclaire parmy les ténebres, l'Auteur le dit de ceux qu'on alumoit au haut d'vne tour pour éclairer de nuit les Nauires; mais il est bon en general.

Ie crains de faire comme ces mauuais Comédiens, i'abrege ce qui est plus étendu chez l'Auteur, pour les raisons que i'ay dites.

Mais si ie manque, souuien-toy, &c. Ie mets cela de suite sans interruption, ce que ie fais par tout ailleurs, où l'on s'en peut passer, pour estre plus court & plus net.

Dans la pauureté de la Philosophie, il y a au Grec, Page 13. *dans la pauureté, & la Philosophie* mais la pauureté de la Philosophie est plus loüable, parce qu'elle est volontaire.

Assez plaisamment; ie dis en suite, qu'on ne parloit ni si haut ni si aigrement qu'on s'en pût fâcher.

Le printemps n'est pas encore venu, d'où nous Pag. 14. *viennent ces fleurs?* il y a au Grec, *le Printemps est déja, d'où nous vient ce Paon? peut-estre qu'il est de sa mere*, ce qui seroit obscur & ridicule.

Embrassant leurs genoux, il y a au Grec *l'estomac*; Pag. 16. mais ce n'est pas vne si grande marque d'humilité, & l'vn & l'autre eſt vne coûtume ancienne.

P. 18. *Sont les plus inſolens dans la débauche*, ie dis la choſe en general, parce qu'vne partie du détail n'eſt pas à nos mœurs.

Qu'il négligeoit meſme ſon bien, ce n'eſt que trop que cela, pour vn homme qu'il veut loüer, & qu'il propoſe pour exemple; c'eſt pourquoy i'ay omis le reſte.

P. 19. *La fureur des ſpectacles*, ie n'ay pas décendu dans le particulier, qui n'eſt plus à noſtre vſage.

Que ce qu'ils diroient, ne leur puſt nuire, ny préjudicier, i'ay agencé cela le mieux que i'ay pû à la maniere d'vne formule de Teſtament, le Grec eſt obſcur, ſurquoy on peut voir les notes de Bourdelot, qui ne me ſatisfont point. Mr. Patru croit qu'au lieu d'ἀληθείας, qu'il y a au Grec il faut mettre ἀλιτείας, qui ſignifie *peccatum*, & dit que l'Auteur aparemment a voulu ioüer, ſur ce que les Romains dans leurs Teſtamens, *ſæpè deprecabantur veniam, ſi quid contra iuris formulas peccaſſent*, comme il ſe voit en la loy *Lucius Titius*, 88. §. 17. *de legat. & fideicom*. Mais comme cette coniecture qui me ſemble belle, n'eſt appuyée d'aucun manuſcrit, & que d'ailleurs elle auroit beſoin de quelque éclairciſſement que le temps pourra peut-eſtre aporter, ie ne l'ay pas voulu ſuiure.

P. 20. *Répandent du vin dans les Feſtins*. Il y a au Grec *auec bruit*, ce qui ſe faiſoit par forme de jeu, en ſecoüãt le verre; mais cela eût fait icy vne obſcurité.

Il apeloit cela faire vn ſoleciſme dans la volupté. Il y a icy vn Prouerbe Grec que i'omets, parce qu'il n'a point de raport aux noſtres, & qu'on s'en peut paſſer.

P. 21. *Ie demeurois ataché à ſon diſcours*, les larmes ſont touchées en ſuite, & l'exemple des Phéaques n'eſt plus à noſtre vſage.

Nectar, Ie l'ay mis au lieu de *Lote*, parce qu'il eſt plus connu parmy nous, & plus beau.

En me racontant ton mal, tu me l'as communiqué. I'ay paſſé delicatement l'exemple du chien enragé, qui eſt dur & extrauagant, parce qu'il fait ſemblant de vouloir loüer icy la Philoſophie; quoy qu'à vray dire il y ait de la raillerie par tout.

Il faut auoir recours pour cela. Ie fais dire quelquefois à l'vn ce que l'autre dit, parce que cela eſt indiferent, & que l'agrément que ce changement produit, ne l'eſt pas; qui eſt ce à quoy il faut auoir égard.

Timon, ou le Miſanthrope, I'ay retranché ou alteré icy pluſieurs choſes, pour trouuer ce ie ne ſçay quoy que ie cherche; mais ie demeure touſiours dans le but, & dans le deſſein de l'Auteur; & ne mets point mes réueries pour les ſiennes.

Protecteur de l'Hoſpitalité, &c. Les autres Epithetes ſont touchés en ſuite, ou ne ſe pouuoient exprimer commodément.

Qu'eſt deuenu ton foudre? Ie dis à la fin que ce n'eſt que fable & que fiction Poëtique.

Comme ſi tu eſtois ſourd, &c. Le Prouerbe de la Mandragore n'eſt pas à noſtre vſage.

En abyſmois les vns, &c. I'ay mis les deux principaux exemples de la vengeance diuine, les autres ſont peu de choſe, ou ſont déja exprimés.

Que tu ſauuas dans vne petite nacelle, Ie ne dis point qu'elle aborda ſur la Montagne de Lycoris, parce que cela ne ſert de rien icy.

Les ingrats qui m'ont abandonné, ſes bien-faits ſeront touchez à la fin.

Comme vn oiſeau de mauuais augure. Il y a au Grec, *comme vn ſepulcre*, mais ie cherche les plus belles expreſſions, & celles qui ſont le plus à noſtre viſage.

Maintenant donc, I'exprime les haillons plus bas.

Du Mont Hymette, On verra en ſuite, que c'eſt au pied du Mont.

Ne connois-tu pas Timon? le nom de ſon Pere, &c. ſera expliqué ailleurs, auſſi bien que le miſerable eſtat où il eſt.

P. 25. *En faiſant du bien à des Ingrats*, I'ay abregé cét endroit parce que le reſte eſt aſſez expliqué dans tout le Dialogue.

La Terre, ie dis en general, parce qu'il conuient à tout dans le deſſein de l'Auteur, qui veut choquer la Prouidence.

Prens auec toy le Dieu des Richeſſes, ie ne dis pas qu'il amene auec luy le Treſor, parce que cela n'auroit point de grace maintenant, & que ie ne m'engage pas à vne Traduction reguliere. Le Dieu des richeſſes eſt aſſez ſuffiſant pour enrichir, ſans en auoir beſoin d'autre.

P. 26. *Ie croy que cela ne luy ſeruira de rien*, ie le fais dire à Mercure, pluſtoſt qu'à Plutus, parce qu'il eſt mieux de la ſorte, comme il paroiſtra dans la lecture de l'ouurage.

Tu meriterois donc, &c. Ie tourne cela d'vne autre façon que l'Auteur, comme ie fais ſouuent pour agencer les choſes à noſtre air.

Du foin, Il y a au Grec *de l'orge*, mais cela fait le meſme éfet, & reuient mieux à noſtre façon.

P. 27. *Qu'vn homme ayme ſa Maiſtreſſe*, les comparaiſons les plus courtes ſont les plus claires.

Ie vais touſiours de la ſorte, &c. La ſuite l'explique.

P. 22. *On m'emporte ſur des crochets*, i'acommode les

choses à nos mœurs quand rien ne l'empesche, & qu'on ne veut pas entrer dans le particulier. Car le general est de tout pays.

Mais tout en riant, i'omets ce qui est du Tresor P. 30. pour la raison touchée plus haut.

Vieu Tresor, i'oste le reste pour le mesme suiet.

A la pauureté Elle y vient mieux que *Pan*, outre P. 34. que le mot Grec y a du raport, & peut auoir esté pris l'vn pour l'autre ; puis ie ne regarde pas tant ce qu'il a mis, que ce qu'il faut mettre maintenant, pour faire que la chose aille bien ; pourueu que cela ne choque point les mœurs auciennes, comme il ne les choque point icy.

Gnathon, il y a au Grec *Gnatonide*, mais ce mot P. 35. est plus commun.

Le Fortuné, Le terme Grec ne se pouuoit expliquer en vn mot, & i'en prens vn propre au sujet.

Le plus méchant, &c. Ie me sers plus bas du mot P. 38. de Vautour.

L'Orateur Démea, L'Eloquence de Timon est desia exprimée ; du reste, ie dis *Démea*, plustost que *Démeas*, parce que nous sommes plus acoustumez à l'entendre ainsi.

Il donne eschec & mat à tous les plats, Quoy que P. 39. le Ieu des Eschecs fust connu des anciens, ie ne me sers pas de ce terme, comme d'vne authorité, mais comme d'vne phrase françoise qui exprime bien ce que ie veux dire ; & en vse ainsi ailleurs de la sorte.

Mais de iour, Ie l'opose à la nuit, qui est le temps de la débauche.

Tu ietteras ton argent dans la riuiere, L'Auteur P. 40. ajouste des particularitez vn peu trop grossieres à mon auis.

P. 43. *Entretenir l'amitié coniugale*, Ie finis là, pour ne rien mettre d'inutile.

P. 45. *Vautour*, L'Auteur se sert indifféremment de ce mot, & de celuy d'*Aigle*, lors qu'il parle du suplice de Promethée ; c'est pourquoy i'ay pris celuy-cy plustost que l'autre, parce qu'il sonne mieux.

P. 46. *Ton bourreau*, l'aiouste cela pour donner plus de force.

Aussi bien le Dieu des Larrons, Cela est plus bas chez l'Auteur.

Le larcin, Il y a icy vne periode au Grec dont i'ay desia exprimé ce qu'il y auoit de plus important.

Car ce n'est pas assez d'en raporter nuëment sous les chefs, ils ne font que d'estre dits, & seront encore touchez en suite, c'est pourquoy il ne les faloit point repeter icy.

P. 48. *Vn grand & vaste désert*, Ie n'ay pas mis *vn Cahos*, parce que dans le Cahos il n'y auoit point de forests.

I'en fis vn homme à nostre Image, &c. I'ay reüny icy ce qui estoit plus bas, pour ne point rebatre deux fois vne mesme chose.

P. 51. *Vn Heros de tes amis*, Cela est contraire à ce qu'il dit aprés, & qui est confirmé par la suite, car c'est Iupiter qui le déliure ; mais on peut dire que c'est par l'entremise d'Hercule, toutefois il met Vulcain dans le Dialogue suiuant, qui est vne contradiction.

P. 52. *Est-ce pour auoir fait ce beau chef-d'œuure?* il ne le faloit pas expliquer dauantage, aprés l'auoir esté au Dialogue précédent, le reste est touché plus bas.

P. 53. *Nereide*, son nom est exprimé au Dialogue cy-dessus, quelques-vns ne croyent pas que Thétis la

SVR SA TRADVCTION DE LVCIEN.

Deeſſe de la mer, ſoit la meſme que la Nereïde, mais Lucien les confond.

Iunon l'a transformée, ie conte l'hiſtoire tout d'vn temps ſans interruption, parce que cela eſt plus clair & plus court. — P. 54.

Ie n'ay plus ny bec, ny ongles, cela dit aſſez, ſans ajouſter *ailes*. — P. 55.

Tu viuras de Nectar, ie dis plus bas qu'il en ſera l'Echanſon. — P. 56.

Eſt-il meilleur que le laict? ie retranche icy quelque choſe de puerile, parce qu'il n'y en a que trop.

Dix baiſers, il n'y a que *deux* au Grec, mais cela fait plus de force. — P. 59.

Il a fait vn inſtrument auec la Coquille d'vne Tortue, cela ſufit, ſans décendre dans le particulier, pour les raiſons que i'ay touchées d'abord. — P. 62.

Et te ſoufletoit, il y a au Grec, *feſſoit auec vn patin d'or*; mais cette phraſe eſt deſia employée, & la repetition n'en ſeroit pas agréable. — P. 70.

Ie l'ay pourſuiuy vainement, ie le trouue plus ioly de la ſorte, que de dire qu'il s'en eſt vengé. — P. 71.

Careſſera Venus, & les Graces, le Grec dit *la Grace*, mais on ne diroit pas en françois *careſſer la grace*, puis que les Graces ne ſe ſeparoient point.

Qu'il leur dreſſe quelque piége, ie fais dire cela à Apollon, afin que Mercure die le reſte, qui luy vient mieux, comme il ſe voit dans le Dialogue ſuiuant. — P. 72.

Touſiours en la Compagnie, &c. Le reſte eſt touché en ſuite. — P. 75.

La Thrace & la Lydie, le Tmole eſt trop peu de choſe pour eſtre exprimé, c'eſt vne montagne de l'Aſie.

Amoureux, ie diray plus bas, *ſauant dans les* — P. 77.

choses de l'amour, & exprimeray à quoy sert la pomme.

P. 79. *Querelleuses*, le mot de *Plaintiues* n'y vient pas si bien.

Des Brebis, il y a au Grec *des Genisses*, mais il est plus beau de le faire Berger que Bouuier, outre que les Brebis sont mieux sur des rochers que les vaches.

P. 81. *N'en acusent que leur mal-heur*, ou *n'en acusent que mes yeux*, mais l'autre est plus fort.

Ie ne suis point ambitieux, ie touche en suite les promesses & les presens.

P. 84. *I'en mettray l'vn dans tes yeux*, *& l'autre en son cœur*, ce sont les principales parties qui donnent de l'amour, & qui en reçoiuent. *Latosque oculis afflarat honores*, pour rendre Enée plus aimable.

P. 85. *Car on sçait qu'il eut bien de la peine*, i'ay reüny cela pour estre plus court.

P. 86. *Dialogue de Pan*, *& de Mercure*, i'ay agencé & transporté diuerses choses en ce Dialogue pour estre plus agreable.

P. 89. *La fille d'Agenor à Sidon*, il y a au Grec *la fille de Cadmus*, qui est Semele; mais il faut mettre *la sœur*; car Semele estoit de Thebes, comme il se voit au Dialogue de Neptune, & de Mercure; d'ailleurs il seroit ridicule de mettre déja son fils dans le Ciel, comme on fait icy, & d'y parler du commencement des amours de sa mere, qui mourut estant grosse de luy. Du reste la fille d'Agenor est Europe sœur de Cadmus, & quoy qu'elle soit pour le moins aussi ancienne que Semele, cela ne touche pas tant ; puis ce n'est pas moy qui fais la faute, mais l'Auteur.

P. 90. *Et trauailler tandis qu'on est jeune*, i'aiouste ce-

SVR LA TRADVCTION DE LVCIEN. 527

la, parce qu'on peint toûjours Mercure en ieune homme.

Mais il est assez puni, Le reste n'a pas besoin d'estre exprimé, outre qu'il ne faut pas trop insister sur des fables ridicules.

D'où découlera l'Ambre, C'est ainsi que l'Auteur le dit au traité qu'il en fait exprés. P. 91.

A la lute, ie me suis seruy du terme general, parce que le particulier n'est pas bien françois.

Ie ne les pouuois pas tenir tousiours renfermées, ie n'ajouste point ce qu'il dit du Belier, car cela est plat. P. 95.

Dansoient, cela y vient mieux *qu'aplaudir* ou *écouter*. P. 98.

Les renuoya à Pâris, C'est assez de cela icy, le reste est expliqué tout au long dans le Dialogue du Iugement de Pâris.

N'abandonne point l'étrier, ie me sers de cecy, comme d'vne frase françoise, qui signifie *demeurer tousiours prez du Cheual*, sans me mettre en peine s'il y auoit des étriers de ce temps-là, car ie parle françois, & non pas grec, & mesme la langue françoise n'estoit pas encore au monde du temps de Lucien, si bien que ie le fais parler vne langue qui n'est née que plus de cinq cens ans apres sa mort; il ne faut pas examiner les choses à la rigueur, dans tout ce qui tient lieu de réprésentation, comme Comedies, Traduction, Cartes, &c. P. 99.

Vers le genre humain, Le reste est touché plus bas. P. 101.

De Neptune & d'Amphitrite, il n'estoit point besoin de mettre icy les Néreides, puis qu'il n'y a qu'Amphitrite qui parle. P. 102.

Pourquoy te prenois-tu aussi à Achile? C'est assez de cela pour le sujet. P. 104.

Non, mais Persée l'a tué, ie ne repete pas ce qui P. 106.

est imprimé au Dialogue, précedent, parce que cela languiroit.

C'est mal reconnoistre, ie passe ce qui n'est pas necessaire.

P. 107. *Auec des aîles que Minerue luy auoit prestées*, On le peint ordinairement sur vn cheual aîlé.

Qui estoit mortelle, Le Grec dit, *qui aueugloit*, mais on a coûtume de le dire de la sorte.

A la faueur du Bouclier, &c. Il n'est point necessaire de dire d'où il le sait.

P. 108. *L'as-tu veu Zéphire ?* Ie fais dire à *Notus*, ce que l'Auteur fait dire au Zéphire, parce que cela est indiferent, & que l'vn est plus agréable à prononcer que l'autre; or dans ces Dialogues, il faut auoir égard à l'agrément, & ne point choquer l'oreille par vn terme barbare.

Non, ie souflois, Cecy est plus bas chez l'Auteur.

Est-ce là tout ce beau spectacle ? il est plus ioly de la façon, qu'affirmatiuement.

P. 110. *S'il n'a assez ry*, il y a au Grec; *s'il a assez ry*, l'vn & l'autre peut faire vn bon sens, mais celuy de l'original faisoit quelque dificulté que i'ay voulu oster.

A Athênes ou à Corinthe, il y a au Grec, au *Cranée*, & au *Lycée*, qui sont des lieux de ces Villes là où les Philosophes s'assembloient.

Mais veux-tu que ie die ? ie le fais dire à Pollux, P. 111. parce qu'il y vient mieux & est plus court.

Dialogue de Crésus, &c. Vn si petit Dialogue
P. 112. n'a point besoin de titre particulier.

Luy-mesme, il y a au Grec qu'il a vécu 90. ans,
P. 116. & qu'on le laisse viure encore autant; mais cela n'a pas besoin d'estre exprimé.

Courage Theocryte, i'ay mis *Theocryte* pour *Thoucrite*.
P. 118. *Philon*, pour *Phidon*, *Cariclés*, pour *Cariadés*, parce que ces mots sonnent mieux en nostre lan-

gue, & que s'il eût écrit en françois, il eut eu égard à cela; puis qu'il est indiferēt comme on les nôme.

De la Chévre qui prit le Loup, On dit ainsi ce Prouerbe en nostre langue, & l'on feint qu'vne Chévre poursuiuie d'vn Loup, se sauua dans vne maison deserte, dont elle ferma la porte par hazard auec ses cornes, apres que le Loup fut entré, qui fut pris par ce moyen. P. 120.

Ie cajolois Hermolaüs, ie ne dis pas qu'il n'auoit point d'enfans, parce que cela n'est que trop exprimé dans ces Dialogues.

Ce n'est pas ce que tu penses, La pensée de l'Auteur aloit au sale; mais ie l'ay changée, pour ne point blesser les oreilles délicates, ce qui m'a obligé à altérer la suite.

Aclamations, Le mot de *Proclamations* n'eût pas esté entendu là. P. 124.

Tu as raison, L'Auteur fait dire cela au Philosophe, mais cela vient mieux à Mercure. P. 125.

Qui sont tous deux morts en mesme temps, il n'est point nécessaire de dire de quelle mort. P. 127.

Que ie suis heureux, i'ay changé la pensée de l'Auteur que ie trouue ridicule. P. 129.

Après la mort de mon beau-frere, i'ay mis cela selon la verité de l'histoire.

Iamais mes plaisirs, il n'est pas nécessaire de faire aleguer de faux exploits à Alexandre, qui en a assez fait de veritables. P. 131.

Ie le soufrois, ie le fais dire à Alexandre plûtôt qu'à l'autre qui l'acuse, parce que cela va à sa iustificatiō. P. 132.

Courtisans, il y a au Grec *Deuins*, mais c'estoient les Courtisans qui estoient les premieres causes du mal, & ie puis prendre lequel il me plaist, celuy-cy vient mieux icy. P. 134.

Tous les grands hommes sont morts, l'Auteur dit icy qu'Vlysse viendra bien-tost; mais il ne cōsidere pas P. 137.

qu'il le fait defia mort au commencement du Dialogue.

P. 139. *Diogéne, & non pas fon ombre*, Cela eſt mieux que de dire *l'ombre de Diogéne*, puis qu'il fe rit de cette opinion.

P. 151. *Sa belle Artemiſe*, il ne fert de rien de dire icy qu'elle eſtoit fa fœur, auſſi bien que fa femme.

P. 152. *Car il n'y a point de diſtinction*, i'ayme mieux finir là, que d'ajoufter des paroles inutiles.

P. 153. *Oronte*, il y a au Grec *Oroeſés*, mais l'autre mot eſt plus beau en noſtre langue.

P. 159. *Ne vois tu donc pas*? Les Chreſtiens ne croyent point d'autre deſtin que la volonté de Dieu; Quelques-vns meſme ne veulent pas qu'il y ait des Decrets des actions humaines, de peur que cela ne bleſſe leur liberté, & croyent que Dieu les fait, à cauſe qu'elles doiuent ariuer, mais qu'elles n'ariuent pas à cauſe qu'il les fait.

P. 160. *Ie te faluë Portique*, noſtre Proſe a plus de raport aux ïambes des Poëtes tragiques que nos vers, c'eſt pourquoy ie ne me fuis point mis en peine d'en faire.

P. 161. *Vn important ſecret*, Ce font deux vers d'Homére, c'eſt pourquoy il les exprime en vers.

P. 164. *De longs cheueux, & vne grande barbe blanche*, il y a au Grec des cheueux blancs, & vne grande barbe; mais il eſt mieux comme ie l'ay exprimé, & ces gens portoient auſſi des cheueux longs.

P. 165. *Hydromel*, nous n'auons point d'autre mot pour exprimer le Mélicrate, quoy qu'il ſe fiſt auec du miel & du vin.

P. 166. *Plante d'aſphodelles*, C'eſt vne plante, bien qu'il en faſſe vn arbre dans fon hiſtoire veritable.

P. 169. *Pyrrias ny Therſite*, c'eſt aſſez de ces deux exemples, fans en ajoufter vn troifiéme. Les Grecs ne

peuuent

peuuent finir, & particulierement les déclamateurs qui disent tousiours tout ce qu'ils sauent, & s'épuisent sur vn sujet, c'est vn defaut de cét Auteur que i'ay touché dans la préface.

Comedie, Il y a au Grec *Pompe*, qui estoit vne espece de Procession à l'honneur des Dieux; mais il faut que les comparaisons soient de choses connuës, & celle-là n'a point de raport à nostre façon.

Colonnes & statues, ie l'ay expliqué des tombeaux, parce que l'exemple ne va que là. P. 170.

C'est la plus commune, ie l'ay mis ainsi parce que le dessein de l'Auteur n'est pas d'oposer cette vie à celle des Grands, mais à celle des Philosophes, comme la suite le fait voir. P. 172.

Ce ieune Thessalien, C'est Protesilas dont il est parlé plus haut. P. 173.

Ou si nous prendrons le Parnasse, ou le Mont Olympe, cela dit assez qu'ils sont plus hauts que le Caucase; & pour estre delicat, il ne faut pas trop marquer ce qu'on veut dire. P. 175.

Tu parleras en langage plus humain, dy moy donc sans tant de façon, i'ay mis cela pour m'exemter de faire de meschans vers. P. 178.

Il veut dire, ie fais dire cela à Mercure, à qui il conuient mieux qu'à Caron. P. 179.

A ces bouillons d'écume, la comparaison est trop claire pour auoir besoin de reddition. P. 185.

Ils versent du vin & de l'hydromel, il ne faut point ajouster *à ce que ie puis voir*, car il luy a éclaircy la veuë. P. 186.

Romulus par vne Louue, cela estoit comme necessaire à l'enumeration. P. 190.

Cigogne, ibis, est vne espece de Cigogne, & il ne se fût pas entendu en gardant le mot. P. 194.

Secte Italique, quoy que Pytagore fût d'Ionie, sa

sa secte s'apelloit Italique, à cause qu'elle commença en Italie.

P. 197. *Pytagore*, Il a au Grec, Pytagoricien ; mais ce qu'il dit, ne peut conuenir qu'à Pytagore : l'Auteur a tâché par là de trouuer vn échapatoire, mais il ne vaut rien ; car ce sont les chefs de secte qu'il ataque icy, comme il fait en assez d'autres lieux.

P. 198. *Icy Diogéne*, pour estre plus court & plus vif, ie retranche tout ce dont on se peut passer.

P. 199. *Les Passions*, elles s'ajustent mieux à *Monstres*, que la volupté, & estoient exprimées en suite.

P. 200. *Huitre à l'écaille*, ie ne traduis pas de mot à mot.

Vn grain d'Arsenic, il y a au Grec, vn Polype cru, & vne Seiche, pour faire allusion à sa mort ; mais cela n'eût point eu de grace.

P. 201. *Sauetier, Crocheteur, Harangere*, i'agence les choses à nostre façon.

Quelle cassolette, le terme Grec se raporte plus au parfum, qu'à l'yurognerie ; mais comme il le fait yure, il valoit mieux aller à l'yurognerie qu'au parfum.

P. 203. *Aymer*, i'éuite le sale autant que ie puis.

P. 205. *Fay venir ce Stoïcien à la barbe longue, & aux cheueux courts*, c'est ainsi qu'ils sont dépeints ailleurs.

P. 206. *Des Syllogismes*, la suite fait voir que ce mot se prend icy pour toutes sortes d'arguinens, & le pluriel y venoit mieux que le singulier ; ie demeure en suite dans la métaphore que l'Auteur a quitée.

P. 207. *Selon Nature*, c'est à dire en vn mot & clairement, ce que l'Auteur dit obscurément, & en plus de paroles.

Vne Démonstration, il y a au Grec *vn syllogisme*

indémonstrable; mais ie croy qu'il n'entend autre chose par là qu'vn argument conuainquant, & où l'on ne peut répondre.

Nulle pierre, &c. i'ay remis le syllogisme en forme pour estre plus clair. P. 209.

Pyrrhon, il y a au Grec *Pyrrhias*, mais ayant fait parler les autres Chefs de Sectes, il faloit que Pyrrhon parlast icy; car pour Chrysipe, il l'a mis au lieu de Zénon, pour ne point ofencer l'Empereur qui estoit Stoïcien. P. 210.

Y a-il quelqu'vn icy? c'est assez de cela, sans s'étendre dauantage. P. 212.

La vengeance, ce mot vient bien au suiet, & est plus beau pour titre, que *Reuiuant*, ou *Resuscité*.

Tu as beau dire, &c. Ie retranche icy d'autres vers d'Homere, qui ne disent rien de nouueau. P. 213.

Que celuy qui a fait le mal. I'ay reüny deux alegations en vne.

Mais où est-elle? ie ne repete point ce qui a déja esté dit P. 216.

Qui au lieu de la Philosophie, n'embrassent que son fantôme, il eust esté trop bas de dire, qu'ils se laissent mener par la barbe, & non par le nez.

Passer icy, ie ne dis pas *au Ceramique*, car il y auroit trop de mots propres, & maintenant inconnus, du reste c'estoient des lieux d'Athénes.

Comme les vens alument vn flambeau au lieu de l'éteindre, cette comparaison vient mieux au faux raports, & celle dont l'Auteur s'est seruie, est plus propre aux calamitez. P. 217.

La Vertu, i'omets *la Modestie & la Iustice*, &c. qui sont comprises sous ce nom, & qui ne peuuent faire icy de personnages séparez; mais i'ay ajoûté, la science. P. 218.

Cheres Sœurs, ce titre y vient mieux que

celuy de seruantes.

La raison, il y a au Grec *Elenchus*, mais cela n'eust point eu de grace, & la raison fait le mesme éfet parmy nous, selon notre façon de parler.

P. 219. *Fils d'Aléthion, & d'Elenxiclée*, i'en fais le pére & la mére, parce que cela est mieux de la sorte.

P. 220. *l'entray en colere de leur voir profaner ce sacré nom*, la comparaison tirée des Comédiens est touchée en suite, outre qu'il n'y en a que trop icy.

Ny qu'vn Asne, cette fable est trop commune, & trop souuent repetée pour estre expliquée dauantage.

P. 227. *Plus lascifs que des moineaux & plus larrons que des chouettes*, i'ay mis la chose à nostre air, il y a au Grec *plus lascifs que des asnes, & plus larrons que des chats*, mais on ne parle point parmy nous de la façon,

P. 228. *Ils en sont plus éloignez que le Ciel ne l'est de la Terre*; i'ay mis vne façon de parler françoise, au lieu de deux prouerbes qui ne sont pas à nostre vsage

P. 229. *Pour moy &c.* Ie fais dire cela à la Verité, plutost qu'à la Vertu; parce que c'est à elle particulierement à découurir l'imposture, & ie fais que la Vertu y consent.

C'est de chastier les impostures, il vaut mieux qu'il die cela, que quelques vanitez qui sont au Grec.

Vne piece d'argent & vn pain, i'ay exprimé ces choses là de la façon dont on a coûtume de les dire; on ne donne point de gasteau en aumosne.

P. 230. *Vn talent*, il y a au Grec *deux talens d'or*, mais c'est vne somme excessiue, aprés auoir dit vne piece d'argent & vn pain; vn talent commun n'est déja que trop.

Où l'on couronnera, il vaut mieux le faire là, P. 232. qu'ailleurs.

Mais comment les pourrons nous atraper ? ce qui est icy au Grec, est exprimé plus bas.

A-t-il enuie de pescher des pierres dans le Pelagisque, il dit cela par raillerie, & peut-estre estoit-ce vne raillerie ou vn Prouerbe

Que le syllogisme, ie fais faire par le Syllogisme, P. 233. qui est comme le valet de la Raison, ce qu'il fait faire par l'Elenchus.

Ils sont legers comme du vent, i'ay acommodé la comparaison à nostre vsage.

Vn autre qui se creue de rire, son baston, & sa P. 236. besace seront exprimez en suite.

A meine en suite les pendus & les roüez, il y a vn P. 238. autre suplice au Grec, mais il en faloit vn icy qui fust connu.

Megaclés s'en est saisi, il est plus fort au passé P. 339. qu'au futur.

Mille Talens d'Or, c'est assez de ces ofres, sans P. 240. en faire de nouuelles.

Acheue de redoubler mon suplice, il est plus fort, de luy faire dire cela, qu'à Cloton.

Lors que ie tombay malade, il y a au Grec, *lors* P. 241. *qu'ils faisoient des éfusions dans les festins*, mais cela y vient aussi bien, & est plus à nos mœurs.

Hippias, ie luy donne vn nom pour estre plus clair.

Quelque chanson, i'exprime la chose à nostre air. P. 245.
Ah! mes vieux souliers, ie ne repete pas les mots dont ie me suis seruy,

Le beau Pâris, il y a au Grec *Megile*, mais Pâris P. 246. est plus connu, & fait le mesme éfet.

Vn Philosophe Cynique, l'Auteur fait de ce mot P. 247. comme vn nom propre; mais il n'est pas necessaire.

Quelque tache de pechè, la chose n'a point besoin parmy nous d'explication ; car c'est ainsi que nous auons acoûtumé de le dire.

P. 248. *Les vns à cause de leur vertu*, ie ne repete point ce qui a déja esté dit.

P. 249. *Il a joüillé en cent façons ma lumiere*, le Grec ajouste, qu'il vouloit qu'elle fust presente à tout, mais cela fait vne image sale.

P. 250. *De ceux qui entrent au seruice des Grands*, il n'est pas necessaire d'ajoûter, pour de l'argent, ou pour la récompense, car la suite l'expliquera.

P. 251. *Lors que le Poëte ne peut plus démesler son intrigue*, c'est assez de cela, sans rien ajoûter.

Pour empescher donc que tu ne sois pris, i'ay changé la métaphore pour éuiter vne longue alégorie que fait l'Auteur.

P. 252. *Pot de chambre sur la teste*, ie mets la chose à nostre façon.

P. 253. *L'autre raison est*, ie retranche des choses qui sont déja touchées ou inutiles.

P. 254. *Ie renoncerois à celle de l'Empereur* ; c'est-ce qu'il entend par *le grand Roy*, comme il se voit dans le Dialogue de Toxaris.

P. 256. *Alors vous pensez estre*, il y a au Grec au lieu de cela, des choses qui ne sont pas à nostre vsage.

Car tous vos biens ne sont qu'en imagination, & tous vos maux en éfet, cela comprend en trois mots ce qui est touché en suite plus au long chez l'Auteur.

P. 258. *Aux anciens Seruiteurs de la maison*, il y a au Grec, *Amis* ; mais cecy vient mieux à la suite.

Vn balay neuf, il y a au Grec, *souliers neufs*, mais l'autre est mieux à nostre air.

P. 263. *La sagesse de Platon, ou l'éloquence de Demosthéne*, il y a au Grec, *la sagesse d'Homére*, ou la

Subtilité de Platon, mais ie ne traduis pas de mot à mot.

Si vous voulez tenir vostre grauité, i'ay transpor- P. 265. té cecy de plus bas.

Dans vn personnage de Tragédie, ou sous vn masque de Tragédie, mais cela fait le mesme éfet.

La dessus l'heure sonne, il y a icy vne pensée P. 266. que i'ay exprimée plus haut.

Prés de son mignon, il le faloit mettre ainsi, veu P. 267. la chose dont il s'agit ; car vne femme n'a que faire de Bardache.

Tu sçais, me diras tu, i'ay rejetté plus bas quel- P. 271. ques paroles qui sont icy, car cela est embroüillé, & ie marqueray en suite sa vieillesse.

Semblable à ce Charlatan, il y a icy vn exem- P. 273. ple d'Eschinés contre Timarque, mais cela ne feroit plus d'éfet maintenant, parce que cela n'est pas assez connu.

Le seruice des grands, & celuy du Prince, le reste P. 274. est déja dit.

Hermotime, ou des sectes, i'ay donné iour à ce P. 277. qui estoit trop embroüillé dans ce Dialogue par la multitude des comparaisons & des exemples, qui obscurcissoient ce qu'ils deuoient éclaircir. Ie n'ay rien pourtant osté du raisonnement, au contraire i'y ay ajoûté, si bien que ie puis dire que ce Dialogue est pour le moins aussi fort icy que chez l'Auteur.

Pourquoy ne le paye-t'il pas aussi ? ie ne dis que ce P. 282. qui est essentiel, pour abreger ce Dialogue qui n'est que trop long

Apollon s'a t-il seruy de guide ? i'ay transporté P. 284. cela de plus bas, & i'ay mis au lieu vne chose qui estoit icy, mais i'en ay osté l'explication, parce qu'il n'en estoit pas de besoin.

Z iiij

P. 287. *L'Interieur, par la mine*, il y a vne periode au Grec, que i'ay reiettée ailleurs, parce qu'elle interrompoit le fil du discours.

P. 291. *Mais pour auoir suiuy, &c.* ie fais dire cela à Hermotime pour rompre vn trop long discours, outre qu'il luy vient mieux qu'à Lycinus.

P. 292. *Si quelqu'vn voyoit vn Athlete*, il y a icy vn exemple des Areopagites qui iugeoient de nuit, & non pas de iour, pour auoir égard aux choses, & non pas aux personnes ; & d'autres encore que i'ay retranchez, parce que cela estoit trop long ; outre que celuy des Aréopogites est allegué ailleurs Voy la remarque sur la page 351.

P. 294. *Areste*, l'Auteur s'estend icy hors de propos en vne chose trop claire, ce qui ne fait que l'embroüiller.

P. 295. *Sera-ce assez de dix ans ?* il sufit de mettre ce nombre, parce qu'il est plus vray-semblable, & qu'il fait le mesme éfet, qui est de montrer que la vie de l'homme ne sufiroit pas.

P. 299. *Ie ne vois pas ce que peut auoir de commun le vin auec la Philosophie*, l'Auteur s'estend encore icy trop au long, qui est le vice general de Lucien en ce Dialogue.

S'il faut ariuer à la félicité par la connoissance, i'ajouste tout ce raisonnement, pour suppléer en quelque sorte aux choses que i'ay retranchées.

P. 303. *Si nous pouuons trouuer quelqu'vn qui y soit paruenu*, il n'est point necessaire de repeter ce qui est dit d'abord.

P. 305. *Qu'vn Crocodille a pris*, c'est assez d'vn exemple ou deux de ces fadaises ; & ce qu'il dit de Dieu n'a que faire icy, & est vray.

P. 307. *Comme les Etoiles de Castor & de Pollux*, ie ne suy pas la comparaison de mon Auteur, parce

SVR LA TRADVCTION DE LVCIEN. 539
que celle-cy s'ajuste mieux.

Qui estoit de son païs, ou simplement, Grec. P. 308.

C'est vne Chambre magnifique, i'ay déja dit que c'est le mariage de Roxane, & la suite l'explique encore.

Comparez à ces deux Héros, i'ay trouué plus à propos de raporter cela à ceux dont il a parlé, qu'à des Athlétes. P. 309.

Lû mon Ouurage, ce qu'il dit icy, se raporte mieux à ses Dialogues, qu'à autre chose. P. 310.

Quoy qu'il semble sourire, ce qui est icy, est rejetté plus bas. P. 311.

Comme ce Prince vit, ie n'ay pris de cét exemple que ce qui seruoit au sujet. P. 312.

Aprés auoir apris de luy tous les secrets de son art, ie tranche cecy en trois mots, tant parce qu'il n'y a que cela qui serue au raisonnement, que parce que le particulier n'est plus de ce temps-cy. P. 313.

Sans elle ie conte pour rien toute ma gloire, i'ay déja dit que son iugemēt estoit la regle des autres. P. 314.

Seruant de ioüet aux petits enfans le reste est déja exprimé. P. 317.

L'on choisit pour Legislateur, ces loüanges sont touchées en suite.

Reçoy ce present de ma main, ie touche plus bas, qu'il cherche vn ami. P. 318.

Les plus grands personnages de la Gréce, le Grec dit, *les dix d'Athénes* qui estoient des Orateurs llustres. P. 319.

Comment il faut écrire l'Histoire, comme c'est icy vne piece de doctrine, i'ay ajousté ou expliqué en diuers endroits, ce que ie croyois qui y manquoit. P. 320.

On dit, ie mettray plus bas, mon cher Philon.

Qui concerne l'ordre, la pensée & l'expression, ce- P. 322.

Z v

la comprend tout ce qui se peut dire dans vn sujet, sans s'atacher scrupuleusement aux paroles de l'Auteur.

P. 323. *Ie laisse à part*, l'exemple d'Hercule est déja touché.

P. 324. *Et faire que d'vne main il tînt vne ville, & de l'autre il versât vn fleuue*, i'ay ajousté cela icy, parce que cela fortifioit la pensée.

P. 327. *Combien employe-t-il de paroles ?* Ou, *de Vers*; mais il est ridicule de vouloir assujettir les Poëtes aux reigles des historiens, quoy qu'on voye par la suite, & par les choses qu'il reprend, que c'estoit de la poësie.

P. 208. *Mais que dirons-nous ?* il a parlé déja de ceux qui mettent des termes bas dans leur histoire.

P. 330. *Il est loüable*, l'Auteur dit le contraire, mais il est plus loüable de la façon.

Quelques vns sans s'arester aux choses essentielles, l'Auteur dit qu'il va passer aux préceptes ; mais comme il ne le fait pas encore, ie l'ay omis.

P. 333. *Musican*, il y a au Grec *Musiris*, qui est vne ville de ces païs-là, & peut-estre que c'est la mesme chose ; mais comme ce nom est plus connu dans l'histoire d'Alexandre, ie l'ay choisi plustost que l'autre.

Vn autre plus plaisamment, ie ne parle point de parthides, ni d'Attides, parce que cela n'auroit point de grace parmy nous.

D'y ietter la bonne semence, cette comparaison y vient mieux que celle de bastiment.

Discerner le mensonge d'auec la verité, ie l'ay mis de la sorte, parce que la prudence politique s'a-quiert par l'exercice.

Faire d'vn lourdaut vn habile hôme, i'ay retranché plusieurs exemples qui ne sont pas à nostre vsage.

Que le respect de sa Patrie, i'ay tourné tout cela à P. 334. noſtre air, & n'en prens que le ſuc.

Le deuoir de l'Hiſtorien, ie marqueray en ſuite, qu'il ne donne rien à la haine ni à l'amitié, & qu'il fait plus de cas de la verité que de tout le reſte.

Mais les fictions des Poëtes i'ay ajouſté cela, afin P. 335. que cela ne trompaſt perſonne.

Car i'ayme-mieux, dit-il, i'ay acheué ce raiſonnement plus que l'Auteur, ſans ajouter, qu'il trauaille pour la poſterité, parce que ie l'ay déja dit.

Ou faire quelque harangue, i'ay ajoûté cela comme i'ay fait diuerſes choſes en tout ce diſcours, aux lieux où il en eſtoit beſoin.

Que ſes periodes, i'ay réüny cela icy de diuers P. 336. endroits.

Qui eſtoit le plus grand, cela dit aſſez que l'autre P. 343. eſtoit moindre.

Perſan, il y a au Grec *Lydien*; mais cela faiſoit P. 344. vn mauuais ſon auec *Indien*, & eſt indiferent.

Dans les deux fleuues, il n'en nomme qu'vn, mais l'autre eſt ſous-entendu, parce qu'on y peſche du poiſſon, & qu'on s'y fournit d'eau douce.

De iour on ne voyoit rien, c'eſt à dire aux enuirons, comme la ſuite l'explique.

Hipogryphe, i'ay mis ce mot au lieu d'*Hipogype*, P. 345. d'où ſans doute il a eſté fait; mais l'autre ſonne mal, outre que Griffon eſt plus beau que Vautour, pour des chimeres.

Couuertes d'herbes au lieu de plumes, ie ne dis P. 346. point, que les plus viſtes eſtoient chargez de laictuës, parce que cela n'eſt déja que trop ridicule.

De la coquille d'vn Limaſſon, cela eſt plus ioly que de dire *de Féve*, ou *de Lupin*, outre que

Z vj

Féve vient aussi-tost, & que Lupin est peu connu par le peuple.

P. 350. *Pyronides, &c.* ces noms n'ont rien d'extraordinaire qui mérite qu'on en mette l'explication en marge, comme des autres. Les vns signifient feu, esté, embrasement; les autres, nuit, lune, lumiere.

Iusqu'à l'age de vingt-cinq ans ie ne dis pas qu'ils sont hommes aprés cela, pour ne pas insister sur des saletez, outre que cela s'entend assez.

P. 354. *Coronus fils de Cottyphion*, ie ne mets pas l'explication de ces mots? parce que cela est ridicule en François, l'vn signifie Corneille, l'autre Merle, & celuy qui est plus haut, signifie, Nuë, Coucou.

Les dents longues & pointues, les Baleines n'ont point de dents, mais c'est icy vne fable.

Comme des Clochers, il y a au Grec *phalles*, qui estoient de grands Priapes de bois.

P. 355. *Herons*, i'ay mis vn oyseau connu.

P. 356. *Il nous fit bonne chere de ce qu'il auoit*, le particulier est expliqué en suite.

P. 357. *Le reste d'anguille*, ou *les yeux d'anguille*, mais ie l'ay mis ainsi, parce qu'autrement il ne parleroit que de leurs visages.

Pagourades, ie n'explique pas ce mot, parce qu'il est contraire à son dessein, c'est vne espece de Cancre.

P. 355. *Retournerent au Combat*, il est mieux de la sorte que de les faire ataquer tout de nouueau.

P. 364. *Pins*, il y a au Grec *Cyprés*, mais cét arbre y vient mieux parmy nous, qui ne connoissons point de grands Cyprés, comme l'on fait en Asie.

Tortues, il y a au Grec *éponges*, qui est trop ridicule, aussi bien qu'en suite, ces anchres de verre que i'ay ostées.

Deuant nous, i'omets les distances qui ne seruent de rien.

Chaînes de roses, ie dis en vn autre endroit, qu'il n'y en a point de plus fortes en toute l'Isle.

Nous fûmes rauis, ie ne marque point le temps, parce qu'il est inutile.

Marqueté d'ebeine, & d'yuoire, il est mieux de la sorte que de mettre *yuoire* tout seul.

Les Temples des Dieux de Rubis & de Diamans, aprés auoir fait les murailles de la ville d'émeraudes, il n'y auoit point d'aparence de faire les Temples des Dieux de Béril qui n'est pas si précieux, puis que ce n'est pas vne pierre assez connuë.

D'Eau de senteur, ie le trouue mieux comme cela, que d'huile, puis que c'est pour se baigner, outre qu'il en met des sources aprés.

De boire, & de manger, cela est exprimé plus bas chez l'Auteur.

Plusieurs ruisseaux de laict & de vin, leur nombre ne sert de rien, & est fade.

Sereins, il y a au Grec *Cygnes*, & *Hirondelles* ; mais les vns ne chantent point, & les autres chantent mal ; & les Sereins nous viennent des Isles fortunées, ce qui fait encore quelque beauté, car c'est là qu'ils croyoient leur Paradis.

Les Stoïciens en sont bannis, il n'est point necessaire aprés cela de parler de Chrysipe qui estoit Stoïcien.

Ie n'y vis point d'Academiciens, il y a icy vne raillerie qui est desia touchée au Dialogue *des Sectes, & des Philosophes à l'ancan*.

Les femmes y sont communes, ie n'ay pas voulu mettre qu'ils les caressent deuant tout le monde, ce qui est trop des-honneste.

Encore croit-on qu'il se parjuroit, ie n'ay pas voulu insister dauantage sur vne saleté.

P. 371. *Il arriua de nouuelles auantures*, il ne sort de rien de marquer le temps.

Leur amour ne pût estre long-temps caché, il n'estoit point besoin de cela, puisque les femmes y estoient communes.

Ils prirent la nuit, il ne sert de rien de dire s'il se trouua au soupé ou non.

P. 372. *L'Isle des bien-heureux est exempte de suplices*, il est mieux de la sorte, & se raporte à ce qu'il a dit, qu'il n'y auoit que des chaisnes de roses.

Racines de manne, ie croy qu'il fait allusion au Moly.

P. 374. *Pour de l'argent*, ie raille sur ce qui a coustume de se pratiquer en semblables occasions.

Nous y entrâmes, i'ay rejetté plus bas ce qui suit.

D'vne eau dormante, i'ay mis cela au lieu de ce qui est au Grec, & *la fontaine des sens*, tout de mesme; & cela y vient mieux si ie ne me trompe.

P. 375. *Trente nuicts*, il est plus beau ainsi, dans cette Isle, que de compter par iours.

P. 376. *De peur que ce fourbe ne nous eust fait quelque supercherie*, i'ay ajousté cela pour colorer cette action qui est indécente.

P. 377. *Des yeux de Cancre*, ie n'ajouste point *des seiches*, parce que cela n'auroit point de grace parmy nous.

P. 378. *La Coque*, ie n'ajouste point qu'on la rompit, &c. parce qu'il n'y a desia que trop de fadaises.

La mer bocagere, i'ay mis en marge la signification Grecque, comme ie fais ordinairement quand elle contient quelque obscurité, ou qu'elle n'est pas à nostre vsage.

P. 380. *Vn baston entre les jambes*, cela est plus honeste

que ce qui y eſt, & fait le meſme éfet.

Le Meurtrier du Tyran, i'ay tranſporté & alteré P. 382.
diuerſes couleurs en ces déclamations, pour la délicateſſe du raiſonnement, & la rudeſſe de la liaiſon.

L'affection qu'il portoit à ſon fils, la penſée qui
ſuit, eſt exprimée ſur la fin.

Ie ſuis ſur le point, Ie diray en ſuite, *qu'il les a
déliurez du mal preſent, & de la crainte de l'auenir,
& qu'il a eſté vn ſucceſſeur à la Tyrannie*.

Ie luy laiſſay faire à luy-meſme vne action qui P. 384.
m'euſt des-honoré en la faiſant, le reſte eſt expliqué
dans la ſuite.

Dira-t-on? i'exprime plus bas qu'il laiſſa là ſon P. 386.
épée pour ce ſujet.

Indigne de recompenſe, on eſt contraint de re- P. 388.
battre ſouuent les meſmes mots dans ces declama-
tions, qui eſt vne des choſes les plus faſcheuſes de
la Traduction, car pour s'en exemter, il faudroit
perdre la penſée.

Le fils des-herité, il y a au Grec *abdiqué*, mais P. 390.
ce mot ne s'entendroit point, & celuy de des-herité ſufit en pluſieurs endroits, & où il ne ſufit
pas, i'y ajouſte l'autre auec explication.

Il faut preparer auparauant le malade à le receuoir, P. 397.
ie parle de la maladie en général, ſans m'atacher
à la fureur, parce qu'il n'eſt pas queſtion icy de
donner des recettes.

Pour faire voir la foibleſſe, &c. i'ay abregé ce P. 398.
raiſonnement qui eſtoit trop long.

Phalaris, i'ay fait cette harangue ſous le nom P. 403.
des Députez, parce qu'il n'eſt pas ſeant de raporter directement vne longue harangue ſous le
nom d'vn autre, outre qu'il y a pluſieurs choſes
de Phalaris, qui ſiéent mieux en la bouche des autres qu'en la ſienne.

P. 404. *Par l'assistance des Dieux*, ie l'ay dit en général, parce qu'il ne pouuoit sauoir asseurément si cela venoit d'Apollon; du reste, ie ne rebas point en suite qu'il auoit dessein de quiter l'Empire, parce qu'il faut passer légérement sur les choses qui ne sont pas vray-semblables.

P. 409. *C'est condamner*, i'omets vne méchante couleur, de dire qu'Apollon eût fait périr le Vaisseau, s'il n'eust pas eu enuie du présent.

P. 410. *Refuser de présens ni de victimes*, ce qui suit, est desia touché dans la harangue.

Alexandre fils de Podalire, i'exprimeray plus bas sa patrie, dont l'expression eût esté des-agréable icy.

P. 417. *Asie*, il y a au Grec *Cilicie*, Prouince d'Asie.

Il sauoit plusieurs beaux secrets de la Médecine, il en alegue vn icy; mais il n'est pas question de donner des recettes.

P. 419. *Les interpretoient*, il dit plus bas le contraire, que les Interpretes luy payoient pension, à cause du grand gain qu'il faisoient.

P. 420. *Car il luy en vouloit*, i'ay osté vne periode qui empeschoit la liaison, mais on la trouuera plus bas.

Et ne laissoit toucher; le mot de *toucher*, n'est pas icy, mais il est ailleurs.

Celuy qu'il rendit à Seuerian, ie me contente de dire le sens de l'Oracle, sans m'amuser à traduire des galimatias.

P. 421. *L'armée*, ou simplement *les troupes qu'il commandoit*, mais il en fait vn grand Seigneur.

P. 424. *Mais que celle du Prophete estoit immortelle*, l'Oracle qui suit, sera touché ailleurs.

P. 428. *Ecoute maintenant*, i'omets icy vn Oracle qui ne sert de rien.

Comme ie le haïſſois à cauſe de ſes impoſtures, i'ay P. 429. taſché de donner quelque couleur à vne extrauagance.

C'eſt la Cataſtrophe, &c. ie paſſe vne penſée libertine qui eſt icy hors de propos. P. 431.

Venger l'honneur d'Epicure, ſes loüanges ſont deſia exprimées.

Au ſon de la flûte, & de la lyre, les particularitez que i'oublie icy, ſeront retouchées ailleurs. P. 432.

Qu'il l'a rendu plus célébre que ſa beauté ni ſa valeur, ie ne dis pas que cela a aidé à faire prendre Troye; car cela eſt fait. P. 433.

Ie ne parle point des Orgyes, peut-eſtre qu'il entend parler des myſtéres en général, ſans toucher particuliérement ceux de Bacchus. P. 437.

Et auec cela eſtre ſubtil, i'ay ajouſté cela de plus bas, afin de parler icy tout d'vn temps des auantages de l'eſprit. p. 442.

Quant aux perfections du corps, celles de l'eſprit ſont deſia exprimées, & i'y ay rejetté ce qui eſtoit icy. P. 450.

Comme il prend de l'Orateur le geſte, i'y ay ajoûté cela, afin que Mercure euſt part icy, en autre qualité que d'Athléte, parce qu'il y en a aſſez.

Dioclés ſouſtenoit que non, il y a icy vne diſtinction d'Eunuque qui n'eſt pas néceſſaire, & qui ne reuient pas à noſtre langue. P. 457.

Comme Phaéton, la fable en eſt trop connuë pour eſtre repetée icy. P. 461.

Tu l'és donc? il a falu changer la raillerie Grecque qui conſiſtoit dans les mots. P. 468.

Arceſilas, ou *Arcteſilas*, car *Arctos*, ſignifie Ours. P. 469.

Que tu l'ailles trouuer, c'eſt peut-eſtre vn reproche de ce qu'il ne ſe tuoit pas pour le ſuiure. P. 470.

Ne diriez-vous pas ? il y a icy vn Prouerbe Grec qui ne se raporte point à nostre façon.

P. 471. *Son fils*, ie n'en ay exprimé qu'vn, parce qu'il n'en fait mention que d'vn plus haut.

P. 472. *Ie voudrois qu'il y fust desia*, le Grec dit que *l'Epitaphe fust desia grauée sur ton sépulcre*, mais on l'eust pû grauer mesme auant sa mort, outre que ce que ie dis, y vient aussi bien.

Cerbere m'a mordu, Cerbere y vient mieux que Caron, il n'est pas parlé d'vn baston au Grec, mais l'endroit est corōpu, toutefois il est mieux de dire qu'il boitoit soit par foiblesse ou autrement, car les Philosophes Cyniques portoient toûjours vn bâton.

P. 473. *Sans l'écouter*, i'ay ajoûté cela pour faire grace.

Du miel, il y a *des gasteaux au miel*, mais cela y vient mieux.

Qui n'auoit qu'vne main, il vaut mieux mettre, *qui estoit sans mains*, car Cynegire perdit les deux mains en vn combat naual; il auoit d'abord mis la main droite sur vn Vaisseau ennemy pour l'arester, & comme elle luy eut esté coupée, il y mit la gauche, qui luy fut coupée de mesme, de sorte qu'il aresta le Nauire auec les dents.

Dresser vn amphitéatre, il est parlé dans l'Icaromenipe d'vne Olympie qu'ils vouloient bastir.

P. 474. *Chacun se taisoit*, Ou *s'arestoit*, sans rien ajoûter.

P. 475. *S'il te souuient encore*, ie ne parle point d'Aristide, ni des fables Milesiennes, parce que cela n'est plus à nostre air, ni à nostre vsage.

P. 476. *Sans qu'Iolas mesme me pût soûlager*, c'est qu'il mettoit le feu aux testes coupées.

P. 479. *Si-tost qu'ils deuenoient grands & barbus*, cela n'étoit point nécessaire à dire d'vn Platonicien, puis qu'ils n'estimoient point l'amour honneste, mais l'Auteur sous prétexte d'amitié, tasche

SVR SA TRADVCTION DE LVCIEN. 549

à introduire le sale amour.

Le derriere ni trop gros, ni trop petit, l'Auteur P. 481.
ajoufte quelque chofe qui ne fe pouuoit exprimer
honeftement.

Comme pour exhaler fon feu, il y vient mieux P. 482.
qu'à ce qui fuit.

Soit qu'il fe fuft précipité, Ou qu'on l'eût.

Apres quelque conteftation de part & d'autre, l'Au- P. 483.
teur dit, que celuy-cy tenant la Déeffe en fa puiffance,
l'auoit careffée à la façon des garçons, *comme s'il fe
fuft fafché qu'elle eût efté femme,* mais ie n'ay pas
voulu infifter fur des faletez.

*Comme s'il eût efté queftion de difputer le prix aux
ieux Olympiques,* i'ay pris vne comparaifon qui
nous fuft connuë, & qui n'euft point befoin de
commentaires; car autrement elle feroit fans éfet;
& pour la mefme raifon, i'ay mis plus bas *Areopage,* au lieu d'*Eliée,* qui eft vn Senat moins connu.

Parleray-je du plaifir, les coifures des Dames P. 486.
font touchées dans l'autre harangue.

S'il eft permis à vn homme, ie coupe ce raifon- P. 488.
nement pour eftre plus vif.

Pere des myftéres cachez, cecy eft tiré du Plato- P. 489.
nifme, & a du raport à nos myftéres.

Tu as couuert la lumiére de ténébres, ou *répandu
la lumiére fur les ténébres;* car il femble que ces
chofes foient tirées des Hebreux.

Viuroient enfemble, i'ay mis cela plûtoft *qu'auec* P. 490.
nous, qui les mangeons.

L'autre celefte & Diuin, il y a icy quelques epithé- P. 491.
tes myftérieux, dont i'ay touché quelque chofe
d'abord.

Vn réchaut, ie l'ay ajoufté à caufe du fer chand P. 492.
qui fuit.

Ou pour rougir les ioües & les léures, ie l'ay
transporté icy d'ailleurs.

P. 493. *Leurs chaisnes, &c.* Le particulier n'estoit pas à nostre vsage, & en pensant décrire de belles parures, on feroit vne épousée de village.

P. 494. *Mais oposons vn peu, &c.* Pour donner de l'auersion des femmes, il prend l'exemple d'vne coquette, & pour faire aymer les garçons, celuy d'vn honneste garçon; si bien qu'en faisant le contraire, on renuerseroit tout son raisonnement. D'ailleurs, tout cét amour-là ne va qu'à l'estime & à la bien-veillance, & nulement à ce qu'il prétend: C'est pourquoy i'ay dit que ce Dialogue ne pouuoit corompre personne, s'il n'estoit desia corompu, outre que le plus sale en est dehos.

Il donne encore le reste du temps à l'estude. Ie viens de parler des belles actions de l'Antiquité, qu'on luy propose à imiter.

P. 495. *Oreste & Pilade.* Il confond par tout l'amitié auec l'amour.

P. 496. *Comme il faisoit Alcibiade.* I'ay retranché quelque chose, non tant parce qu'il estoit sale, que parce qu'il estoit sot; car il se voit par la fin, que celuy-cy ne défend que l'amour honneste. A quoy bon donc le faire coucher auec vn garçon?

P. 497. *Gagné le prix des jeux Olympiques.* Il y a au Grec, *la Bataille de Salamine*: mais cela n'est, ni si propre au sujet, ni si conuu; & par consequent, moins bon pour seruir d'exemple & de comparaison.

Nous traita magnifiquement. Il n'est point nécessaire de dire, *car il estoit fort magnifique*, parce que cela ne sert de rien au sujet.

P. 498. *Dormoit auec luy.* I'adoucis le plus que ie puis les choses. Du reste, ce qu'il dit *des Comastes* n'auroit point de grâce en François.

Ni que tu tiennes. I'ay esté au raisonnement; car le Grec semble dire le contraire; mais il y a faute.

TABLE

DES MATIERES PLVS CONSIDERABLES DES DIALOGVES DE LVCIEN.

A

Bdere. Comment les Habitans de cette ville deuinrent presque tous Comediens. 320.321

Abonus. Où est situëe cette ville. 414

Achille. Quels estoient ses regrets pour sa gloire perduë, 137

Acusateurs. Des hommes aprés leur mort, quels. 167

Adonis. Par qui rauy à Venus. 67

Comment il luy fut rendu pour moitié. *là mesme.*

Aetion. Pourquoy particuliérement honoré aux Ieux Olympiques. 308

Ajax. Comment mourut, & comment Vlysse fut cause de sa mort. *là mesme.*

Alcyon. Quel Oyseau, & l'histoire de sa métamorphose. 41. 42

Alexandre. Sa harangue en presence de Minos, auec le dénombrement de ses victoires 130. 131

Auec quel succés. 132

Pourquoy soufroit qu'on l'apellast fils de Iupiter. 133

TABLE

Comment traita Aristobule pour luy auoir donné des loüanges excessiues. 324

Comment il rebuta celuy qui vouloit faire son image du Mont Athos. *là mesme*

Alexandre pourquoy desiroit de retourner en vie aprés sa mort. 334. 335

Alexandre. Ou le faux Prophete. 410

Alphée. Fleuue, de quelle Fontaine amoureux. 95. 96

Ambre. Quelle production. 91

Ambrosie. D'où on peut conjecturer qu'elle n'est pas si excellente. 192

Amour. Combien c'est vne chose libre. 55

Il est traité de toutes sortes d'Amours depuis la page 475. *iusqu'a la fin.*

Amymone. Comment, & par qui changée en Fontaine. 99

Anacarsis. Quel Philosophe, & où il enseigna. 315

Andromede. Par qui, & comment déliurée du monstre qui la deuoit déuorer. 107

Pourquoy elle auoit esté atachée au rocher. *là mesme.*

Annibal. Contestation de ce Capitaine contre Alexandre, à qui passera le premier en l'autre monde. 128. 129

Leurs harangues deuant Minos. 129. 130

Antisthenes. Combien peu d'estat ce Philosophe faisoit de la mort. 154

Antiloque. Fils d'Amphiaraüs, à quoy s'employoit aprés la mort de son pere. 412

Antiochus Soter. Sa modestie aprés la Victoire. 312

Apis. Quel Dieu, & quels sont les Sacrifices que

DES MATIERES.

l'on luy fait. 194

Apollon. Pourquoy ne put estre aimé de Daphné. 53

Ce que la Religion atribuë à Apollon, & où adoré. 189. 193

Aparence. Comment se doit distinguer d'auec la verité. 286

Aprehender. Que c'est proprement. 210

Arcades. Pourquoy ne voulurent point receuoir l'Astrologie. 463

Arethuse. Fontaine quelle, & par qui recherchée. 96

Argent. Remede à tous maux. 36

Arion. Quel, & de son auanture. 101

Aristipe. Quel personnage, & ce qu'il sauoit faire. 201

Quelle estoit le sommaire de sa doctrine. 202

Aristote. Comment abusa de la bonté du naturel d'Alexandre. 133

Arrian. Disciple d'Epictete, quel, & ce qu'il a écrit. 411

Arsacés. Quel personnage, & dequoy se fâchoit particuliérement au passage en l'autre monde. 154

Astalaphe. Quel, & pourquoy l'on le fait naistre de Mars. *là mesme.*

Astrologie. Iugement que fait l'Auteur de l'Astrologie iudiciaire. 459

Qui en furent les premiers Inuenteurs. *là mesme & suiu.*

Astrologie défenduë des accusations ordinaires qui se font contre-elle. 463. 464

Athéniens. Combien grands railleurs, & grands Philosophes. 13. 14

TABLE

Athlètes. Comment s'aparioient aux Ieux Olympiques. 294

Ati. Combien chery par la mere des Dieux. 68

Atrée. En quoy preferé à son frere Thyeste. 461

Autolique. Fils de Mercure, pourquoy estimé tel. *là mesme* & 462

B

BAcchus. Comment enfanté. 191
Comment vainquit les Lydiens, Thyrreniens, & Indiens. 438

Bagoas. Quel, & pourquoy il contrefit l'Eunuque. 457

Balets. Comparez auec les Tragédies. 440

Bellerophon. Comment fut luy-mesme l'instrument de son malheur. 272

Pourquoy feint auec vn cheual ailé. 461

Biens. Quels, & ce qu'il en faut penser. 11
De combien de sortes. 210

Biton. Quel, & pourquoy heureux. 129

C

CAldéens. Combien adonnez à l'Astrologie. 490

Calidoniens. Pourquoy afligez. 189

Callidemidés. Parasite, comment mourut. 119

Cambyses. Quel, & comment mourut. 197

Caron. Pourquoy fait tout quiter dans sa barque. 199. 200

Castor & Pollux, combien semblables, & le moyen de les reconnoistre. 91. 92

Pourquoy ils ne paroissent pas tous deux en mesme temps dans le Ciel. *là mesme.*

De

DES MATIERES.

De quel meſtier ils ſe meſlent. *là meſme.*

Centaure. Belle deſcription du Centaure de Zeuxis. 311

Ceres. Comment repreſentée. 246

Chaires. Comparées à des bieres, & pourquoy. 20

Chaire. De Profeſſer diſputée entre deux Philoſophes. 454. 455

Chiron. Pourquoy ſouhaita la mort. 152. 153

Chryſippe. Pourquoy ne ſe faſche point de ſeruir, 205. 206

Quelle eſtoit ſa ſcience. 207. 208

Ciel. Sa deſcription ſelon Homére. 191. 192

Cleobis. Quel, & pourquoy eſtimé heureux, 172

Cleon. En quel ſens apellée Promethée. 7

Cocconas. Biſantin, quel, & ſa vie. 413

Cœur. De l'homme pourquoy comparé à vn but. 21

Colomnes. D'Hercule, & de Bacchus en quel endroit. 342

Comédie. Combien & en quoy diferente du Dialogue, & s'ils ſe peuuent alier enſemble. 8. & 9

Vie de l'homme, & qui en eſt le Poëte. 269

Ce qu'il faut pour faire que la Comédie ſoit bonne. *là meſme.*

Connoiſſance. De ſoy-meſme combien neceſſaire. 113

Conſequence. A qui il apartient de tirer des Conſequences, & ce que c'eſt. 208

Corybantes. Quelles, & leurs folies. 68 69

Cour. Quelles ſont les tourmentes de la Cour, & combien déplorable eſt le ſort des Courtiſans. 251 *& ſuiuant.*

Createur. Auantages du Createur ſur la creature, ſelon la Doctrine de noſtre Auteur. 42. 43

A 2

TABLE

Creation. De l'homme par Promethée. 47. 48
Son vtilité. 49
Crésus. Quel, & les propos qu'il tenoit à Solon. 179. 180
Ctesias. Iugement de son histoire des Indes. 341
Cupidon. Dénombrement des desordres qu'il cause dans le monde. 68. 69
Pourquoy craint Pallas. 76. 77
Cybelle. Que fit à son Athys. 191. 192
Où adorée. *là mesme &* 193
Cynique. Pourquoy absous par Rhadamante. 247
Quels Philosophes selon le sentiment commun. 285. 286
Cyrus. Quel, & les prédictions de sa mort. 179. 180

D

Danae. Par qui condamnée à estre mise dans vn coffre auec Persée son fils, & iettée dans la mer. 121
Et par qui sauuée. 105
Danaus. Comment traitoit ses cinquante filles. 59
Danse. D'où a pris naissance. 434. 435
Qui fut la premiere qui se plut à cét exercice, & l'enseigna aux autres. *là mesme.*
Comment Iupiter luy doit son salut. 435
Diuers noms & especes de danses. *là mesme.*
Danseur. Quelles doiuent estre les parties d'vn bon danseur. 443
Dauphins. Pourquoy ils ont tant d'amour pour les hommes. 101
Décacheter. Diuerses sortes de décacheter des lettres. 421. 422
Dédale. Et son fils, comment donnerent lieu à la

DES MATIERES.

Fable. 461
Delicats. Comment punis. 20
Déméa. L'Orateur pourquoy mal-traité par Timon. 37. 38
Démocrite Pourquoy rioit continuellement, & se mocquoit des hommes. 202
Démonax. Sa naissance, & quelle fut sa conuersation. 464. 465
Ses mœurs, & ses apophthegmes. 466. *iusqu'à* 474
Denys. Le Tyran, pourquoy déliuré de ses peines, & de la chimére. 168
Des-herité. Declamation d'vn fils des-herité. 390
Dessauter. Que signifie proprement ce terme. 437
Deuin. Ce que les Deuins ont ensemble de commun, est monstré au sujet du deuin Tiresias. 157
Dialogue. Quelle est l'essence du Dialogue. 8
Si l'on le peut vnir auec la Comédie, & quelles sont leurs diferences. *là mesme.*
Diane. Par quels peuples adorée. 192
Dieux. Pourquoy adorez sous diuerses figures d'animaux. 194
Dialogue. Iugement de sa vie, & combien diferent de Mausole. 150. 151
Son occupation en l'autre monde. 171
Comment representoit Hercule. 199
Sommaire de sa doctrine. 200
Et quelle beatitude il preschoit. *là mesme &* 201
Dionysius. Quel, & comment nâquit. 63
Discorde. Que fit aux nopces de Thétis, & de Pelée. 98
Diuination. Combien sainte au sens de l'auteur & ancienne. 463

A a ij

TABLE

E

Egyptiens. Comment régloient leur amour, & dequoy se seruoient pour deuiner. 460

Eleusine. Et ses mystéres, quels. 246

Eloquence. Quels sont ses auantages par dessus les autres connoissances, & son idée. 27. *& suiu.*

Elysées. Champs de l'Enfer par qui habitez. 176

Empedocle. Pourquoy apellé Pantouflier, & pourquoy il se précipita dans les flammes du Mont Ethna. 144

Empoule. Ce que c'estoit. 437

Endymion. Comment fait Roy du Globe de la Lune. 345

Origine de la Fable d'Endymion. 461

Enée. Quel, & pourquoy l'on le fait naistre de Venus. 462

Enfers. Quel est le chemin par où l'on décend aux enfers. 272

Epicure. Quel personnage, & ce qu'il ayme. 205

Epicuriens. Quels, selon le sentiment commun. 285

Epimethée. Et Promethée en quoy diferens. 9

Eschines. Quel personnage, & pourquoy particuliérement recherché par Philippe Roy de Macedoine. 4. & 5

Escriuains. Aduis aux Escriuains de l'Histoire. 321. 322. *& suiu.*

Esculape. En debat contre Hercule, & pourquoy. 69. 70

Pourquoy dit fils d'vne Corneille. 416

Ethiopiens. Comment surnommez par Homere. 50

En quelle posture ils vont au combat. 457

Etolie. Pourquoy afligée. 189

Eunuque. S'il peut estre admis à la Philosophie. 457

Europe. De qui fille, & combien aimée de Iupiter. 108

Spectacle de son rauissement. 109

Exorde. Quel doit estre selon les régles des bons Orateurs. 13

Préceptes pour l'Exorde des bons Orateurs. 373. 338

F

Fables. Anciennes, combien pleines d'instruction. 449

Felicité. Sans témoins, ce que c'est. 49

Des Philosophes, pourquoy chimerique. 277

Comment est vn trésor. 280

Felicité en quoy consiste, & par où il y faut ariuer. 298. 299. 300. *&suiu.*

Femmes. Combien peu d'asseurance il y a aux paroles des femmes. 132

Comment veulent estre peintes dans leurs Tableaux. 324

Plantées comme des vignes, dont les parties inferieures n'estoient que leurs troncs. 343

Fer. Comment le Fer se peut dire meilleur que l'Or. 181. 184

Festins. Combien grande est la liberté dans les Festins, & quelles gens sont ceux qui s'en formalisent. 47

Féves. Pourquoy Pythagore ne mangeoit point de Féves. 121

Flateurs. Pourquoy pires que ceux qu'ils flatent. 28

G

Galatée. D'où ainsi apellée, & combien amoureuse de Poliphéme. 172

Ganyméde. Comment rauy par Iupiter, & fait Dieu. 55

Gélons. Quels peuples, & en quels païs. 12

Gloire. Ce que c'est de la gloire du monde. 130

Gnathon. Parasite pourquoy mal-traité par Timon. 35. 36

Graces. Comment passoient leur temps auec Vulcain dans l'Isle de Lemnos. 72

Grans. Comment étallent leur folie & leur vanité. 16

Quels maux sont contraints de soufrir ceux qui entrent au seruice des Grans. 250, 251. *& suiu.*

Grecs. Dequoy particuliérement loüez. 13

Grecs comment gagnez par Alexandre. 134

De qui, & en quel temps ils receurent la connoissance de l'Astrologie. 461

Guerre. Comment la Guerre est mére de tout. 321

H

Heléne. Quelle, & de qui elle fut fille. 83
Pourquoy mal-traitée par Protesilas aux enfers 141

Hellespont. D'où ainsi apellé. 102

Hercule. En debat contre Esculape. 69. 70
Comment au Ciel & aux enfers. 137. 138

Herodote. En quoy particulierement imitable. 307

Héros. Ce que c'est proprement qu'vn Héros. 114

Heureux. Quels personnages ont particuliérement merité ce nom. 176. 180

DES MATIERES.

Hypogriphes. Quelles sortes d'animaux, & où rencontrez. 345

Histoire. Demangeaison d'écrire l'Histoire depuis quel temps. 321

Ce qu'il faut faire pour deuenir bon Historien. *là mesme & suiu.*

Combien l'Histoire est diferente de la Poësie. *là mesme.*

Combien doit estre retenuë dans les loüanges, & quel doit estre son but. 323

Comment deuient suspecte. 324

Diuers commencemens d'Histoires. *là mesme.* 325. *& suiu.*

Préfaces diuerses & comparaisons. *là mesme.*

Ce qu'il faut taire, & ce qu'il faut exprimer. 327

Comparaison des mauuais Historiens enrichis depuis la mort de leurs maistres. *là mesme.*

Termes poëtiques combien messéans en l'Histoire. 428

Vnité du charactére combien exactement y doit estre gardée. *là mesme.*

Descriptions trop longues pour l'Histoire.

Histoire en forme de Prophétie. 332

Préceptes pour ceux qui y sont propres, & qui veulent écrire l'Histoire. 333. 334. *& suiu.*

Quel doit estre le sentiment d'vn bon Historien. 335

Quel doit estre son style, ses pensées & ses sentences. *là mesme.*

Quel doit estre son exorde. 337. 338

Briéueté & retenuë dans les descriptions, combien nécessaires à l'Histoire. 339

A a iiij

TABLE

Combien l'Histoire doit estre éloignée du Panégyrique & de la Satyre. 340

Homére, Architecture d'Homére, quelle. 177

En quoy peut seruir de régle aux Historiens. 339

Homme. De la création de l'homme par Prométhée, & s'il est plus auantageux aux Dieux qu'il y ait des hommes. 48

Combien grande est l'inuention des hommes. *là mesme & suiu.*

Ce que les Passions font en l'homme, & quelles sont leurs folies. 183. 184

Et combien miserable leur condition. *là mesme & suiu.*

A quoy comparé. *là mesme.*

De combien de parties il est composé. 448

Horloges. D'eau, à quoy anciennement employées. 223. 268

Hormus. Quelle sorte de dance estoit ainsi apellée. 436

Hyacinthe. Comment tué par Mercure & le Zéphire. 70

I

Ieux Olympiques quels, & comment on y aparie les combatans. 294

Indiens. Pourquoy enyurez dés qu'ils eurent gousté du vin. 11

En quoy redoutables, & comment vaincus par Alexandre. 133. 134

Comment ils adorent le Soleil. 437

Incertitude. Par qui ordinairement causée. 172

Ino. Pourquoy se ietta en bas du Mont Cithéron, auec son fils Mélicerte. 102

Interest. Ce que c'est proprement. 208

DES MATIERES.

Io. Quelle, & pourquoy transformée en genisse. 54

Comment faite Isis, & la Patrone des Nautonniers. *là mesme.*

Isle. Suspenduë en l'air, quelle, & comment trouuée. 344

Isménodore. Quel personnage, & commēt tué. 154

Iunon. Reproche à Iupiter son peu d'afection, au sujet de Ganyméde. 58

Querele Latone, & pourquoy. 72. 73

Ce qui se dit d'elle par les Poëtes. 190. 191

Iupiter. Comment déliuré par Vulcan de sa fille qu'il portoit en sa teste. 63. 64

Combien eut de peine à se sauuer des mains de Neptune, de Iunon, & de Minerue, & à l'aide de qui il s'en tira, lors qu'ils le vouloient lier. 65. 66

Comment déposa son Pere. 190. 191

Ses diuerses métamorphoses, & ses dissolutions. *là mesme.*

Iupiter pourquoy estimé auoir enchaisné Saturne. 462

Ixion. Quel au iugement de Iupiter, & quel à celuy de Iunon. 60

Sa punition concertée entre eux deux, quelle. *là mesme.*

Mais non pas si-tost éxecutée. 61

Pourquoy chassé de la table des Dieux. 192

L

Lampes. Isle des Lampes en quelle contrée. 352. *& suiu.*

Latone. Et Iunon en querele. 72. 73

Lettrez. Quels afrons reçoiuent dans les Cours des Grans. 267. 268

TABLE.

Liberté. Combien grande dans les Festins, & qu'il n'y a que les sots & les enfans qui s'en formalisent. 47

Loüange. Quelle doit estre la loüange. 323. 324

Lucien. Idée de sa vie. 1. & 2

Ses voyages. 5

Quel personnage, & comment plaide sa cause pardeuant la verité, côtre les Philosophes. 219. 220

Et Relation plus ample de sa vie. *là mesme & suiu.*

Lune. Globe de la Lune, quel païs. 344. 345

Lycanthrope. Ce que c'est. 35

Lycurgue. Legislateur des Lacédémoniens, sur quel modéle forma sa Republique. 463

Lydie. Comment conquise par Bacchus. 75. 76

M.

Marcomans. Peuples, où logez. 427

Mars. Comment pris couché auec Venus. 74. 75

D'où est venuë la Fable de la surprise de Mars auec Venus. 462

Mausole. Quel, & combien remply de vanité mesme aprés sa mort. 150. 151

Megapenthés. Tyran, pourquoy vouloit retourner en la vie. 239

Acusé & condamné. 240. 241

Méléagre. Quelle fut la cause de sa mort. 189

Mélicerte. Quel, & son auanture. 101

Ménippe. Quel personnage, & où il viuoit. 110

Mercure. Voleur dés le maillot. 62

Ses autres qualitez. *là mesme.*

Pourquoy le plus misérable des Dieux. 89

Merion. Quel, & combien bon danseur. 435

DES MATIERES.

Merueilles. De la Nature combien confidérables. 42. 43

Milon. Crotoniate, quel, & en quoy recommandable. 177.178

Minerue. Où particuliérement adorée. 192.193

Diferent entre-elle, Neptune, & Vulcain, touchant l'excellence de leur art. 287

Minos. Quel, & pourquoy l'on le fait naiſtre de Iupiter. 461

Miſanthrope. Pourquoy Timon apellé Miſanthrope. 35

Momus. Pourquoy il trouuoit à redire qu'vn Taureau eut les cornes au deſſus des yeux. 19. 20

Monde. Comment vont les choſes du Monde. 169.170

Mort. Si la Mort peut eſtre ſouhaitable, pourquoy, & quel ſentiment il en faut auoir. 152

Muſes. Pourquoy exemptes des traits de Cupidon. 76. 77

Muſique. Quelle eſt celle qui eſt inutile. 313

Combien profitable, & plaiſante. 434. 435

N

Nature. Combien de contrarieté entre les Philoſophes pour les choſes de la nature. 163

Nectar. D'où l'on peut conjecturer qu'il n'eſt pas ſi excellent. 192

Neptune. Diferent entre Neptune, Minerue, & Vulcain, touchant l'excellence de leur art. 287

Philoſophe Platonicien, quel perſonnage. 10. 11. *& ſuiu.*

Nirée. Quelle perſonne, & l'eſtime de ſa beauté. 151.152

TABLE

O

Olympias. D'où vient la Fable de cette Princesse. 413

Ombres. Comment accusateurs des hommes aprés leur mort. 167

Opiniastres. Comment doiuent estre traitez. 283

Or. Ce que c'est, & ses effects. 180

Que le Fer est meilleur que l'Or, Paradoxe *là mesme &* 181

Oracles. Combien il y a peu d'asseurance aux réponses des Oracles. 132

Quelle est la coustume des Oracles. 418

Quel raport ils ont auec l'Astrologie. 462

Oronte. Quel personnage, & pourquoy il bronchoit encore en passant en l'autre monde. 154

Orphée. A qui donna les premieres lumieres de l'Astrologie. 460. 461

Pourquoy les Grecs placent sa Lyre dans le Ciel. *là mesme.*

P

Pallas. Comment donne de la crainte à Cupidon. 76

Pan. Pourquoy cornu, auec vne barbe, vne queuë, & des pieds de chévre. 86. 87

Pantomime. Quel terme, & ce qu'il signifie. 447. 448

Quel doit estre. *là mesme & suiu.*

Paphlagoniens. Combien superstitieux. 414

Paris. Par qui éleu iuge entre les trois Déesses. 77. 78

Pasiphaë. Pourquoy feinte amoureuse d'vn Taureau. 461. 462

Passions. Que font en l'homme. 183

DES MATIERES

Pauures. Comment se doiuent consoler. 112

Pauureté. Combien ses aiguillons sont poignans. 273

Pélée. Comment ses nopces furent troublées par la discorde. 97. 98

Pella. Ville, où située, & quelle de present. 413

Péripateticien. Quelle est la doctrine Péripateticienne. 210

Selon le sentiment commun. 285

Persée. Comment se garentit de la veuë des Gorgones, & les tua. 106. 107

Phaëton. Où tomba, & par qui fut enterré. 90. 91

Origine de la Fable de Phaëton. 461. 462

Phalaris. Harangue des Ambassadeurs de Phalaris aux Prestres de Delphes, pour les obliger de receuoir le Taureau d'airain pour offrande à Apollon. 403. *iusqu'à* 208

Suite d'vn de ces Prestres pour obliger les autres à receuoir ce present. 408. 409

Phéaques. Combien ces peuples sont amateurs de la dance. 436

Philiade. Quel, & pourquoy mal traité par Timon. 36. 37

Philippe. L'ocupation de Philippe de Macédoine en l'autre monde, quelle. 170

Phinées. Combien incommodé par les harpies. 27

Philosophes. Combien vains & orgueilleux. 110. 111

Et ce qu'ils regrettent souuent. 126

Philosophes anciens, quels à la mort. 146

Philosophes vaincus par Lucien, différence de leurs sectes, & leurs debats paur la primauté 231

Comment ils sont presque tous faits. *là mesme & suiu.*

Si les Philosophes sont affranchis de toute la ty-

TABLE

rannie des Passions. 282

Philosophie. Ses loüanges, & de la liberté qu'elle nous donne. 10. 11

Ancienne, combien incertaine. 162. 163

Où il la faut aller chercher, & comment déchirée. 216. 217

Pourquoy elle n'est pas tousiours accompagnée de la verité. *la mesme.*

Philosophie pourquoy comparée au vin, & si c'est peine perduë d'estudier en Philosophie. 298. 299 *& suiu.*

Qui est-ce qui merite mieux le nom de Philosophe, & quelle est la meilleure Philosophie. 303.

Phryxus. Pourquoy feint aller sur vn belier d'or. 461

Platoniciens. Quels personnages, & quel estoit leur plus grand defaut. 285. *& suiu.* 291

Plutus. Le Dieu des Richesses, à quelles gens s'adonne plus volontiers. 26

Inuectiue de Iupiter contre luy, & ses reparties. Va lentement. *la mesme &* 27

Et s'égare aisément. 28

Poëtes. Combien estimez des Grans. 265

Policrate. Combien heureux, & quelle fut sa fin. 182

Polyphéme. De qui fut fils, & comment receu de Galatée. 92. 93

Par qui son œil fut creué, & pourquoy. 94

Pomme. D'or auec son inscription, par qui iettée, & où. 80

Potiers. De terre, par qui apellez des Promethées. 7

Priape. Quel, & comment traita Bacchus. 87. 88

Quel Dieu chez les Bithyniens. 438

Promethée. Quel personnage, & en quel sens les

DES MATIÈRES.

Orateurs sont des Prométhées. 6. & 7
  Et quelques autres. là mesme & suiu.
  Pourquoy attaché sur le Caucase. 44. 45
  Prophétes. Quel estoit l'équipage des anciens Prophétes. 414
  Proserpine Comment posseda le bel Adonis. 67
  Protée. Comment se peut changer en feu & en eau. 96. 97
  Que represente selon les Egyptiens. 436. 437
  Protésilas. Comment tué à la guere de Troye. 141. 142
Protésilas pourquoy renuoyé au monde. 149
  Puissance. Diuine combien difficile à conoistre. 442
  Pyrrhon. Combien extrauagant, & sa doctrine. 210. 211.
  Pythagore. Philosophie de Pythagore, quelle. 197. 198.
  Pythagoriciens. Quel estoit le vice de ces Philosophes. 285. & suiu. 291.

Q

Quadres. Peuples, où logez. 427

R

République. Diuine, & de laquelle tout le monde deuroit souhaiter d'estre Citoyen, quelle. 288
  Riche. Comment deuient quelquesfois pauure. 24. 25.
  Riches combien miserables pour la pluspart. 27
  Ordonnance contre les Riches, quelle. 171
  Et comment se verifie dans les enfers. 172
  Roman. De Lucien, quel. 342. & suiu.
  Rome. Quelle, & de la vie que l'on y menoit du temps de Lucien. 14. 15
  Rutilianus. Quel personnage, & combien superstitieux. 422

TABLE

S

Sacrifices. Quels, & combien diuers. 194

Sage. Quel sentiment doit auoir de la vie & de la mort. 152. 153.

Que fait en l'autre monde. 170

Quel doit estre le veritable sage. 285

Sagesse. En quoy elle consiste. 287.

Saletho. Quel personnage, & comment mourut. 272

Saliens. Prestres pourquoy ainsi appellez. 437. 438.

Satrapes. Quelle est l'ocupation des Satrapes en l'autre monde. 170

Saturne. Quel & comment se rendit maistre du Ciel. 190

Sceptique. Qu elle est cette doctrine. 202

Science. Quels sont les effets de la Science. 333.

Scipion. Pourquoi passe deuant Annibal en l'autre monde. 132

Sculpture. Plustost vn diuertissement honneste qu'vn art. 2

Son idée. 3

Scythes. Comment domptez par Alexandre 134. 135

Secte. Recherche pour sçauoir quelle Secte est la meilleure. 285. & suiu.

Semele. Pourquoy consumée par le feu. 65

Sépulchre. Vanité des Sépulchres parmy les anciens. 186.

Signes. Quel raport ont les Signes celestes auec les Oracles. 462. 463

Socrate. Raillerie contre ce Philosophe. 45

Quel personnage, & quelle opinion les Athéniens eurent de luy aprés sa mort. 145

DES MATIERES.

Quelle est son ocupation en l'autre monde. 170
   Quelle estoit sa doctrine. 224
   Pourquoy & en quel âge a voulu aprendre la dance. 439
   Soleil. Peuples du Soleil quels. 345
   Solon. Quel personnage, & comment il receut Anacarsis. 318
   Songe. S'il est à propos de conter des Songes. 5. 6
   Sostrate. Sophiste, comment & pourquoy deliuré par le iugement de Minos. 159.160
   Sostrate. Le Philosophe, quelle vie menoit, & en quel endroit. 463. 464
   Spectacles. Combien doux & charmans 433.434
   Stoiciens. Quels Philosophes selon le sentiment commun. 285. 290
   Syllogisme. Combien subtil ouurage. 206

T

Tantale. Comment meurt de soif au milieu d'vn lac. 139
   Et pourquoi n'estant qu'vne ombre, il auoit soif. 140
   Pourquoy chassé de la table des Dieux. 192
   Taureau. Pourquoi Momus trouuoit à redire qu'vn Taureau eût les cornes au dessus des yeux. 20
   Tellus. Quel personnage, & pourquoy estimé heureux. 180
   Thessaliens. Quel estat faisoient de la dance. 436
   Thetis. Comment ses nopces furent troublées par la discorde. 97. 98
   Thrace. Comment conquise par Bacchus 75
   Thrasycles. Philosophe pourquoy comparé au Triton & au Borée de Zeuxis. 39

TABLE

Pourquoy mal traité par Timon. 40

Thucydide. Quel Historien. 339

Thyeste. D'où l'on a pris ocasion de dire qu'il auoit vn belier d'or : & en quoy postposé à son frere Atrée. 460. 461

Tillibore. Brigand, quel, & ce qu'il a fait de plus considerable. 411

Timon. Quel personnage & comment deuenu pauure. 24. 25

De qui receut le don de Prophétie. 157

Pourquoy feint masle & femelle. 465

Toxaris. Comment fit cesser la peste à Athénes. 315.

Trophonius. Quelles singeries l'on faisoit en entrant dans son antre. 113

En quel endroit est son Oracle. 172

Tyran. Combien de difference entre la vie d'vn Tyran, & celle d'vn pauure. 242. 243

Declamation pour le meurtrier d'vn Tyran. 386. *iusquà* 390.

V.

VEnus. Comment surprise auec Mars par l'industrie de son mary Vulcain. 74. 75

D'où est venuë la fable de la surprise de Venus enchaînée auec Mars. 462

Verification. Des ordonnances comment se fait dans les Enfers. 171. 172

Verité. Recherchée par Ménippe & chez qui. 162. *& suiu.*

Pourquoy n'acompagne pas toûjours la Philosophie. 218

Et desire toûjours la liberté. *là mesme.*

Quelle est vne, & combien difficile à découurir. 285

Verse-eau. Signe du Zodiaque. 58
Vertu. Combien difficile à obtenir. 163
Où elle habite, & si l'on ne descend iamais, quand on est paruenu à elle. 281
Combien elle a de chemins. 284
En quoy elle consiste. 304
Vie. Combien aymée, mesme des pauures & des vieillards 155. 156
Quelle est la meilleure, & celle qu'vn honneste homme doit choisir. 164. *iusquà* 172
Vignes. Qui estoient femmes depuis la teste iusqu'à la ceinture. 344.
Vin. Comparaison du vin auec la Philosophie. 298.
Vin grec coulant dans de grands ruisseaux qui arrousoient vne Isle. 343
Vlysse. Pourquoy se fit attacher au mats de son Vaisseau. 15. 16.
Comment s'échappa des embusches de Poliphéme, & luy creua son œil. 94. 95
Comment fut cause de la mort d'Aiax. 157. 158
Vniuersels. Pourquoy ne subsistent point. 205
Vulcain. Fils de Iunon. 59
Comment aymé des plus belles Déesses, & des Graces. 71. 72
Et comment il surprit Mars. 74
Comment deuenu boiteux. 191
De quoy fut blâmé par Momus, qu'il auoit éleu Iuge de son different contre Neptune & Minerue. 287

X

XAnthe. Fleuue, pourquoy mal traité par Vulcain. 104

TABLE DES MATIERES.

Y

Yeux. Pourquoy plus fidéles que les oreilles. 450.

Z

Zamolxis. Dieu des Sythes, & quels sacrifices on luy faisoit. 315

Zeuxis. Quelle gloire a remporté de ses Ouurages, & lesquels en estoient les principaux. 311

Fin de la Table des matieres du premier Tome des Dialogues de Lucien.

EXRAICT DV PRIVILEGE du Roy.

LE Roy par ses Lettres patentes données à Paris le 16. Mars 1654. a permis à *Nicolas Perrot, Sieur d'Ablancourt*, de faire imprimer, vendre & debiter en tous les lieux de l'obeïssance de sa Majesté, & par tel Imprimeur ou Libraire qu'il voudra choisir, toutes les versions par luy faites, & qui ont desia esté mises au iour, ensemble celles qu'il pourra faire à l'auenir tant du Grec que du Latin; & conjointement, ou séparément, chaque Ouurage en vn, ou plusieurs volumes, en telles marges, en tels caracteres, & autant de fois que bon luy semblera, durant vingt ans, à compter du iour que chaque Piece ou volume sera acheué d'imprimer pour la premiere fois. Auec deffenses à toutes personnes d'en rien imprimer, vendre, ny distribuer, sous quelque pretexte que ce soit, sans le consentement de l'Exposant, ou de ceux qui auront son droict; à peine de trois mil liures d'amande, payables sans deport, par chacun des contreuenans, de confiscation des Exemplaires contrefaits, & de tous dépens dommages & interests. A condition de mettre deux Exemplaires de chaque Volume en la Bibliotheque publique de sa Majesté, & vn en celle de Monseigneur Molé, Cheualier, Garde des Sceaux de France, auant que de les exposer en vente, & que lesdites lettres seront registrées dans le Liure de la Communauté des Libraires de Paris, suiuant le Reglement; à peine de nullité. Veut sadite Majesté qu'en mettant au commencement ou à la fin de chaqne Volume, vn Extrait desdites Lettres, elles soient tenuës pour deuëment signifiées, & qu'aux copies d'icelles collationnées par vn de ses Conseillers Secretaires, foy soit ajoustée comme à l'Original. Nonobstant oppositions ou appellations quelconques, & sans preiudice d'icelles, dont sa Maiesté s'est reserué la connoissance, & la renuoye pardeuant les Maistres des Requestes ordinaires de son Hostel, en leur Auditoire du Palais à Paris; comme il est porté plus au long par lesdites Lettres, signées, *Par le Roy en son Conseil*, CONRART, & scellées du grand Sceau de cire iaune, sur simple queuë.

Ledit Sieur d'Ablancourt a cedé son droit de Priuilege cy-dessus, au Sieur Augustin Courbé, Marchand Libraire à Paris, pour la Traduction des Oeuures de Lucien; suiuant l'accord fait entr'eux le dernier iour de Iuin 1654.

Et ledit Courbé a cedé son present droit de Priuilege à Thomas Ioly & Loüis Bilaine pour en iouir en son lieu & place, suiuant l'accord fait entr'eux.

Registré sur le Liure de la Communauté des des Libraires, le dernier iour d'Auril 1654. suiuant l'Arrest du Parlement.

Acheué d'imprimer le dix-septiéme Mars 1664.

Les Exemplaires ont esté fournis.

www.ingramcontent.com/pod-product-compliance
Lightning Source LLC
Chambersburg PA
CBHW070358230426
43665CB00012B/1164